日本国際理解教育学会創立25周年記念出版

国際理解教育ハンドブック

―グローバル・シティズンシップを育む―

日本国際理解教育学会 編著

明石書店

まえがき

　本書は、2010年に刊行した日本国際理解教育学会編『グローバル時代の国際理解教育－実践と理論をつなぐ－』（明石書店）の続編である。前書は、学会が取り組んだ科研費研究の成果報告書「グローバル時代に対応した国際理解教育のカリキュラム開発に関する理論的・実践的研究」（研究代表・多田孝志、2006年）を基調として、国際理解教育の研究と実践について初めて系統的に取り上げた書物だったので、幸いにも版を重ね、多くの方々の目に留まることになった。

　本書の出版にあたっては、当初は前書の改訂版をと考えていたが、科研費研究からほぼ10年、前書からも5年が経過しており、最近の研究成果や新たな実践をとりいれ、目次など全体構成を一新し、装いを改め、学会創設25周年記念出版として『国際理解教育ハンドブック』として刊行することとなった。本書は、第Ⅰ部「国際理解教育のパースペクティブ」、第Ⅱ部「国際理解教育の歩み」、第Ⅲ部「国際理解教育のカリキュラム」、第Ⅳ部「国際理解教育の実践」、第Ⅴ部「国際理解教育の国際動向」の5部22章、12のコラムおよび付録からなっている（執筆者はすべて学会員である）。

　本書の特徴は三つある。

　一つは、前書と同様に、国際理解教育の研究と実践の系統的な書物であることを維持し、研究者のみならず、小・中学校、高等学校、大学、地域等での実践者が会員の多くを占める学術研究団体の特徴をいかした「実践と理論をつなぐ」書としている点である。

　二つは、前書において示唆した「これからの国際理解教育」を受けて、国際理解教育の歩みを振り返るとともに、そのパースペクティブを広くとり、この間のESDのとりくみ、学力や評価、コンピテンシーなどとの関連性に言及している点である。

　三つは、国際動向の部を設け、欧米の国際理解に関する教育のみならず、本学会が連携してきた中国や韓国の研究者による自国の国際理解教育の記述を加え、日韓中の「国際理解教育」のそれぞれのスタンスと到達点を提示している点である。

　さて、本書の出版となる2015年は、本学会の創設25年にあたるだけではなく、多くの節目となる年である。第二次世界大戦終結70年（戦後70年）、日韓国交回復（日韓基本条約締結）50年、国際協力（青年海外協力隊発足）50年などである。また、MDGs（国連ミレニアム開発目標）の終わりの年でもあり、ポストESDの始まりの年でもある。

　本書にも触れているように、日本の国際理解教育は、第二次世界大戦における未曾有の惨事と軍国主義への深い反省を踏まえて、世界平和の構築に向けたユネスコの理念に

深く共感するところから出発している。このことは、昨今の「国際化」や「グローバル化」に対応した「人材育成」論として短絡的に語られやすい国際理解教育ではなく、平和や人権、共生が尊重される社会や国家、世界の構築のために、人は、学校や社会で、何をどう学ぶのか、どんな価値を身につけ、行動すべきか、という本質的な問いをもった国際理解教育が求められることを意味している。

　くしくも、ユネスコでは、ESDの「グローバル・アクション・プログラム」（Global Action Program）とともに、「グローバル・シティズンシップ教育」（Global Citizenship Education）を提唱している。その目標は、「学習者が、ローカルかつグローバルに活動的な役割を約束し、引き受け、グローバルな課題に直面し、解決し、最終的には、より公正で、平和的で、寛容で、包摂的で、安全で、持続可能な世界に貢献できるように力づけること」とされている（UNESCO (2014) *Towards Post-2015: Fostering Global Citizenship for a Peaceful and Sustainable Future.*）。本学会でも、ローカル・ナショナル・グローバルへと重なっていくマルチプルなシティズンシップを検証し、提案している。

　世界第二の経済大国になった中国、経済移民の増大による国際結婚と多文化化が急速に進行している韓国、そして今年、新たな共同体となるアセアン諸国、成長著しいインドなど、国家の独立と発展（ナショナリズム）の課題から、世界人口の半分近くを占め、地球全体への責任も見据えたポスト・コロニアル（近代の遺産の再構築）の新たなステージへと、アジアが変貌している。

　グローバルな歴史から見れば、アヘン戦争（1840年）やペリー来航（1853年）、セポイの反乱（1857年）など「西欧の衝撃」といわれた時代から150年以上もたって、アジアと欧米との立ち位置が交代しようとしている。同時に、日本もふくめアジア諸国は、その独善的なナショナリズムではなく、ユネスコがGCEにおいて強調する、多様性、持続性、公正、平等、人権、民主主義など普遍的な価値の優位性を認識し、共有していかなければ世界やアジアはたちいかなくなる。ここに21世紀の国際理解教育の重要性があると思われる。本書がその一端を担うことになれば幸いである。

　　　　　　　　　　　　　　　　　　　　　　　日本国際理解教育学会会長　藤原孝章

国際理解教育ハンドブック―グローバル・シティズンシップを育む―

もくじ

まえがき ……………………………………………………… 藤原　孝章…… 3

第Ⅰ部　国際理解教育のパースペクティブ

1　国際理解教育の景観―実践と理論をつなぐ ……………… 藤原　孝章…… 8
2　国際理解教育と関連諸教育 ………………………………… 森田　真樹…… 16
3　国際理解教育と文化・地域・学び ………………………… 山西　優二…… 24
4　国際理解教育と教師の育成 ………………………………… 釜田　　聡…… 33
5　国際理解教育とキー・コンピテンシー …………………… 丸山　英樹…… 41

第Ⅱ部　国際理解教育の歩み

1　戦後日本の文教政策と国際理解教育 ……………………… 嶺井　明子…… 52
2　ユネスコスクール（ASPnet）の歩みと国際理解教育 …… 伊井直比呂…… 60
3　学習指導要領の変遷と国際理解教育 ……………………… 桐谷　正信…… 69
4　国際理解教育における理論研究・実践研究の歩み ……… 渡部　　淳…… 77

第Ⅲ部　国際理解教育のカリキュラム

1　カリキュラム開発の先駆 …………………………………… 森茂　岳雄…… 88
2　国際理解教育の目標と内容構成 …………………………… 大津　和子…… 96
3　国際理解教育の学力と評価 ………………………………… 石森　広美…… 104
4　国際理解教育の教材と教具 ………………………………… 福山　文子…… 113
5　参加型学習と振り返り ……………………………………… 成田喜一郎…… 119

第Ⅳ部　国際理解教育の実践

1　実践の展望
　1-1　国際理解教育実践の展望 ……………………………… 中山　京子…… 128
　1-2　学校経営に生きる国際理解教育 ……………………… 宇土　泰寛…… 130
　1-3　国際理解教育におけるICTの活用 …………………… 今田　晃一…… 136
　　　―小・中連携による韓国版デジタル紙芝居の作成と実演―
2　小学校の実践
　2-1　学級における実践―世界のあやとり教室― ………… 居城　勝彦…… 143
　2-2　外国語活動―多言語との出会い：ことばへの目覚め活動― 　吉村　雅仁・秦　さやか…… 149
3　中学校の実践
　3-1　英語科における実践 …………………………………… 南　美佐江…… 155
　　　―Traditional Events: Similarities and Differences―
　3-2　「総合的な学習」における実践―フィリピンの少女メロディー― 　佐藤　　貢…… 161

4　高等学校の実践
- 4-1　国際問題研究における実践—「違い」から考える平和な社会— ……林　香織…… 168
- 4-2　世界史における実践—日韓紙上対話授業— ……風巻　浩…… 174

5　大学・地域／NGOの実践
- 5-1　大学における国際交流実践—グアムとの交流活動— ……中山　京子…… 181
- 5-2　地域における日本語教育実践 ……岡本能里子…… 187
- 5-3　ファシリテーター養成実践 ……山中　信幸…… 193

第Ⅴ部　国際理解教育の国際動向

1　ユネスコを中心とした国際理解教育 ……永田　佳之…… 202
2　東アジアの国際理解教育
- 2-1　中国 ……姜　英敏…… 210
- 2-2　韓国 ……金　賢徳・金　仙美…… 216

3　欧米の国際理解教育
- 3-1　アメリカ合衆国 ……松尾　知明…… 223
- 3-2　ヨーロッパ ……中山あおい…… 229

付録
- 国際理解教育をさらに学びたい人のために—関連文献目録— ……森茂　岳雄…… 236
- ［資料1］年表：日本国際理解教育学会の研究活動の歩み ……中山　京子・菊地かおり…… 244
- ［資料2］学会誌『国際理解教育』の主要目次 ……中山　京子・菊地かおり…… 247

コラム
1. ツーリズムと国際理解教育 ……藤原　孝章・栗山　丈弘…… 32
2. 共通歴史教科書づくりと国際理解教育 ……松井　克行…… 49
3. 東日本大震災被災地と国際理解教育 ……市瀬　智紀…… 68
4. バルト海プロジェクトと国際理解教育 ……曽我　幸代…… 85
5. 「障害」と国際理解教育 ……野崎　志帆…… 112
6. 太平洋地域の国際理解教育 ……中山　京子…… 125
7. IBスクールと国際理解教育 ……山本　勝治…… 142
8. MOOCsが拓く新たな国際理解教育の可能性 ……永田　佳之…… 167
9. 道徳の教科化と国際理解教育 ……井ノ口貴史…… 180
10. 世界遺産と国際理解教育 ……田渕五十生…… 199
11. ASPUnivNetと国際理解教育 ……小林　亮…… 222
12. 社会統合と国際理解教育 ……橋崎　頼子…… 235

あとがき ……森茂　岳雄…… 252

索引 ……254

第 I 部

国際理解教育の
パースペクティブ

写真上：タンザニアの学校（大津和子撮影）
　　下：ボリビア多民族国のアンデス高原にて（永田佳之撮影）

1
国際理解教育の景観―実践と理論をつなぐ

1. 四つの視点からの定義

国際理解教育は、次の四つの視点から定義できる（『現代国際理解教育事典』2012: 3-4）。

(1) **ナショナルな視点**：国家や民族間の文化や社会についての相互理解（他国理解・自国理解）のための教育であり、自国の社会や文化の継承を目的とする教育活動である。「世界の中の日本」や国民としての日本人の育成をめざすもので、現在の学習指導要領の考え方に近い国際理解教育である。

(2) **グローバルな視点**：平和や環境、開発や人権など人類共通の課題を通して世界を理解していくための教育であり、地球社会を形成していこうとする価値を身につけるための教育活動である。地球社会に生きるための普遍的価値（相互依存、多文化、平和、人権、民主主義、寛容、共生など）の獲得をめざす地球市民育成の教育であり、グローバル教育や日本国際理解教育学会の考え方に近い。

(3) **ローカルな視点**：さまざまな歴史や文化背景をもち、地域で交流し、暮らす人々の相互理解と共生をはかる教育活動である。行政区分における地域ではなく、人やモノ、情報、カネのボーダーレスな動きのなかで、世界（地球社会）と直に接することになった地域における（足元からはじめる）国際理解教育であり、開発教育の考え方に近い。

(4) **インディビジュアルな視点**：多様な文化的背景を持った学習者個々人の言語や非言語によるコミュニケーション・対話であり、学びのための教育活動である。自己と世界、人間と社会と自然の相互連関の文脈において学びの獲得と変容、生きる力の獲得として語られる国際理解教育であり、ニューサイエンスの世界観、構築主義の学習観など教育学一般に共通する新しい考え方である。

本章では以上の四つの定義をすべて包括するものとして国際理解教育をとらえ、明確な全体像を得るべく、その景観を描き出したい。

2. 国際理解教育の不可欠な要素

国際理解教育は、学習を創造するカリキュラムの不可欠の要素として、固有の目標と学習内容領域、およびゴール（人間像）をもっている。

『グローバル時代の国際理解教育』(2010: 28-39) では、人は、出会い、経験、参加を通して、気付き、発見、納得、実感、共感などをへて、知識、技能、態度に到達するとして、目標の構造化をはかっている。

それは、①文化的多様性、②相互依存、③安全・平和・共生、④未来への選択という四つの知識・理解目標、①コミュニケーション能力、②メディア・リテラシー、③問題解決能力という三つの技能（思考・判断・表現）目標、①人間としての尊厳、②寛容・共感、③参加・協力の三つの態度（関心・意欲）目標である。

また、学習すべき内容領域としてA.多文化社会（文化理解、文化交流、多文化共生）、B.グローバル社会（相互依存、情報化）、C.地球的課題（人権、環境、平和、開発）、D.未来への選択（歴史認識、市民意識、参加・協力）という四つの領域をあげている（括弧内はそれぞれの下位内容）。

そして、国際理解教育が育成すべき人間像（ゴール）として、「人権の尊重を基盤として、現代世界の基本的な特質である文化的多様性および相互依存性への認識を深めるとともに、異なる文化に

対する寛容な態度と、地域・国家・地球社会の一員としての自覚をもって、地球的課題の解決に向けてさまざまなレベルで社会に参加し、他者と協力しようとする意思を有する人間」であり、同時に、「情報化社会のなかで的確な判断をし、異なる文化をもつ他者ともコミュニケーションを行う技能を有する人間」をあげている。

　国際理解教育の概念は明確ではない、とながらくいわれてきたが、ここには、国際理解教育のカリキュラムにかかわる不可欠な要素、すなわち体験目標も含めた知識・技能・態度の統一的育成と学習内容領域、および、育成すべき人間像（ゴール）が明確に示されている。

　これらの明確な規定の背後にあるのは、グローバル教育やワールドスタディーズなど欧米で培われてきた世界や社会、文化に関わる理解や考え方、価値観、および世界と自己の関係の在り方を問うていく態度性についての研究成果の検証と継承である。

　また、第二次世界大戦後、世界の国際理解教育に指針を与えてきたユネスコの1974年の「国際理解、国際協力、国際平和のための教育、並びに人権および基本的自由についての教育」、いわゆる「国際教育」勧告や、1974年勧告の改訂版とされた1994年の「平和・人権・民主主義のための教育」の決議、2005年以降のESDに関する動向をも踏まえるものである。

　さらに、ここに示された人間像（ゴール）は、現代のグローバリゼーションがもたらしたローカル、ナショナル、リージョナル、グローバルな課題が、相互に接続し、単なる同心円的な空間の順次的拡大ではなく、相互に作用し、重なり合い、自己と世界が直接的につながっている「自己拡大＝縮小」の原理[1]によってたつ重層的アイデンティティをもった市民的資質を示すものであり、初期ユネスコの世界市民性、ユネスコ「国際教育」勧告（1974年）以来のグローバルな市民性の論議を踏まえたものでもある（嶺井他 2011: 34-75）。

　冒頭にのべた四つの視点からの定義を、国際理解教育が包括しているという理由は、同心円的な空間の拡大における異質性ではなく、相互接続する課題空間の多次元的、重層的な市民性の育成に関わるものと考えるからである。

3. 国際理解教育の場所

　国際理解教育は、学校だけでおこなわれるものであろうか。また、児童・生徒だけが学ぶものであろうか。

　法律にもとづいた近代学校システムのもとで行う学校教育をフォーマルなものとすると、外国人学校などで行われる人権教育や民族教育、行政やNGOなどが実施する市民教育や地域日本語教育、博学連携の教員研修における教師教育（中牧・森茂・多田編 2009）や博物館学習（中山 2012）、あるいは、海を超えて開発途上地域のコミュニティレベルでの識字教育や開発教育、国際教育協力など、ノンフォーマル（非正規・非定型）な場所での教育も広く国際理解教育として実践することが可能である（丸山・太田編 2013）。

　もちろん後述するように、正規の学校教育においても、既成の教科・科目だけではなく、インフォーマル（不定型・非定型）な時間や活動においても実施可能である。

　国際理解教育は、その固有の広い領域内容と育成する市民性ゆえに、多様な担い手（教員、NGO職員、市民など）と学び手（子どもから大人まで）、生涯にわたる学習という本質をもっている[2]。これは、関連するシティズンシップ教育や、ESDや開発教育でも同じである（（特活）開発教育協会内ESD開発教育カリキュラム研究会編 2010）。

4. 国際理解教育における親和と対抗

　国際理解教育を学校教育に限定して考えると、日本の文教政策やユネスコとの関連が問題になる。なぜなら、国際理解教育の動向は、世界（ユネスコ）、日本（文部科学省などの文教政策）、そして学

日本国際理解教育学会は、日本の文教政策において、国際化・情報化などの「変化への対応」が求められた1987年臨時教育審議会最終答申と、それをうけた1989年改訂の学習指導要領の「国際化への対応」の課題を背景に、1991年に発足している。その意味では、当時の日本の文教政策と関連が深い学会であった。その後、二次にわたる学会共同の科研費研究をへて発足から四半世紀をむかえ、『グローバル時代の国際理解教育』(2010)や『現代国際理解教育事典』(2012)に代表されるように、学習指導要領（ナショナル・スタンダード）への素朴な追随ではなく、学術団体としての自律性と固有性を有するまでになった。

これは、国際理解教育の理念に忠実でありたいのであれば、ナショナルなカリキュラムと時に対峙し、それを包摂しうる市民像（人間像）、および、知識、技能、態度・価値を含む目標を提示していかざるをえないからであった。

政府の国際理解教育の方針は、ユネスコに積極的に協力し、ユネスコ協同学校をとおして平和国家日本の建設の一助となっていこうとした戦後初期にはじまり、1974年のユネスコ「国際教育」勧告における方針と日本の方針との相違、帰国子女教育や異文化理解への変更、さらには国際化人材の育成をめざし、理解から交流へと方針を転換した国際教育、ユネスコと即応した持続可能な開発のための教育（ESD、以下ESDと表記）への支援に見られる。

ユネスコは、人権理解や他国理解を中心に、戦後初期の平和と世界市民性の考え方にはじまり、国連加盟国が増えてアジア・アフリカの開発途上国の要望を反映し、人類共通の課題解決やグローバルな世界観を導入した1974年「国際教育」勧告、そして冷戦終結後の紛争多発に対応して、平和の文化の決議を行った1994年勧告、さらには、国連ESD10年の方針を示すなど、時代に対応して変遷してきた。加えて世界遺産の認証機関としての役割なども果たしてきた。

以上のような三者の方針の変遷と相互の関連がおりなす日本の国際理解教育の戦後史について、藤原・野崎（2013: 114-140）は、年表を作成し、下記のような五つの区分をもうけて、ユネスコ、文部省（文部科学省）、学会などの＜親和と対抗＞の視点から、その動向と変遷を記述している（3と4は同時期を二つに分けて記述）。

(1) 文部省とユネスコ、親和の時代（戦後から1960年代半ばまで）
(2) 文部省とユネスコのせめぎ合いのはじまりと民間の胎動（1970年代および1980年代前半）
(3) 文部省とユネスコのせめぎ合いの時代（1980年代後半から1990年代）
(4) 民間の人権教育を基軸に据えた国際理解教育の模索（1980年代後半〜1990年代）
(5) 文部科学省とユネスコ、ESD・市民性教育への注目（2000年代）

国際理解教育学会は、世界の動向もナショナルな文教政策も無視することはできないが、しかし学術団体としての自律性と創造性に忠実であらねばならない。親和と対抗の局面は今後も続いていくだろう。

5. 国際理解教育のカリキュラム・デザイン

1998年の改訂から学習指導要領の基準・大綱化がはかられ、また「総合的な学習の時間」など、いわゆる教科書がない「時間」も設けられた。従来は、教科書にしばられた学習であったが、その基準・大綱化が可能になると同時に、教科書のない学習が法定化され、教師にカリキュラム開発の創造性が担保された。

教師には、単なる教科指導、学級運営の専門家としてだけではなく、学習者の学びを引き出し、支援する「ファシリテーター」、地域との連携をはかっていく「ネットワーカー」、多様な人々と学びの場を創っていく「コーディネーター」、授業を創造し、運営していく「カリキュラム・メー

カー」としての専門家の役割も求められるようになった。

教師には、①個々の教科の授業設計にとどまらず、学習や授業を広く学校の教育活動から構想し、設計していく力、②学習者や子どもの学びを、学習者に即してそのプロセスや成立を支援していく力、生きる力としての子どもの学びを看取る力が求められるようになった。

広い領域と学際的な内容、多様な担い手と学び手をもっている国際理解教育においても、カリキュラム開発の創造性が常に問われている。そのような実践事例は、日本国際理解教育学会編（2010: 64-157）や文部科学省（2008、2013）で数多く紹介されている。

日本国際理解教育学会編（2010: 64-157）では、四つの学習領域に対応して、小、中、高校の各学校段階で、社会系教科や英語、音楽などの教科を中心に12の事例が紹介されている。文部科学省（2008）では、中、高の学校段階での社会、国語、理科、音楽、美術、技術・家庭、特設教科、修学旅行、地域での活動など25の事例が紹介されている。同じく、文部科学省（2013）では、小学校における総合的な学習の時間を中心に、26の事例が紹介されている。

これらは、カリキュラム論的に整理するとおおむね三つに分類できる（S. Drake 1993）。

①教科融合型国際理解教育

これは、学習指導要領に決められた正規の教科内容に国際理解教育の見方や考え方をとりいれていくものである。国際理解教育の学習領域に示された、A.多文化社会、B.グローバル社会、C.地球的課題、D.未来への選択という四つの学習領域や技能・態度に示された資質など国際理解教育の不可欠な要素と、各教科固有の学習領域やスキルとをクロスさせたカリキュラムを各教科の授業単元として考案し、実践するものである。

教科融合型カリキュラムは、学習指導要領などで規定された学校の教育課程の変更が困難で厳しく、新たな教科がつくれない現場では、「国際的な視野」や「多文化共生の視点」などの導入といった観点から広くとりくまれているものである。

国際理解教育と関連が深い社会科では、小学校高学年の世界について学ぶ単元があるし、中学校では地理的分野の世界地誌学習、公民的分野の地球市民学習（持続可能な社会形成）の単元がすでにあって、教科融合型国際理解教育は実践しやすい。高等学校の英語科においても、内容に基礎をおいた学習（コンテンツ・ベースド・カリキュラム）において、地球的課題を扱ったトピックが多く取り上げられている。他にも、家庭科において食の問題を扱った単元や、音楽、技術、図画・工作においても世界の諸民族の音楽や楽器、絵画、サブカルチャーなどを扱うことができる。

②単独教科型（教科統合型）国際理解教育

これは、例えば、『グローバル時代の国際理解教育』が示したカリキュラム開発モデルをもとに、「総合的な学習の時間」や単独教科目として統合して行うタイプである。1998年の改訂から学習指導要領に「総合的な学習の時間」が導入され、その学習内容の一つとして「国際理解」が例示されたことから、学校の特色ある教育活動の一つとして、多くの学校で取り組まれてきた。また、高等学校では、「国際理解」や「異文化理解」、「比較文化」、「グローバル・シティズンシップ」などの学校設定科目を設置し、ある程度系統的なカリキュラムをつくり、実践することも試みられている。1990年代の教育の国際化に対応した実践（藤原 1994）や、最近の英語教育を中心としたグローバル化に対応した実践（石森 2013）などがある。

単独教科もしくは教科統合型国際理解教育は、一定のカリキュラムモデルを示すことによって、教科融合型のような既存の教科における単なる視点の導入、視野の獲得にとどまらない、国際理解教育の知識・技能・態度、人間像を学習者に身につけることができる。

昨今、一貫性に着目した教育が課題になっているが、小学校6年間や義務教育の小中一貫9年間、中等教育学校6年間などにおける「総合学習」の

国際理解教育カリキュラムも必要になっている。日本国際理解教育学会編（2010: 28-45）でも、系統性を考慮した小、中、高のキーワードを例示し、説明もくわえているが十分とはいえない。各学校での実践を踏まえて、系統性への知見を確かなものにすべき時にきている。

③学校全体型（教科超越型）国際理解教育

これは、教科や時間を超えて、あるいはそれに関連しつつ学校全体で取り組む国際理解教育である。最近は、ESDとも関連して、ユネスコ・スクールなどではこのカリキュラムタイプの実践も増えている（永田他 2012: 43-89）[4]。

また、学校の修学旅行や海外研修など教科を超えて行う国際交流活動、海外体験活動・スタディツアーもこれに含めることができる。これらは、学習者の体験をもとに、学習者の学びの変容などに焦点化した国際理解教育の可能性をさぐるものである（藤原他 2014: 36-74）。

なお、当然のことではあるが、教科超越型国際理解教育は、学校に限定しなければ、国際理解教育におけるイシューやトピックに関して、地域国際化協会やNGOが行う教員研修やワークショップなど、生涯学習で行われるものはほとんどがこのタイプになり（山西・上條・近藤編 2008）、今後の国際理解教育の展開、実践事例の検証が待たれる。

6. 国際理解教育の学習方法：学びの転換

国際理解教育において二つの学習観の転換が起きている。

それは、①＜教師中心で、伝達型、知識理解を中心とする外発的、静的な学び＞から＜学習者中心で参加・活動・獲得型、問題解決と対話・コミュニケーションを中心とする内発的、動的、構築的な学び＞への転換であり、また、②＜言語やすでにあるものの理解、個別的、定型的な学び＞から＜非言語、感性、身体、音楽など言葉にならないものへのまなざしや、協同的で非定型的な学び＞への転換といえるものである。

①の学びの転換は、経験主義的・構築主義的な学習観にもとづくもので、S.フィッシャー、D.ヒックス（1992）やG.パイク、D.セルビー（1997）などイギリスのワールドスタディーズ（グローバル教育）が示した多数の参加型学習とふりかえりを含むワークショップの事例が代表的なものである。また、多田孝志（2009）の対話型授業や共創的対話、渡部淳ら（2010）のドラマ技法による獲得型授業もここに含めることができる。[5]

②の学びの転換は、ニューサイエンスやホリスティックな学習観にもとづくもので、横田和子（2008: 46-63）の問題意識に代表されるものである。

これらの学びの転換が国際理解教育に提起する問題は重要である。なぜなら、それらは、国際理解の「理解」の不可能性について指摘しているからである（市川 2009: 8-25）。多文化社会やグローバル社会における利害の対立や紛争を解決するためには、知識理解中心の国際理解教育では不十分であるという示唆である。知識の伝達や教授による教え込みによる「理解」は不可能であり、学習者による参加や対話による活動的な学び、非言語や感性も排除しない構築的な学びとその共有から「理解」の可能性を探っていくべきだという主張である。

たしかに、学びの転換論が、国際理解教育に与えた影響は大きい。しかしながら懸念もある。それは、方法主義への偏り、もしくは、参加型、対話型学習の一人歩きである。

たしかに、数多くの参加型学習が紹介されたが、その活動性に注目するあまり、教師の板書に代わる知識伝達の手段になったり、身につけるべき国際理解教育の資質（スキルや態度）との関連が不十分になり、単なる活動主義になってしまうことも多い。

また、対話型授業とはいっても、「話す、聴く、対話する」というコミュニケーションの場面一般に適用されて、討論も話し合いもすべて対話となったり、どの教科や時間、活動でも対話で説明されるような一人歩きも見られるようになってい

る。参加型、対話型学習におけるワークショップとは何か、ふりかえりとは何か、学習者の学びの構築とは何かを熟慮しない欠点がみられるようになった。

この原因は、参加型にせよ、対話型にせよ、その提案が教育方法にのみとどまり、教育学一般に解消されたものになっているからである。つまり、国際理解教育の知識・技能・態度（価値観）といった不可欠な要素と切り離されたところで、参加や対話が論じられているからである。逆にいえば、国際理解教育の独自性とは、知識・技能・態度の不可欠な要素と結びつくテーマやトピック、イシューを探求し、その課題にそった学びの文脈を作り出して行く作業、学習プロセスにこそある。内容と方法の統一を図るメソドロジーを欠落させた参加や対話は不十分というべきである。

7. 国際理解教育における評価の重要性

方法主義に偏った学び論は、内容との関連づけを欠いているので、例えば、共生力、コミュニケーション力、積極性や自尊感情、自己確立といった人間としての一般的なスキルや態度重視の機能的な学力観を生みやすい。

国際理解教育においては、学習者が、何を（どんなテーマやトピック、イシューを）学び、どんな方法で学び、何を獲得したのか（どんな学力が身についたのか）、その到達目標は何なのか、といった内容と方法が統一された方略のもとでの評価が不可欠である。なぜなら、学習の成果として到達目標を示すことは、評価の規準や指標をしめすことであり、当該教育の客観性を担保し、説明責任をはたすことになるからだ。

国際理解教育に限らず、学校における教科や時間の評価については学習指導要領が示す観点別評価がすでにある。教科融合型の国際理解教育では、実施する単元の観点別評価に、国際理解教育の知識・技能・態度をクロスさせ、教科と重なるものと国際理解教育として追加すべき観点などを探る必要がある。

また、単独教科（学校設定科目）や総合学習、あるいは学校全体の活動や学習では、日本国際理解教育学会編（2010: 60-61）に示された「実践事例記入フォーマット」を参考に評価の観点を構成すべきであろう。ここでは、単元目標の他、単元観、展開計画、評価計画、実践において苦労した点、学習者の学びの軌跡などの項目を設けている。

国際理解教育と関連するグローバル教育において、授業実践と評価研究を一歩進めたのは石森広美（2013）である。石森は、国際理解教育、グローバル教育、開発教育、ESDなど内外の国際理解、グローバル・イシューに関わる教育を包括的に検討し、知識・理解、技能・スキル、姿勢・態度・価値観の三つのドメインと各々に属する三つのサブカテゴリーからなる30の指標（グローバル教育において獲得させたい、もしくは学習者が到達すべき目標）を明らかにした。そしてこの指標項目について、形成的なアセスメントを導入し、教師、生徒への調査と授業分析をおこない、その活用可能性を示した。形成的なアセスメントを導入することで、今まで「ブラックボックス」になっていた評価の問題について、教師の認識変容や授業改善への移行、生徒の学びのプロセスを明らかにしたのである。

これらは、石森の勤務する高等学校での学校設定科目に関する国際理解に関連する教育（グローバル教育）に関してではあるが、内容と方法が一体となったカリキュラムの開発と到達すべき学習目標の評価のあり方を示したものといえる。

8. 理解から「未来への選択」へ

文部科学省が国際理解教育から国際教育へと呼称を転換した理由は、「従来は知識理解が中心であったが、これからはコミュニケーション力、行動力が重要だとしたからだ」[6]。ここには、異文化理解から国際交流へ、昨今の「グローバル人材」の育成へという文脈がみてとれるだろう。

しかしながら、内容を捨象した機能的学力観は、ともすれば、知識、技能、態度（価値）の統一的育成を欠き、教育学一般への解消となる危険性をはらんでいることはすでに指摘したとおりである。

しかし、学会における研究では「理解の不可能性」をめぐる議論の中で、参加や対話が提起されてきたことも事実である。

ここで、そもそも参加や対話は何のために行われるのか、考えてみたい。

参加とは社会参加（参画）のためであり、対話とは社会形成のための討議（討論）である。参加（参画）は、正統的周辺参加論（J.レイヴ、E.ウェンガー 1993）によって説明されることが多いが、大切なのは、学習が文化的な実践であり、社会的、協同的なものであること（佐藤 1999）、学習者は、正統的とみとめる社会があるときに「学習＝参加」するのであり、そうでない場合は、学習する意欲と根拠を欠く。参加の学びは、参加する社会の質の変換をともなうものである（赤尾編 2004: 186）。

対話にしても、協同の学びであり、学びの共同体の形成（佐藤 1999）のためであり、また、意見を持ち、批判し、議論し、合意をめざし、社会への参加をはかるものであり、社会形成と深く結び付いている（日本国際理解教育学会編 2010: 52-57）。

グローバル社会、多文化社会、リスク社会といわれる現在こそ、理解からリスクの共有へ、競争と格差ではなく、共生と公正に価値をおくグローバル社会の形成へ、持続可能な社会の形成へと、学習者の学びが向かっていくべきであろう。

国際理解教育の重要な考え方に「未来への選択」がある。日本国際理解教育学会編（2012: 39）では、未来への選択は、多文化社会、グローバル社会、地球的課題と接続した学習領域として設定されているが、選択とは、学習者の意思を伴う行為である。「未来のためにこんなくらしがしたい」、「未来はこうあってほしい」という社会像や理想像があってこそ、可能になるものである。

理解ではなく、また理解不可能性でもなく、未来のための選択のために国際理解教育はあると主張したい。

以上、本章では、国際理解教育に関して、四つの定義からはじまり、不可欠な要素、場所、親和と対抗、カリキュラム、学びの転換、評価の重要性、理解から「未来への選択」へという順序で述べてきた。

景観とは、最近の車のカメラビュー技術のように、いくつかの視点を統合してメタ的な認知を形成するプロセスとその結果である。これらのレビューの結果、メタ的にえられるものは何か。

それは、国際理解教育の不可欠な要素と結び付いた授業づくりであり、未来への選択にかかわる市民性の育成であり、そのための「参加（参画）」の学びであり、学びの変容を保証する評価であり、物語（ナラティブ）やエビデンス（省察を含む）である。変わるべきは私たちであり、社会であり、子どもたち（学習者）である。

（藤原孝章）

[注]
1) 自己拡大＝縮小の原理とは、相互に接続し、グローバルな網の目の中にある自己と世界との認識について、＜内への旅と外への旅＞の往還を説いたイギリスのグローバル教育の考え方である（G.パイク、D.セルビー 1997）。
2) 生涯学習や成人教育は、学校教育とは異なるので国際理解教育とは区別されがちであるが、変容的学習、経験学習、状況に埋め込まれた学習、活動理論・拡張的学習、知識を創る学習などの学習理論は、国際理解教育にとっても大いに参考になる（赤尾編 2004）。
3) 残念ながら半数以上は、評価の観点のない概要の紹介にとどまっている。
4) 永田他（2012: 44-89）では、ESD実践として、「価値変容、インフュージョン、ホール・スクール、地域課題探求」の四つのアプローチが紹介されている。
5) 「参加者が協力して、利害対立の現実や相互理解の難しさを認識しつつ、叡智を出し合い、新たな価値や解決策を生み出す対話の型」（多田 2009: 25）。なお、多田の『対話力を育てる』（2006年）、『授業で育てる対話力』（2011年）も参考になる。
6) 文部科学省「国際教育推進プラン2007」http://www.mext.go.jp/a_menu/kokusai/plan/index.htm 2014年10月6日閲覧

[引用文献]

赤尾勝己編（2004）『生涯学習理論を学ぶ人のために』世界思想社

石森広美（2013）『グローバル教育の授業設計とアセスメント』学事出版

市川秀之（2009）「国際理解教育における理解不可能性の位置づけ－教育行為と教育者の立場の流動性の顕在化－」日本国際理解教育学会『国際理解教育』Vol.15、創友社

（特活）開発教育協会内ESD開発教育カリキュラム研究会編（2010）『開発教育で実践するESDカリキュラム－地域を掘り下げ、世界とつながる学びのデザイン－』学文社

佐藤学（1999）『教育の方法』放送大学教育振興会（2014年改訂版）

多田孝志（2009）『共に創る対話力－グローバル時代の対話指導の考え方と方法－』教育出版

中牧弘允・森茂岳雄・多田孝志編（2009）『学校と博物館でつくる国際理解教育－新しい学びをデザインする－』明石書店

永田佳之他（2012）「特集 ESDと国際理解教育」日本国際理解教育学会『国際理解教育』Vol.18、明石書店

中山京子（2012）『先住民学習とポストコロニアル人類学』御茶の水書房

日本国際理解教育学会編（2012）『現代国際理解教育事典』明石書店

日本国際理解教育学会編（2010）『グローバル時代の国際理解教育－実践と理論をつなぐ－』明石書店

パイク, G.、セルビー, D.著、中川喜代子監修・阿久澤麻理子訳（1997）『地球市民を育む学習』明石書店

フィッシャー, S.、ヒックス, D.著、国際理解教育・資料情報センター編訳（1992）『WORLD STUDIES－学びかた・教えかたハンドブック－』めこん

藤原孝章（1994）『外国人労働者問題をどう教えるか－グローバル時代の国際理解教育－』明石書店

藤原孝章他（2014）「特集 海外研修・スタディツアーと国際理解教育」日本国際理解教育学会『国際理解教育』Vol.20、明石書店

藤原孝章・野崎志帆（2013）「国際理解教育・開発教育」上杉孝實・平沢安政・松波めぐみ編『人権教育総合年表』明石書店

丸山英樹・太田美幸編（2013）『ノンフォーマル教育の可能性－リアルな生活に根ざす教育へ－』新評論

嶺井明子他（2011）「特集 グローバル時代のシティズンシップと国際理解教育」日本国際理解教育学会『国際理解教育』Vol.17、明石書店

文部科学省（2008）『国際理解教育実践事例集（中学校・高等学校編）』教育出版

文部科学省（2013）『国際理解教育実践事例集（小学校編）』教育出版

山西優二・上條直美・近藤牧子編（2008）『地域から描くこれからの開発教育』新評論

横田和子（2008）「ことばの豊穣性と国際理解教育－ことばとからだのかかわりを中心に－」日本国際理解教育学会『国際理解教育』Vol.14、創友社

レイヴ, J.、ウェンガー, E.著、佐伯胖訳（1993）『状況に埋め込まれた学習－正統的周辺参加－』産業図書

渡部淳・獲得型教育研究会（2010）『学びを変えるドラマの手法』旬報社

Drake. M. S. (1993) *Planning Integrated Curriculum: the Call to Adventure*. the Association for Supervision and Curriculum Development.

2 国際理解教育と関連諸教育

1. 多数の関連諸教育と曖昧な境界

　国際理解教育は、関連する諸教育がきわめて多い。グローバル教育、開発教育、多文化教育、異文化間教育、人権教育、平和教育、持続可能な開発のための教育（ESD）、シティズンシップ教育をはじめ、日本国際理解教育学会が編集した『現代国際理解教育事典』（2012）では、16の教育が、国際理解教育の関連諸教育としてあげられている。

　国際理解教育およびこれらの諸教育の多くは、成立の背景や主な研究者・実践者グループを異にするため、日本では、基本的に、それぞれ別の学会や研究会を持ち、相互に影響を与えながら研究や実践活動が展開している。その一方で、前提とする社会像や様々な社会的課題を解釈する「切り口」は異なるとしても、最終的に目指す基本的方向性に、大きな相違を見いだすことは難しく、目標レベル、内容レベル、方法レベル等の視点から、各教育を明快に区分することは容易ではない。

　そのような困難さが生じるのは、これらの諸教育におよそ共通する、つぎのような特性によるところが大きいであろう。第一に、これらの諸教育は、教科学習とは異なり、特定の範囲の学問領域をバックグラウンドとして、固有の目標や学習内容のまとまりを示すという仕方で定義することが、そもそも困難である領域であること。第二に、これらの諸教育は、学校の特定の領域で行われる教育ではなく、学校の教育活動の全般、さらには社会生活全般においても実践されるべき性格のもので、知的理解にとどまらない人としての生き方やあり方にまで関係するものであること。第三に、諸教育の実践を主導するアクターが、必ずしも学校に限定されるわけではなく、国際機関や政府機関、NGO・NPO、社会教育施設など多岐にわたり、学習の対象者も、児童生徒に限らず、大人（成人）も含める形で構想されており、生涯学習を含めて、あらゆる教育の場面での実践をも念頭に置いたものであること。第四に、以上の特性もあって、各教育自体が多様に解釈されており、それぞれも一枚岩の教育として論じることが難しいこと、などである。このような特性や、それぞれの国際理解教育実践の多様性については、日本国際理解教育学会編（2010）からもうかがえる。

　さて、国際理解教育は、第二次世界大戦後、ユネスコによって提唱され、世界各地へ普及していった教育であり、関連諸教育と比べて最も長い歴史を持つと言える。とはいえ、設立時のユネスコも、「国際理解教育（Education for International Understanding）」ではなく、「世界市民性教育（Education for World Citizenship）」「世界共同社会に生活するための教育（Education for Living in a World Community）」など、多様な用語を用いていた時期もある。また、国際理解教育が体系化されたとされる「1974年ユネスコ勧告（国際理解、国際協力及び国際平和のための教育並びに人権及び基本的自由についての教育に関する勧告）」においても、五つの教育が「不可分の一体をなす」ものとして提起されており（ユネスコは、この五つの教育の総称として「国際教育」とした）、ユネスコの国際理解教育は、そもそも広範囲の教育を包摂する教育として提唱されていた。

　その後、世界情勢の変化、新しい地球的、社会的課題の表出に対応するため、成立の時期や、主に取り組まれた国・地域を異にする多くの教育が生み出され、日本にも紹介されてきた。

　現在、それぞれの教育は、時代の変化に対応し

て、対象とする範囲を拡げる傾向にあり、また、関連する社会諸科学においても、例えば、「多文化社会におけるシティズンシップ」というように、複数の教育を越境するような論考も増えており、それぞれの境界線を明確にすることは、ますます困難となっている。現代世界をグローバル社会ととらえ、グローバル時代に必要となる知識や能力、資質を獲得させるための教育を構想しようとするならば、専門分化する方向ではなく、多様な問題群を包括的、総合的に扱う方向での展開が必要となる。それゆえに、各教育が充実すればするほど、内容の重複が起こることは避けられない。

これまでにも、関連諸教育の関係性の整理を試みた論考もあるが、その方法は、論者によって異なり、定式化されてはいない。国際理解教育の歴史や特色等については、本書の各章で詳細に述べられているため、本章では、関連諸教育の中で代表的な教育を取り上げ、各教育の概要と国際理解教育との関係性や意味について整理していくことにしたい。

2. 諸教育の概要と国際理解教育との関係性

（1）グローバル教育（Global Education）

グローバル教育は、1970年前後から、アメリカ合衆国の研究者らによって、積極的に提唱されてきた教育である。日本においても、1980年前後から、大野連太郎、樋口信也、魚住忠久らによって、J. ベッカー（James Becker）、L. アンダーソン（Lee Anderson）、W. クニープ（Willard Kniep）、K. タイ（Kenneth Tye）、J. コーガン（John Cogan）など、グローバル教育の理論的指導者らの研究が紹介されている。グローバル教育の展開については、魚住(1987) や日本グローバル教育学会編（2007）に詳しい。

「宇宙船地球号」（バックミンスター・フラー）という世界観の拡がり、『成長の限界』（ローマクラブ報告、1972年）の公表、経済活動のボーダレス化の進展、さらに1970年代以降、いわゆる地球的な課題が表面化する中で、「ネイション（国家）」の論理を超えて、文字通り「グローバル（地球的）」な視点から一つのシステムとして世界をとらえ、考え、行動できる資質（グローバル・シティズンシップ）を育成することが希求された。グローバル教育は、経済、環境、文化、政治等の国境を超えた相互連関、グローバリゼーションによる諸課題等を学習し、他者の見方から生活をとらえ直すことができるスキルの育成をも目指す教育である。

アメリカ合衆国において、1980年代以降、グローバル教育の理念は全国的に普及していくが、グローバル教育に特化した科目や学習領域が別途設置されるのではなく、グローバル教育ガイドラインの発行や、社会科の目標や内容にグローバルな視点を組み入れるという形で各州の教育にも影響を与えてきた。研究においても、例えば、グローバル教育の初期の研究者であるR. ハンヴェイ（Rovert Hanvey）が、①自分の見方への自覚、②地球の現状への意識、③異文化への意識、④グローバル・ダイナミクスに関する知識、⑤人類の選択についての意識、という五つをグローバル教育のパースペクティブとして示していたように、具体的なカリキュラムとしてではなく、必要となる見方や考え方、意識、技能が示されることが多い。

近年では、2005年に全米社会科協議会（NCSS）が、社会科におけるグローバル教育を特集する年報（Social Studies and the World –Teaching Global Perspectives）を公刊し、グローバル教育の視点を組み入れた社会科教育を特徴づける11要素と教授されるべきトピックスを示すなど、現代でも、社会科を中心にグローバル教育を普及させようとする試みが進行している。その11要素とは、①ローカル・グローバルな結びつきの学習、②自らの見方への気づきと多様な見方の学習、③システムとしての世界の学習、④グローバル・イシューの学習、⑤グローバルな文脈での権力の学習、⑥国家以外のアクターの学習、⑦偏見軽減への着目、

⑧文化間の能力の育成、⑨研究と思考の技能育成、⑩ローカル／グローバルなコミュニティへの参加、⑪電子技術の活用であり、これらの要素を社会科全般に組み入れることが求められている。

実際の教育現場では、社会的な背景もあって、グローバル教育よりは多文化教育に重きが置かれる傾向にあると言われているが、J. コーガンやM. メリーフィールド（Merry Merryfield）などによって、グローバル教育と多文化教育を結びつける必要性も指摘されており、今後の展開を注視する必要がある。

このようなアメリカ合衆国を起源とするグローバル教育は、イギリスのワールドスタディーズ（World Studies）にも影響を与えるなど、他国の教育にも影響を与えてきた。経済活動のみならず、あらゆる分野でのグローバリゼーションが進展している現代世界の中において、国際理解教育においても、グローバルな見方の育成やグローバル意識の醸成、グローバル・シティズンシップの育成などが強調されており、国際理解教育との親和性が高い教育である。

（2）開発教育（Development Education）

開発教育は、1960年代に、南北問題や貧困など、主に開発途上国における「開発（Development）」をめぐる諸問題について、その本質や解決方法を、先進諸国の人々に理解させ、途上国への支援や協力を促そうと、欧米で活動をしていた国際協力系のNGO関係者によって開始された教育である。後に、ユニセフなどの国際機関の支援も受けるようになり、世界各地に広がっていった。日本でも、1982年に、開発教育協議会（現在は開発教育協会：DEAR）が設立され、多くの研究者、実践者が加わり、積極的な活動が展開されている。

同協会は、開発教育を「私たちひとりひとりが、開発をめぐるさまざまな問題を理解し、望ましい開発のあり方を考え、共に生きることのできる公正な地球社会づくりに参加することをねらいとした教育活動」と定義している。また、①開発を考える上で、人間の尊厳を前提とし、世界の文化の多様性を理解すること（多様性の尊重）、②地球社会の各地に見られる貧困や南北格差の現状を知り、その原因を理解すること（開発問題の現状と原因）、③ 開発をめぐる問題と環境破壊などの地球的諸課題との密接な関連を理解すること（地球的諸課題の関連性）、④世界のつながりの構造を理解し、開発をめぐる問題と私たち自身との深い関わりに気づくこと（世界と私たちのつながり）、⑤開発をめぐる問題を克服するための努力や試みを知り、参加できる能力と態度を養うこと（私たちのとりくみ）、という五つの学習目標を提示している。

開発教育の展開については、田中治彦編（2008）に詳しいが、もともとは、開発途上国の開発問題に焦点をあてていた開発教育も、途上国の問題を、先進国の責任を含めて理解したり、開発問題を人権、女性、平和、環境、食といった多様な観点からとらえるようになるなど、開発問題の領域を拡げながら展開している。開発問題の理解は、国際理解教育においても以前から重要なテーマの一つとなってきた。開発教育が積極的に進めている参加型学習という学習方法や、NGO・NPOとの連携による教育実践など含め、国際理解教育の取り組みと共通する点が多い。

（3）多文化教育（Multicultural Education）

多文化教育は、「マイノリティの視点に立ち、社会的公正の立場から多文化社会における多様な人種・民族あるいは文化集団の共存・共生を目指す教育理念であり、その実現に向けた教育実践であり教育改革運動でもある」（松尾 2013: 3）とされる。多文化主義を政策に取り入れてきたカナダやオーストラリアをはじめ、多文化社会の典型ともされるアメリカ合衆国などで発展してきた。移民社会であるこれらの国は、国や社会の統一性を維持しながらも、国内の多様性を保証しなければならないというジレンマの中にあって、多文化教育への期待は大きい。ただし、一言で多文化教育といっても、教育政策や教育システム、学校の管

理運営のしくみなどを問い直そうとするものから、マイノリティについて学習する機会を増やそうとするもの、さらには学校教育を超えて、マジョリティの創出してきた知識領域の再考を求めるものまで含まれ、幅広い。また、多文化教育の理念的な基礎をなす多文化主義の概念も、主流社会の価値や規範を一切否定するもの、私的領域の多様性は認めるが、公的領域においては認めないとするものなど、多様な解釈がなされるため、多文化教育にも様々な立場が存在する。アメリカ合衆国では、多文化教育の理念は広く普及しているが、近年、マイノリティを表面的に扱う実践が多いなどの課題も指摘されており、批判的社会理論に基づく、多文化教育の新しいパラダイムが模索されている。

日本では、アメリカ合衆国における多文化教育の理論的指導者であるJ. バンクス（James Banks）の理論は平沢安政（1996、2006）などによっても紹介されている。外国人の人権問題を取り上げた実践も増えており、多文化教育の理念や目標は普及しつつあるとはいえ、「多文化教育」が前面に打ち出されることは、未だ少ないといえよう。また、外国人児童生徒の教育について検討を進める自治体なども増加しているが、その取り組みは、一部に限られている。現在は地域差の大きい外国人居住者の割合も、今後、さらなる少子化と経済活動のグローバル化が進むことによって、全国各地で高まっていくと予想されており、どの地域の教育であっても、多文化教育の理念を組み入れた実践の展開が求められるようになるであろう。ただし、多文化教育は、外国人居住者の割合が高い地域のみで実践されればよいものではない。日本社会を多文化社会であるととらえ直して、日本の教育が暗黙の前提としてきた社会観や学校文化などに対して、パラダイムの変革を求めるような議論は途に就いたばかりであり、今後、研究の進展が期待される領域でもある。

国際理解教育においても、他の文化理解を促す実践が多くなされているが、そこでは、あくまでも日本人や社会的主流の視点からみた「他」文化や、「わたしたち」とは異なる外国（人）の文化として扱われることが多い。日本社会を多文化社会ととらえなおして、その中で、「多」文化が共生する社会の望ましいあり方を追求する視点から実践を強化していく必要性がますます高まっているといえる。国際理解教育は、外国理解教育ではない。国内の多文化をめぐる諸課題を理解させることも国際理解教育の射程に入っており、国内の多文化問題を理解することが、諸外国の多様な文化や社会的課題の理解にもつながるという発想での実践が増えていくことが期待されている。

（4）異文化間教育（Intercultural /Transcultural Education）

異文化間教育とは、「異文化との接触や交流を契機として、あるいは異文化との接触と相互作用が恒常的に存在する構造的な条件のもとで展開する、人間形成にかかわる文化的過程ないし活動」（江淵編 1997: 16）と定義される。1981年に「異文化間教育学会」が設立されたことで、新しい領域として認知されるようになった。異なる文化の相互理解を目指す「異文化理解教育」とは一線を画すものである。「間」の文字にその意味が込められているように、複数の文化の「間」で生じる相互作用の構造や効果、人間形成への意味や影響を学際的に解明しながら、複数文化にまたがってなされる人間形成に関わる教育のあり方が追求される。その意味では、特定の内容の理解、スキルの獲得、何らかの行動などを目標の一部に組み入れている他の教育とは、位置づけが異なるともいえる。

日本の国際化が進展するにつれて、海外で一定期間生活する子どもが増え、帰国児童生徒の教育、海外児童生徒の教育が新しい教育課題として浮上する時期に、異文化間教育は注目されるようになった。その後、留学生や、在日韓国・朝鮮人、外国人労働者、国際結婚家庭の子どもにも対象を拡げ、現在では、障がいやジェンダーまでも射程に入れて研究が進んでいる。自文化と異なる文化

との接触は、国境を越える移動によって異なる文化に直面するケースや、ある国の中でも私的生活での文化と主流社会の文化が異なるケースなど、多様なケースが想定される。いずれのケースにおいても、複数の文化にまたがって人間形成が行われる場合には、既存の枠組みでは、子どもの成長や教育のあり方をとらえることは困難である。異文化適応、異文化間コミュニケーション、第二言語習得、アイデンティティ形成などの諸問題を解明する必要があり、その研究成果に基づく教育を構想することが必要である。グローバル化、国内の多文化化がさらに進展しようとする現在、複数文化にまたがって成長する子どもたちは、ますます増加することが予想され、異文化間教育の役割もより高まっている。多文化共生社会の実現にむけて、多様な文化を尊重し、複数の文化の中で成長する子どもたちの教育をどのように構想するのかは、国際理解教育にとっても重要なテーマであり、共通する目標をもった教育であるといえる。

(5) 人権教育（Human Rights Education）

人権教育は、人権を守る社会や個人の形成を目指す「人権のための教育」、教育を受ける機会の拡充を目指す「人権としての教育」、学習者の人権を守る形で学習過程を展開することを目指す「人権を通じての教育」、そして、人権についての理解を促すことを目指す「人権についての教育」という複数の側面を持つと言われる。「世界人権宣言」（1948年）は言うまでもなく、「人種差別撤廃条約」（1965年）、「国際人権規約」（1966年）、さらには、女性や子どもに対象を拡げつつ、国際連合では人権に関する多くの条約が採択されている。これらの人権思想の普及にともなって、世界各地で人権教育の取り組みが進んでいる。

1974年のユネスコ「国際教育」勧告やその改訂版とされる1994年の「平和・人権・民主主義のための教育宣言」や翌年の「平和・人権・民主主義のための教育に関する総合行動要綱」など、ユネスコの国際理解教育の重要文書においても、人権は常にキーワードとして扱われており、国際理解教育は人権教育の側面をもつといえる。近年では、「国連人権教育の10年」（1995年－2004年）によって、国際的に人権教育をさらに普及させる取り組みが進展している。

日本においてもその取り組みの歴史は古く、同和問題やアイヌ民族の問題など、差別根絶を目指す教育としても発展してきたし、また、学校における多様な場面で取り組まれてきた。人権教育の範疇は広いが、すべての人々の人権が尊重される社会の形成は、国際理解教育の目指す社会像とも重なり、国際理解教育の土台をなす教育であると言える。しかしながら、日本国内の外国人差別は未だ深刻であり、国連人権差別撤廃委員会から日本政府に対して、ヘイトスピーチをめぐる改善勧告がなされる（2014年8月）など、人権啓発の取り組みは、さらなる強化が求められている。国際理解を進めるために、人権尊重の態度を育成し、人権という切り口からの問題把握と、課題解決方法を模索していくことは不可欠であり、国際理解教育と多くの共通性を見いだすことができる。

(6) 平和教育（Peace Education）

平和教育は、「人間の生命の尊厳の思想にもとづいて、人間の生命を否定する一切の力、とくに戦争に反対し、平和を愛し、平和を築く人間を育てる教育」と定義される（『平和教育実践事典』）。

平和教育の歴史的展開は、竹内久顕編（2011）などに詳しいが、『平和教育実践事典』によれば、平和教育は、「直接的平和教育」と「間接的平和教育」との二つの面から構造的に捉えることができる。前者は、戦争や紛争、暴力といった、平和に関する問題を直接的、意図的に題材として扱い理解を促すもので、後者は、戦争や平和の問題を直接とりたてては扱わないが、平和を志向する態度や民主的な態度の形成、人権意識の涵養、様々なコンフリクト（葛藤や衝突）を非暴力のもとで解決するスキルの獲得などを目指すものである。ヒロシマ、ナガサキの原爆に関する教育をはじめ、

日本でも平和教育は、戦後間もない時期から積極的に取り組まれており、「構造的暴力」「積極的平和」（ヨハン・ガルトゥング）などの新しい概念も組み入れながら展開してきた。現在では、「包括的平和教育」（ベティ・リアドン）の概念も注目されており、幅広い領域を巻き込んでの展開が進められようとしている。その一方で、戦後70年あまりが経過する現在において、原爆や戦争の体験がますます風化していくことに対する危惧もあり、「直接的平和教育」の再構築も課題としてあがっている。

第二次世界大戦の惨禍を経て、設立当初のユネスコは、「人の心の中に平和のとりでを築く」（ユネスコ憲章前文）ために、国際理解教育を世界的に普及させ、世界平和を実現することを目指していた。このようなユネスコの平和主義は、戦後日本の平和主義の精神とも呼応し、世界の国に先駆けて、日本が国際理解教育への取り組みを開始したことは周知である。1974年のユネスコ「国際教育」勧告、1994年の「平和・人権・民主主義のための教育・宣言」、その後、国連やユネスコが提起した「平和の文化」の概念など、平和教育は、常にユネスコの主要テーマであり、国際理解教育にとっても重要な部分をなしてきた。初期の国際理解教育の理論的指導者であった勝田守一が、「国際理解の教育が平和な世界を形成するという目的のために行われるという自明のことをここでくり返しておくことは必要だと思う」（勝田 1951: 8）という一文で始まる論考を発表しているように、日本の国際理解教育は、平和教育との密接な関係性を意識して開始されたことを、常に確認しておくことは大切であろう。

国際平和の実現を目指して国際理解教育が提唱されたという成り立ちを考えれば、国際理解教育と平和教育は密接に関係する教育である。「間接的平和教育」「包括的平和教育」ともなれば、その目標や内容は、国際理解教育と多くの部分で共通することにもなる。

（7）持続可能な開発のための教育（Education for Sustainable Development: ESD）

ESDは、「持続発展教育」という略称が用いられることもあるが、2014年のユネスコ世界会議に向けて、文部科学省は、正式な訳語を「持続可能な開発のための教育」で統一することにした。環境、貧困、人権、平和、開発などの現代社会の諸課題を、「自らの問題として捉え、身近なところから取り組む（think globally, act locally）ことにより、それらの課題の解決につながる新たな価値観や行動を生み出すこと、そしてそれによって持続可能な社会を創造していくことを目指す学習や活動」（日本ユネスコ国内委員会）である。

主に環境問題に関わって、1980年代から、「持続可能な開発」の概念が提起され、1992年の国連環境開発会議（地球サミット）の「アジェンダ21」の中に明記されたことで、多くの領域で、その概念が使われるようになった。2002年の持続可能な開発のための世界首脳会議（ヨハネスブルクサミット）において、日本によって、「持続可能な開発のための教育」に取り組む必要性が提案され、その後の国連総会において、2005年から2014年までを「持続可能な開発のための教育の10年」として、世界的に取り組むことが決められた。持続可能な社会へ変革するための道筋とそのために必要な資質能力を形成する教育のあり方は、各国によって異なるため、具体的な学習モデルが提示されているわけではないが、日本では、世代間の公平、地域間の公平、男女間の平等、社会的寛容、貧困削減、環境の保全と回復、天然資源の保全、公正で平和な社会などが、ESDにおいて取り組むべき課題としてあげられている。人権や文化に配慮しながらも、これらの課題についての知的理解にとどまらず、持続可能な社会を築き、個々人が「未来を築く担い手」となる力を育成することが目指されている。それゆえに、学習においては、知識の伝達ではなく、学習者参加型の授業を通して、課題解決のための具体的な行動を促すことが目指される。ESDの理念は、平成20年の学習指

導要領にも組み入れられており、2015年時点で900を超えるまでに至ったユネスコスクール加盟校もESDの推進拠点として積極的な活動を展開している。2015年度以降は、後継プログラムとして、「持続可能な開発のための教育に関するグローバル・アクション・プログラム（GAP）」を実施することが2013年のユネスコ総会で採択されており、ESDのさらなる展開が期待されている。目標や育成を目指す能力など、国際理解教育の取り組みと共通する部分が多い。

（8）シティズンシップ教育（Citizenship Education）

シティズンシップ教育は、関連諸教育の中でも最も新しい領域であり、積極的な取り組みが今後期待されている教育である。しかしながら、シティズンシップの育成は、公教育の一般的目標でもあり、道徳、特別活動、課外活動、日常的な生徒・生活指導など、幅広い教育活動を展開する日本の学校教育の中では、実際には、多くの場面でシティズンシップの育成が行われており、その概念はすでに導入されているともいえる。社会科で育成が求められる「公民的資質」も、原語は、シティズンシップであり、1916年のアメリカ合衆国での社会科の成立以来、教科目標の一部をなしてきたことは周知であろう。

現在のように世界各国で改めてシティズンシップ教育の意味や必要性が問い直されるようになったのは、2002年にイギリスが新教科「シティズンシップ」を導入したことや、21世紀に入り、知識基盤社会や成熟した市民社会を支える自立・自律した市民の育成が求められるようになったからである。その意味では、新しい概念を教育現場に導入するというよりは、シティズンシップの育成を中核におきながら、学校教育のあり方を編み直す試みという側面ももつ。

シティズンシップ概念も多義的であるため、シティズンシップ教育を定義することは容易ではない。経済産業省の調査研究として組織された「シティズンシップ教育と経済社会での人々の活躍についての研究会」（2006年）は、シティズンシップを「多様な価値観や文化で構成される社会において、個人が自己を守り、自己実現を図るとともに、よりよい社会の実現に寄与するという目的のために、社会の意思決定や運営の過程において、個人としての権利と義務を行使し、多様な関係者と積極的に（アクティブに）関わろうとする資質」と定義し、シティズンシップ教育は、そのために必要となる「意識」「知識」「スキル」を育成するものとしている。単に関連する知識を理解するのではなく、公的・共同的な活動、政治活動、経済活動などにおいて、学習者自らが考え、社会の活動に参加することを通して、社会の一員としての自覚や、よりよい社会づくりに関わるための知識、スキルを獲得させようとするところに特徴がある。

ユネスコも一時期は「世界市民性教育」という用語を用いていたように、シティズンシップの育成は、国際理解教育にとっても欠くことはできない。国際理解教育は、シティズンシップをグローバルな次元から捉えたグローバル・シティズンシップの育成に大きな役割を果たす。現代は、個人のアイデンティティ形成のレベル、ローカルなレベル、ナショナルなレベル、どの段階においても、グローバル化が進展している。グローバルな諸問題の理解、多様性の尊重、社会性や道徳心、批判的思考や公正な判断力、基本的なコミュニケーション能力、コミュニティへの積極的な参加など、グローバル社会に生きる、民主的で、自立・自律した市民の育成という観点は、国際理解教育で育成しようとする人物像であるともいえる。

3. 国際理解教育の包括性と固有性

国際理解教育の起点をいつとするのかについては諸説あり、戦後のユネスコ設立時や1974年のユネスコ「国際教育」勧告の時代とすることもできるが、現在は、その当時、想定されていなかった事象が世界を席巻している。冷戦構造の崩壊は言うまでもなく、ヒト、モノ、情報のグローバル

な規模での移動（正のグローバリゼーション）とそれによる諸課題の表面化（負のグローバリゼーション）、新しい人権思想や持続可能な開発といった新しい概念の世界的普及、キー・コンピテンシーやシティズンシップといった新しい資質・能力への注目、日本では「グローバル人材」育成の提唱など、その例をあげれば枚挙にいとまがない。このような世界の変化の中で、本章で紹介した新しい教育がいくつも生まれて、取り組みが進められているが、将来的には、新しい国際的なスローガンや問題群に呼応する形で、別の教育がラインナップに加わる可能性も高い。もちろん、グローバル時代の国際理解教育も、時代の変化や国際的な情勢に対応しながら、新たな対象や見方・解釈を取り入れることが必要であり、その変化への対応によって、場合によっては、これまでの理論の再構築が求められることもあろう。

1974年のユネスコ「国際教育」勧告でも、勧告の適用範囲が、「すべての段階及び形態の教育」とされているように、国際理解教育が扱う範疇は広く、多様である。国際理解教育を、グローバル時代に必要とされる教育のすべてを包摂するアンブレラ概念として考えるのか、他の諸教育とは異なる固有の目標や学習内容、アプローチ方法をもつ教育であると考えるのかは見解が分かれるところである。本章で紹介したように、国際理解教育と関連諸教育とは、目指す方向性にしても、取り扱う内容にしても、重複することは避けられず、その「境界」が分かりにくくなっている時代にあって、国際理解教育との同異が意識されない論考も増えている。国際理解教育は、外国（外国人）理解教育の総称ではない。関連諸教育の中で最も長い歴史をもち、日本においても戦後の民主的教育への転換の中で、それを支える重要な教育として取り組みが始められたように、固有の歴史や枠組みをもって展開してきた教育である。現在のように「境界線」が曖昧になっている時代であれば、なおさら国際理解教育の固有のあり方を常に追求する姿勢をもつことが肝要となっているといえる。関連諸教育の成果に学びつつも、本書の各章で検討されている、国際理解教育固有の成立の理念、目標や内容構成、実践のあり方などを参照しながら、国際理解教育の固有性を意識し、その固有性にこだわりをもった研究や実践が展開することによって、国際理解教育の研究や実践は、さらに豊かなものとなっていくであろう。

（森田真樹）

[引用文献]
魚住忠久（1987）『グローバル教育の理論と展開』黎明書房
江淵一公編（1997）『異文化間教育研究入門』玉川大学出版部
勝田守一（1951）「国際理解の教育」『文部時報』（1951年9月号）
竹内久顕編（2011）『平和教育を問い直す－次世代への批判的継承－』法律文化社
日本国際理解教育学会編（2012）『現代国際理解教育事典』明石書店
バンクス, J.著、平沢安政訳（1996）『多文化教育－新しい時代の学校づくり－』サイマル出版会
バンクス, J.他著、平沢安政訳（2006）『民主主義と多文化教育－グローバル化時代における市民性教育のための原則と概念－』明石書店
広島平和教育研究所編（1981）『平和教育実践事典』労働旬報社
松尾知明（2013）『多文化教育がわかる事典－ありのままに生きられる社会をめざして－』明石書店
田中治彦編（2008）『開発教育－持続可能な世界のために－』学文社
日本グローバル教育学会編（2007）『グローバル教育の理論と実践』教育開発研究所
日本国際理解教育学会編（2010）『グローバル時代の国際理解教育－実践と理論をつなぐ－』明石書店

3
国際理解教育と文化・地域・学び

1. 文化の動的な状況と国際理解教育の課題

　いま地球上では、文化の変容が急速に起こりつつある。

　身近なところから眺めてみると、特に1980年代以降にみられる日本の国際化・グローバル化の進展の中で、地域社会では、アジア・中南米などからの外国人労働者とその家族、中国からの帰国者、アジアからの留学生など、地域在住の外国人は飛躍的に増大し、また学校でも外国につながる子どもや海外からの帰国生が増加している。そしてこのような状況は、アイヌ民族、琉球民族、在日コリアン・中国人といった、それまで日本社会が内包させてきた民族・文化問題とも相まって、個人レベル・集団レベルで文化的言語的アイデンティティをどのように形成していくのかという課題を、また地域レベルでいかにして多文化化、多言語化に対応し、多文化共生社会をつくり出していくのかという課題を浮かびあがらせている。

　一方、世界的な問題状況に目を向けてみると、21世紀に克服すべき重要課題としての緊張状況に関する指摘がある。例えばユネスコ21世紀教育国際委員会の報告書『学習：秘められた宝』（ユネスコ著、天城監訳 1997: 9-11）は、21世紀の克服すべき重要課題として、主だった七つの緊張を指摘している。それらは、「グローバルなものとローカルなものとの緊張」「普遍的なものと個別的なものとの緊張」「伝統性と現代性との緊張」「長期的なものと短期的なものとの緊張」「競争原理の必要と機会均等の配慮との緊張」「知識の無限の発達と人間の同化能力との緊張」「精神的なものと物質的なものとの緊張」である。この報告書が指摘する緊張は、まさに本質的な意味での人間の多様な文化が、世界レベルで緊張状況にあることを示している。

　また、文化の多様化、文化間の緊張関係が進む一方、より普遍的な価値・文化を形成することへの国際的なドライブが働いていることも確かである。例えば1999年に新しい千年紀に向けて、国連総会で「平和の文化に関する宣言」が採択され、さらに国連はユネスコの提唱を受けて2000年を「平和の文化国際年」と定め、この国際年は2001年から2010年の「世界の子どもたちのための平和と非暴力の文化の10年」へ引き継がれたことはそのことを示している。また「持続可能な開発」「持続可能な開発のための教育」に関する動きも活発化しつつあるが、その実現に向けてのアプローチは多様であったとしても、現在の世代が将来の世代のための資源を枯渇させぬこと（世代間の公正）、貧困と貧富の格差を解消すること（世代内の公正）をめざしていることは共通し、その根底には公正の文化づくりが位置付いていると読み解くことができる（山西 2014: 63-64）。まさに「平和」「公正」は、文化のあり様を示す基本概念であり、多様な文化・価値が緊張・対立する中にあって、文化の多様性を前提としつつ、より普遍的な文化を生み出そうとする動きを看て取ることができる。

　つまり今の社会を取り巻く文化の状況とは、「多様化」「緊張化」「普遍化」といった方向性が交錯し、人の中、人の間に動的な状況がつくり出されていると捉えることができる。

　では、以上のような文化の状況に、教育はそして人間は十分に対応できているのだろうか。文化が動的な状況を顕在化させている中では、これまでの教育にありがちな文化を固定的、相対主義的

に理解し、その異質性・共通性・多様性への尊重のみを強調する静的なアプローチでは、今の状況に対応できないことは明らかである。また文化的変動があまりに速くかつ多面的に生じているために、文化創造の主体である人間が、その主体性を見失っているかのようにも見える。では、このような状況の中で、人間がまさに文化創造の主体としての力（文化力）を形成していくには、人間は何をどう学んでいけばよいのだろうか。

　こういった問題意識から、これからの国際理解教育を描いてみようとすると、地域がキーワードとして浮かびあがってくる。それは、個人レベル・地域レベル・地球レベルで顕在化しつつある数多くの問題の理解と解決に向けては、地球的な視野をもちつつ、地域からの具体的なアプローチが必要とされるからである。また地球レベルでの平和・公正といったより普遍的な価値の志向が理念レベルにとどまることなく、生活様式や行動規範としての文化として創造され継承されていくには、これらの価値が、それぞれの地域での生活の中で、協働的に絡み合い文化として醸成されていくことが必要とされるからである。つまり、これからの国際理解教育にとって、これまでの世界的視野に立つ多様な文化や問題状況への理解に関する蓄積に加え、平和で公正な文化づくりに向けた「地域を軸に世界とつながる実践と理論の構築」が不可欠であると考えられる。そこで本稿では、国際理解教育がめざす文化力の形成に向けての地域のもつ意味を、文化力形成への課題と地域のもつ機能を確認しつつ、学びの必然性と学びの関連性という視点（パースペクティブ）から描き出してみることにしたい。

2. 文化とは、文化力とは

（1）文化とは

　文化状況に対応した国際理解教育のあり様を考える上で、まず文化とは何かについて確認しておくことにしたい。文化に対してはこれまでにも多くの論者により多様な定義が示されている。筆者なりには、「集団によって共有されている生活様式・行動様式・価値など一連のもの」という捉え方を基本としているが、ただこの定義以上に重要なのは、なぜ人間は文化をつくり出したのかという点である。

　人間が集団をなして生きる存在であることを考えると、人間が文化をつくり出したことには必然性がある。人間が集団で自然との関係、社会との関係、歴史との関係を生きる上で、集団で共有される文化は必要不可欠なものである。この点に関して、ベルギーの社会学者であるティエリ・ヴェルヘルスト（Thierry Verhelst）は「文化を英語で言うcoping system対処手段、つまり問題解決のための一連の方法論というふうに捉えるべきではないかと考えています」（T.ヴェルヘルスト 1997a: 53)、「文化は、人間社会を取り囲む様々な問題に対して、伝え、採用し、あるいは新たに創造する解決策の全体である」（同上：54）と指摘している。つまりこの指摘を踏まえると、人間が、自然的社会的歴史的関係の中で、共に生活していこうとする時に、遭遇する様々な問題を解決するために生み出してきた方策が文化であると捉えることができる。文化はそこに生み出される必然性をもち、その文化は生活様式・行動様式・価値などとして生活の中に織り込まれてきたのである。したがって、文化は博物館や美術館に展示するためにつくり出されたものではなく、また、教育の対象、理解の対象となるためにつくり出されてきたものでもない。まさに文化は生活の中で生きており、また自然的、社会的、歴史的な関係の変化の中で、変容していく動的なものであるということができる。

（2）文化力形成への課題

　文化を上記のように捉え、「はじめに」で記したように文化の動的な状況を踏まえた時、人間が文化創造への主体性を意識し、より平和で公正な文化づくりに参加していく力を形成していくための課題として、相互に関連し合う以下の3点を指

摘することができる。

①「文化の人間的役割」を理解する

文化が多様化し、急速に変容する中にあって、改めて文化とは何かへの理解が求められてくる。ただ文化を理解するというと、その文化の中身への理解と解されることがほとんどであった。しかし、文化とアイデンティティの関係などを考えると、文化の内容への理解の前提として、人間にとっての文化の役割への理解の重要性が浮かびあがってくる。例えばティエリ・ヴェルヘルストは、文化において重要なのは、文化が個々の人間と社会の両方に影響をもたらす役割としての「文化の人間的役割」であると指摘している。この「文化の人間的役割」に関して彼は4点をあげている（ヴェルヘルスト 1997b: 16-18）。第1は人間に自尊心をもたらしてくれる役割であり、第2は選択の基盤を与えてくれる役割であり、第3は不正行為に抵抗して闘う武器となり得る役割であり、そして第4が人間の抱く根本的な問題に意義を与える役割である。まさに人間が文化の主体となるには、まずこの「文化の人間的役割」を改めて理解し、人間は自らに内在する文化と対峙することか求められてくる。

②個々の文化の特性と文化を取り巻く状況を読み解く

文化が、「多様化」「緊張化」「普遍化」といった動的な状況をつくり出している中では、多様な文化の理解には、多様な文化の異質性・共通性を表面的に理解することにとどまるのではなく、個々の文化に内在する特性、時には階層性・差別性・排他性といった特性を、平和・公正の視点から批判的に読み解くことが求められてくる。また多文化間の対立・緊張の状況に対しても、その状況を表面的に眺めるのではなく、その対立・緊張を生み出す背景にあるグローバル化の進展や地域の政治的経済的文化的状況を、構造的批判的に読み解いていくことが求められてくる。

③文化の表現・選択・創造へ参加する

人間の社会活動を文化という視点で捉え直してみると、文化的参加という概念が浮かびあがる。ここで言う文化的参加は社会参加に含まれる概念ではあるが、社会参加が、これまでの参加の概念に見られるように、一般的に社会的意思決定過程への制度的参加や組織・集団への参加などの側面から、社会性や社会的意義に関連づけてとらえられることが多いのに対し、文化的参加は、文化的存在としての人間の精神的・情緒的側面に注目し、それらの表現・選択・創造活動への参加を意味する概念である。佐藤一子によると、この文化的参加は、「創造的・探求的な関心や興味の共有、情緒的一体感などを通じて個々人の精神的充足や人間関係の形成、心身の解放などが促進されるプロセスを重視し、文化を媒介とするより内面的な価値をもつ活動とその人らしい表現をつうじて個人が社会や集団とかかわる個性的方法に注目するとらえ方」（佐藤・増山編 1995: 15）と概念化されている。またこの概念は、特に子どもという立場そして地域づくりという立場にたつ場合、より重要になる。それは、学校という制度的枠組みをこえた地域という空間において、「子どもたちみずから表現し、異なる世代とのコミュニケーションを発展させ、多様な価値との葛藤を経験しうる場として、地域社会における文化的生活への参加は大きな意味をもっている」（同上: 15））ためである。

また、いま世界各地での地域づくり、震災後の日本での地域づくりを眺めてみると、そこには、歌があり、踊りがあり、祭りがあり、また芸術があるように、大人・子どもを問わず、すべての人に心の躍動を生み出すような文化的な活動が一つの核になってきていることが見てとれる。このような活動は地域づくりにおいて、協働性を再生し人間の生へのエネルギーを活性化するうえで非常に重要であるが、この活動を文化的参加と呼ぶなら、この文化的参加は、平和で公正な文化づくりに向けて大きな可能性を有していると考えられる。

以上のように、現在の文化の状況に対応するためには、人間一人一人が、自然的社会的歴史的関わりの中で、文化の人間的役割を理解し、文化の

多様性およびその文化の対立・緊張の様相とその背景を批判的に読み解き、より平和で公正な文化の表現・選択・創造に参加していく力を育んでいくことが必要とされているといえる。筆者はこの三つの課題を探求する力を、「文化力」と呼びたいと考えている。

3. 地域とは、地域がもつ機能とは

前章で指摘したように、文化力を形成していくことが国際理解教育の課題として確認できるなら、次に、文化力の形成に向けての「地域のもつ意味」を考える前提として、地域の捉え方と地域のもつ機能を、この章では確認することにしたい。

（1）地域とは

地域は、伝統的には、地縁的ないし血縁的なつながりを中心とした住民が共同性に基づいて形成してきた生活空間を意味するものとして捉えることができる。まさにコミュニティとしての地域である。しかし、地域は多義的であり、行政区や学校区のように切り取られたある一定の社会空間を指す場合や、中央に対する地方、中心に対する周辺を指す場合もある。また、学校と地域の連携という言葉に示されるように、学校を取り巻く個人や団体、伝承文化・文化遺産・環境資源などを総称的に指す場合にも使われている。

また地域を、ある一定の固定化された空間として捉えるのではなく、問題や課題に即して可変的に捉えることも可能である。つまり地域を「特定の問題解決や課題達成に向けて住民の共同性に基づき形成される生活空間」として捉えるならば、守友裕一による下記の指摘にあるように、課題の種類とその課題を担う住民を出発点として、地域の範囲は伸縮自在となり、また地域そのものも重層的に捉えることが可能になる。

「地域の範囲をいかに規定するかという議論は、変革すべき課題に即して決まるのであり、その意味で地域の範囲は『伸縮自在』であり、担い手の人間集団を出発点としてそれぞれが重層化しているととらえるのが妥当である。地域の範囲を画定することが問題なのではなく、地域の現実を主体的にどう変革していくか、そうした課題化的認識の方法こそが、地域をとらえる上で最も大切なのである。」（守友 1991: 28）

このような地域の捉え方は、問題解決をめざす教育にとっては特に重要である。それは地域が、政治、経済、文化、自然環境などの要素を内包する生活空間であり、それらの要素は互いに従来の特定の地域を越えて動的に絡み合っている中にあっては、そこに存在する問題とその解決方策を検討するには、地域をより伸縮自在に、柔軟に、重層的に捉える視点が、学びの具体性と解決行動の具体性という観点から、重要であるためである。

（2）地域のもつ機能

では「特定の問題解決や課題達成に向けて住民の共同性に基づき形成される生活空間」としての地域とは、具体的にはどのような機能をもっている、もしくはその可能性をもっていると考えられるだろうか。特に、前章で指摘した文化力形成への課題を念頭に考えられる地域のもつ機能を、図1に示すように、相互に関連し合う三つの観点から、以下、指摘することにしたい。

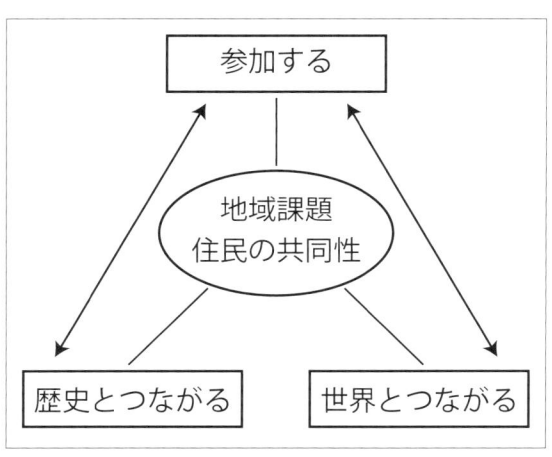

図1　地域のもつ機能（筆者作成）

①参加する〜参加を可能にする場としての地域〜

地域は「参加する」場である。教育・学習にとって、参加はキーワードであり、学習過程への参加、問題解決への参加、そして社会づくりへの参加など、多面的に参加は捉えられてきている。そして、学習者に、社会活動への具体性のある参加を可能にする場が地域である。ただ、ここで注視すべきことは、地域を多層的に捉えるのと同様、参加を複合的、重層的に捉えることである。例えば地域社会というものが政治・経済・文化といった要素を内包していることを考えると、そこにおける社会参加とは、政治的参加、経済的参加、文化的参加を意味することになる。また、参加の対象となる社会活動を「公」「共」「私」という三つのセクターに区分してみた場合、そこには、主に行政が担う公益を原理とする「公」の活動、多様な市民組織・団体が担う共益を原理とする「共」の活動、そして、企業や個人が担う私益の原理と「私」の活動が浮かびあがる。さらには、市民性への議論の中で指摘されている「四つの市民」としての「地域住民」「国民」「アジア市民」「地球市民」という捉え方も、市民性の質と共に市民参加のあり様の重層性を示している。つまり、社会参加というものは、上記のようにより複合的、重層的に捉えることが可能であるが、この参加を今の文化状況に即して考えてみた場合、地域には、子どもから大人までを対象とした、多様な参加の形態・活動が浮かびあがってくる。まさに地域は、参加を具体的に語り、実践することを可能にする場である。

②歴史とつながる〜先人たちの知恵に学び、未来を描く場としての地域〜

地域は「歴史とつながる」場である。歴史的存在としての人間が、先人たちの知恵に学び、それを今に活かし、生きることを保証しあってきた場が地域である。それは地域には、先人たちが問題解決を通して蓄積してきた長い歴史的営みとしての多くの知恵が、文化（地域性や習俗・風習など）として織り込まれてきているからである。

いま私たちが、問題解決・社会参加の場として地域を捉え、さらに平和で公正な文化づくりに向けてこれからの社会のあり様、学びのあり様を考えようとする時、そういった地域の文化に見られる先人たちの知恵に学び、さらに、それを基礎に未来を描いていこうとすることは、歴史的存在としての私たちにとって基本的かつ重要なことである。またこのことは、外から制度として、伝統的な「おしえ、そだて」とは断絶した形で地域に持ち込まれ、現在においても地域・地域文化と切り離された学びを生み出しがちな学校教育・学校文化を再考する上でも、大きな意味をもっている。

③世界とつながる〜対抗し、連携する場としての地域〜

地域は「世界とつながる」場である。問題解決を通して平和で公正な地球社会づくりをめざすには、課題を軸に、世界（国際的な動き・国の動き・他の地域の動きなど）とつながる中で、多様な対抗・連携の動きを生み出すことになるが、その動きの拠点になるのが地域である。

例えば、経済のグローバル化の進展は、効率性・競争という価値による、均質化・序列化を世界的に押し進め、また金融の自由化と多国籍企業活動の自由化は、その恩恵に預かる地域とそうでない地域の格差を拡大させてきている。このグローバル化に対抗し、新しい価値による社会づくりへの動きが見られるのは地域においてである。オルターナティブな経済として、「連帯経済」（内橋 2009）、「共生経済」（西川潤・生活経済政策研究所 2007）などが語られ、投機や貯蓄の対象にはならず人と人が直接に顔の見える関係のなかで使われる「地域通貨」がつくられ、また、フェアトレード、コミュニティ・ビジネスなどの試みも見ることができる。これらの活動は小さな規模かもしれないが、住民同士が相互に支え合うことに価値をおく活動であり、地域を結びつける絆になる可能性がある。また、これらの活動は、連携し合う中で、世界とつながる動きとすることが可能になる。経済のグローバル化に対抗し、連携を通した平和

で公正な地球社会づくりへの動きにおいて、地域が重要な拠点となっていくことは確かである。

以上、文化力の形成を念頭に置きながら、「参加する」「歴史とつながる」「世界とつながる」という、地域のもつ三つの機能について考えてみた。これらの機能は課題を軸に相互に関連しつつ、循環し合うことが想定され、またこの循環の中で文化は自ずと醸成されてくることになる。ただ地域はこれらの機能を内包することを可能としているが、これらの機能は、地域に固定的に存在しているわけではなく、例えば日本の各地に見られる地域社会の崩壊は、これらの機能を大きく低下させている。したがって、それぞれの地域にみる文化的状況と課題を見据える中で、地域の機能を活かした学びをつくり、文化力を形成し、またその学びづくり・文化力を通して、地域の機能を活性化、再生化していくこと、つまり、地域課題を軸に、必然性の中で、学びづくりと地域づくりを連動させていくことが教育に求められてくる。

4. 地域が生み出す学びの必然性と学びの関連性

以上のように、文化力形成への課題と地域のもつ機能を踏まえた時、改めて国際理解教育にとっての地域のもつ意味を確認することができる。それは、地域が生み出す学びの必然性と学びの関連性という視点からの意味である。

(1) 地域事例が示す必然性のある学び

いま日本の地域を眺めてみると、地域経済が疲弊化し、地域と都市の格差が拡がり、また地域の過疎化・高齢化といった問題状況を顕在化させている多くの地域がある。しかし、そんな中にあっても、それぞれの地域が育んできた風土・伝統・文化を見据え、未来を描き出しながら、地域づくりを行っている事例も数多く見えてくる。以下のアートを活用した三つの事例は、2012年に開催され、筆者が足を運んだ地域づくりの事例である。
〈事例1〉「開港都市にいがた　水と土の芸術祭2012」（第2回）—新潟市—（2012年7月14日〜12月24日）
〈事例2〉「大地の芸術祭：2012越後妻有アートトリエンナーレ」（第5回）—十日町市・津南町—（2012年7月29日〜9月17日）
〈事例3〉「土祭2012」（第2回）—益子町—（2012年9月16日〜9月30日）

誌面の制約からすべての事例を紹介できないが、例えば、事例3の益子町で新月から満月にかけての2週間、開催された土祭の総合プロデューサーである馬場宏史はその土祭のねらいに関して次のように述べている（土祭実行委員会編 2012: 61）。

「震災や原発の事故の後、多くの人が、これからどうしたら良いのかという疑問を持ち、迷いつつ、さまざまな想いをめぐらせているのではないでしょうか。濱田庄司はかつて、激動の社会から暮しの理想郷を求めて、ここ益子に巡り着きました。そして、それまでに身につけてきた知識や技術を生かして、この場所に寄り添い、器をつくり、日常の生活を楽しみました。その仕事や哲学が、やがて世界へ影響を与えます。幸い益子には、豊かな自然、農業や手仕事が今も息づいています。まだまだやり直すことは可能です。土祭は、この地の歴史や自然に感謝し、これからの平和な世界を祈る祭。みなさんとともにもう一度、これからの理想郷を目指す、この二週間がその手がかりになれば、と思っています。」

そして、掲げられているテーマは、「1：歴史ある聖の空間、新しい表現」「2：足元の土、豊かな表現」「3：受け継いだ自然、暮しと未来」「4：先人の知恵、暮しと未来」「テーマ5：わかちあう今、そして未来」の五つである。

この土祭を含め、これらの地域の事例から見えてくるのは、第一には、自然への感謝を基礎としつつ、震災・原発の事故を踏まえ、①既存の社会を問うこと、②人間と人間・人間と自然・人間と歴史・人間と社会をつなぐこと、③つくること・表現すること、をテーマにしていることであり、第二には、人間が、感じ、考え、行動することを

一体化する活動が生み出されていることである。そして、このような動きを可能にしているのは、地域課題を軸にしながら、アートや祭りがもつ「人間の感性と理性をつなぎ両者を活性化させる」「肉体と精神をつなぎ行動と思考をつなぐ」「ことば・文化・民族・年齢などの違いを超えて人間と人間をつなぐ」「表現・想いを開き伝統と未来をつなぐ」といった多様かつ総合的な力（早稲田大学文学部山西研究室 2011: 2）を活用しているためと考えられる。

これらの事例には、まさに地域課題を軸に、地域づくり・文化づくりと学びづくりが連動し合っている姿がある。そして、その学びのあり様は、課題に基づく必然性と住民の参加の中で、具体的でリアルな力強さをもっている。またそのあり様は、特定の時代状況、特定の地域状況に閉ざされていない。「歴史とのつながり」の中にある地域が、そして「世界とのつながり」の中にある地域が想定されている。筆者はこのような地域活動の中に、平和で公正な文化づくりにつながる必然性のある学びの姿が、浮かびあがっていると考えている。

(2) 地域が生み出す多様な学びの関連性

これまで国際理解教育の地域での実践が語られる場合、地域内での組織・団体間での連携・協働がたびたび課題として指摘されている。ただその多くの場合、学校教育を軸に、学校が地域資源を活用して授業をつくるといった学校と地域の連携・協働を指している場合が多い。しかし学校を含む地域を軸に国際理解教育の実践を捉えた場合、その実践は、家庭、学校、社会教育団体、自治体、国際交流協会、市民団体（NGO・NPO）、企業などの教育活動もしくは地域活動の中に、その名称はともかく国際理解教育的活動はフォーマル・ノンフォーマル・インフォーマルな形態で数多くみることができる。そして、そこにみる連携・協働とは、単に一方が他方を支援するといった一方向の関係にとどまるのではなく、それぞれの組織・団体がつくり出す学びの多様性を前提に、地域課題に即した必然性のなか、それぞれが主体として参加し合う関係を指してくることになる。そしてそういった連携・協働を可能にするのは、地域にみる多様な学びを基礎とした学びの関連性である。

本来、学びは多様であり、人間は多様な場で、多様な時に、多様なことを学んでいる。その多様な学びが、誰を主体として、どのように、何を目標に、どういった内容でつくり出されているかを読み解いてみると、それぞれの学びにはそれぞれ特性を見出すことができる。その特性を筆者なりに大きく類型化してみると、以下のような4種の学びに整理できる。

①系統的継続的学び

学校教育や社会教育にみられるような公的な関係の中で、他者（教師や指導者）からの働きかけ（教育）で生まれる学びである。系統的、体系的、継続的、学問的な学びといった特性を有しており、また、その学び（学習）は時として評価・評定の対象となることから、一般化、客観化されることが想定された学びであることも多い。

②問題解決的行動的学び

地域の国際交流協会や市民団体などによる地域活動の中で、協働的関係を通して生まれる学びである。問題解決的、課題探究的学びといった特性を有しており、また行動との関係を一体的に捉えやすい学びである。

③生活的実利的学び

生活の中の個人の関心や意識もしくは他者との私的共的な関係の中で生まれる学びである。個々の私益や地域の共益を反映させ、生活的、現実的、実利的な学びといった特性を有している。家庭での学び、生活の中での習慣化された学び、伝統的徒弟制にみられる学びなどはこの区分に含まれる。

④直観的感覚的学び

他者からの働きかけや他者との関係に関わらず、偶発的に発生する学びである。直観的、感覚的な学びといった特性を有している。非日常的な経験の中での気づき、無意識的な活動の中での気づきなどはこの区分に含まれる。

それぞれが大切な学びであるが、時に現在の日本のように学校教育に関心が偏りすぎると、教育の結果としての学習だけに焦点が当てられ、さらに教育の結果を評価しようとする動きの中で、評価しやすい、数値化しやすい客観的な能力としての学力が注視され、多くの人々の学びへの意識が狭く切り取られがちになることは否定できない。まずは、人間一人一人にとっての多様な学びとその特性に気づき、次に、それらの学びと学びへの意図的な働きかけである教育との関係を捉え直し、そして地域における多様な学びを全体的に関連づけていくことが教育に求められてくる。

そして、この学びの関連を国際理解教育の文脈で捉えるならば、平和で公正な文化づくりに向けては、「問題解決的行動的学び」を軸とし、そこに「系統的継続的学び」や「生活的実利的学び」を関連づけ、全体としての学びを関連づけていくことの重要性を指摘できる。「問題解決的行動的学び」が軸となるのは、すでに指摘したように、文化そのものが問題解決のプロセスで形成されるものであり、地域が問題・課題を軸に形成されてきたものであり、学びの必然性の基底には地域課題が位置づいているからである。とはいえ「問題解決的行動的学び」だけで完結するわけではなく、その必然性のある学びに、「系統的継続的な学び」そして「生活的実利的な学び」を関連づけることで、それぞれの学びは活性化され、全体としての学びの循環を個人レベルでも社会レベルでもデザインすることが可能になる。この学びの関連性と全体的なデザインを可能にしていくのが地域である。

5. 国際理解教育と地域

国際理解教育は、世界に顕在化しますます深刻化する地球的諸問題の解決をめざしているが、それらの問題の様相と原因は、私たちの足元である地域に数多く見てとれる。その様相と原因を見つめ、平和で公正な文化づくりに、文化力の形成に、ゆっくりと力強く参加することを身近な地域から行わずして、望ましい社会・文化が世界に実現すると考えることには無理がある。まさに学びの必然性と学びの関連性を生み出す地域のもつ意味を踏まえ、「地域を軸に世界とつながる実践と理論の構築」が求められているのである。

（山西優二）

[注]
1) 本稿では学びと学習を可能な範囲で用語的に使い分けている。それは、学習が教育との関連で使用されることが多いのに対し、学びはより広義で、個々人にとっての多様な学び、教育とは必ずしもつながっていない学びを視野に入れていくことができると考えるためである。

[引用文献]
ヴェルヘルスト, T.（1997a）「国際セミナー『グローバル化する開発と、文化の挑戦』」片岡幸彦編『人類・開発・NGO－「脱開発」は私たちの未来を描けるか－』新評論
ヴェルヘルスト, T.（1997b）「対話『文化は開発問題にどう応えるのか』」同上編書
内橋克人（2009）『共生経済が始まる－世界恐慌を生き抜く道－』朝日新聞出版
佐藤一子・増山均編（1995）『子どもの文化権と文化的参加－ファンタジー空間の創造－』第一書林
西川潤・生活経済政策研究所（2007）『連帯経済－グローバリゼーションへの対案－』明石書店
土祭実行委員会編（2012）『土祭2012オフィシャルガイドブック』土祭実行委員会
守友裕一（1991）『内発的発展の道－まちづくり、むらづくりの論理と展望－』農山漁村文化協会
山西優二（2014）「地域での持続可能な文化づくりと学び－開発教育と環境教育の実践的統一に向けて」鈴木敏正・佐藤真久・田中治彦編著『環境教育と開発教育－実践的統一への展望：ポスト2015のESDへ－』筑波書房
ユネスコ著、天城勲監訳（1997）『学習：秘められた宝－ユネスコ「21世紀教育国際委員会」報告書－』ぎょうせい
早稲田大学文学部山西研究室（2011）『創～アートが世界を変える、世界を創る～』（2010年度国際教育論ゼミ報告書）

コラム1
ツーリズムと国際理解教育

ツーリズムを最も広義の観光もしくは観光産業と定義すると、それは、①京都やパリ、ロンドンなどの歴史的・文化的な都市空間、現代の聖地巡礼とされるディズニーなどのエンターテイメント空間、風光明媚なリゾート、自然遺産や文化遺産など世界遺産、開発途上地域などのエスニックな社会・文化など、多様な観光資源をめぐる議論、②目的地との往復を可能にする航空機や高速道路などの交通インフラ、宿泊施設、旅行代理店、土産物など、観光に従事する人々や産業、③観光のあり方やおもてなし、そして、④観光産業が彼我の社会に及ぼす影響、⑤観光が可能になる社会、観光の目的と価値とは何か、といった要素に分けて考えることができる。

以上のように、観光学で扱うテーマは多種多彩であるが、国際理解教育にとって重要なのは、国際観光における旅のかたちであり、旅の内容から得る学びである。教育旅行もしくはスタディツアーと呼ばれるものがそれである。前者は、日本の小・中・高等学校で実施されている海外修学旅行や海外研修の旅である。後者は、大学やNGO、行政などにより高等教育や社会教育で実施されている海外体験学習や海外ボランティアの旅である。もちろん、旅から得る学びという側面を強調すれば、国内の旅においても両者は成立する。

国際理解教育において旅の形、旅から得る学びが強調されるのには理由がある。それは、現代のツーリズムが一大観光産業となり、誰もが簡単に地域や国境を越えることができるようになったために大衆化し、それによる観光地の自然生態系や文化遺産の破壊、社会生活・文化の変容をもたらすという弊害（リスク）を生んでいるからである。このような、後期近代の社会的リスクの表象に対抗して、マス・ツーリズムに代わる新たな観光が模索され、オルタナティヴ・ツーリズムが提唱されている。それは、エコツーリズム、グリーン・ツーリズム、エスニック・ツーリズム、スタディツアーなどといわれるものである。最近は、持続可能な開発と関連して、持続可能な観光（サステイナブル・ツーリズム）の呼称も登場している。

現在、私たちを取り巻く旅の形は、団体パックツアーから自由旅行、バックパックツアー、そして、海外ボランティアや海外体験学習、スタディツアーまで多様であり、それぞれ、＜見る、買う、食べる、遊ぶ、歩く、探す、感じる、触れる、交わる、学ぶ、つながる、変える＞といった旅の内容と目的をもっている。

国際理解教育にとって、ツーリズムとは、このような旅の形と内容をどのように配列し、どのような目的を持って構成するかという、学習単元づくりにも似た教育プログラムの構築に際しての課題であり、同時に、授業実践における学習者の学びにも似た、現地での交流や体験からの「臨床の学び」をどう引き出すかという課題ともなっている。

それは、教室において教員、学習指導案（指導過程）、生徒、教材といった要素によって構成される授業（単元）が、ツアーコンダクターやプログラムコーディネーター、旅行日程、ツアー参加者、現地の社会・文化・人々といったツアーを成立させる要素で構成される「旅のプログラムと学び」というコンテンツと比せられるものである。

だからこそ、学校における修学旅行や海外研修、大学やNGOにおけるスタディツアーには、教師もしくは参加者によるプログラムづくりの課題が生じ、参加者の事前の学びも必要となってくるのである。さらには、参加者が、事前に学んだことで見いだした自らの学習課題が、現地での見学や視察、現地での体験や交流での差異や驚き、ジレンマなどをへて、どう変容したのか、振り返る学習が必要なのである。そのプロセスが、参加者にとって現地での状況に応じた学びの文脈をもたらすのである。この学びの文脈の深さ、強さが、旅のあとの行動にも影響を与え、個々の参加者にとって生涯にわたる学びにつながり、グローバルな時代における市民性の獲得の契機となるのである。

（藤原孝章・栗山丈弘）

4 国際理解教育と教師の育成

1. 国際理解教育と教師の育成の接点

　今、グローバル化とグローバル人材の育成という大きなうねりが教育界を席捲している。こうした激流に対して、国際理解教育と教師の育成の立場から、国際理解教育の素養をもつ教師の育成と、そのための教員研修の質的充実が教育研究上の課題として多方面から指摘されている。

　本稿は、こうした国際理解教育と教師の育成に関する現状と課題を整理し、概観することを目的とする。

　最初に、グローバル化にかかわる国際理解教育と教師の育成との関係について述べる。

　一つ目は、政策誘導（資金誘導）による教育のグローバル化である。文部科学省は、2014年、大学教育に対して、「スーパーグローバル大学等事業スーパーグローバル大学創成支援」制度、高等学校向けには、「スーパーグローバルハイスクール」に関する研究開発制度を設定し、大学と高等学校のグローバル化対応を促した。

　二つ目は、行政主導によるグローバル化対応の教育制度の設計と教育環境整備である。例えば、小学校の英語活動の導入と教科化の動向、2013年初等中等教育に向けた「グローバル化に対応した英語教育改革実施計画」があげられる。この実施計画は、初等中等教育段階からのグローバル化に対応した教育環境作りを進めるため、小中高等学校を通じた英語教育改革を計画的に進めようとしたものである。

　三つ目は、大学学部の改組・新設の動きである。吉田文（2014）によると、2000年以降のグローバル人材の育成を目的とした新設学部・学科は、多い年で約30校が、新設・再編を行ったという。その名称は、「国際」「コミュニケーション」「グローバル」がキーワードになっている。これらのキーワードを冠した学部・学科の新設・再編等はこの十年間で100以上あったという。

　一方、教員養成に着目すると、岩田康之（2014）が「『教員養成プログラムのグローバル化』という課題それ自体が、日本の大学における教員養成の現場では未成熟であることへの注意が必要であろう」と指摘するように、課題は少なくない。また、昨今、「グローバル化に対応するためには英語教育の強化を」とか、「グローバル人材の育成＝英語力のある人材」というように「グローバル人材」論を極端に矮小化してとらえる風潮もある。

　このような問題意識に立脚し、本稿は国際理解教育と教師の育成について、グローバル人材の育成に直接関わる教員の育成、すなわち、国際理解教育の素養をもつ教師の育成と初任者・現職教員の研修（免許更新講習を含む）の連続性と質的充実が大切であると考え、次のように述べていく。

　最初に、教員養成の動向を国際理解教育の視点から整理する。次に、教員養成大学における教員養成カリキュラムについて、学部と大学院（修士課程・教職大学院）の現状と課題について述べ、特徴的な国際理解教育のシラバスについて言及する。続いて、大学と地域、附属学校の連携事業について述べ、免許更新制をはじめとする現職教員の職能発達について述べる。最後に、国際理解教育と教師の育成の現状と課題を総括する。

　なお、本稿で言及する各大学の取り組みや事例については、筆者が在籍する大学（上越教育大学）と大学の所在地（新潟県・上越市）の事例が多くなることをご容赦いただきたい。

2. 国際理解教育に関する教師の育成の動向

本稿のテーマである国際理解教育と教師の育成の関係を考えたとき、最初に、1997年の教員養成審議会答申「新たな時代に向けた教員養成の改善方策について（第1次答申）」に注目したい。

この答申は、21世紀を展望した教員の在り方や教員の養成の在り方について提言したものであり、具体的な資質能力として、次の三つをあげた。
(1) 地球的視野に立って行動するための資質能力
(2) 変化の時代に生きる社会人に求められる資質能力
(3) 教員の職務から必然的に求められる資質能力

つまり、地球的視野と変化に主体的に対応できる資質能力をもち、いつの時代でも求められる教職への愛情や使命感などを合わせもつ教員像が提示されたのである。一方で、これらの力を全て兼ね備えた教員像は現実的でなく、必要最低限度の知識・理解や技能を修得し、得意分野を伸ばすことを奨励した。こうした潮流は1998年の免許法改正で、「教職の意義に関する科目」「総合演習」が新設され、「外国語コミュニケーション」「情報機器の操作」が必修化されることにつながった。

つまり、実践的指導力の育成という教員像に時代の変化、すなわち国際化・情報化に対応できる教員像が付加されたのである。しかし、その後、2008年11月教育職員免許法施行規則が改正され、教員養成の質保証・出口保証（出口管理）の要請が強まり、2013年度から「教職実践演習」が教員養成カリキュラムに設定され、実践的指導力の育成が再確認された。

3. 教員養成大学における教員養成カリキュラム

(1) 学部

教員養成大学においては、教育職員免許法・教育職員免許法施行規則（以下、免許法）に基づき、これまでもグローバル化に対応した授業科目を開講したり、特色ある取組が行われたりしてきた。その実践の主体に着目して分類すると、授業科目（講義や演習）、ゼミ単位の研修旅行やサークル活動での取組、ボランティア、さらには他大学との連携事業や地域連携などがある。

ここでは、最初に、カリキュラムの構造について述べる。次に授業、海外研修・海外スタディツアー、海外教育実習、続いてサークル活動、ボランティア活動、最後に地域連携について、幾つかの事例をあげながら紹介する。

①カリキュラムの構造

現行の免許法上、国際理解教育の視点から、学部カリキュラムの課題を二点指摘する。

一点目は、現行の免許法において、小中高等学校の普通免許状の授与を受ける場合は、「教職に関する科目」と「教科に関する科目」を履修することになっている。しかし、そこには国際理解教育の受講に関する規定がなく、各大学に一任している現状である。一方、学習指導要領上、国際理解教育の文言が直接見られるのは、「総合的な学習の時間」の例示の部分である。現行の免許法では、「教育課程の意義及び編成の方法」で、総合的な学習の取扱いが見込まれ、国際理解教育の内容が組み込まれる可能性がうかがえるにすぎない。

二点目は、現在の教員養成大学のカリキュラムは実践的指導力の育成に傾斜していることである。つまり、教育現場ですぐに役立つ、あるいは初任者として何とかやっていけるレベルの教育水準を目標とし、卒業段階でその力量を確認することが期待されている。そうした期待は、教育実習の量的拡充と質的充実、さらには出口保証を担保する「教職実践演習」の創設に至った。このような現状では、学生の国際感覚を磨き、国際的な素養を身に付け、国際理解教育の実践的指導力を涵養する国際理解教育の充実や海外研修・海外スタディツアーを推奨するには困難な状況がある。しかし、こうした課題に対して新しい動きが見られる。北海道教育大学の取り組みである。北海道教育大学では、2015年4月からグローバル教員養成プログ

ラムを開講する。札幌校・旭川校・釧路校の3教員養成課程に新たに特別なプログラム（グローバル教員養成プログラム）を開設し、将来、国際社会で活躍できるこどもたちの人材育成に貢献することを目指している。今後の教育の成果に注目したい。

②授業

各大学の教職課程、教員養成課程において、国際理解教育の講義等を独自の工夫をし実践している例もある。例えば、沖縄キリスト教学院大学では、中高の英語教師を目指す学生のため教職課程に「国際理解教育」を位置づけている。また、立命館大学のように「教科に関する科目」の中に「国際理解教育論」、「比較社会論」、「ジェンダー論」、「多文化社会論」などの多彩な授業科目を開講し、幅広い視野から国際理解に関する授業の履修を促している大学もある。学習院大学文学部教育学科は、専門科目として、「国際理解教育論Ⅰ」、「国際理解教育論Ⅱ」を開講し、教育のグローバル化に対応している。上越教育大学は異文化理解科目群の中に、「コミュニケーション英語」（必修）と選択必修科目として、「中国語・中国事情」、「韓国事情」、「フランス教育文化事情」などが開設されている。しかし、これらのシラバスを見ると、国際理解教育を敷衍するのではなく、特定の言語と文化、対象とする国事情・教育事情で内容が構成されている。今後のカリキュラム上の改善が待たれる。

③海外研修・海外スタディツアー

藤原孝章（2014）は、国際理解教育における海外研修・海外スタディツアーの意義について、「省察」を基軸にして次のように述べている。

「海外という『非日常的』な時空において、企画運営者や引率者、ゲストとホストが交流・対話し、振り返ることによって多様な学びが生成される。ツアーの最中、また事後的に『省察』することによって、社会参加・参画に変容させ、地球市民の資質を形成することにもつながる。」

以上、藤原は教員の力量の中核ともいえる「省察」と国際理解教育における海外研修・海外スタディツアーの関係性とその意義を明示した。

大学における海外スタディツアーの実践として、中山京子（2014）のグアム・スタディツアーに注目したい。中山はグアム・スタディツアーを大学ゼミの教育研究活動の一貫として位置づけて、学生の自発的な参加を促している。日本とグアムは、基地問題や先住民文化保護と継承、環境問題、歴史認識問題など共有すべき課題を有している。海外スタディツアー先としては魅力的な地である。カリキュラムは、「導入・活動部分（展開）・まとめ」と大枠が設定され、活動部分は「歴史領域」「教育領域」「体験活動領域」「文化の再考」で構成されている。コラージュや舞踏などの表現の場を通じて、発展的思考の深まりと学びの共有ができたとする成果が報告されている。

同様の海外スタディツアーは数多く実践されているが、中山の実践はその継続性と参加者と受入者との対話、そこから生じる多様な学びの生成とその学びの質の高さ、その実践の記録性が高く評価される。[3]

④海外教育実習

海外の教育現場をフィールドとした海外教育実習が注目され実践されている。ここでは、上越教育大学と愛知教育大学の事例を紹介する。

上越教育大学は複数の海外協定校との間で、海外スタディツアーやホームステイ、教育視察、授業交流（教育実習・教育実践）を実施している。

韓国教員大学校とは、1996年に大学等間交流協定を締結し教育研究交流が本格的に始まり、隔年で相互に受入と訪問を行っている。そのプログラムはホームステイとスタディツアー、訪問校での授業実践で構成されている。2014年度は9月末に1週間、韓国教員大学校とソウル市内の小学校などを訪問し、スタディツアーや授業実践を行った。

愛知教育大学では2012年度から英語専攻・英語専修、国際文化コースの学生で英語教諭を目指す学生に対して、グローバル化の波に対応できるよう国外に学生を派遣して教育実習を行っている。今後は、こうした形での海外教育実習・授業実践

が注目される一方で、その実践の質的向上と実践の評価が問われるだろう。

⑤サークル活動

免許法上、あるいは大学の組織上、カリキュラム内に国際理解教育の理論と実践を学ぶ場が十分に用意されていない場合や、学びの成果を現実社会の場で展開しようとする場合、大学におけるサークル活動の役割を再評価すべきである。大学のサークル活動の中で、国際理解教育や教師の養成を射程に入れているサークルとして、管見する限り次のサークルが確認できる。

・立命館アジア太平洋大学：PRENGO
・北海道教育大学：国際協力学生団体CUOI
・愛知教育大学：国際交流サークルKFA
・滋賀大学教育学部：国際交流団体：CIS
・同志社女子大学：国際こども研究会DEC

上記の中でも、特色ある活動を行っているサークルとして、同志社女子大学の「国際こども研究会DEC（以下、DEC）」に注目したい。

DECは2004年同志社女子大学現代社会学部現代こども学科が開設されると同時に設立された。[4] この活動は基本的にはサークル活動であるが、「海外こども事情」（大学の海外体験学習の授業科目）という授業科目と有機的な関連を図っている。

現在は、出前授業やワークショップ、フェアトレードなど学生のプロジェクトを中心に活動している。2年に1回の「海外こども事情」で訪問するタイの子どもたちへの絵本の贈呈や絵本を生かした人形劇を行ったり、生協でのフェアトレード商品の委託販売をしたり、毎年、1回生全員で「100人の村」のワークショップや地球のステージの企画・運営を行っている。

この活動で特筆すべき点は、学生の主体的な学びである。学生集団の内発的な学びが後輩に脈々と受け継がれ、今日に至っている。担当顧問の熱意と力量によるところが大きいが、国際理解教育と教員養成との関係性、および大学における教育の在り方として参考になる。

⑥ボランティア活動

上越教育大学のLAMPを事例としてあげる。

LAMPは2010年から始まった外国につながる児童生徒の教科学習・言語学習のサポートを行う修学ボランティア活動である。主に日本語と母語の両言語の育成と、日本語と母語を使って教育内容の理解を促進することを目ざしている。

参加学生は様々なコースの大学院生、学部生、留学生の約40名で、各地域の教育委員会や上越国際交流協会（JOIN）等と連携して活動している。LAMPの活動は、教職を目ざす学生にとって、外国とのつながりをもつ児童生徒に実際の修学支援を行ったり協働的な省察行為を行ったりして、実践的指導力の基礎を培い、磨き合う有意義な場になっている。

⑦地域連携

現在、大学と地域との在り方が問われている。国際理解教育と教師の育成、さらには地域との関係を考えたとき、新潟県で実施されている国際交流インストラクター事業と宮城教育大学の国際理解教育センターの取組に注目したい。

国際交流インストラクター事業とは、2005年に設立された大学と地域の連携型事業である。[5] 新潟県内の国際化に応えるべく、県内の大学と地方自治体、国際協力組織、小中高校、地場企業、NGOといった多様なアクターが協力・連携した事業である。この事業の目的は、大学生を「国際交流インストラクター」として養成し、県内の小中学校・高校に派遣、そこでワークショップ形式の国際理解教育を行うことである。このような参加型実践教育プログラムによって、学生は国際社会に関する基礎・専門知識を習得しつつ、コミュニケーション能力・チームワーク能力を身につける。この事業は、上越教育大学や新潟県内の大学で教員を目指す学生（教職課程履修者）も参加し、自らの教職キャリアを見つめ直すことにつながった。

宮城教育大学の国際理解教育センターは、大学附属のセンター形式で、学校現場や地域社会の国

際理解教育の支援活動を継続的に行っている。主な事業として次の三つをあげている。

ⅰ）日本語教育と小学校英語教育を中心とした、国際理解に関わる研究と教育。
ⅱ）日本人児童生徒・外国人児童生徒・日本人大学生・外国人留学生、それぞれからなる国際理解に関する相互交流の推進。
ⅲ）小・中・高等学校などの学校現場と地域社会、大学の国際理解活動へ継続的な支援。

センターを拠点として、大学と地域、学校現場が国際理解教育を基軸として連携していることがうかがえる。

⑧大学と附属学校と地域の連携

国際理解教育の視点から大学と附属学校、地域が連携している例として、大阪教育大学の取組がある。大阪教育大学には、九つの附属学校園が設置されている。それぞれの附属学校園と大学とが連携し、その使命を果たしている。その中で、池田地区の3附属（附属池田小学校・附属池田中学校・附属高等学校池田校舎）は、「生きる力の育成・国際教育の基盤作り」と「国際教育・国際理解教育と異文化交流」を共通のテーマに掲げ、特色ある国際理解教育、異文化交流を推進している。

（2）大学院
①修士課程

2013年10月15日、「大学院段階の教員養成の改革と充実等について」（報告）が公表された。この報告は国立教員養成系修士課程に対して、「高度専門職業人養成の目的からすると」と断りつつ、「本来期待されている役割を果たしているとは言えず」と厳しい指摘をした。ここでは教師教育の高度化の議論と関連して、大学院レベルでの国際理解教育の現状と課題について検討する。

鳴門教育大学では、人間教育専攻「現代教育課題総合コース」を設定し、新たな課題を教育、研究内容として指定しつつも、その性急な解決策を教授するのではなく、これらの問題を人間学的な観点から総合的に考察させることを通して、既成概念にとらわれない広い視野と柔軟な教材解釈力をもった人間力に満ちた教員を養成するというコンセプトを掲げている。

教科・領域教育専攻には「国際教育コース」が設置されている。このコースは「国際教育協力専門家養成分野」と「教科教育研修分野」の2分野から構成されている。「国際教育協力専門家養成分野」は、国際理解に関する豊かな素養と国際教育協力実践に必須の高度な専門的能力（実践的指導力や調整力など）を培うことを目的としている。

「教科教育研修分野」は、JICA長期派遣研修員等を対象とした分野である。出身国の教育改善に資することを目指して、初等・中等の理数科及びICT教育等に関する教育内容や教材開発、指導方法等の知識・技能を身につけることをねらいとしている。

上越教育大学の修士課程では、カリキュラムに「国際理解教育特論」と「国際理解教育演習」、「総合学習カリキュラム開発特論」が位置付き、国際理解教育の学習内容を広くカバーしている。また、大学院生と学部生を対象とした「海外スタディツアー」も毎年開講され実施している。例えば、2013年の海外フィールド・スタディの授業でアメリカ・テキサス大学サン・アントニオ校に修士課程の学生3名が派遣され、1か月滞在し、ホームステイ及び地域の小・中学校で文化交流、教育観察実習及び授業実践を行っている。

私立大学の修士課程では、常葉大学大学院の国際言語文化研究科国際教育専攻の取組に注目したい。カリキュラム内に「国際理解分野」を設定し、「国際関係論」、「西洋文化特論」、「日本語教育特論」、「国際理解教育」、「ブラジル語研究」、「日本文化特論」、「比較教育学」、「グローバルデザイン研究」、「海外教育観察実習」など、地域の国際化に応じた多彩な授業科目を提供している。

②教職大学院

教職大学院については、その成果と課題について、教師教育研究の俎上にあがり、多角的に検討されている。グローバル化に対応した教育や国際

理解教育の視点からは、一般的に次の課題があげられる。
・教職大学院の制度設計時は、今ほどグローバル化への対応は認識されていなかった。
・現状では修得すべき単位数が多いことや教育現場での実習を重視していることから海外等に研修で出向くことは困難な状況である。そのため、海外留学やスタディツアーの実施については短期集中型にならざるをえない。
・現職教員の場合は、出張届けの手続きの関係で、海外への研修は制約が多い。

　上越教育大学の専門職学位課程（教職大学院）のカリキュラムは、「臨床的で協働的な共通科目（臨床共通科目）」と「学校支援プロジェクト（実習科目＋選択科目）」、「プロフェッショナル科目（選択科目）」で構成されている。国際理解教育に関する授業科目としては、「国際理解教育と外国語活動」、「海外教育実践研究Ａ・Ｂ・Ｃ・Ｄ」、「海外実践フィールド・スタディ」が開設され、厳しい人的・制度的環境のなか、担当教員の熱意で着実に成果をあげている。

　常葉大学初等教育高度実践研究科では、「必修課題」5領域と「地域課題」1領域を設定している。特に静岡県には10万人にも及ぶ日系ブラジル人の子どもが居住している地域的特殊性から、共通科目（基礎科目）として、「共生教育論（必修）」を必修科目とし、実習科目「外国人児童観察実習（選択）」も開講している。コース別科目として、地域教育課題コースでは、「共生教育研究Ⅰ（異文化理解教育）」、「共生教育研究Ⅱ（ブラジル言語）」、「共生教育研究Ⅲ（ブラジル文化）」、「学校課題研究Ⅰ（防災・安全教育）」など、特色ある選択科目を開設している。

4. 現職教員の職能発達

（1）免許更新講習

　2007年6月の改正教育職員免許法の成立により、2009年4月1日から教員免許更新制が導入された。教員免許更新制は、その時々で教員として必要な資質能力が保持されるよう、定期的に最新の知識技能を身に付けることで、教員が自信と誇りをもって教壇に立ち、社会の尊敬と信頼を得ることを目ざして制度化された。しかし、免許更新講習は必修領域内に国際理解教育が明示されなかったことや、講習内容が多様な受講生を対象としたものになっていないことが課題として指摘されていた。これらの指摘を受け、2014年10月2日「免許状更新講習における選択必修領域の導入について（通知）」（26初教職第15号）が公表された。この通知は、国際理解教育の推進と充実に大きな契機となりそうな変更点が盛り込まれていた。

　以下は、主な変更点である（筆者要約）。
①必修領域は、全受講者が共通に受講すべき内容に精選し時間数についても6時間に見直した。
②必修領域の見直しと併せ、現代的な教育課題に対応するため、新たに選択必修領域（6時間）を設けた。
③選択必修領域は、各開設者が複数の事項から選択的に開設し、各受講者が選択して受講する点が異なる。
④必修領域に新たに追加された事項「イ　国の教育政策や世界の教育の動向」のうち、「世界の教育の動向」に関する内容は、各大学の専門的知見を生かしつつ、内容を精選し取り扱う。

　以上が主な変更点であるが、「選択必修領域」は、「教員相談」などと共に、「国際理解及び異文化理解教育」が設定されたことは、国際理解教育に関わっている立場として大いに注目したい。

（2）博学連携教員研修ワークショップ

　国立民族学博物館（大阪府吹田市）は、2003年度と2004年度に共同研究「国立民族学博物館を活用した異文化理解教育のプログラム開発」を行い、国際理解教育と博物館について理論構築を試みた（五月女 2012: 214）。この研究成果を踏まえ、日本国際理解教育学会と国立民族学博物館、学校現場が連携し博学連携教員研修ワークショップを始め、

今日に至っている。2014年度は、「博学連携教員研修ワークショップ2014 inみんぱく『学校と博物館でつくる国際理解教育―センセイもつくる・あそぶ・たのしむ―』」と題しての博学連携ワークショップが行われた。多様なアクターがそれぞれの持ち味と特性を生かし、参加した教員集団と共に多様な学びを生成する「民博」。今後の新しい教員研修のモデルとして注目される（中牧・森茂・多田編 2009）。

（3）学会と授業研究

日本国際理解教育学会は、国際理解教育の理論と実践の往還をめざし、これまでも実践研究・授業研究を重視してきた。最近では、日本国際理解教育学会の研究・実践委員会が主体となって、授業研究を中核とした公開研究会を設定している。2013年度の取組は愛知県名古屋市の椙山女学園大学附属小学校を舞台に、地球的課題や多文化共生をテーマにした公開研究会を開催した（日本国際理解教育学会HP 2014年11月30日参照）。学会の委員会が主体ではあるが、授業公開・授業研究を基盤にした国際理解教育の実践の深化と拡充の意味から、今後の展開が期待される。

（4）小学校英語活動教員の研修

2014年7月、独立行政法人教員研修センターは各都道府県知事と附属学校を置く国立大学法人の長に対して、「平成26年度小学校における英語活動等国際理解活動指導者養成研修の実施について」の依頼状を送付した。この研修は期間は3日間、各都道府県2名以上、各指定都市は1名以上の指導主事級の教員（小学校における外国語活動の指導者他）の受講を求めている。

グローバル人材の育成に向けて予算措置がなされ、そのための研修が短期間ではあるが行われることになった。国際理解活動となっているが、受講資格とその研修内容（事前課題）をみると、英語活動に特化していることが分かる。今後、英語活動や英語教育だけでなく、国際理解教育を敷衍した教員研修の充実が期待される。

（5）都道府県の教員研修

各都道府県では、国の施策（第二次教育振興基本計画等）を踏まえ、教育の充実とグローバル化に向けた努力を求められることになった。例えば、新潟県では、2014年4月に新潟県教育振興基本計画を発表した。その内容を読むと、まさにグローバル化へ大きく舵を切ったことが確認できる。六つの基本方針を基に、27の施策の展開方向を定めた。その中でも「Ⅱキャリア教育の推進」の四つの施策に注目する。四つの施策は次の通りである。

①郷土愛を軸としたキャリア教育の推進、②グローバル化に対応した教育の推進、③ICT教育の推進、④持続可能な社会を構築する教育の推進。いわゆる広義のキャリア教育・グローバルキャリア教育の萌芽が確認される。一方で、2014年度の新潟県教育委員会の教員研修計画を見ると、国際理解教育の研修内容は英語中心であることは否めない。新潟県教育振興基本計画は2014年春に公表されたばかりであり、研修の内容と方法、対象は未成熟な段階であることは致し方ない。今後は、英語教育のみに圧縮された教員研修から、新潟県の教育振興基本計画の指針を射程に入れた教員研修の充実が求められる。

一方で、東京都や静岡県など、地域の国際化・多文化化に対応すべく、従前から国際理解教育に関する教員研修や多文化・異文化理解に関する教員研修が充実している都道府県もある。

5. 今後の展望

教員のライフステージは、「教員をめざす」ところから始まり、次に「教員になる」、続いて「教員として生きる」、最終的には「教員として生き抜く」といわれている。

それぞれのライフステージ独自の教育課題がある。また、どのライフステージにも共通する普遍的な教育課題もある。教師教育の研究領域では、

教員の職能発達について、同僚性や省察行為、教員研修（校内研修・授業研究他）、協働的省察行為に着目した理論的・実証的な研究が積み重ねられている。幸い、日本の教員文化の中には、校内研修、授業研究の歴史と伝統（教員文化）が脈々と受け継がれている。これまでも国際理解教育の担い手は未来を見すえ、真摯な省察行為を通じ、実践の知を創出してきた（釜田 2012: 138）。また、その実践の知は国際理解教育の実践と理論の往還によって紡ぎ出されたものである。このような教員文化は、複雑多様化した国際理解教育にとっての実践の深化、国際理解教育にかかわる教育課題への対応、授業研究等を通じた知の継承にとって、確かなバックボーンになるであろう。

今後の課題として、国際理解教育の実践と理論の往還を通じて、ライフステージに応じた教師の育成の在り方を検討し再構成することがあげられる。この課題の解決に向けては、国際理解教育と教師の育成に関わるすべてのアクターが叡智を結集し、取り組むべき使命だと考える。

（釜田　聡）

[注]
1) 1987年教育職員養成審議会答申「教員の資質能力向上方策等」によって、実践的指導力の育成と向上に脚光が浴び、その後、1988年教育職員免許法の改正につながった。これによって、教員の実践的指導力の育成と向上が教員に求められる中核的な力量とされたのである。
2) 2006年中央教育審議会答申「今後の教員養成・免許制度の在り方」によって、大学の教育課程を、「教員として最小限必要な資質能力」を確実に身に付けさせるものに改革する方針が示された。
3) 藤原孝章他（2014:35-74）「特集海外研修・スタディツアーと国際理解教育」日本国際理解教育学会『国際理解教育』Vol.20
4) 現代こども学科第1期生が学生研究会として、顧問に藤原孝章を迎え、活動の目的を海外のこども支援や開発教育について学ぶこととした。名称は当初「NGO開発教育研究会」、2010年学生の発案により「国際こども研究会DEC」とした。DECはDevelopment Education Circleの略称で、名称変更の際、初期の名前に関連して命名した。
5) 2005年の段階では、新潟国際情報大学と新潟県国際交流協会が連携して事業を立ち上げた。2014年度の参加大学は、新潟国際情報大学、敬和学園大学、新潟県立大学の三大学である。計14のワークショップを開発し展開している。

[引用文献]
岩田康之（2014）「教員養成教育のグローバル化に関する調査の概要」東京学芸大学教員養成カリキュラム開発研究センター『教師教育とグローバライゼーション』（グローバルな視野を育成する教員養成プログラムとその運営等のあり方に関する開発研究報告書）
釜田聡（2012）「総合的な学習の時間と国際理解教育」日本国際理解教育学会編『現代国際理解教育事典』明石書店
釜田聡（2012）「国際理解教育と教師教育」日本国際理解教育学会編『現代国際理解教育事典』明石書店
五月女賢司（2012）「国際理解教育と博物館」日本国際理解教育学会編『現代国際理解教育事典』明石書店
中牧弘允・森茂岳雄・多田孝志編（2009）『学校と博物館でつくる国際理解教育－新しい学びをデザインする－』明石書店
中山京子（2014）「異文化理解および主張を表現する教育活動－グアム研究を事例に－」帝京大学『帝京大学教育学部紀要』第2号
藤原孝章（2014）「特定課題研究プロジェクトについて」日本国際理解教育学会『国際理解教育』Vol.20
吉田文（2014）「グローバル人材の育成と日本の大学教育」日本教育学会『教育学研究』第81巻、第2号

なお、本文中に記載した各大学の取組やシラバス等、学科・コースの特色を調査するため、次の大学のホームページを参照した（HPアドレスは省略）。参照時期は2014年11月20日から11月30日。

愛知教育大学HP、鳴門教育大学HP、新潟国際情報大学HP、沖縄キリスト教学院大学HP、立命館大学HP、立命館アジア太平洋大学HP、学習院大学HP、上越教育大学HP、北海道教育大学HP、同志社女子大学HP、滋賀大学教育学部HP

本文中の各種報告書や答申等は、文部科学省のHPに掲載されているものを参考にして記述した。参照時期は2014年11月20日から11月30日。

5
国際理解教育とキー・コンピテンシー

1. 能力の概念と動向

(1) リテラシーとコンピテンシー

　本来、リテラシー（literacy）は多義的な概念であるものの、19世紀末に公教育が制度化された時、共通教養を意味する教育概念として「読み書き能力（識字）」となった。その後、1930年代に米国においてニューディール政策のもと、社会的自立に必要な基礎教養を示す「機能的識字」という概念が最初に提起された。1956年にはユネスコにおいても提示され、発展途上国における就学率向上や識字教育のプログラムにおいて使われるようになった。今日、万人のための教育（EFA）やミレニアム開発目標における教育の質に関する内容でも、機能的識字が掲げられている。

　国内外で教育運動や学力論争を生む等リテラシー教育は価値中立的ではありえないわけだが、佐藤（2003: 292-301）の整理によると、リテラシー教育には「道具的イデオロギー」、「相互作用イデオロギー」、「再生産イデオロギー」の三つのアプローチがある。道具的側面に着目したアプローチは、実証主義の心理学と行動主義の学習理論をもとに技能の習得と定着を課題としている。「何かを身につける」という点において、ユネスコの提示する機能的識字もこれに当てはまる。他方、相互作用的側面に着目する捉え方では、教養を高める等、自律的な個人を育てる自由主義教育を基礎とし、認知発達の心理学を根拠に、知識や技能は外部に存在するものではなく、学習者が意味を見出す対象と相互作用することによって主体形成を行うと見る。ここでは、学習者における真正性（authenticity）と自律性（autonomy）を養成する特徴があり、エリート主義の教育やロマン主義の教育に傾斜する等、保守傾向をもつ。そして再生産的側面に着目する立場は、リテラシーを学習者の家族がもつ文化資本と見なし、学校教育が階級、文化、ジェンダーによる権力の再生産過程として機能していると捉える。ここでは、将来のための預金のようなリテラシーではなく、そうした呪縛から解放するため、対話によって自らの文化コードを意識化して活用するリテラシーを強調する。

　学習者の応用し活用する機会と経験を豊富にすることで、基礎的技能の形成が達成されることが明らかになった今日では、道具的側面は疑問視されている。1980年代以後に見られた生産と消費から知識・情報とサービスが経済活動の中心となる社会への移行は、基礎学力を身につけたはずの労働者を失業に追いやり、流動化した知識と情報を絶えず更新する必要性を生み出した。この知識基盤社会で求められるリテラシー教育は、批判的で反省的な思考力とコミュニケーション能力を重視する教育として再定義される。松下（2010）は、この状況を次のように説明している。状況による学習論や活動理論等で示されるように学習を全人格的なものとみなす主張が多いため、能力全体の垂直軸（深さ）として、今日では能力を認知的側面だけでなく、非認知的側面（情意的側面や社会的側面）も含む。水平軸（広さ）として、能力をジェネリック・汎用的（領域一般的）なものとしてみなすことから、学力と人格の統一は重要な理念であり続けた。

　さて、この時代におけるリテラシーを模索し、その一部を測定可能としたのが、経済協力開発機構（OECD）が教育インディケータ事業の一つで、「キー・コンピテンシー」を定義付けた、DeSeCo研究（Definition and Selection of Competencies）であ

る。この研究で示される能力（competency）モデルは包括的概念であり、複雑な要請に成功的に応答する知識や技能や態度を扱い、社会的な変化と課題に応えることが求められ、「道具を相互作用的に用いる」、「異質な人々からなる集団で相互にかかわりあう」、「自律的に行動する」という三つの分野を測定対象としている。この三分野が示す通り、学校教育の教科内容を直接扱うわけではない。また、「キー・コンピテンシー」は、個人の人生の成功とうまく機能する社会を構成する諸価値につながるような要求を想定している。そして、この三つの中心には「反省性（reflectivity）」が位置づき、個人が「環境の期待の虜」にならず、社会化の圧力を対象化し、省察し、再構成するため、批判的なスタンスを取ることが担保されている（松下 2010: 33）。

OECDは、このモデルを、国際成人識字調査（IALS）、生徒の学習到達度調査（PISA）、国際成人力調査（PIAAC）等に応用している。日本の教育界においても有名になったPISA（ピザ）では、リテラシーを幅広く評価する意図をもち、例えば知識の内容、構造、プロセス、状況を含めて、測定を試みている。また、近年ではOECDは「スキル」という用語を多用するようになってきている。これは、コンピテンシーがより広義の概念で、その中でより一般的で、目的が明確で、測定可能な側面をスキルと示すためである。

(2) 日本の「生きる力」

日本では、1989年の学習指導要領改訂の際、文部省（当時）が新しい学力観を「自ら学ぶ意欲や、思考力、判断力、表現力等を学力の基本とする学力観」とし、その学力観による学習の指導を期待するようになった。その後、第15期中央教育審議会が「21世紀を展望した我が国の教育の在り方について」という諮問に対する第1次答申（1996年7月）で「生きる力」を提言した。

ここでは、これからの子どもたちの「生きる力」について、次のように整理している。すなわち、いかなる社会変化があろうとも、自分で課題を見つけ、自ら学び、自ら考え、主体的に判断し、行動し、よりよく問題を解決する資質や能力であり、また、自らを律しつつ、他人とともに協調し、他人を思いやる心や感動する心等、豊かな人間性を伴うものである。さらに、たくましく生きるための健康や体力が不可欠であるとした。これらをバランスよく育んでいくことが重要であると示しており、その後の学習指導要領の改訂を経て「総合的な学習の時間（総合学習）」が導入された。

総合学習は、従来の教科枠組みを乗り越えるもので、「国連ESDの10年」が始まる前から日本では導入された。総合学習では、現実社会や学習者の周辺環境の課題を扱う、教科内容に留まらない先駆的な教育実践が展開された。2002年以降の学習指導要領改訂では、「ゆとり」の中での特色のある教育によって生きる力をはぐくむという方針となり、2011年以降では、「ゆとり」でも「詰め込み」でもなく、知徳体のバランスのとれた「生きる力」をいっそう育むという方針となっている。

こうした「学力」は、コンピテンシー概念に影響を受けていることもあり、重複する部分が大きい。今後は、全体の概念を設定した上で、各分野・教科の測定を行い、学力研究もグローバル化していく必要があるだろう。

2. 国際学力調査

(1) IEAとOECDの国際調査

近年、国際学力調査に限らず、国内外で学力調査が増加した。これはコンピュータの発展等により、調査や分析手法が多様化し、また身近になったことも背景にある。ここではIEAとOECDの国際調査について振り返ってみよう。

国際教育到達度評価学会（IEA）は、1995年から数学・理科教育の国際調査（TIMSS）と2011年からは読解力調査（PIRLS）を行い、近年では市民性教育（CIVEDやICCS）の調査を実施する等、長年にわたって大規模な国際比較調査を行ってき

た。近年ではOECD調査の方が報道される機会が多いものの、各国のカリキュラムにおける教科内容をどこまで生徒が身に付けているかを測定することから、学校教育の成果を見る上では貴重な情報を提供し続けている。また日本の場合、学校が生徒と教員の1日の時間を比較的長く占めることから、日本の生徒の経年変化をみるにも有用である。

OECDは生徒の学習到達度調査（PISA）、国際成人力調査（PIAAC）、国際教員指導環境調査（TALIS）等を加盟諸国および参加協力国とともに実施している。一連の国際調査の中でも先駆けとなったPISAの特徴は、着想当初から自国の教育を国際比較によって数値化してみるという政策的関心に応えることを、調査の開発、実施、分析における方針としてきた点にある。つまり、生徒の学習到達度よりも教育システムの評価を目指し、OECD加盟諸国が取り組んでいた教育インディケータ事業の一環としてPISAは生まれたのである。その開発が始まった1980年代後半とは、世界的に政府の財政難がみられ、運営等公共事業において分かりやすい成果が求められた時代であった。また、グローバル経済とその競争が顕在化し、経済発展の前提となる人的資源の開発と確保が重視されるようになった時期に、経済に寄与する教育成果を測定するニーズが増えた時代でもあった。そこには新自由主義による考え方も影響し、連邦制をとっていた米国や豪州等では国レベルでの教育の質向上が求められていた。

当時、既にIEAによる各種国際調査が存在したが、OECDは調査結果の二次利用という他機関への依存を回避するため、独自のデータを3年毎に定期的に収集することを目指した。その際、IEA調査のような学校カリキュラムに限定した教科内容の到達度を評価することではグローバルな文脈での国際比較が困難となるため、三つの指標の開発を目指した。つまり、1) 生徒の知識・技能等の「基本指標」、2) 知識・技能等と社会経済的・教育的要因等との関係をみる「背景指標」、3) 数回にわたる調査で得られる「変化指標」である（国立教育政策研究所 2013: 53）。一般的に、どのような分野を選び、どう数値化するか、という議論の過程には価値判断が必ず含まれるため、PISAの指標も価値中立的ではあり得ないことは留意に値する。

これまでのPISAはDeSeCoの示す第1分野「道具を相互作用的に用いる」、日本では知識や技能を応用する「PISA型学力」と呼ばれる活用能力を主に測定してきた。今後のPISAは、第2分野「異質な人々からなる集団で相互にかかわりあう」の測定も試みている。次回2015年に実施される調査では、日本でも紙と鉛筆を使った調査は無くなり完全にコンピュータによる調査となる予定である。

(2) PISAの与えたインパクト

世界各国の教育改革に与えたPISAのインパクトは大きい。日本の場合、文部科学省の各種施策や中央教育審議会等の議論に影響し、現在行われている全国学力・学習状況調査（通称、全国学力テスト）の具現化につながった。かつて1960年代に行われていた「全国中学校一斉学力調査」は、学校や地域間における競争を強めることになり、そのため反対意見も多くなり、調査中止に至った経緯をもつが、この「全国学力テスト」は、2007年から小学校第6学年、中学校第3学年の子どもたちを対象に実施されるようになった。この調査の目的には、義務教育の状況把握、質の向上と検証が含まれている。調査内容としては、教科の知識とその活用、そして、学校と子どもたちの背景に関するものが扱われ、国内版PISAと呼ばれることもある。

2007年12月に公表された学習指導要領（改訂）は、PISA 2006調査の結果も考慮された結果、授業時間数の増加につながった。政府の各種公文書においては、教育関連の目標として、国際的な学力調査では世界トップレベルの成績を目指す趣旨の記述が増えた。また、都道府県等で実施される

学力調査においても、試験の方法や問題開発にPISAで使われた問題例が参考にされることが増えた。さらには「PISA型学力」なる表現も生まれ、全国学力テストの対策のような教授方法も共有されることになった。

PISA 2012調査の結果では、日本の子どもたちの「学力」平均が最も高かったため、「ゆとり」を脱却し、学力が回復したと2013年12月4日の新聞各紙で報道された。だが、当時に調査対象となった15歳児は、正に「ゆとり教育」を受けた世代であった。ここで注意したいのは、「ゆとり」世代が高い「PISA型学力」をもっていたと理解すべきか、あるいは「ゆとり」政策に危機感をもった保護者が学校以外で学ぶ機会を確保したためと考えるか、である。特に後者については、本田（2005）が指摘する通り、求められる能力が過度に強調され、しかしながら、その育成には個人の能力に加えて家庭の背景のほか、学校だけでは対応できない本人の性格等が影響する点に気をつける必要がある。つまり、多元的な能力観を目指して教え込むことを学校が避けた場合、自主的な社会参画への意識や批判的能力・問題解決能力を身に付けるための動機付けが、高学歴な母親や家庭内での会話内容、あるいは子どもの持つ疑問や宿題への保護者の対応が、子どもの「学力」に影響することになるのである。換言すると、上記のリテラシー研究で示された再生産の様相が出てくる。しかしながら、コンピテンシー研究の先駆者ともいえるMcClelland（1973: 1-14）は、出自や属性の影響を受けにくい変数としてコンピテンスを提案していた点は興味深い。

外国では、日本以上にショックを受けたのが、ドイツであった。それまで州ごとに教育システムが異なり、また学校における裁量権が強かったドイツでは、授業の質には自信を持っていたと言われている。しかし、PISA結果はそうした自信を崩すことになり、その後に改革を経て立ち直った。ただし、ドイツでは「教育（bildung）」にはeducationと異なり、測定できないものも含むのだという考え方があったという指摘もなされた（Gruber 2006: S201）。PISA結果により最も注目されるようになった国は北欧のフィンランドであった。2012年調査までトップを維持し、日本を含む各国の教育担当者や研究者が「フィンランド参り」を頻繁に行った。ランキング中位だった英国では、当時のブレア首相が「教育、教育、教育」をフレーズに資源を集中させることにもなった。米国はどの調査においても中位にあり、国内では「落ちこぼれ防止法（No Child Left Behind）」も成立させたが、学習成果としては目立っていない。上位にあるカナダでは政府が学校現場を高く評価し、これまで同様の教育実践を続けることを求めている。

PISA参加国は先進国であることが多かったが、近年は新興国や途上国の一部も参加するようになってきた。しかしながら、生徒の抽出に必要な統計情報や調査資料の質の担保等PISA実施に要求される各種の基準に満たない国々に向けて、2014年の段階では「開発のためのPISA（PISA for Development）」と呼ばれるパイロット事業も始まっている。OECD自体は開発援助委員会を中心に途上国に対する経済支援を行っているが、そうした直接的な援助に加え、途上国政府が主体的に参画できる教育支援となる「開発のためのPISA」の導入を目指している。なお、日本の政府開発援助を担う国際協力機構（JICA）とPISAの実施を担う国立教育政策研究所は、このパイロット事業について協力している。

3. PISA 批判

（1）教育改革や現場からの批判

2014年5月6日付で、英国では中道左派の国際日刊紙『ガーディアン』に、OECDでPISAの総括を行うシュライヒャー教育・スキル局長補佐（当時）宛に、世界中の教育学者83名の連名によるPISAを批判する手紙が掲載された[1]。主な内容は、予算の使い方の他、PISAの測定は限定的であるにも関わらず、各国の教育政策への影響が大

き過ぎることであった。これに対して、PISAの全体と戦略を策定する運営理事会は、一部の指摘は妥当ではなく、また研究成果はすべて公開されており公共性を担保していると反論している。

こうした批判は、それまで大きな声ではなかった。PISAが始まった2000年からの10年前後は、大規模の比較可能なデータが提示されたこともあり、世界中のメディアで政策策定に資するものとして、その有用性が強調された。例えば、DeSeCo概念や測定方法の妥当性に限らず、政策転換等の影響や、さらには調査結果に関して批判を受け付けない雰囲気も見られた。日本の場合、OECD教育インディケータ事業のモットー "Without data, you are just another person with an opinion" が、「実証的データに基づかずにものを言う人は、個人的な意見をもった単なる一人の人間に過ぎない」と和訳され、公的資金による大規模事業であったにも関わらずデータ活用や批判的研究が学術界で一般的になったのは3サイクル（9年）ほど過ぎて、ダウンロード可能な生データの存在が知れ渡った後であった。

現在のところ、日本政府はPISAに対して積極的支持を示しており、毎年OECD等から専門家を招聘し、OECD Japanセミナーを開催している。公平と卓越性の分析を行った志水・鈴木（2012）の研究では、PISA結果にもとづく日本の教育改革は教育水準の向上に積極的で格差是正に消極的と指摘されている。PISA 2012の結果からこの課題をやや克服したとも言えるが、長年、公教育を通した能力獲得に関する研究を続ける松下（2014: 14-27）は、PISAは教育の国際比較の道具であるだけでなく、リテラシー向上のための教育改革を促す道具としても機能していることも指摘する。日本国内における基礎学力重視の教育実践や2014年現在の新保守主義的な教育改革の方向性も考慮に入れると、PISAリテラシーには道具的イデオロギーの傾向が強いままであるとも言えるだろう。

しかしながら、国によってはデータを根拠に教育改革を繰り返したものの、結果としては現れなかった国もある。このため、PISAランキングで上位を目指すことに疑問をもつ政府が出てきても当然である。例えば、直近のサイクル2回（2009年と2012年調査）において、世界トップ層に位置づいた上海は、次回2015年以降のPISAには不参加かもしれないという報道もなされた[2]。公式には大きく出てこないが、教育研究の中では、過去のPISAにおいていわゆる詰め込み教育を行うと考えられる東アジア勢が上位ランキングを占めたため、端的には「PISA型学力」は詰め込み教育との相関が高いのではないかという危惧もある[3]。

本来のPISAの主目的の一つは政策分析である。しかし、関係者の捉える「エビデンス」の意味が異なることから、参加国がPISA結果を政策策定のために十分活用できているとは限らない。例えば、米国流の研究手法を優先するならば、学校と家族、子どもに関わるすべての条件や内容を数値化し、統計処理によって関連性を見出し、対応策を練るということも可能になるかもしれない。だが、子どもの自己評価による回答を平均し、それを直接エビデンスとして用いることは妥当性に問題があると考えるならば、数値はあくまでも参考程度の意味合いが強くなるだろう。

そして、学校現場にとって最大の課題は、調査に参加しても直接のメリットが無いことである。特に日本の学校では従来の教科内容を深める方が優先される中で、いくら「グローバル人材」育成に資する、あるいは、社会で役立つ能力を伸ばすことになると主張しても、例えば、入学試験の内容との乖離が存在する限り、現場には迷惑な調査となりがちである。ただし、現在PISA結果をもとにした教育実践の改善を目指す動きもある。例えば、まだ一般には非公開であるが、アイルランドは州単位での平均とともに学校レポートを示す努力をしており、今後こうした動きは国際的なトレンドとなるだろう。日本の場合、140万人の高校1年生を1列に並べて無作為に抽出し、選ばれた子どもの所属する学科でさらに35名を抽出す

るため、47都道府県という行政単位が細かすぎることもあり、県別の分析等は今のところ困難である。

(2) 測定方法への批判

これまでのPISAには、国際調査にありがちな誤訳も見られた（松下 2010）。この誤訳をもとに、別の国際機関による報告書では、日本の子どもだけが特殊な状況にあるといった誤解を生んだ（丸山 2013a: 4-10）こともあり、改めて、英語または日本語だけで公表されているPISA結果を鵜呑みにすることの危険性が指摘できる。一般的に、異なる言語間で比較調査を行う際、単純に翻訳すれば良いということにはならない。すなわち、ある単語が意味するものと異なる等、文化的背景が違うため、調査しても同じことを質問していない場合もある。PISAにおいては、質問紙の英語と仏語を公式版とし、その両方を現地の言語に翻訳し、その結果の差を埋める表現に修正する。もしくは、公式版のいずれかを調査言語に翻訳し、再び元の英語または仏語に翻訳し戻すという逆翻訳手法を用いて、公式版と翻訳された元の文章等との差を修正する。さらに、こうした調査言語の制限に加えて、設問の尺度の課題も存在する。例えば、日本人は「はい」と「いいえ」を選ぶより、一般的に「わからない」等中間の選択を選びがちである等、尺度の等価性にも課題が残る。これらのように、国際比較調査の中でも参加者が自己申告した回答には常に限界があることに留意する必要がある（丸山 2013b: 362-379）。

翻訳以外に、PISA実施の現場で発生する課題もある。例えば、国際ルール上、新学期から3ヶ月以上経過した状態でしか調査できないことから、日本では7月という暑い時期に調査が実施されている。学校によっては空調設備のない教室で、「皆さんの成績や進路には影響しないが、教育政策のため協力してほしい」と告げられた日本の生徒たちに、2.5時間以上も座り続けることを求めるPISAは、きちんと能力を測定できるのかという批判も的を射ている。

研究の観点からは測定・分析手法に対する批判もある。もともと、PISA測定の基盤は項目反応理論（Item Response Theory: IRT）にある。IRTは、調査協力者の質的データを定量的に扱うことを前提にし、つまり、これまで不可能だった処理をコンピュータの発達によって可能となった測定をもとにしており、大規模調査において強みをもつ。ただし、IRTの分析モデルによっては当初の想定とは大きく異なる分析結果になる等の限界も指摘されており、また、その計算の複雑さから、専門としない者にはわかりにくいという批判もある。IRTは認知心理学と行動主義的学習理論に依拠し、PISAでは測定したい内容を複数の質問項目の合成指標として扱う。その合理性とは裏腹に反論の余地を残さない場面も見られるといった批判もされている。

しかしながら、PISAに影響を受けた国内の各種学力調査においては、IRTを前提にしていないことからも（例えば教員が問題作成）、正答率が高くなる「天井効果」による弊害（学力格差が過小評価）も見られ、またIRTは設問項目の局所独立、つまりある問題への回答や理解が次の問題には影響しないと仮定しているため、日本の試験でよく見られる「大問」設定には不向きである。それらに比べると、PISAは統計分析に比較的適している。

参加者サンプリングについても「成績の悪い生徒を欠席させている」といった噂もあったが、層化抽出法を用いる日本も他国と同様、国際ルールにしたがって承認されたプロセスでPISAを実施しており、それは的外れな批判である[4]。もっとも、PISAの調査対象になる標本は当該年齢人口の0.5％に過ぎないにもかかわらず、日本の教育政策に対するPISA結果の影響は決して小さくない点は見逃せない。

最後に、コンピュータを用いた測定の可能性と限界にも触れておく。PISA 2015からは、日本でも紙と鉛筆を使わず、すべてコンピュータを使った調査（Computer Based Assessment: CBA）になる。

例えば、画面上に現れる仮想の友人と協同しながら問題解決する能力をCBAによって測定することになっている。しばしばICT教育で問題視されるような、パソコン操作に慣れた子どもたちが良い結果を出すといった状況を回避するため、回答方法や操作方法を常に確認できるよう、細心の注意が払われている。

だが、今日のコンピュータでは、まだ紙と鉛筆のように自由に表現することは難しい。タブレットやスマートフォンで見られる入力や操作（例：音声入力や画像認識）がより一般的になると、キーボードとマウスによる表現の限界は別の形で克服される可能性はある。とはいえ、今日のビジネスやインターネットの世界で漢字変換を強いられる日本社会と、入力結果を目視確認する頻度の少ない直接入力が可能な社会との間には、違いがあるのが現実である。例えば、英語のみ利用するコンピュータ利用者と、日本語と英語を切り替えながら仕事をする必要のある利用者の間では、現実には差があることから、入力方法や速度の格差はPISA自体の問題ではないといえる。

4. 国際理解教育への示唆：国際研究を自分たちのものにする

リテラシーとコンピテンシーの整理でみたように、道具的イデオロギーによる識字能力の捉え方は既に21世紀において疑問視されている。現在、日本で強調されることの多い「グローバル人材」の養成に関する議論の中では、誰もが何か共通の能力（例：英語やコミュニケーション能力、問題解決能力、批判的思考力）を習得することが可能であるという道具的側面が見られる。しかし、その共通の能力について、批判的思考を巡らすだけの余地がないことがしばしばある。また、圧倒的なデータを提供することから、客観的であるかのように見られるPISAリテラシーも、他のリテラシーと同様に、ある価値判断によって能力が測定されている。

PISAの基盤となっているDeSeCo研究で示された能力観の三つの円の中心に「反省性」が位置づけられていることを、国際理解教育の研究と実践では思い出す必要があるだろう。松下（2014）はPISAリテラシーを「飼いならす」重要性、つまり多様な概念の中で捉え直し、不必要に踊らされず、教育の本質を見極める重要性を指摘しており、『現代国際理解教育事典』（2012）が示すように多様な視点から研究と実践を展開することが求められる。そこでは、画一的ではなく文脈に応じた柔軟な手法が重要となり、学校の教科教育だけで子どもたちの能力は形成されるわけではないという現実を捉える実践と研究が、今後ますます求められる（丸山・太田 2013）。

既に体系化を試みる動きはある。例えば、DeSeCoの示す能力に沿ってドイツは「コンピテンシー」という「形成能力」を整理した（トランスファー21 2012: 31-45）。これは持続可能な社会を構築することを視野に入れ、学習者の形成能力を育成するための指導指針となっている。その内容は、学校教育に限らない人間形成および社会構築の方向性を示す。中でも興味深いのは、不完全で複雑な情報を扱い、個人の決定ジレンマを処理する、道徳的行動をとる等、白黒はっきりさせることのできない現実社会の課題に対応する能力を、コンピテンシーの重要な一部としており、DeSeCoの示す能力との整合も試みている点にある。このことからも、国際機関の示す概念・枠組みや報告書の内容について、日本の国際理解教育においても、より内省的に捉え直す必要があるだろう。

また、将来的な研究発展も視野に入れる必要もある。例えば、途上国の教育状況に関する情報は、試験対策や授業日数を確保したい日本の学校にとってあまり役立たないと捉えられがちである。しかし、学校で習う公式の暗記をもはや評価対象とせず、検索結果の実生活における活用を重視するPISAのような調査の結果が今後「学力」をより一層規定するなら、次のような展開に留意が必要となる。つまり、ある調査結果では、学童と不就学児童の間で、実社会で生き抜く力の差があま

りないかもしれない。その場合、学校教育とは何だったのかという議論が生まれるだろう。日本では不就学児童数が限られているため、そのような研究も教育実践もできないが、途上国の教育実践やNGO等の活動結果から、私たちは学ぶことができるようになる。こうした示唆は、先進国における国際理解教育の研究にも寄与することになるだろう。

　国際調査の結果により「学力」そのものも多様な側面から捉え直すきっかけとなる。統計官僚による政策と社会に対する影響を取り上げたHacking (1990) は、統計的に平均であることが通常・典型・模範と扱われるようになった歴史を整理しているが（Loc 3805）、多様性が前提となり、コミュニケーション費用がゼロに近づく今日、個人の「学力」向上だけでは孤立する子どもや大人を生みかねない。今後のPISAは、ようやく異質な集団との相互作用を測定することから、「典型的でないこと」と学習者間のやりとりを扱う余地をもつ国際理解教育の研究と実践において、国際調査結果の活用は今後より重要になるだろう。

（丸山英樹）

[注]
1) http://www.theguardian.com/education/2014/may/06/oecd-pisa-tests-damaging-education-academics （2014/5/10閲覧）
2) 2014/5/30付 http://www.tes.co.uk/article.aspx?storyCode=6430819（2014/6/10閲覧）なお、上海政府とOECDは否定しており、次回も参加予定である。
3) にもかかわらず、母語が数学の学習成果を左右するという学説も最近報道された（『数学に最適な言語：英語の数字表現は学習に不利』2014/9/15付『Wall Street Journal』。http://online.wsj.com/articles/the-best-language-for-math-1410304008（2014/9/17閲覧）
4) 詳細は、国立教育政策研究所編（2013）を参照。

[引用文献]
国立教育政策研究所編（2013a）『成人スキルの国際比較 OECD国際成人力調査（PIAAC）報告書』明石書店
国立教育政策研究所編（2013b）『生きるための知識と技能5 OECD生徒の学習到達度調査（PISA）』明石書店
佐藤学（2003）「リテラシーの概念とその再定義」『教育学研究』70（3）
志水宏吉・鈴木勇編著（2012）『学力政策の比較社会学【国際編】－PISAは各国に何をもたらしたか－』明石書店
トランスファー21編、由井義通・卜部匡司監訳（2012）『ESDコンピテンシー学校の質的向上と形成能力の育成のための指導方針－』明石書店
田中耕治（2008）『教育評価』岩波書店
豊田秀樹（2002）『項目反応理論』朝倉書店
日本国際理解教育学会編（2012）『現代国際理解教育事典』明石書店
本田由紀（2005）『多元化する「能力」と日本社会－ハイパー・メリトクラシー化のなかで－』NTT出版
松下佳代編（2010）『〈新しい能力〉は教育を変えるか－学力・リテラシー・コンピテンシー－』ミネルヴァ書房
松下佳代（2014）「PISAリテラシーを飼いならす」『教育学研究』81（2）
丸山英樹（2013a）「ユニセフが捉えた先進国の子どもの幸福度」『教育と医学』教育と医学の会、715
丸山英樹（2013b）「欧州・中東をみる比較教育学」山田肖子・森下稔編『比較教育学の地平を拓く－多様な学問観と知の共働－』東信堂
丸山英樹・太田美幸編（2013）『ノンフォーマル教育の可能性－リアルな生活に根ざす教育へ－』新評論
文部科学省（2012）『平成24年度文部科学白書』
Gruber, K. H. (2006). The German PISA-Shock: some aspects of the extraordinary impact of the OECD's PISA study on the German educational system. In Hubert Ertl, Ed. *Cross-National Attraction in Education: Accounts from England and Germany*, pp. 195-208, Symposium Books.
Hacking, I. (1990). *The Taming of Chance*. Cambridge University Press. 〔イアン・ハッキング著、石原英樹・重田園江訳（1999）『偶然を飼いならす－統計学と第二次科学革命－』木鐸社〕
McClelland, D. (1973). Testing for Competence rather than for "Intelligence." *American Psychologist*, 28.
Meyer, H-D. & Benavot, A. (2013). PISA, *Power, and Policy*. Oxford: Symposium Books.
Rychen, D.S. & Salganik, L.H. Eds. (2003). *Key Competencies for a Successful Life and Well-Functioning Society*. MA: Hogrefe & Huber Publishers.

コラム2
共通歴史教科書づくりと国際理解教育

　歴史教科書は各国の歴史の物語に則し、国民育成の観点から創られるため、国を越えた歴史認識の共有をめざす共通歴史教科書づくりは難事業となる。その最初の試みと挫折が、フレデリック・ドルーシュ編著『ヨーロッパの歴史』（1992年、1997年改訂版）である。EC委員会（当時）の支援の下、EU成立直前に出版され反響を呼んだが、教科書ではなく副読本に留まった。EU各国といえども歴史認識の溝は埋め難かったのである。

　2006年には、ドイツ・フランス間で世界初の共通歴史教科書が誕生した。さらに2015年中に、ドイツ・ポーランド間で共通歴史教科書が刊行される予定である。背景には第二次世界大戦後、旧交戦国と歴史教科書対話を継続してきたドイツの地道な努力がある。

　高校段階におけるドイツ・フランス共通歴史教科書は、両政府の協力の下、2006年に第3巻（第二次大戦後、邦訳あり）、2008年に第2巻（19～20世紀前半）、2011年に第1巻（古代・中世・近世）が刊行された。異なる解釈・認識をも主題化した点など、内容面での複眼的視点に意義が認められるが、ドイツ・フランスの複数言語学級での使用に偏り、一般に普及していない。両国の大学入学資格試験対策としては情報量不足との印象を、現場の教員に与えたことが主たる理由である。

　中学校段階におけるドイツ・ポーランド共通歴史教科書は、ポーランドで中道右派連立政権発足の翌2008年に共通教科書プロジェクトとして公式に開始された。2010年に仕様書が完成し執筆作業が始まった。ドイツ・フランスでの経験から対象を大学入学資格試験に無関係の7～9学年とした。テーマ史を重視し、ポーランドが近代に消滅した事情に配慮し、国民国家形成以前の宗教共同体等中世史に重点を置いている（全4巻組の予定）。

　共通歴史教科書づくりは、関係国の「学習指導要領」との調整が極めて困難なため、調整不要の共通副教材づくりが、バルカン諸国、イスラエル・パレスチナ間、日中韓および日韓で進められている。

　バルカン諸国では、2005年に、NGO「南東欧の民主主義と和解のためのセンター」による共同歴史プロジェクトの成果として、11カ国の共通歴史副教材（高校段階）『南東欧近現代史を教えること―教育用副教材』全4巻（英語版、邦訳あり）が出版された。テーマ史学習による自民族中心主義的な各国教科書の相対化をめざす。2008年には、3国（ボスニア・ヘルツェゴビナ、クロアチア、セルビア）の歴史教育関係者が、歴史教員用副教材『普通でない国の普通の人びと』（3カ国語版）を出版した。論争的な紛争期を避け、1945年～91年の旧ユーゴスラビア時代の民衆や女性の生活史を取り上げ、民族や宗教の違いを越えた歴史認識の共有をめざしている。

　イスラエル・パレスチナ間では、1998年に双方の研究者が設立したNGO・NPOのPRIMEが、両地域の20世紀史の共通副教材を作成し、2003～08年に計4冊をヘブライ・アラビア語で出版した（後、英語等に翻訳）。2011年度は、双方の約20校で使用された（対象は16歳以上が適当とのイスラエル人教師の報告がある）。

　東アジアでは、2005年、日韓の研究者・教員と中国の研究者が共同編集・執筆した日中韓3国共通歴史教材『未来をひらく歴史』（中学・高校段階、3カ国語版）が出版され、翌年、細部を改訂した第2版が出版された。だが、近現代史での日本の侵略戦争を3国で分担執筆するに留まった。そこで2012年、日中韓3国共同歴史編纂委員会編『新しい東アジアの近現代史』（上下2巻、高校以上）が出版され、各国の「自国史を越えた東アジア地域の歴史像の認識」の共有を目指し、執筆者が章別に草稿を分担執筆した後、相互に検討・修正を施した。他に、日韓両国では、『日韓歴史共通教材　日韓交流の歴史―先史から現代まで―』（高校段階、2007年）等の共通副教材が出版されている。

　共通歴史教科書・副教材づくりは、国を越えた歴史認識の共有のため、継続的な取組みが必要である（執筆に際し、川喜田敦子、剣持久木、近藤孝弘、齋藤一晴、柴宜弘、西山暁義、本庄十喜ら諸氏の論考を参照した）。

（松井克行）

第II部

国際理解教育の歩み

写真上：ガーナの路上で（大津和子撮影）
　　下：北京の小学校（森茂岳雄撮影）

1 戦後日本の文教政策と国際理解教育

1. ユネスコと国際理解教育

「国際理解教育(Education for International Understanding)」は、ユネスコが第二次世界大戦の反省のもとに「心の中に平和の砦をつくる」ことや、「国際平和と人類の共通の福祉」の増進といった理念を実現するため、創設後いち早く取り組み、全世界に向けて提唱した教育である。戦後日本の国際理解教育はユネスコ理念の受容から開始され、ここに原点がある。

ユネスコの国際理解教育は、その理念は明確であるものの、概念や具体的な目的・目標や内容、方法には変化がみられ、呼称も「世界市民性の教育」「世界共同社会に生活するための教育」などから、「国家主権の壁」に配慮した「国際理解と国際協力の教育」などへと変化している(金谷1994、千葉1998)。日本の文教政策においてはユネスコのこうした教育を国際理解教育と総称してきており、受容の仕方、取り組み姿勢はそれぞれの時代の国内外の状況に規定され、変化がみられる。ユネスコ理念を実現する平和のための教育として国際理解教育はスタートしたが、1974年以降は、国際化対応の教育として位置づけられ、今日では英語教育やESDと互換的に使用される状況もみられる。

本章は、戦後日本における「国際理解教育」の歩みを、文部行政における担当部局の変遷に留意しつつ、どのような施策をどのような意図で推進してきたのかを跡づける、いわば担当部局の変遷からみた国際理解教育政策史の試みである。

占領期にはユネスコ加盟をめざし国際理解教育政策が推進された。ユネスコ加盟(1951年7月)及び独立以降は、ユネスコ活動(ユネスコ協同学校事業を中心)として国際理解教育政策が推進された。1952〜74年は日本ユネスコ国内委員会(以下、国内委員会)事務局がユネスコ協同学校事業を担当した。1974年を画期として国際化対応、日本人の国際性の育成を図る国際理解教育政策へと転換が図られ、同事務局は学術国際局に吸収された。1974〜84年は学術国際局のユネスコ国際部が国内委員会の事務処理を担当した。1984年の同部廃止以降もユネスコ活動担当はそのまま同局に残るが、国際理解教育は各局に分掌されていく。2001年の文部科学省への改組の際には、ユネスコ活動を職務とする国際統括官、国際理解教育を所掌する初等中等教育局国際教育課が新設され、

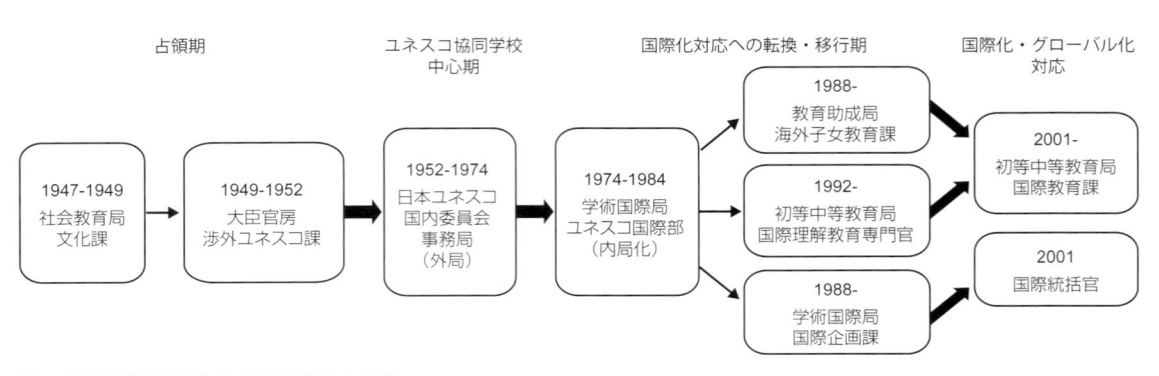

図1 国際理解教育政策の担当部局の推移

機構的にはユネスコ政策と国際理解教育政策がパラレルに推進する体制が整備された。前頁下図1に担当部局の推移を概括的に示す。

2. 占領期の国際理解教育政策（1945～52年）

ユネスコ加盟は、敗戦後の占領下日本において、平和な文化国家建設への希望であり、国際社会復帰への希望の窓であった。

（1）第一次米国教育使節団報告書とユネスコ

占領期の文教政策は、連合国軍最高司令官総司令部（GHQ/SCAP）の民間情報教育局（CIE）の指導の下に推進され、戦後教育改革は「第一次米国教育使節団報告書」（1946年3月）に端を発した。

同報告書が、「われわれは遠くない将来に日本がユネスコの一員として迎えられることを期待する」と述べていたことは、ユネスコ加盟への希望を力強く後押しし、文部省がユネスコに関心を払う契機となった（星野 1951: 25、日本ユネスコ国内委員会 1962: 4-5）。

（2）教育刷新委員会とユネスコ理念

戦後教育改革において中心的役割を担ったのは、内閣総理大臣の諮問機関である教育刷新委員会（1946年8月設置、1949年6月に教育刷新審議会と改称）である。同委員会は、前述の使節団報告書に基づきつつ、文部省やGHQのCIEと連絡をとりながら改革の基本方針の策定にあたった。「ユネスコの精神は…新しい日本の進むべき方向と全く一致するもの」であり、その精神を国民に広く徹底させることは「平和日本建設の事業を推進することである」との観点から、ユネスコ参加を希求し、積極的に啓蒙活動を行うよう総理大臣に建議した（「ユネスコについて」1948年4月）。この建議の遂行は、文部省の大臣官房渉外ユネスコ課が、外務省の情報部文化課と協力して担当することになる。「ユネスコの目ざす国民相互の理解と協力による恒久的な世界平和の確立」のためには、「小学校から大学に至る全段階の学校教育並びに社会教育において、国際教育を推進すること」が必要であると指摘した（教育刷新審議会 1952: 290-291）。

（3）ユネスコ対日決議と国際理解教育

ユネスコは第2回総会（1947年11月）以降、ユネスコ理念の日本への普及を目的として継続的に対日決議を採択した。教育分野の決議には国際理解教育に関わる内容が多く含まれており、国際理解教育に関わる施策は基本的に対日決議にそって実施された。1949年4月にはユネスコの駐日代表部が、GHQの認可を得て東京に設けられた。

1949年6月の文部省設置法制定の際に新設された大臣官房渉外ユネスコ課は、外務省と連携しつつ、ユネスコ駐日代表部との連絡調整、ユネスコ理念の普及、ユネスコの対日決議の遂行などを担当した。また、啓発冊子を『文ユ資料』シリーズとして刊行し、国公私立大学、都道府県教育委員会、各地のユネスコ協力会に無償で配布した。文ユ資料は第1号『国連とその専門機関についての教育に関する提案』、第29号『国際連合と世界市民』など、廃止されるまでの約3年間に70号を刊行した。

文部省中等教育課は、主催する中等教育研究集会において1950年度から「国際理解の教育」の部会を新設した。「国際理解の教育については、実施方について司令部から文部省に指令があった。…中等課長と協力して…かなりの程度の自主性をもって実施した」と当時の渉外ユネスコ課長は述べている（日本ユネスコ国内委員会 1961b: 61）。『アメリカの学校における国際理解の教育』（アメリカ教育協会編 1948）を渉外ユネスコ課が翻訳し、参考資料として使用した。文ユ資料第51号は『国際理解の教育—1950年度中等教育研究集会報告』である。初等教育課は『初等教育資料』（1951年9月号）に「特集・国際的理解の指導」を組んだ。

（4）国際理解教育と平和教育

民間においても、ユネスコの平和理念に共鳴し

た運動が広く展開された。1947年7月には世界で初の民間ユネスコ団体が設立され（仙台）、同年11月には早くも第1回ユネスコ運動全国大会が開催された（東京）。順調に進展するかと思われたユネスコ運動であったが、朝鮮戦争の勃発（1950年6月）に象徴される米ソの冷戦体制構築という国際情勢の変化によって深刻な打撃を受けた。

「日本の民間ユネスコ運動にとって、昭和25年は多難な年であると同時に、ユネスコの理念が深い内省を伴って研究されるに至った一つの大きな転換期でもあった。その端緒となったのが朝鮮動乱であった」（日本ユネスコ協会連盟 1966: 13）。アメリカの対日占領政策が変化し、国内の政治的対立も深まった。民間ユネスコ運動に亀裂が生じ、かつての勢いを急速に失った。日本を「反共の砦」と位置付けた「第二次米国教育使節団報告書」（1950年9月）が出され、国際理解教育にも政治的対立が影を落とすことになる。日本教職員組合は「教え子を再び戦場に送るな」をスローガンに「平和教育」に取り組みはじめた。こうした状況下で、「上からの国際理解教育」と「平和教育」との分離が指摘された。

3. 日本の独立とユネスコ協同学校事業の推進

1952〜74年は、ユネスコ協同学校事業への参加を軸に、国内委員会が中心となって国際理解教育の普及に取り組んだ時期であった。国内委員会の事務局が実質的に活動を支え、文部行政から相対的に独立して活動を推進した。

（1）ユネスコ活動は国是

日本は1951年7月に60番目のユネスコ加盟国となった。国連加盟の5年も前のことである。

1952年4月に念願の独立国家となり、直ちに「ユネスコ活動に関する法律」（1952年8月）を制定した。「ユネスコ活動」とはユネスコの目的を実現するために行う活動と定義し（第2条）、その推進を国是とした（第4条）。「日本ユネスコ国内委員会」は、「特別の機関」として文部省に置かれ、その活動を支える国内委員会事務局が設置された。事務局のトップである事務総長は外務省から登用された。実は国内委員会をどこに置くのか、外務省か、文部省か、それとも行政の外部に独立して置くかをめぐって激しい議論があった。事務局は文部省に置くが、トップは外務省から任用するということで決着がついた経緯がある。

（2）ユネスコ協同学校事業を核とした普及政策

ユネスコ協同学校事業は、1953年度のスタート当初から世界全参加学校数33校のうち6校が日本の学校という力の入れようであった（第Ⅱ部2参照）。国内委員会はユネスコ「世界共同社会に生活するための教育の原則と方法に関する専門家諮問委員会」報告（1952年）を参考にしつつ、①基本的人権の尊重、②日本と諸外国との相互理解と協力、③国際的協力機関についての理解と協力、④世界平和の実現を柱とする「国際理解のための一般目標」を設定した（日本ユネスコ国内委員会 1960: 19, 128-129）。

1950〜60年代は一般の学校を対象とした普及・研修活動はまだわずかであったが、国内委員会は参考文献や資料を続々と刊行した（巻末の文献目録参照）。一般の学校が通常の教育課程の中で国際理解教育を実施しやすいように、学習指導要領の改訂に合わせて『学校における国際理解教育の手びき』を刊行した（1960年、1963年増補版、1971年改訂版）。国際理解教育とはユネスコ理念を実現するための教育の総称であった。

（3）途上国への協力・援助と協同学校事業の後退

途上国への協力・援助が国内委員会事務局の所掌事務に追加されたのは1965年であり、事業計画の最優先課題であったユネスコ協同学校事業にとって代わるものとなった。この背景には多くの新興独立国が国連、ユネスコに加盟したことから、ユネスコ本部の事業計画も途上国への教育協力（援助）へ重点が移動したという事情があった。

1961年の国内委員会の会議では、平和構築を

目的としたユネスコが政治的利害の絡まる援助機関に変容することへの危惧が表明された。さらに、教育が重視されても「技術教育、国民教育というだけでなく、国際理解・国際協力の精神が強く生かされなければ、問題は解決しない。このことは日本やドイツの教育普及が平和にじゅうぶん寄与できなかった過去における例を見ても考えられることである」（日本ユネスコ国内委員会 1961a: 23）と警告を発した。

1960年代後半には、「ユネスコの新しい使命」は途上国援助であり、日本では「ユネスコといえば、平和のとりでを心の中に築く精神運動と誤解してきた傾向」があり、この変化に気づくのが遅かったとの認識が文部省内に生じていた（文部省 1969: 268-269）。

こうした中でユネスコ協同学校事業を支える事務局の体制が手薄になった。1970年前後になると、今や国際化の時代を迎え、国際理解教育はユネスコの仕事、国内委員会の仕事というより、文部省全体の仕事であるべきだという主張が、国内委員会内部からもでてくるようになる。

4. ユネスコ勧告と中教審答申（1974年）

1974年にはユネスコと日本において国際理解教育政策の画期をなす重要な文書が出された。

（1）1974年ユネスコ勧告と日本の対応

ユネスコでは国際理解教育に関する勧告（「国際理解、国際協力及び国際平和のための教育並びに人権及び基本的自由についての教育に関する勧告」1974年11月）が採択され、新たな国際理解教育概念が提起された。勧告（案）の審議や日本政府の対応のまとめに関わった国内委員会事務総長は、勧告は従来の国際理解教育の構造を分解・再組織して、「公民的自覚」「人類共通課題の認識」「文化の多様性の評価」「実践的行動様式の訓練」という重層的なものとし、しかも「国際理解・協力・平和のための教育」（これを「国際教育」と呼ぶ）と「人権・基本的自由の教育」とを明確に区別しながら、その新しい結合を意図した、つまり前者の「人道的・融和的な性格がともすれば観念的・心情的なものに流れる欠陥を防ぎ、後者の現実的・倫理的な性格と破邪求道的な行動原理を導入しようとする新しい試み」と特徴づけた（西田 1974: 5）。

勧告採択後の国内委員会総会では、「ユネスコ的なグローバルな発想と日本の過去の経験ないし日本という立場から見た国際理解教育へのアプローチとは若干観点が違っている。…この両者を考えあわせた場合にこれからどういうように、この問題を特に国内において定着させるかという事が非常に大きな問題」と報告され、勧告が求める「国際的な公民教育」と国家の枠内で発展してきた公民教育とをどのように接続させるかが難しい問題と認識された（文部省学術国際局 1975: 11）。ちなみに審議の過程で「ユネスコ協同学校計画の位置付けの明確化」を勧告に盛り込むことを提案したのは日本であり、勧告第23項に結実している（日本ユネスコ国内委員会事務局 1974: 34）。

（2）1974年中教審答申

国内で画期をなすのは「国際化時代に対応する抜本的施策を樹立する必要がある」との諮問に応じた中央教育審議会答申「教育・学術・文化における国際交流について」（1974年5月）である。

1974年答申は、ユネスコ憲章前文を引用してユネスコ理念を高らかに掲げつつ、重点施策を6項目掲げた。その第一に「国際社会に生きる日本人の育成」を挙げ、国際理解教育の推進、外国語教育の改善、大学の国際化を図る方針を示した。「答申附属書」は「国際理解教育の推進」を図る施策として教材開発、帰国子女を受け入れる研究協力校やユネスコ協同学校の活動奨励、姉妹校交流など7点を列挙した（下線筆者）。

5. 国際化対応の国際理解教育（1974～2001年）

中教審答申後の文部省の機構改革（1974年6月）

において、国内委員会の活動を実質的に支えてきた事務局が廃止された。国内委員会の事務は新設された学術国際局が担当することとなり、かつ国内委員会事務総長は学術国際局長が兼務することとなった（内局化）。以降、文部科学省に改組される2001年までの時期は、ユネスコ協同学校中心の国際理解教育政策を転換し、国際化対応の国際理解教育へとシフトしていく。

ユネスコ協同学校は休眠期に入り、「日本の国際理解教育の国際的孤立と内向化」（千葉 2003: 189)、「日本型国際理解教育」と評される時期に入る。

なお1974～2001年は学術国際局におかれたユネスコ国際部（1974～1984年）に留意し、1984年で時期区分した。

5－1．1974年中教審答申の具体化——「ユネスコ国際部」（1974～84年）

（1）海外子女教育関係ポストの拡充

1974年中教審答申を具体化し推進したのは学術国際局であり、ユネスコ関係業務は同局の「ユネスコ国際部」が所掌した。答申に盛り込まれていたユネスコ協同学校の活動奨励は答申具体化の段階で姿を消し、帰国子女教育、教員の海外派遣などが促進された。海外子女教育の担当ポスト拡充の動きが顕著であり、ユネスコ国際部の国際教育文化課には1978年度に海外子女教育担当の専門官が1人配置され、1981年度には海外子女教育室が新設された。財界と政府（外務省・文部省）が一体となって海外子女教育振興財団を設立したのは1971年1月であった。

機構改革後、学術国際局長（兼・国内委員会事務総長）は国内委員会の総会で次のように説明した。「国際理解教育協同学校計画というのは古くから国内委員会でお世話をしてきた事業でございますが、これらをいろいろな研究指定の際に初等中等教育局のほうでこの事業を取り上げて他の一般的な指導と同じように推進を図ってもらいたい。…外国語教育の改善ということも…初中局の仕事として…お願いしたい」と考えている（文部省学術国際局 1974: 34)。しかし具体的な動きはなかった。

（2）「国際理解のための学校教育協議会」（1975～80年）

1975～80年度まで、文部省（学術国際局）・国内委員会の主催で、毎年1回、「国際理解のための学校教育協議会」を開催した。機構改革後の最初の1975年度協議会において学術国際局長は、帰国子女、外国人子女、留学生といった身近な課題から国際理解教育を展開し国際化を推進するよう呼びかけを行い、ユネスコ協同学校については全く言及しなかった。翌年度以降、協同学校関係者の参加は激減した。

（3）1982年版『国際理解教育の手引き』

1974年ユネスコ勧告などの新たな動きを踏まえ、『学校における国際理解教育の手びき』（1971年版）の改訂を求める声は早くから国内委員会委員の一部より出されていた。実際に刊行されたのは1982年であり、対応の「遅れ」が批判された。この刊行の「遅れ」こそは、OECD（1964年加盟）など増大し多様化する国際チャンネルの中で、「ユネスコ離れ」が進んでいた証左である。1984年にユネスコ国際部は廃止され、「ユネスコ」の名称を冠する部局は姿を消した。ちなみに米、英のユネスコ脱退は1984、85年であり、当時のユネスコの状況は「対立と論争の時代」として分析・紹介されている（野口 1996: 77-164)。

5－2．臨時教育審議会答申以降（1990年代）

学術国際局におかれたユネスコ国際部の廃止以降、文部科学省への改組（2001年）までの1990年代を中心とする時期は、文部省（初等中等教育局）及び地方教育委員会が中心となって、国際理解教育を推進した時期である。①臨時教育審議会答申（1984～87年）に端を発する1987年教育課程審議会答申、1989年版学習指導要領、並びに②中央教育審議会答申（1996年第一次）に端を発する

1998年版学習指導要領などが契機となっている。

(1) 臨教審答申にみる「国際化への対応」

臨時教育審議会（1984〜87年）は4次にわたる答申を出した。その答申を受けて閣議決定されたのが「教育改革に関する当面の具体的方策について―教育改革推進大綱―」（1987年10月）である。また、第三次答申が、国際化を進める教育システムづくりに関連して、国としての政策指針を盛った「教育の国際化白書」を作成すると提言したことを受けて刊行されたのが、教育改革実施本部編『昭和63年度国際化資料：国際理解と協力の進展―教育・学術・文化・スポーツを通して』（1988年）であった。

臨教審のこれら一連の文書は、国際化対応の施策としては1974年中教審答申と重なる部分が多いが、文言としては第二次答申以降、「国際理解教育」を使用していない。

第一次答申（1985年6月）の「改革の基本的考え方」では、「国際化時代を迎え、国際化という視点に立って教育の改革を図ることは、我が国の存立と発展に関わる重要な問題である」と指摘し、具体的な主要課題として「留学生の受け入れ、外国の高等教育機関との交流、学術研究上の国際協力、<u>国際理解教育</u>、語学教育、海外子女・帰国子女教育などの在り方について検討する」（下線筆者）として、「国際理解教育」を挙げていた。

第一次答申後、この国際化対応の審議のため設置された「国際化に関する委員会」は、「国際理解教育」をテーマにヒアリングも行っているが、審議経過の概要や答申には「国際理解教育」の文言を使用しなかった。この委員会の基調が答申の内容に最後まで影響することになる。

最終答申（1987年8月）では「国際化への対応のための改革」として6点（海外帰国子女教育、留学生教育、外国語教育、日本語教育など）が提示され、国際理解教育は含まれなかった。教育改革推進大綱でも、「5．時代の変化に対応するための改革」の項で国際化対応として列挙されたのは、①留学生の受入れ体制の整備・充実と日本語教育の充実、②外国語教育の改善とJETプログラムの充実、③海外子女・帰国子女教育の充実のみであった。教育改革実施本部編『昭和63年度国際化資料』は「国際化を考える」「国際化をめざした実践事例」「国際化のための施策の概要」から構成され、国際理解教育は散見されるのみであった。

1988年7月には教育助成局では海外子女教育室が「海外子女教育課」に昇格し、学術国際局ではユネスコ関係事務を所掌していた国際教育文化課が「教育文化交流室」に格下げされた。

(2) 1987年教課審答申と国際理解教育専門官

1990年代に「国際理解教育」が「国際化に対応する教育」としてクローズアップされる契機となったのは1987年教育課程審議会答申といえる。改訂の4本柱の一つに「国際理解を深め、我が国の文化と伝統を尊重する態度の育成を重視すること」を盛り込み、1992年度には初等中等教育局に「国際理解教育専門官」が配置された。臨教審答申は「国際理解教育」の使用を慎重に避けたが、新設されたのは「国際理解教育」専門官であった。各都道府県の教育委員会が主催する教員研修会に国際理解教育のテーマが登場し、教育委員会を通じて全国の一般の学校において、国際化に対応する教育として国際理解教育の定着・浸透が図られた（嶺井・木村 2006: 37-49）。

1992年3月に『国際理解の推進のために』を刊行したのは学術国際局であり、同局には依然として国際理解教育関係の事業は位置づいていた。

(3) 1996年中教審答申と「総合的な学習の時間」

国際理解教育を「国際化」に対応する教育の筆頭に位置づけ、その充実の方向性を示したのは1996年7月の中教審「21世紀を展望した我が国の教育の在り方について（第一次答申）」である。第3部第2章「国際化と教育」は、①国際理解教育の充実、②外国語教育の改善、③海外子女・帰国子女・外国人子女の教育の改善・充実、と三項目に分けて論じた。小学校での外国語活動にも具

体的に言及した。1996年中教審答申は「国際理解教育」を積極的に推進する方向で提言しており、この点は臨教審答申との差異がみられる。しかし、上記第2章「国際化と教育」の項目、及び「国際化」に対応する教育のポイントとして①異文化共生能力、②自己の確立（日本人として、個人として）、③コミュニケーション能力、の3点を指摘している点をみれば、内容面では両者の基調に大差はみられない。ユネスコが提唱してきた平和、人権といった普遍的価値への志向性は稀薄である。

1998年版学習指導要領では、「総合的な学習の時間」が創設され、扱うテーマの一つに「国際理解」が例示された点も、国際理解教育の定着に追い風となった。しかし全面実施をみる前に「学力低下論」の逆風が吹き始めた。

6. 文部科学省への改組と国際理解教育

2001年1月、文部科学省が設置された。注目されるのは、第一に初等中等教育局に「国際教育課」を新設し、「国際理解教育」を所掌事務に位置づけた点、第二にユネスコ活動の振興等を職務とする「国際統括官」ポストを新設した点、第三に官房（大臣官房及び文化庁長官官房）に国際協力や国際交流を担当する「国際課」を置いた点である。

（1）国際教育課の新設と国際理解教育

初等中等教育局国際教育課は、国際理解教育の振興を筆頭に、海外子女及び帰国子女の教育、外国人児童生徒の適応指導、国際文化交流を所掌事務として新設され、文部省内に分散していたこれら「国際化に対応する教育」を一括した。

国際理解教育専門官、海外子女教育専門官、後に外国人児童生徒教育専門官、及び日本語指導調査官が配置された。さらに「社会や経済のグローバル化が急速に進展し、…人材育成面での国際競争も加速している」（中教審答申、2008年1月）との認識から外国語教育の充実が重要な課題とされ、同課に外国語教育推進室が新設された（2009年度）。

初等中等教育局長の私的諮問機関「初等中等教育における国際教育推進検討会」は、国際教育とは「国際社会において、地球的視野に立って、主体的に行動するために必要と考えられる態度・能力の基礎を育成する」ための教育であり、そのねらいは「自己を確立し、他者を受容し共生しながら、発信し行動できる力を育成することにある」と規定し、「生きる力」につながるものと報告した（2005年8月）。注目すべき内容を多々含んでいるが、文部行政がこれまで使用してきた「国際理解教育」との異同については、経緯をふまえた納得できる説明はなされていない（嶺井 2005: 1-16）。

ここで注意を喚起したいのは、ユネスコの1974年「国際教育」勧告との区別である。前述した通り「国際教育」課の所掌事務はほぼ国際化対応の教育施策であり、ユネスコの「国際教育」概念とは異なるものである。

（2）国際統括官の新設とユネスコ活動の推進

「国際統括官」の新設はユネスコ政策の転換を象徴するものである。日本人として初めて松浦晃一郎氏がユネスコ事務局長に就任したのは1999年である。国際統括官の職務には、①ユネスコ活動の振興に関すること、②日本ユネスコ国内委員会の事務の処理に関すること、その他2項目が定められている。1974年6月の機構改革で廃止（内局化）され、学術国際局長が兼務していた国内委員会事務局の事務総長ポストが分離・復活した。つまり、国内委員会の事務を処理する体制も整備され、相対的に独立したユネスコ活動を推進する体制が整備されたといえる。現在は「国際統括官付」にユネスコ協力官、国際戦略企画官がおかれている。

国内委員会は直ちにユネスコ協同学校の再活性化を建議した（2001年7月）。日本の提案に基づく「持続可能な開発のための教育の10年（DESD）」（2005～14年）が開始され、2008年にESDの推進拠点としてユネスコ協同学校が指定されると、日本ではその呼称を「ユネスコスクール」と改称した。わず

か数年で800校をこえるほど急増したものの、質的にはユネスコが理念とした価値の認識の希薄さ、国際的なネットワークからの孤立など課題が指摘されている（第Ⅱ部2参照）。

7.今後の課題

　以上、戦後の文教政策における国際理解教育の位置付けの変遷を担当部局の移動に留意しつつ跡づけた。1974年以降は、国際平和や人類の共通の福祉といったユネスコ理念の実現をめざす国際理解教育ではなく、日本人の「国際性」の育成や国際化対応、近年では「グローバル人材の育成」に焦点を当てた国際理解教育政策が優先されている。主な担当部局は「ユネスコ国内委員会事務局」⇒「学術国際局」⇒「初等中等教育局」⇒「初等中等教育局＋国際統括官」と変遷してきたことが明らかになった。

　近年の日本の「教育再生政策」をみると、ナショナルな傾向の強化と国際化・グローバル化対応施策が同時進行している。愛国心や公共心の育成を盛り込んだ教育基本法の改正（2006年12月）、「特別の教科 道徳」（仮称）が導入され、教育課程課には道徳教育調査官、伝統文化教育調査官、社会教育課には社会奉仕活動推進企画官がおかれた。国際化・グローバル化対応が強調されるものの、その内実は国際競争・グローバル競争に打ち勝つ人材育成といった戦略的側面がみられ、日本のナショナルな利益を優先させたものと言わざるを得ない。

　こうした中で、平和な共生社会の構築を担う人間を育成する国際理解教育を推進するにはどうしたらよいのか。心の中に平和の砦をつくることを目指し、偏狭なナショナリズムの排除を目指した初期ユネスコの国際理解教育の原点を改めて確認すること、これが第一である。第二に、教育の目的は人格の完成をめざし、「国家及び社会の形成者」として必要な資質の育成にあること（この点は改正教育基本法でも変化がない）を踏まえ、国家の形成者であると同時に、地域社会や国際社会の形成者として多元的アイデンティティをもった市民を育成する国際理解教育を推進すること。第三に、その際、ユネスコ活動やグローバル・シティズンシップ教育などを視野に入れながら、日本の伝統文化理解教育や道徳教育が狭い日本の枠に収まらないように国際理解教育を学校教育全体の取り組みとすることである。

（嶺井　明子）

[引用文献]

金谷敏郎（1994）「国際理解のための教育の目的・目標についての史的検討」『国際理解教育・環境教育などの現状と課題』図書教材研究センター

教育刷新審議会（1950）『教育改革の現状と問題―教育刷新審議会報告書』日本放送出版協会

千葉杲弘（1998）「ユネスコにおける国際理解教育の概念の変遷」『国際理解教育の理論的実践的指針の構築に関する総合的研究』平成7-9年度科研費報告書（研究代表：中西晃）

――（2003）「ユネスコ事務局の内側から見た国際理解教育の変遷」日本国際理解教育学会『国際理解教育』Vol.9

西田亀久夫（1974）「新しい勧告案について」国際理解教育研究協議会『国際理解教育』第3号

日本ユネスコ国内委員会
　――（1960）『学校における国際理解教育の手びき』
　――（1961a）『日本ユネスコ国内委員会第25回会議議事録』
　――（1961b）『ユネスコ資料』年第7号「わが国のユネスコ活動の回顧と展望・座談会」
　――（1962）『日本ユネスコ活動十年史』
　――（1974）『ユネスコ関係事務の報告（47）』

日本ユネスコ協会連盟（1966）『ユネスコ民間活動20年史』

野口昇（1996）『ユネスコ50年の歩みと展望』シングルカット社

星野英夫（1951）「ユネスコと日本」文部省『初等教育資料』第16号、東洋館出版

嶺井明子（2005）「『国際理解教育』と『国際教育』の概念の整理を」日本教育制度学会『教育改革への提言集　第4集』東信堂

嶺井明子・木村夏紀（2006）「研修講座の開設状況の推移からみる『国際理解教育』の展開」、『グローバル時代に対応した国際理解教育のカリキュラム開発に関する理論的・実践的研究』平成15〜17年度科研費報告書（研究代表：多田孝志）

文部省（1969）『国と地方の文教予算』

文部省学術国際局
　――（1974）『日本ユネスコ国内委員会第55回会議議事録』
　――（1975）同上第56回会議議事録

2 ユネスコスクール（ASPnet）の歩みと国際理解教育

1. ユネスコスクール（ASPnet）概観

　2014年11月、日本（開催地：岡山市）でユネスコスクール世界大会（UNESCO ASPnet International ESD Events for Students）が開催された。大会では、「持続可能性」をテーマに世界32カ国のASPnetの高校生がディスカッションを行い、未来に向けて共同宣言（「ユネスコスクール世界大会Student［高校生］フォーラム共同宣言」）を発した。まずこの歴史的成果を共に分かち合いたい。

　振り返れば、21世紀の期待が膨らんでいた2001年当時は、UNESCOの精神を実践するUNESCO ASPnet（Associated Schools Project network）の存在や、世界で展開される国際的教育活動について、国内では教育行政機関も含めてほとんど知られていなかった。日本の教育、とりわけ国際理解教育は、長く学びの世界的連帯から遠ざかっていたことがその背景にある。近年、ASPnet校が増加し、ESDの国際的な展開と相まって「教育の国際連帯」に参加する機会が増えつつある。

　本章では、戦後のUNESCO ASPnet（当初の訳はユネスコ協同学校／2008年より国内呼称がユネスコスクールへ変更）への参加と活動、そして世界の活動についてまとめ、ASPnet校が教育の国際連帯を通して平和構築や地球的課題へ貢献してきた様子をまとめる。

2. 日本の「ユネスコ実験学校」活動

　日本のユネスコ協同学校の歴史は、約60年余り前に遡る。終戦間もない1946年11月にユネスコが創設された後、日本はサンフランシスコ講和条約が発効する前年（1951年7月）に加盟した。ユネスコによる国際的な教育活動は、第7回ユネスコ総会（1952年）で「ユネスコ協同学校計画」が決議され、「国際理解のための教育」（「世界共同社会に生活するための教育協同実験活動」）が開始されたことによる。これによって、当時の加盟国15カ国は同教育を「実験」的に取り上げ、世界的規模で推進していくことになった。（第一回協同実験活動参加代表者会議.1953年11月）

　「実験活動」で扱う研究主題は、①「世界人権宣言」（人権）、②「他国の理解」、③「婦人の権利」と3項目に共通化され、「国際理解のための知的理解と平和を目指す態度形成」を目標に一定の枠組みで実施された。

　日本ユネスコ国内委員会は、1953年にこの動向を踏まえて「ユネスコ協同学校計画」への参加を決定し、ユネスコ発行の「協同実験活動」（52年）の報告書などを参考にしつつ「国際理解のための教育」を推進することとした。直ちに国内から6校（1954年）の実験学校が指定されて以下の実験題目で活動が開始されている（抜粋）。

○「人権（世界人権宣言）」分野：「人権の現状」（'54）、「原爆と平和」（'54）、「人権意識の成長を拒む要因の研究」（'54）、「人権意識を向上させるための教育（講義とActivityの手法）」（'55）、「朝鮮人に対する偏見について」（'54～'55）、「人権意識向上に関する実験的研究」（'56）他。

○「他国の理解」分野：他国の研究として「フィリピン研究」、「パキスタン理解」、「インドネシア研究」、「ヨーロッパ理解」（'54～'55）、「インドの人間解放過程」（'56）、「ブラジル研究」（'56）他。

○「婦人の権利」分野：「わが国における女性の地位」、「女性の地位の研究」・「女性の権利に対する中学生の態度」（'55～'56）他。

その後、日本のユネスコ協同学校事業は、1957年以降に6実験学校の他に9研究校が指定されて大きく前進することとなった。とりわけ、これまでの「実験的教育」が「教育実践」へと転換され、社会科中心であった内容構成が、道徳や特別教育活動にまで拡大されている（米田 1998: 62）。

3. 世界の「ユネスコ実験学校」の活動

　先にも触れたように、「国際理解のための教育」の実験活動は、世界が協同して試みる点で画期的であった。もとより、参加国それぞれの教育制度や社会的条件が異なることを背景としており、研究主題の「人権」、「他国の理解」、「婦人の地位」の3領域は、各国の事情に応じて取り組まれた（永井 1959: 54）。これらに共通して言えることは、戦争の惨禍を経て当時の人々が抱く「理想」への渇望を窺い知ることができる。諸国の実践からその一例を紹介する。

　「人権（世界人権宣言）」分野では、アフガニスタンが「国連の働き」、「人権問題」を扱い、西ドイツでは人権のルーツの他、人種、宗教、ユダヤ人問題他など諸問題の背景に着目して実践した。「他国の理解」分野では、フィリピンが日本、インド、中国の文化・歴史・日常生活を、そしてイギリスではエジプト、リビア、レバノンほか中東各国の歴史・文学・社会等を扱った。

　「婦人の権利」分野では、インドが中国婦人の権利の研究を、コスタリカが世界各国の婦人の地位の歴史的発展の研究他、スウェーデンが人権闘争史や未開地域の婦人問題（人種、奴隷）等を取り上げた。

　このように世界32カ国106校（1967年当時）のユネスコ実験校で取り組まれた各領域は、「人権」領域が全体の20%、「婦人の地位」が10%。そして「他国の理解」が全体の70%であったことが報告されている（永井 1959: 54）。

4.「ユネスコ実験学校」の学習上の重点と評価

　上記、ユネスコ実験学校の学習上の重点は、「永続的な態度の形成のために正しい知識を十分に習得させる」ことにおかれ、当時はアカデミックな知識の習得が重視された。これら多くの実験結果を踏まえて、永井（1959: 69）は、特に「他国の理解」の実験や実践の原則、およびこれに基づく評価の視点を次のように記している。

　「第1に、中等教育段階にある生徒に対しては、国際理解は単なる親善型の情緒的理解ではなく、確実な知識によって裏付けられた理解でなければならない」とし、「単に『好きになる』という情緒的段階は、安定性を欠いた態度にとどまり、（略）持続性のある態度を形成するためには、事実に基づいた確かな知識の裏づけが必要」と述べて、偏見や先入観に抗することができるほどの『理解』の質の必要性を述べる。また、「他国の理解と判断は、決して自己もしくは自国の立場についての省察と無関係に、単なる客観的な認識を行っているものではない。他国の理解を進めていく過程において、生徒は、常にこれを日本の現状と関連づけ、それを前提としたいわば主体的判断を行うものである。」（永井 1959: 54）と、いずれも社会の形成者としての当事者性、及びその地位に基づく実験・実践成果を高く評価する旨をまとめている。今日、「持続可能な開発のための教育」が世界で進められているが、現代にも通じる視点を見いだすことができよう。

5. 1960年代後半〜1970年代の国内「ユネスコ協同学校」の活動

　その後、1960年代に入ると、実験校、研究校は「ユネスコ協同学校」として統一され、それぞれ学校独自の教育活動がなされるようになる。ところが、活動開始から約15年余を経て、国内のユネスコ協同学校の活動は徐々に停滞していく。資料（嶺井 1998: 87）によると、ユネスコ実験学校以来、参加期間の長短はあるものの研究校や協同

学校として数十校が活動していたことが報告された。しかし、その一方で徐々に脱退と活動停止に至った。その原因と背景は先行研究（嶺井 1998: 75-84, 2004: 116）において分析されており、ここでは割愛する。その上で、協同学校自身の「課題」が以下のように指摘され、時代や現場に応じた変化への対応が遅れたことなどがわかる（米田 1998: 63-64）。

以下、1）〜5）に列挙する「課題」（日本ユネスコ国内委員会編 1971）は、ある部分において現代のASPnet校の活動においても通じ、あるいは今後惹起される可能性がある。

1）協同学校の実践研究のマンネリ化、パターン化により、時代変化に応じた弾力性や柔軟性を欠いた。2）協同学校の増加により年一回のセミナーでは実践成果の共有化が進まなかった。3）協同学校での取り組みが担当教員の異動によって中断されやすい。また教育委員会の正しい認識が得られなかった。4）適切な教師用、児童・生徒用の教材の不足。5）協同学校の取り組みが、厳しい国際社会や日常社会の現実のテーマから離れて教員や生徒のニーズに合わなくなってしまった、などである。とりわけ、1）や5）に指摘された課題は、世界でも共通して指摘されていたことであった。

これを受け、1973年9月にカナダで開催された「ユネスコ協同学校事業20周年の協同学校専門家会議」では、次のような方向性が打ち出された。「協同学校が地域に開き、協同学校を現代社会に生かすためには協同学校が変わらなければならない」、「日常生活に根差すべき」、「構造的暴力の主要要因を説明すべき」、「国際理解のとらえ方は、国内の多民族多文化社会にいかされるべき」など、国家間の問題の理解だけでなく日常の課題や身の回りの問題との関連化が図られるべきという方向性が打ち出された（金谷 1998: 99）。このような意味では、先述の「課題」と「方向性」は、今日のユネスコスクールのあり方を顧みる視座を与える。なお、「方向性」は1974年の「ユネスコ国際教育勧告」（「国際理解と協力及び平和のための教育並びに人権と基本的自由に関する教育についての勧告」）にも反映されて引き継がれている。加えて、専門家会議では、今後の新しい活動として、ユネスコ協同学校間の地域的・国際的交流が要請された。

6. 1980年代以降の国内ユネスコ協同学校と世界の活動の動き

国内では、1960年代後半から、日本ユネスコ国内委員会の協同学校事業への取り組みが後退し、1974年の「ユネスコ国際教育勧告」の年には、日本ユネスコ国内委員会の事務局が廃止されるに至った。それゆえに1980年代以降は、世界の国際理解教育の潮流から事実上取り残されていく。

このようななか、世界では1983年9月に「ユネスコ協同学校事業国際会議」（ブルガリア・ソフィア）が開催され、ユネスコ国際教育勧告（74年勧告）の「実践に果たす協同学校事業の役割」が話し合われた。特に、「どうすれば異なった地域（国々）の教員と生徒が、共に現代世界の問題を検討し、可能な解決策について討論することができるか」（金谷 1998: 106-107）を見出す「地域間実験事業」について話し合われ、これがユネスコ協同学校としての「多国間国際協同実践」への萌芽となった。その具現がBaltic Sea Project（以下、BSP）の多国間協同実践の国際ネットワークである。

同ネットワークは、1989年からバルト海周辺9カ国（フィンランド、スウェーデン、デンマーク、ポーランド、西ドイツ、東ドイツ、ソビエト、リトアニア、ラトビア、エストニア）のASPnet校が参加して開始されたネットワークで、多くの国が連携して学びあう。BSPの特徴は、UNESCO ASPnetが掲げる原理や考え方を具現化して実現されてきたことから、世界各地でこれら「原理」が導入された。以下に2007年9月14日、Nacka Gymnasium School CoordinatorのMs.Susanne Mellvigg氏への訪問調査をふまえてその一端を紹介する。

BSPの歴史は、スウェーデンのASPnet校が国内でバルト海の環境を学習する学校間ネットワークをつくり、フィンランドのASPnet校に協同実

践を呼びかけたことが発端だったといわれる。正式には、1989年4月にフィンランドUNESCO国内委員会が周辺9カ国の各ユネスコ国内委員会に呼びかけ、ヘルシンキで「バルト海地域環境教育プロジェクト」を話し合う国際的提案がなされたことが最初である。これがUNESCO ASPnetとしての世界最初の多国間国際協同実践となった。

BSPの目的は、①バルト海地域における環境問題について生徒の意識を培い、人と自然との関係における相互依存と科学的・社会的・文化的側面の理解を深めること。②社会と環境の変化を学習する生徒の能力を開発すること。③持続可能な未来をつくることに参加する生徒を支えること、であった。具体的な方法として、(1) 国（行政）を超えた学校間や他の教育機関とのネットワークの構築。(2) 国際教育と環境教育のための各プログラムを接続し、教育的手法を開発・創造する。(3) 日常の実践と協同実践とのジョイント。(4) ニューズレターや他の関係する情報を発信する。

教育手法としては、(1) 個々の教科学習とそれらを総合する学習間とのバランスよい調整。(2) 生徒を受動的な「授業の受信者」から能動的な「授業の構成者」の役割に換え、教師は学びの監督者から学びの案内役に転換する。(3) 国際連携の機会に参加することを提供する。(4) 異なる国の学校は、展示やビデオの交換、相互訪問を通して交流する。これによって、生徒たちは常に地域の環境問題を共に学びあう。これらは参加国で共有された（Lofgen 2005: 16）。

さらに特筆すべきことは、このBSPが1980年代後半から準備されてきていたことにある。当時の世界は、未だ米ソを中心とする東西冷戦構造の時代であった。その渦中、両体制の国々が参加して共に協同実践を行うことは考えられなかったであろう。これについて、BSPコーディネーターを務めたLiisa Jaaskelainen（フィンランド：Former general coordinator of the BSP）は、「バルト海の環境保全」という、当時は重要な問題ではあるが、未だ教育として手つかず（innocent）のテーマで、将来を担う若者が政治的対立を超えて実現できる見通しがあったと記している。さらにバルト海地域の文化的、経済的、政治体制が異なっているからこそ、学びあうことの必要性が「共通理解」となった（Lofgen 2005: 21-22）。まさに、ここにUNESCO ASPnetとしての真価があり、私たちが学ぶべき原理が内包されていよう。

そして、1991年に東西冷戦が終結した後、BSPは、1992年にリオ・デ・ジャネイロで開催された「国連・環境と開発に関する国際会議」（地球環境サミット）の成果である「持続可能な開発」の考え方をいち早く取り入れ、実践を再構成しながら関連教科においてもESD概念を取り入れていった。これは驚くべき先進性を示したものと言える。加えて、『学習』は、「持続可能な社会」にとって目的を達成する一つの構成要素であるが、「現在の状況を持続不可能にする諸要素の改善」と「態度の変容」、そして「学習と学習の実際の関係性」を意図した多様な学びが必要、との認識から共通教材も開発された（Lofgen 2005: 28）。

その教材は、中等教育を対象として「バルト海周辺の川」、「バルト海の国々での自然環境の歴史から学ぶこと」、「バルト海地域における都市エコロジーの調査と変革」、「Air Quality」「リサイクル」などのテーマで作成されている。

そして、これらの成果を各国生徒が発表しあい、あるいは高校生会議を開催して、学びあう場を整えている。その結果、世界でBSPの原理を導入した多国間国際協同実践が以下のように数多く出現した。

○ **Transatlantic Slave Trade（TST）Project（大西洋間奴隷貿易プロジェクト）** 内容：このプロジェクトは、これまで為されていなかった奴隷貿易の歴史に関して、沈黙を破って正面から向き合う学習を行い、正しい歴史と現在を理解する。そして差別や固定観念などによる偏見から若者が解放されることを目標としている。連携国数は23カ国で、アフリカ、ヨーロッパ、南アメリカ、支援国アメリカ合衆国、カナダのASPnet校が関わって

いる。

○The Western Mediterranean Sea Project (PMO)（西地中海プロジェクト）内容　アンドラ、アルジェリア、フランス、イタリア、マルタ、モロッコ、チュニジア、スペインのASPnet校が参加して、各国の文化的多様性を学びながら、地中海の民族学、芸術、生活と密着した文化遺産や景観、生命の源としての水の意義、生物多様性、再生可能エネルギーなどについて、教師と学生が協力して学びあうプロジェクトである。同時に、アラブとヨーロッパをつなぎ、対話の窓となることを意図している。

他に、世界41カ国の小中学校が参加する「Sandwatch Project」(1999年開始)、ボルガ川流域18カ国が参加する「Great Volga River Route (GVRR) Project」、2006年からアラブ8カ国で開始された「Water Education in Arab States Project」、1991年からヨーロッパ10カ国で行われている「Blue Danube River Project」等がある。

ところで、これら多国間協同実践を支えている重要な原理が、各実践に共通して見出される。それは"学びあい"（Mutual Learning）という関係性であり、ASPnetの活動の重要なキーワードの一つとなっている。もとより、この概念が極めて高い「対等性」を表すだけでなく、既存の"交流"を超える内実を有している（永田他 2012）。

そして、これを可能にするのが「日常の学習」、「体験と経験」、「振る舞い」、「人権感覚」、「当事者性」などが総合化された『コミュニケーション能力』の発揮による知の統合である。そういう意味で、ASPnetの多国間協同実践（Flagship Project）は、先の「親善型の情緒的理解」を超えた協同実践と言えよう。

7. 21世紀の世界のASPnet

21世紀のASPnetの展開は、国際社会が「2000年」までに解決を試みてきた多くの「課題」に対して、教育を通して向き合うべき内容を国際理解教育の中に内包・再構成して発展させた。とりわけ、Education for All（万人のための教育：EFA）などがその一例である。EFAとは、1990年、タイのジョムティエンにおいて、ユネスコ、ユニセフ、世界銀行、国連開発計画の主催により「万人のための教育（EFA）世界会議」が開催され、初等教育の普遍化、教育の場における男女の就学差の是正等を目標とした「万人のための教育宣言」及び「基礎的な学習ニーズを満たすための行動の枠組み」が決議された国際目標である。

しかし、この目標の達成のためには、多くの諸課題が連関する根源的な問題も同時に克服する必要がある。例えば、国連で取り上げられてきた国際的な諸問題（平和、女性、子ども、差別撤廃、エイズ、先住民他）は、その独自の課題性と同時に共通する構造的な問題もある。そしてこれらはEFAの目標を達成するためにも解決しなければならない課題でもある。これらを世界が共通して学び、共に問題に向き合うことは、国際理解教育の中心分野である人権分野で扱われてきていた（千葉 1998: 41-42）。また、21世紀の教育の指針として、1996年にユネスコ21世紀教育国際委員会によって「教育の四つの柱」（Four Pillars of Learning）が示され、「知ることを学ぶ」、「為すことを学ぶ」、「共に生きることを学ぶ」、「人として生きることを学ぶ」の原理が世界に示されて学ぶことの意義が共有された（天城 1997）。

この後、ASPnetは大きく前進する。

2003年8月、ニュージーランドのオークランドで開催された「UNESCO ASPnet 50周年記念国際会議」では、各国から50年間の活動成果と評価が報告され、また、ASPnetの21世紀の戦略として「未来を築く学習」とEFAが最重要事項であることが確認された。具体的に、国際的な協同実践と、そのための世界共通の枠組みを構築すること、そして、教育の質の改善としてEFAの目的に沿うカリキュラム開発及び革新的な教育実践の試みが求められた。以上を受けて、次の四つの学習領域が示された。

①国際連合の役割と国際関係、②人権、民主主義、寛容、③異文化間学習、④環境に関することの四つの学習領域がUNESCOのホームページで先の「四つの柱」と共に公開されて世界が取り組む枠組みが示された。また、これを推進するために、学校レベル、地域レベル、そして国レベルでのUNESCO ASPnetの活動や支援が求められ、多国間国際協同実践（Flagship Project）や国際的な対話の推進が提唱された。

8. 21世紀の国内のASPnet（ユネスコスクール）

（1）国内ユネスコ協同学校の再活性化

21世紀初頭の日本のユネスコ協同学校は事実上の休眠状態であった。一方、世界では166カ国6700校余りのASPnetがユネスコ「国際教育」を推進していた。この国際的状況から、日本でも第109回日本ユネスコ国内委員会（2001年7月18日）において、「我が国のユネスコ事業への協力及び国内におけるユネスコ活動への取組みについて」の建議が出され、ユネスコ協同学校の再活性化策が講じられた。早速、同年にはASPnet先進国（フィリピンやタイ）への視察訪問団が派遣され、多くの理論的・実践的知見が導入された（大阪教育大学附属高等学校池田校舎他 2005）。その後、これを契機に、1971年以来33年ぶりに大阪の三つの高校（国・府・私立）が新規にASPnet加盟を果たし（2004年）、行政単位を超えた地域及び国際ネットワークを形成して活動を開始した。特に、アジア5カ国ネットワーク（韓国・中国・タイ・フィリピン・日本）での「学びあい」は、2002年度から始まった「総合的な学習の時間」においてデザインされ、エネルギー、環境、共生、平和、人権などを共通テーマとして学習成果が交換された（千葉・多田監 2003）。続いて2008年11月には、ESDをテーマとして、BSPの知見と共創的ディスカッション手法等を用いた「アジア・北欧7カ国ESD高校生国際会議」（大阪）の開催や、アジア5カ国によるESD国際協力カリキュラムが協同開発された（2009）。これらはUNESCO本部から"Good Practice"（2008年、2009年）に選定されるなど、以後、ASPnetで求められてきた、未来を築く問題解決型の国際交流が本格化した（UNESCO 2009）。

（2）「国連持続可能な開発のための教育の10年」の開始とASPnet

2002年のヨハネスブルグサミットにおいて日本が提案した「国連持続可能な開発のための教育の10年」が、2005年からユネスコを中心として実施されることになった。同時に、ASPnetは、文字通り国際的にもDESDを担う重要な教育機関と位置づけられた。これに伴い、ユネスコが示すASPnetの「学習領域」は、①国際連合やASPnetの役割、②持続可能な開発のための教育、③平和と人権、④文化間学習へと改訂され、同時に、ESDのための学習課題（世界の諸問題）として、貧困の克服、ジェンダーの平等、（心身の）健康の増進、環境保護、地方の発展、人権、文化間の理解と平和、持続可能な生産と消費、文化的多様性、生物多様性、ICT情報通信技術（その後、気候変動、防災、水、人間の安全保障などが追加される）が提示された。ASPnet校はこれらに依拠して実践を行うが、「ミレニアム開発目標」（2000年）の他に、特にDESDの「国際実施計画」（2005年）では、「すべての教育と学びの場のあらゆる局面に、持続可能な開発の指針、価値、実践を組み込」み、「持続可能な未来をつくっていくために行動様式の変化を促す」実践が求められた。

日本ユネスコ国内委員会及び文部科学省は、協同学校の拡大とESDの普及を意図して、2008年にASPnetの訳を従来の「協同学校」から「ユネスコスクール」という呼称へと変更し（国際名称は"ASPnet"）、ESDの推進拠点として加盟校を500校に増やす方針を打ち出した。その後、2009年ごろから徐々にユネスコスクールが増加し、幼稚園から大学を含む多くの参加によって、加盟校数

は2015年6月段階で939校に達した。とりわけ、先の大阪の小中高のネットワークの他にも、気仙沼地域ではRICEプロジェクトがネットワークで取り組まれたり、奈良地域では世界遺産教育とESDを関連づけて実践されている。また、北陸地域では伝統文化と地域などをテーマにした取り組みが盛んである。他にも、多摩市、北海道、大牟田市、広島、千葉、岡山、神奈川等で地域ネットワークが形成されて来ている。

9. 2015年以降のユネスコスクールの活動に向けて―課題と展望―

日本のユネスコスクールの加盟校数は、世界の約1割に達しようとしている。この背景には様々な公的・私的団体による支援とESDへの参加があった。しかし、重要なことは、ESDの「E」(Education)を支える教育現場での努力と課題意識がこれらの背景にあることである。

例えば、国内の「ユネスコ協同学校」が活動停止状態にあった約30年の間にも、現代のASPnetの活動やESDを構成する国際理解教育、人権教育、平和教育、開発教育、環境教育、世界遺産教育、科学教育など、地域の課題と社会への問題意識を育てながら「平和」と「未来」への態度を培い続けて来ていた。ESDはこれらの教育を手がかりとして、「持続可能性」概念に即して世代内と世代間の公平性の観点から各問題の連関や原因の同根性を発見し、改めて地域や世界、そして未来世代への課題を捉え直す。しかし、ESDを構成する諸教育分野や学習内容はともかく、ASPnetやESDに相応しい教育手法や教育のあり方そのものについては、「ESD独自」の体系と学びを十分に手に入れたとは言い難い。むしろ、2012年11月、第192回ユネスコ執行委員会（Executive Board）でDESD終了後のフォローアップとしてグローバル・アクション・プログラム（GAP）が決定され、Rio+20を踏まえて、改めて「持続可能な開発のための思考と行動の変革」（序論及び原則部分）、そしてそのための「教育の変革」（原則部分）などが強く求められている。合わせて、2013年9月に韓国（水原）で開催されたASPnet 60周年記念国際フォーラムでは、ASPnet校の活動のあり方として新たに"Care"や"Inclusive Society"の概念を基に、グローバル・シティズンシップ教育が、今後の活動に付加して提言（A Recommendation for Strategy and Plan of Action）された。

一方、課題としては、今後は、ASPnet校の数的・量的「広がり」から上記観点の「質」的深まりが必要であろう。具体的にASPnet（ユネスコスクール）が担うESDは旧来型の「トップダウン」手法が否定される性質をもち、また既存の教科教育の指導手法では対応できない学びの価値転換をも内包している（GAP原則）。

例えば、子ども（若者）独自の持続可能性感覚や未来観があり、固定化された大人の考えとの間には決定的な違いがある。子ども（若者）から見える未来や社会を認め、学ぶべきものを明らかにする参加型学習手法は、生徒のグローバル・シティズンシップを育てることができるだろう。

このような学校や社会での一人ひとりのあり方を伴った、未来を創造する当事者への教育と学びは、えてして学校が優先する（優秀さを誇る）「成果」とは異なった高度の成果を生み出す。その体現が、冒頭の「ユネスコスクール世界大会」での高校生による発表と議論、そしてそれを支えた岡山と大阪のユネスコスクール高校生によるESD的な準備と運営であった。結果、採択された共同宣言には、大人には見えない多くの課題と未来が描かれている（文部科学省・UNESCOのHPに掲載）。これは、（それぞれに学習の成果はあるが）ディベートや模擬国連などゲームとは異なった「共創的ディスカッション」という現実に基づいた考えの交換を行う参加型学習の成果でもあった。このように、いかなる人も排除されず、自己と社会の未来づくりに実質的に参画できる教育の具現化に、問われるべき教育の質が内包されていよう。そして、これらのもとになる国際理解教育等が、改め

てESDを支え、ユネスコスクール（ASPnet）を支える重要な教育活動の一つとして認識できよう。

（伊井直比呂）

[引用文献]

天城勲監訳（1997）「学習：秘められた宝－ユネスコ『21世紀教育国際委員会』報告書－」ぎょうせい／Delors, J.(1996) *Learning: The Treasure Within*, UNESCO Publishing, 1996.

伊井直比呂（2012）「日本におけるユネスコスクールの取り組み」『東アジアにおける「持続可能な開発のための教育」の学校ネットワーク構築に向けた研究』（中間報告書）平成20～23年度科研費報告書（研究代表：永田佳之）

大阪教育大学附属高等学校池田校舎他（2005）ACCUユネスコ青年交流信託基金事業「ASPnet Asian Program, 2005 -To See the Peaceful World -2005」

金谷敏郎（1998）「国際社会におけるユネスコ協同学校事業検討の変遷」『国際理解教育の理論的実践的指針の構築に関する総合的研究』平成7年度～9年度科研費報告（研究代表者：中西晃）

千葉杲弘（1998）「21世紀に向けた新しい展開」『国際理解教育の理論的実践的指針の構築に関する総合的研究』平成7年度～9年度科研費報告（研究代表者：中西晃）

千葉杲弘・多田孝志監修（2003）ACCU・ユネスコ青年交流信託基金事業「アジア・太平洋地域ユネスコ協同学校視察団報告書」帝塚山学院大学国際理解研究所

永井滋郎（1960）「『国際理解』教育の動向」『社会科研究』8号

永井滋郎（1959）「他国の研究―国際理解の教育実験」『IDE教育資料』第12集、民主教育協会

永田佳之他（2012）『アジアにおける「持続可能な開発のための教育」の学校ネットワーク構築に向けた研究』平成20-23年度科学研究費報告書（研究代表：永田佳之）

日本ユネスコ国内委員会編（1971）『学校における国際理解教育の手引き』

嶺井明子（1998）「日本ユネスコ国内委員会のユネスコ協同学校事業に対する取り組みの変遷」『国際理解教育の理論的実践的指針の構築に関する総合的研究』平成7年度～9年度科研費報告（研究代表者：中西晃）

嶺井明子（2004）「国際化対応の教育政策の成立過程に関する一考察－国際理解教育政策の転換・変容に焦点をあてて－」『日本教育政策学会年報』（11）

米田伸次（1998）「日本のユネスコ協同学校のあらまし」『国際理解教育の理論的実践的指針の構築に関する総合的研究』平成7年度～9年度科研費報告（研究代表者：中西晃）

International Forum for the 60th Anniversary of the UNESCO ASPnet A Recommendation for Strategy and Plan of Action. (7-9 September 2013, Suwon, Republic of Korea)

Lofgen, S. (2005) Baltic Sea Project 15 Years: A Report on Best Practices for the UN Decade on Education for Sustainable Development, Swedish National Commission for UNESCO.

UNESCO (2008) UNESCO Associated Schools, First Collection of Good Practices for Quality Education.

UNESCO (2009) UNESCO Associated Schools, Second Collection of Good Practices for Education for Sustainable Development.

UNESCO Coordinated Experimental Activities in Education for International Understanding and Co-operation, Interim Report of Activities in 1955 and 1956, UNESCO/ED/149, Feb. 1957.

UNESCO Associated Schools Project Network Report: 50th Anniversary International Congress Navigators for Peace "Quality Education for the 21st Century" Auckland, New Zealand 3 - 8 August 2003.

コラム3
東日本大震災被災地と国際理解教育

2011年3月11日に発生した東日本大震災は、死者行方不明者を含めて2万人近い犠牲者を出し、東北地方沿海部を中心に壊滅的なダメージを与えた。そして、国際理解教育にとっても、東日本大震災が新たなパラダイムの転換を問いかける契機になった。以下に、国際理解教育とその関連分野である、開発教育、多文化共生教育、国際交流、持続可能な開発のための教育（ESD）の視点から述べてみたい。

まず、震災発生直後は、世界の20カ国から約1000人の救援隊が被災地で救助にあたった。また、国連に加盟する世界191ヶ国と34の国際機関が、震災発生後5月までに何らかの支援を行ったとされる。国連によれば、世界から日本に届いた義援金と物資の合計額で、日本は2011年に世界最大の被支援国になったとしている。

これまで、日本が世界最大の援助国であった経験からして、開発教育において、想定される日本の役割は「援助の担い手」であった。東日本大震災では、海外で活躍していた日本の国際NGO団体も、日本に戻って、物的支援や医療支援、復興支援でノウハウを生かした支援をおこなった。ここにおいて、「途上国を支援する日本」という、支援の一方向性は否定され、「世界はお互いに支援し、また支援される」「世界は地域につながり、地域はまた世界につながる」「世界も地域も、共に同じ課題を抱え、課題は共同で解決しなければならない」という新たな認識を問いかけることになった。

地震・津波は自然災害であるが、原発災害は人間の所為の結果である。東京電力福島第一原子力発電所による放射能災害は、世界に大変大きな衝撃を与えた。原発事故は、CO_2を抑制するクリーンなエネルギーであると喧伝されてきた原子力発電の意味を問い直す結果となった。特に、開発教育の分野では、再生可能エネルギーの活用など、エネルギーのあり方を考え、原発と人間との関係を考えなおす学習プログラムが生まれている。

震災は、多文化共生の分野でも認識の変容をもたらした。震災直後、多くのマスコミは「原発災害によって、外国人は被災地から海外に逃れた」と報じたが、現実には、外国人配偶者をはじめとする定住外国人の多くが、津波被害や放射能災害にあっても、地域にとどまる選択をした。それら定住外国人は、海外からの支援の受け手となって支援物資を地域に供出したり、被災地の震災弱者の支援にあたったりするなど、地域の復興支援に尽力した。これまで、日本語学習支援など「支援が必要な人々」というコンテクストで語られることが多かった定住外国人は、大規模な自然災害にあって、地域社会の支援の担い手として再認識されることとなった。

さて、国際交流では、姉妹都市関係などこれまで培ってきた国際的な繋がりが、発災後に国際的なネットワークとして生かされることになった。例えば、米国人外国人指導助手（ALT）のテイラー・アンダーソンさんは、石巻市で津波被害にあって亡くなられたが、その志を受け継いで「テイラー文庫」が石巻市の小学校に寄贈され、文庫を中心として米国との人的交流が続いている。仙台市の姉妹都市である台湾の台南市は、仙台市に1億円以上の財政的支援をする中で、4年間にわたって仙台の青少年の受入れ事業を展開している。ユネスコは、パリ本部や、バンコク事務所を通して、多額の支援金を供出するとともに、ユネスコスクールを中心に、支援と交流のためのプロジェクトを実施した。経済協力開発機構（OECD）は、東北復興策の一環として中高生を中心に「OECD東北スクール」事業を始めたが、交流活動のみならず、リーダーシップ、批判的思考力、協調性など、21世紀のキーコンピテンシーの育成を模索している。

国境を越えた無数の交流が、被災地の児童生徒の国際理解に与える影響は計り知れない。児童生徒の中では、海外に招かれ、異文化体験の機会を与えられたことで、支援を受けた世界に向けて恩返しし、貢献したいという意識が強まっている。

（市瀬智紀）

3
学習指導要領の変遷と国際理解教育

1. 学習指導要領に拘束される国際理解教育実践

　これまで、多くの教師によって日本の国際理解教育の実践が展開され、積み重ねられてきた。しかし、国際理解教育は独自のカリキュラムを持つことはできないため、各教科や領域、時間に分割され、各教師の努力によってそれぞれの教科や領域、時間の目標や内容に結びつけて実践せざるを得ない。それは、1958年以降、学習指導要領が法的拘束力をもち、学習指導要領に基づいた実践をしなければならないからである。

　では、その学習指導要領において国際理解教育はどのように記述されているのであろうか。学習指導要領全体でどのように記述され、どのように変遷してきたかを論じたものは、管見の限り、田尻信壹による1980年代後半以降の変化に焦点化した整理（田尻 2012: 143）があるだけである。そこで、本章では、1947年以降、国際理解教育について記述がある教科や領域、時間を対象に、記述の変遷を整理する。具体的には、国語、外国語、社会科、道徳、総合的な学習の時間、外国語活動を対象とする[1]。記述の分析にあたっては、国際理解教育についての明示的な文言を取り上げる。国際理解教育は、「磁場としての国際理解教育」（渡部 2010: 23）といわれるように、「多くの学問を基盤とする教育であるため、対象とする学習領域は広範なものとな」（大津 2012: 16）らざるをえないからである。

　結論を先取りしていうと、学習指導要領における国際理解教育に関する記述は、全体として「国際協調」「世界平和」を基調とする国際理解教育から、「国際社会に生きる日本人」を育成する国際理解教育へとシフトしてきている。その変化は、1989年の学習指導要領改訂が画期である。従来の研究でも、1987年の臨時教育審議会答申（以下、臨教審答申と略）で国際化に対応した教育の推進が提起され、1989年の学習指導要領へと大きく影響を与えたことが指摘されてきた。しかしながら、学習指導要領を詳細にみていくと、教科・科目、領域・時間によってその記述の変化の時期や変化の度合いは異なっているのである。つまり、大枠において1989年に上記のような変化が生じているといえるが、個別の教科や領域、時間の具体的なレベルでは、これまでの概括的な見解とは異なり、それぞれの論理や内容に従った国際理解教育が展開されてきたのである。

2. 言語教育における国際理解教育

（1）国語における国際理解教育

　国語の目標や内容では、国際理解教育に直接関係する記述はほとんど見つけられない。1951年版のみ、目標で国際理解に寄与する国語を志向していることを明示している。しかし、このような記述は1951年版のみであり、それ以外では学習材料・教材の選定基準として、「国際協調」や「世界的／国際的視野」を養うことが提示されている。小学校では、1947年版～2008年版で「国際協調」が基準とされ、1947、1951年版では「人類愛」「国際平和」が挙げられている。1958年版以降では、「世界の風土や文化などへの理解」と「国際協調」が挙げられている。

　中学校と高等学校では、1989年版以降「広い視野から国際理解を深め、日本人としての自覚をもち、国際協調の精神を養うのに役立つこと」が挙げられている。加えて高等学校で、1989年版以降

「国際的な視野から現代の国語を考える学習活動に役立つ」ことも基準とされている。中等教育におけるこのような変化は、1984～87年の臨教審の影響が大きい。臨教審の第四次答申（1987年）では、「変化への対応」として「国際社会への貢献」が挙げられ、「新しい国際化に対応できる教育の実現」の必要性が提起されている。

（2）外国語における国際理解教育

外国語では、内容においては国際理解に関する記述はないが、目標と内容の取扱いにおいては重要な要素として位置づけられている。1947年版は中学校、高等学校の目標が共通であり、その中で、「国際親善を増すことにもなる」とされている。1951年では、外国語の四技能を「国際理解と国際交流の有力な手段として駆使しうる能力」と位置づけている。1969年版～1989年版の中学校では、「国際理解の基礎を培う」ことが目標に示されていたが、1998、2008年版では、目標に国際理解に関する記述は示されず、内容の取扱いにおいて、「世界や我が国の生活や文化についての理解を深める」ことや、「広い視野から国際理解を深め、国際社会に生きる日本人としての自覚を高めるとともに、国際協調の精神を養うのに役立つこと」（1989年版から）が示されている。高等学校でも、中学校と同様の傾向がみられる。

3．小学校社会科における国際理解教育

（1）国際親善と世界平和の志向期
　　　（1947年版～1955年版）

1947、1951、1955年版では、「国際理解」という語は用いられておらず、「国際親善」と「国際協調」が用いられている。例えば、1947年版の社会科の目標の7では、「各地域・各階層・各職域の人々の生活の特質を理解させ、国内融和と国際親善に貢献する素地を養うこと」が掲げられており、「国際親善」が用いられている。1955年版以降は、「国際親善」に替わって「国際協調」が用いられている。内容においては、世界平和が強調されている。1947年版では、第6学年の問題「Ⅷ　世界じゅうの人々が仲よくするには私たちはどうすればよいか」が設定されており、1951年版の第6学年のでは、「国際親善」と並んで「世界平和」が重要な学習内容と位置づいている。

この時期は、第二次世界大戦の惨禍への反省から、新たな平和国家に生まれ変わろうとする志向性が強く表れている。ユネスコ憲章前文に示された「人の心の中に平和のとりでを築」くことを目指したといえる。そのため、国際理解教育に関する内容は、この時期に最も多く記述されている。

（2）本格導入期（1958年版～1968年版）

1951年6月21日のユネスコ第6回総会で日本の加入が決定し、国際理解教育が本格的に展開されたのは、1958年版以降である。1958年版の教育課程における国際理解教育の展開のために、日本ユネスコ国内委員会による『学校における国際理解教育の手びき』（日本ユネスコ国内委員会、1960）も発行されている。

「国際理解」という語が用いられるようになったのは、1958年版からである。1958年版での第6学年の「指導上の留意事項」では、「ここでは国際理解、国際協調の精神を養うために必要な程度の基本的事項にとどめるべきである」とされている。1968年版の社会科の目標では、「国際理解の基礎などを養う」とあり、明確に「国際理解」が目標に位置づいている。内容では、交通、通信、報道機関の発達による世界の結びつきが強まっている一方で、国家間の利害対立の存在から、世界平和の必要性が挙げられている。特筆すべきは、この時期から、外国の国旗の尊重が「指導上の留意点」で明記されている。

（3）国際社会に生きる日本人育成期
　　　（1977年版～2008年版）

1947年版～1968年版では、「国際親善」「国際協力」「世界平和」を基調としている。日本の教

育課程である以上、日本に関する学習に大きな価値をおくのは当然であるが、国際理解に関する学習は日本に関する学習と並列され、独自の価値を持つものと重視されてきた。しかし、1977年版以降は、「国際社会に生きる日本人」としての国際理解教育へと変化している。この変化は、目標のレベルで顕著である。1989年版の社会科では、「国際社会に生きる民主的、平和的な国家・社会の形成者として必要な公民的資質の基礎を養う」が目標とされ、1998、2008年版でも、ほぼ同様の記述となっている。1998年版以降、「平和」が目標に位置づけられているが、「国際社会に生きる日本人」育成の文脈に位置づいている。

この変化は、1971年に出された『学校における国際理解教育の手びき〔改訂版〕』（以下、『手びき改訂版』と略）と、臨教審答申の影響が大きい。『手びき改訂版』では、国際理解教育の国民教育に果たす役割を強調し、その第一に「愛国心、あるいは国民としての自覚」を挙げている（日本ユネスコ国内委員会 1971: 3)[2]。

これは、「社会科の目指す人間像が、単に『主権を担う国民』というだけでなく、国際社会に生きる『地球市民』という性格を含むものになった」(森茂 2011: 46) と評価できるが、同時に、国際理解教育がナショナルな文脈に位置づいたと捉えることもできる。1998年版の第6学年の目標では、「我が国と関係の深い国の生活や国際社会における我が国の役割を理解できるようにし、平和を願う日本人として世界の国々の人々と共に生きていくことが大切であることを自覚できるようにする」とあるように、「日本人」として国際社会における日本の役割の理解と平和的な国際的共生を志向している。内容では、「国際交流」「国際協力」が挙げられ、国際社会における日本の役割や貢献が強調されている。

4. 中学校社会科における国際理解教育

（1）目標における国際理解教育

中学校社会科の目標は、二つの時期に分けられる。1951年版～1969年版では、「国際協調」「世界平和」「人類の福祉」を基調としていた。1951年版では、理解目標として、各地の文化相違があるが、共通な人間性が通底していることの理解や、各国の相互依存関係の理解が挙げられており、態度目標として、人種・国籍・信条・性別・社会的身分などのいかんにかかわらず、他人の権利や業績を尊敬する態度や外国の文化を尊重する態度が挙げられている。1969年版では、「国際理解を深め、国際協調の精神を養い、世界の平和と人類の福祉に貢献しようとする態度を育てる」とされている。1989年版～2008年版では、「国際社会に生きる日本人」を基調としている。1989年版では、「国際社会に生きる民主的、平和的な国家・社会の形成者として必要な公民的資質の基礎を養う」とされ、1998、2008年版でも同様の記述である。

目標でみれば、小学校社会科と同様に、「国際親善」「世界平和」を基調とする国際理解から、「国際社会に生きる日本人」としての国際理解教育へと転換が図られている。

（2）地理的分野における国際理解教育

地理的分野は、社会科の目標の区分とは異なり、二つに分けられる。1947年版～1956年版では、「国際親善」「国際協力」「世界平和」を基調としていた。1947、1951年版は、一般社会の中に地理的な内容が設定されており、世界地理や貿易に関する学習の中で、「国際親善」「国際理解」が位置づけられている。分野として成立した1956年版も目標では、「世界の国々の間にこれまでに起った戦争の原因や、現在見られる不和の原因がどんな条件によるものであるかということの理解や、世界平和樹立のため現在、国際連合などの国際機関は、どのような働きをしているかということの理解を通して、世界の各地域の特色について気づかせるとともに、国際協調の精神を育てる」とされている。

1958年版～2008年版では、「国際社会における日本の立場や役割」を基調としている。1969

年版の目標では、「国際社会における日本の役割を考えさせ、国家および世界の一員としての自覚を深める」とされ、世界の相互依存関係の理解の上に、国際社会における日本の立場や役割を理解することが規定されている。このことは、以降の学習指導要領でも踏襲されている。

内容に関しては、世界地理に関する学習は、ほぼすべて国際理解教育の内容と位置づけることができる。特に、産業や貿易、資源や開発に関する内容は、国際理解教育の中心的な内容であり、1947年以降、一貫して重視されている。また、1989年版以降、グローバル化の進展にともなって、日本国内の国際化（多文化化）による生活や文化の変化に関する学習が注目されている。

（3）歴史的分野における国際理解教育

偏狭なナショナリズムを超克した国際理解教育のための歴史教育の重要性は、国際理解教育成立当初から認識されてきた（桐谷 2010: 226-231、2012: 130）。ユネスコは、1951年の国際セミナーで「国際理解を進めるための方法としての歴史教育」の推進を提唱している（小澤 1952、日本ユネスコ国内委員会事務局 1953b）。

歴史的分野の目標では、一貫して「国際協調」を基調としている（1956年版では「国際親善」と「世界平和」）。1969年版の目標では、「歴史にみられる国際関係や文化交流のあらましを理解させるとともに、歴史上のわが国の位置を考えさせ、他民族の文化、伝統などについても関心をもたせて国際協調の精神を養う」とされている。1989年版以降は、「我が国と諸外国の歴史や文化が相互に深くかかわっていることを考えさせるとともに」という文言が加わっているが、歴史における国際関係や文化交流に関する視点であり、基本的構造は変わっていない。

歴史的分野の内容は、すべてが国際理解教育の内容と捉えることができるが、特に、近現代史に関する学習が中心となる。例えば、1969年版の「近代日本の発展」では、「国際情勢と対外政策、近代産業の発展と社会の変動、近代文化の形成、条約改正などの学習を通して、明治の初期以来、わが国が複雑な国際関係の中で、政治、社会・経済、文化などの発展をもとにして国家組織を確立し、しだいに国際的地位を高め近代国家として発展していったことを理解させる。また、急速に列強に追いつこうとしたことから、そこに多くの問題が生じてきたことに気づかせる」とあり、日本の近代化の歩みにおける問題に気づくことが求められている。「新しい日本と世界」では、現代史を、平和を志向する歴史として学習する内容となっている。2008年度版では、近代史と現代史を分け、時間数を増加させて、充実を図っている。

（4）公民的分野における国際理解教育

社会科の目標では、1977年版以降「国際協調」「世界平和」「人類の福祉」が目標として掲げられていないが、公民的分野では、「国際協調」「世界平和」「人類の福祉」が一貫して基調となっている。1947、1951年版では、一般社会の中に公民的内容が設定されており、第3学年の目標では、「文化を通しての国際的協力の態度と習慣」が挙げられている。政治・経済・社会的分野として成立した1956年版では、「国際的立場に立って考えること」「国際的視野から考える態度」が重視されている。また、「国際間の平和がなければ、個人の幸福も生活の向上も期待できないことや、国際連合その他の国際平和機関の活動について理解させ、世界平和に貢献した人々を尊敬し、その業績に学ぼうとする態度を養う」など、国際理解教育の目標に近似の文言となっている。1958年版以降は、各国が相互に主権を尊重することと国際的な協力による世界平和を維持し、「人類の福祉」への貢献を認識し、国際協調の精神を養うことが目標とされている。

内容は大きく三つに分けられる。一つは、日本の民主主義制度に関する内容である。直接的には国際的な事柄を学習するわけではないが、国際平和の基盤として民主主義が存在することを学習す

る。二つ目は、国際社会と日本の関係に関する内容である。国家の主権や国際法、国際機関等に関する内容である。三つ目は、日本の国際化に関する学習である。特に、1989年版以降、グローバル化の進展にともなう日本国内の国際化（多文化化）による社会の変化や国際社会の変化に関する学習である。1998年版以降は、内容の取扱いで、「『国家間の相互の主権の尊重と協力』との関連で、国旗及び国歌の意義並びにそれらを相互に尊重することが国際的な儀礼であることを理解させ、それらを尊重する態度を育てるよう配慮すること」とされている。

2008年版では、ESD（持続可能な開発のための教育）が盛りこまれ、「4　私たちと国際社会の諸課題」の「ア　世界平和と人類の福祉の増大」では、「地球環境、資源・エネルギー、貧困などの課題の解決のために経済的、技術的な協力などが大切であることを理解させる」、「イ　よりよい社会を目指して」では、「持続可能な社会を形成するという観点から、私たちがよりよい社会を築いていくために解決すべき課題を探究させ、自分の考えをまとめさせる」ことが明記されている。国際理解教育としてのESDに関する記述は、中学校では公民的分野のみである。

5. 高等学校社会科における国際理解教育

（1）目標における国際理解教育

高等学校の目標の特徴は、中学校と同様の傾向を示している。1951年版〜1970年版では、「国際協調」「世界平和」「人類の福祉」を基調としている。1978年版目標では、国際理解に関する記述は見当たらず、1989年版〜2008年版の地理歴史科では、「国際社会に生きる日本人」としての国際理解教育が目標として位置づけられている。公民科では国際理解に関する記述は見当たらない。

（2）地理における国際理解教育

地理の目標は、三つの時期に分けられる。1951年版〜1956年版期は、「世界平和」と「人類の幸福」を基調としている。1951年版の人文地理では、「生徒が国際的にものを考え、自分の立場ばかりでなく、他地方や外国の立場もよく考慮して、みずからの優越感にひたることなく、またみずからを必要以上に卑下することなく自分の地位を正しく自覚しながら、国内および世界の平和に貢献する態度を養うことが必要である」とされ、「国際的にものを考え」や他国の尊重など、国際理解教育の思考や価値・態度を含んだ目標となっている。

1960年版〜1970年版は、世界とのつながりと「国際理解に基づく国際協力」を基調としている。しかし、「世界平和」が目標の文言から消えている。また、1960年版と1970年版では、1956年版の「国際的にものを考え」が「世界的視野」という表現で復活している。

1978年版〜2008年版では、「国際社会に生きる日本人」を基調としている。1998年以降、地理Aでは「現代世界の地理的な諸課題」が含められ、グローバル化への対応がみてとれる。

内容に関しては、中学校地理的分野と同様、世界地理に関する学習は、ほぼすべて国際理解教育の内容と位置づけることができる。国家の領域や民族問題、人種、国家間の関係、国際連合を始めとする国際機関等は、1947年以降一貫して中心的内容となっている。ただし、目標の区分とは若干異なり、1947年版〜1951年版では、国際愛や隣人愛が重視され、国際連合に関しても信託統治理事会が挙げられているが、1956年以降は、価値・態度を含んだ内容はなくなり、地理学に基づく世界地理へと転換している。1970年版以降は「世界の結合」が内容として登場し、1989年版以降、「地球的課題」として、「環境、資源、エネルギー、人口、食料及び居住・都市問題」が取り上げられ、同時に、グローバル化の進展にともなって、日本国内の国際化（多文化化）による生活や文化の変化が加わっている。

(3) 世界史における国際理解教育

東洋史と西洋史に分かれていた1947年版の目標では、西洋史の「はじめのことば」において、「これまでわが国においては、偏狭な自国中心主義の観点から世界の歴史が眺められる傾きがあったが、今日このような態度は、排除されなければならない」と、偏狭なナショナリズムからの脱却を目標としている。

世界史として統合された1951年以降の目標は、二つに分けられる。1951年版～1960年版では、「国際協力」「平和的な国際社会」「人類の幸福／福祉」を基調としている。1960年版世界史Bの目標では、「国際社会において日本人の果たすべき役割について認識させ、国民的自覚を高め、国際協力を進め、世界の平和を確立し、人類の福祉を増進しようとする態度を養う」とされている。1951年版、1956年版も同様の記述となっている。

1970年版～2008年版の目標は、「国際社会に生きる日本人」を基調としている。1970年版では、「国際協調」が挙げられているが、1978年版以降は、「国際協調」「国際協力」「平和的な国際社会」といった文言はでてこなくなる。特に、1998年版以降は、「国際社会に主体的に生きる日本人」になっている。しかし、内容においては一貫して「国際協力」「平和的な国際社会」「人類の幸福／福祉」を基調としている。目標では1978年版以降姿を消すが、重要な内容として位置づけられ続けている。1960年の世界史Aでは、「日露戦争についても、広く国際的な視野に立って考えさせる」「戦争のもたらす人類の不幸については、特に考えさせる必要がある」など、戦争に対する反省的な内容が設定されており、1970年版以降の内容の取扱いは、「戦争を防止し、民主的で平和な国際社会を実現すること」が示されている。

1988年版以降、「文化の多様性・複合性や相互交流」が、2008年版の世界史Aでは、「国際的な移民の増加」が挙げられており、グローバル化と多文化化を重視している。2008年版では、ESDが盛りこまれ、「世界の人々が協調し共存できる持続可能な社会の実現について展望」することが求められている。これは、国際理解教育の学習領域「D　未来への選択」（大津 2012: 16）に相当し、2008年度版になって歴史学習に将来展望の内容が明示された。

(4) 日本史における国際理解教育

日本史においては、国際理解教育に直接的に関わる記述は多くはない。目標においては、大きく二つに分けられる。1951年版～1970年版では、「国際親善」「世界平和」「国際協調」を基調としている。1989年版～2008年版では、「国際社会に生きる日本人」を基調としている。ただし、1960年版では、「国際社会において日本人の果たすべき役割について自覚させる」とあり、明瞭に分かれているわけではない。

内容に関しては、一貫して「平和的な国際社会」の実現が設定されている。1951年版～1970年版では、内容として世界平和や戦争のもたらす人類の不幸や損失が設定され、1978年版以降は、内容の取扱いで留意されている。近現代に関しては、国際社会と日本の関係が内容とされ、世界史の中の日本史という視点が重視されている。

(5) 公民における国際理解教育

公民の目標は、二つに分けられる。1956年版～1970年版の時期は、これまでと同様に「国際平和」「国際協力」「人類の福祉」を基調としている。1960年版政治・経済では、「国際協力を進め、世界の平和と人類の福祉に貢献しようとする態度を養う」とされている。1978年版以降は、上記のような文言はなくなり、政治・経済で「国際関係などにかかわる問題」が挙げられているだけで、目標レベルでの国際理解教育は後退している。

しかし、内容では、「国際平和」「国際協力」「人類の福祉」は、一貫して内容として位置づけられ続けている。目標・内容の両方において、政治・経済と現代社会（1978年版以降）が中心的な役割を担っている。これらの科目では、国際関係や国

際政治に関する内容が設定されており、その中で、国際連合を始めとする国際機関や国際的な問題が挙げられている。1989年版以降は、それらに人権、領土、地域紛争、南北問題、人種・民族問題、軍縮などが加えられている。倫理でも、「国際平和」「人類の福祉」が挙げられている。

2008年版では、ESDが盛りこまれ、政治・経済と現代社会に、「持続可能な社会の形成に参画するという観点から課題を探究する活動」が設定されている。

6. 道徳教育における国際理解

道徳が新設された1958年以降、目標に「進んで平和的な国際社会に貢献できる日本人」の育成が掲げられ、小学校では2008年版まで一貫して目標とされている。中学校でも1998年版まではこの文言が一貫して用いられてきたが、2008年版では、「他国を尊重し、国際社会の平和と発展に寄与する態度を養うこと」に変わり、それまでは国際理解に関する目標は独立して書かれてきたが、伝統と文化の尊重、郷土を愛することとセットで提示されている。内容に関しては、小学校の1968年版では、「広く世界の人々に対して正しい理解と愛情をもち、人類の幸福に役だつ人間になろうとする。(低学年・中学年においては、外国の人々に対しても親愛の情をもち、あたたかい心で助け合おうとすることを、高学年においては、さらに、外国の人々の生活や文化などを尊重し、互いに協力して世界の平和と人類の幸福に役だつ人間になろうとすることを加えて、おもな内容とすることが望ましい。)」と独立してかなり詳細に書かれていた。しかし、1998年版以降は、日本の伝統や文化の尊重、愛国心とセットで提示されている。

中学校では、1958年版から愛国心や伝統・文化の尊重とセットで提示されており、愛国心を基盤とした国際理解となっている。1958年版では、「しかし、愛国心は往々にして民族的偏見や排他的感情につらなりやすいものであることを考えて、これを戒めよう。そして、世界の他の国々や民族文化を正しく理解し、人類愛の精神をつちかいながら、お互いに特色ある文化を創造して、国際社会の一員として誇ることのできる存在となろう」と愛国心の危険性に言及されているが、1968年版以降は、そのような記述は書かれていない。

道徳は、新設当初は「国際理解教育のために積極的に利用されうるものである」(日本ユネスコ国内委員会 1960: 23)とされていたが、目標や内容における記述も減少し、位置づけも愛国心育成中心に変わってきており、道徳教育における国際理解教育は後退してきているといえる。

7. 総合的な学習の時間・外国語活動における国際理解教育

(1) 総合的な学習の時間における国際理解教育

1998年に新設された総合的な学習の時間では、小学校、中学校共に、横断的・総合的な課題、児童の興味・関心に基づく課題、地域や学校の特色に応じた課題の例として示された四つの例の中で、最初に国際理解が挙げられている。日本の教育課程の中で、初めて一つの領域として国際理解が提示されたことになる。しかしながら、1996年中央教育審議会答申「21世紀を展望した我が国の教育の在り方について」で示された国際理解教育の充実の方向性として、コミュニケーション能力が重視され、国際理解教育の一環として外国語活動が位置づけられた。そのため、小学校の総合的な学習の時間での国際理解教育の多くが外国語活動として展開されることとなった。

2008年版では、外国語活動が総合的な学習の時間から独立したため、「問題の解決や探究活動に取り組むことを通して、諸外国の生活や文化などを体験したり調査したりするなどの学習活動」が示され、改めて外国語活動以外の国際理解教育が展開されることとなった。

(2) 外国語活動における国際理解教育

2008年に新設された外国語活動では、「異なる

文化をもつ人々との交流等を体験し、文化等に対する理解を深めること」が目標で示された。第6学年の内容でも、「国際理解にかかわる交流等を含んだ体験的なコミュニケーション活動を行うようにすること」とされ、交流を基軸におく文化理解や国際理解が提示されている。

8.「国際協調」「世界平和」から「国際社会に生きる日本人」を育成する国際理解教育へ

このようにみてくると、各教科・科目で時期や濃淡の差はあるが、全体として、「国際協調」「世界平和」を基調とする国際理解教育から、「国際社会に生きる日本人」を育成する国際理解教育へとシフトしてきていることがわかる。

言語教育では、内容としては明示されず、目標や教材の中で国際理解が扱われるのであり、間接的な国際理解教育としての位置づけになっている。ただし、外国語では、グローバル人材の育成として、外国語コミュニケーション能力の向上が国際理解教育と位置づけられている傾向がみられる。

社会科は、目標、内容、内容の取扱いのすべてにおいて直接的な国際理解教育を展開する位置づけになっている。上記の基調のシフトは、小学校社会科の目標、内容で顕著に表れており、教育政策の影響を受けやすいといえる。中学校、高等学校の教科の目標、世界史と日本史の目標でも、同様の傾向を示しており、中学校と高等学校の地理で、この傾向が強く表れていることは興味深い。ただし、内容に関しては、中学校、高等学校の各分野、科目では、一貫して「国際協調」「世界平和」を基調とする傾向があり、目標と内容の間にギャップが存在している。

道徳では、その基調のシフトがより顕著に表れていると同時に、内容が減少している。総合的な学習の時間は、唯一領域として国際理解が存在するが、具体的内容は示されていない。

総括すると、学習指導要領における国際理解教育は、内容については社会科を除き減少傾向にあり、質的にはナショナリズムと連動したものになりつつある。このような状況だからこそ、偏狭なナショナリズムを克服するための国際理解教育の実践の更なる展開が必要であろう。

（桐谷正信）

[注]
1) 高等学校社会科は1989年版から地理歴史科と公民科に解体されたが、ここでは、高等学校社会科として一体的に扱う。社会科は国際理解教育に関する記述が多いため、多くの紙面を割くこととする。（「地理、歴史、社会科教育が児童たち自身の国また外国に対する児童たちの態度に強く影響をあたえることができるものだ、ということはほとんど疑う余地がないのである。」日本ユネスコ国内委員会事務局 1953a: 1)
2) 嶺井明子は、『手びき改訂版』に始まる国際理解教育におけるナショナリズムの強化について指摘している（嶺井 2010: 212、2011: 42-43)。

[引用文献]
大津和子（2012）「国際理解教育の学習内容」日本国際理解教育学会編『現代国際理解教育事典』明石書店
小澤栄一（1952）『国際理解と社會科における歴史教育』古今書院
桐谷正信（2010）「歴史認識と国際理解教育」日本国際理解教育学会編『グローバル時代の国際理解教育−実践と理論をつなぐ−』明石書店
桐谷正信（2012）日本国際理解教育学会編『現代国際理解教育事典』明石書店
田尻信壹（2012）「学習指導要領と国際理解教育」日本国際理解教育学会編『現代国際理解教育事典』明石書店
日本ユネスコ国内委員会事務局（1953a）『地理・歴史及び社会科における教科課程の比較研究』
日本ユネスコ国内委員会事務局（1953b）『世界を理解するために 歴史教育に関する提案』
日本ユネスコ国内委員会編（1960）『学校における国際理解教育の手びき』文部省
日本ユネスコ国内委員会編（1971）『学校における国際理解教育の手びき〔改訂版〕』文部省
嶺井明子（2010）「シティズンシップと国際理解教育」日本国際理解教育学会編『グローバル時代の国際理解教育−実践と理論をつなぐ−』明石書店
嶺井明子（2011）「多元的シティズンシップによる国際理解教育概念の再構築」日本国際理解教育学会『国際理解教育』Vol.17
森茂岳雄（2011）「社会科のカリキュラム」森茂岳雄・大友秀明・桐谷正信編著『新社会科教育の世界−歴史・理論・実践−』梓出版社
渡部淳（2010）「国際理解教育の理論と概念」日本国際理解教育学会編『グローバル時代の国際理解教育−実践と理論をつなぐ−』明石書店

4
国際理解教育における理論研究・実践研究の歩み

1. 国際理解教育―二つの潮流

　現在の国際理解教育は、第2次世界大戦後にはじまったユネスコの国際教育に起源をもっているが、その後、日本社会の「国際化」、「グローバル化」に対応するかたちで独自の発展を遂げた研究領域である。

　これまで日本では、国際理解教育の定義が常に問題になってきた。それは以下のような事情である。いまのところ、国際理解教育をタイトルに掲げた国際学会というものがなく、「日本国際理解教育学会」に匹敵する規模の学会も海外には存在しない。また、ユネスコそのものも国際教育という用語をほとんど使わなくなっていて、国家の教育レベルで「国際理解教育という用語を使うのは、ほとんど日本と韓国だけである」（千葉杲弘）と言われる現状だからである。しかし、後に言及する通り、これは日本の国際理解教育の意義が小さいということでは決してない。

　以上の点とも関連するが、現在の日本の国際理解教育は、研究の二つの流れが合わさったものだといえる。一つの潮流は、ユネスコを起源とする国際教育の流れである。1950年代からはじまり1970年代には日本でいったん「開店休業」状態になったユネスコ協同学校（現在はユネスコ・スクールと呼称）の再活性化など、国際理解教育の原点を探る動きと連動している。

　もう一つの潮流は、帰国子女教育研究に典型的なものだが、1970年代から注目されるようになった日本社会の「国際化」（その後はグローバル化）の進展と、それが教育にどのような課題をもたらすのかを明らかにしようとする流れである。時代の急激な変化とその影響をどう把握し、それに日本の教育がどう向き合うべきなのか、ということが課題になる。

　これら二つの潮流を含みこみながら、国際理解教育の学際的・組織的な研究が本格化するのは1991年からである。この年に日本国際理解教育学会が創設されたからである。そこで本稿では、この20年あまりの理論研究・実践研究の歩みを、学会が総力をあげて取り組んだ二つの研究プロジェクト「第1次科研」、「第2次科研」[1]の成果と学会の研究紀要『国際理解教育』を軸に、研究史として概括してみることにしたい。[2]

2. 国際理解教育学会の創設

　日本のユネスコ加盟が承認されたのは1951年6月のユネスコ総会でのことである。ここで日本首席代表・前田多門が感謝演説を行い「ユネスコ精神は、平和を愛する民主国家としての再建の途にある今日の日本にとって、指導原理でなくてはなりません」と述べている。この演説が象徴するように、日本の国際理解教育は、その出発時において、ユネスコが掲げる平和、人権、国際協力といった理念を刻印されたといえる（野口 1996: 35-44）。

　特筆されるべきは、当時、国際理解のための教育が日本の国家的課題と認識されていたことである。ユネスコ本体は、その後、東西対立、1960年代の新興独立諸国の台頭、アメリカの脱退など、様々な困難に遭遇し続けることになるのだが、日本は財政基盤の脆弱なユネスコを一貫して支え続けて今日にいたっている。1950年代から70年代前半までの協同学校にかかわる研究の成果として、永井滋郎、内海巌などの先駆的研究が残されてい

る（協同学校の取り組みの評価については、第2章の伊井論文を参照）。

先述した通り、1991年に日本国際理解教育学会が350名規模でつくられる。学会の創設文書では、国際理解教育が「知識、技術、思考力、価値観、態度形成にわたる教育実践である」と規定されている。また、活動領域として（1）国際教育に関する調査、（2）カリキュラムの研究・開発、（3）研修、（4）内外の実践家の交流、（5）実践資料の収集・整理・提供、（6）その他、があげられ、さらに国際理解教育の概念の明確化とカリキュラムの開発が当面の主要課題だとされている。

創設された日本国際理解教育学会の特徴として以下の3点が指摘できる。

第1は、学会が、国際理解教育（設立時の用語では国際教育）をいわゆる伝統的な学問ではなく、「実践の学」として規定したことである。社会の実態的変化が研究を促進する要因になるような、いわば理論研究と実践研究が交錯する新しい研究領域が国際理解教育だと認識されているのである。

第2の特徴は、活動領域に会員の「研修」をおいたことが示す通り、学会が、自立的研究者で構成する学術研究団体としての性格だけでなく教員を対象とする啓蒙団体としての性格を併せもっていたことである。これは会員の4割が小中高校の教員だったこととも関わっている。創設メンバーの島久代が「国際理解的要素は（教科指導に）いくらでも混入できるはずである。国際理解教育の鍵はこのことをよく弁えた教師の養成である」（紀要1993: 20）と述べた点と呼応するものである。

第3の特徴は、初代の学会長に天城勲（元文部事務次官　元ユネスコ国内委員会委員長）が就任したことや文部科学省におかれた「ユネスコ国内委員会」の委員にこれまで何人もの学会メンバーが名前を連ねてきたことが示すように、日本国際理解教育学会は、学術研究団体であると同時に、ユネスコの方針を具現化する官民一体の運動団体としての性格をもっていた、ということである。

3. 国際理解教育の研究テーマ

学会創設以来、日本の国際理解教育は、時代の変化に即応してたえず研究課題を拡張させてきた。とりわけ、（1）国際理解教育の概念の明確化、（2）国際理解教育史の解明、（3）海外との比較研究、（4）授業実践の事例収集・分析および理論化、（5）「総合学習時代」にふさわしいカリキュラム開発などの分野で、多くの成果を残している。

関連する学問領域も広がっている。具体的には、教育哲学、歴史学、国際機構論、国際政治学、比較教育学、平和学、教育行政学、文化人類学、コミュニケーション論、教育実践研究、教科教育学などの領域にまたがるようになっており、その意味で国際理解教育は、多様な研究方法が交錯する広場（アゴラ）だといえる。

創設時に活躍したメンバーとその専門領域でみても、順不同だが、川端末人（国際政治学）、中西晃（海外・帰国子女教育）、千葉杲弘（ユネスコ研究）、米田伸次（国際理解教育）、天野正治（比較教育学）、新井郁男（教育社会学）、島久代（経済学）らがいて、国際理解教育における研究アプローチの多様性と研究の担い手の多様性がパラレルな関係にあることがわかる。

学会の会員構成の特徴として実践家の比重が高いことはすでに触れたが、現在も小中高校教員の比重が3割を超えている。属性でみると、社会科・公民科、英語科の教員が多く、海外日本人学校などからの帰国教員も少なくない。

このことは学会の研究活動が現場の実践と密接にかかわっていることを示している。学校設置科目として「国際理解」をもつ学校もあるにはあるが、その数はいまもけっして多くない。そのため国際理解教育の実践は、既存の教科学習に内容や視点として組み込まれたり、総合学習や学校行事の一環として取り組まれたりしているケースが一般的である。

国際理解教育が正規の「教科」「科目」でない

という規定性から次のことがいえる。まず、実践の広がりという点で自ずと限界があるということだ。その一方で、新しい時代のテーマに敏感に反応し、時代の変化に先端的に対応した実践が行われてきたことも見逃せない点である。その意味で国際理解教育は「時代のカナリア」としての役割を果たしてきた、といえるだろう。

4. 時期区分

　国際理解教育研究の歩みを跡づけるため、これまでいくつかの時期区分が試みられてきた。

　日本の協同学校計画について永井滋郎は、以下の四つの時期に区分している。1期（1953～55年）：客観的な態度評価の開発が重視された時期。第2期（1956～63年）：普及活動に重点がおかれた時期。第3期（1963～73年）：新しい発展を見せた時期。第4期（1973年～）：協同学校計画20年の成果と反省をふまえて新しい展望を求めた時期である。（永井 1989: 51-52）

　1970年代は、協同学校計画の沈滞化と対照的に、国内で教育の国際化の機運が高まった時期である。とりわけ1974年中教審答申は、国際交流、外国語教育の充実、帰国子女教育に重点を置いたという点で、エポックを画すものであった。

　文教政策の推移を詳細に検討したⅡ-1の嶺井明子論文では、この1974年を起点とする「国際化対応の国際理解教育」（1974～2001）の時期と、「国際化・グローバル化対応」（2001～）の時期とに区分している。

　また、2010年に日本国際理解教育学会の活動を回顧した多田孝志は、学会の歩みを創設期（1991～95）、黎明期（1995～2001）、拡大期（2001～06）、拡充期（2007～10）の4期に大別している。（日本国際理解教育学会編 2010: 10-15）

　以上の成果も参照しながら、ここでは学会創設からの研究活動を10年単位で区切って叙述することにしたい。

5. 研究の歩み

(1) 第1期（1991～2000年）

　この時期は、国際理解教育研究の原点の問い直しが行われた時期である。

　日本では、1980年代後半から国際理解教育の普及が急速に進んでいる。「プラザ合意」（1985）をきっかけとする急速な円高、それと並行した「ヒト、モノ、カネ、情報のボーダーレス化」が一気に加速した。また臨教審最終答申（1987）では、国際的に開かれた学校、留学生の受入れ体制の整備・充実、外国語教育の見直しが、課題とされている。こうしたことも、国際理解教育推進の追い風となって以下のような多様な分野で国際理解教育の実践が展開されることになる。

　具体的には、帰国子女教育、国際化に対応した特色ある高校・学科・コースの設置、教員の海外研修、外国語教育の充実、海外留学や海外修学旅行、外国の学校との姉妹校提携、在日外国人子弟の受入れなどが、国際理解教育の範疇として取り上げられるようになっていったのである。

　こうした国際化に最も「先鋭的」に対応したのが高等学校、とりわけ私立高校であった。帝塚山学院大学国際理解研究所（米田伸次所長）の調査によると、1995年の段階で「国際」を冠する学科・コースが130校余りにのぼったという。ただ、その実質がたんなる私立文系むけの進学コースになっている学校も多く、生徒募集のためのユニーク教育という面が強かったことも否めない。

　その一方で、こうした多様化の進行をどう把握するべきなのか、国際理解教育の理念をどこにもとめるべきなのかについて解明する必要がある、などの指摘もあらわれる。社会現象ともいうべき国際理解教育への注目の高まりの一方で、その現象をどう読み解くべきかが改めて問われることになったのである。日本国際理解教育学会で、1995－97年度に取り組まれた第1次の学会科研「国際理解教育の理論的実践的指針の構築に関する総合的研究」はそうした流れの延長上にある。

この科研費研究では、ユネスコにおける国際理解教育概念の変遷と日本におけるユネスコ協同学校の展開が詳細にあとづけられるとともに、日本の国際理解教育論のそれまでの変遷を整理する模索もはじまっている。

この第1期には、研究の担い手も、様々な個人、学校、団体へと広がり、国際理解教育分野の刊行物も相次いで出版されることになる。「科研費報告書」（1998）の第4章に、佐藤郡衛・松井美帆が1950年代以降の研究成果を文献リストと文献解題の形で載せている。

それによると1990年代はひときわ多産な時期である。実践事例集、調査報告書だけでなく、「国際理解教育」をタイトルに掲げた研究書が相次いで出版されている。自らの授業実践記録をベースに地球市民育成の方途をさぐった大津（1992）、学校教育の課題が地球市民意識の育成にあると論じた多田（1997）、国際理解教育は共生社会の実現とそこでの自己充実を目指す教育だとする米田ら（1997）などである。

また学習者を読者対象とする国際理解教育の刊行物も登場する。渡部（1995）は、地球市民とはなにかを学習者自身が考えるための読み物資料であり、渡部・多田（1998）、佐藤（2000）は、調べ学習での活用を想定した資料集である。このように、研究領域、担い手の拡大と刊行物の増加などが相乗効果となって、国際理解教育の認知度がさらに高まることになった。

この時期の研究の特徴として、大きく以下の四つの点があげられる。

第1は、1974年のユネスコ「国際教育」勧告への、注目である。原文は「国際理解、国際協力及び国際平和のための教育並びに人権及び基本的自由に関する勧告」と長いもので、日本では、1982年の国際理解教育の「手引き」で、紹介されるまで、広く知られることのなかった文書である。ここでは国際理解、国際協力、平和、人権など、勧告にもりこまれた諸概念が不可分の一体をなすものだととらえられている。

この勧告への注目は、国際理解教育の理念的基礎をもとめる動きと重なっている。とりわけ、①国際理解教育がたんなる文化理解に止まるものではなく、グローバル・イシューズ（戦争、平和、人権、人口、環境、開発、飢餓・貧困、食糧問題など）を含むより広範なテーマに取り組むものであること、②知識の習得のみならず技能、価値、意識、態度にかかわるように体験的な学習を重視すること、③すべての段階および形態の教育に国際的側面及びグローバルな視点をもたせるように努めることなどの点は、その後の国際理解教育実践の指針となった。

その一方で、天城勲が「実はこの勧告は立場の異なる各国の多様な要求を可能な限り盛り込んだため網羅的ではあるが、反面、理念、目標、課題、方法等が混在してしまい理論的な整備は不十分である」（紀要 1993: 7）と述べているように、当初からその限界を指摘する声があったことが注目される。

第2は、国際化にともなって活性化したいわば新しい国際理解教育の潮流をどう評価するかという問題である。それを象徴するのが、この時期に頻繁に使われるようになった「日本型国際理解教育」という言葉である。どちらかといえば「国際教育」勧告を基盤とする教育と対比して、批判的なニュアンスで使われることが多かった。理念を問わない、状況対応を専らにする国際理解教育だというのである。

これに対して中西晃が次のように述べて、二つの潮流を統合する視点の重要性を指摘している。「日本でここまで発展してきた国際理解教育の大本は帰国子女教育にあると私は思っており、これが日本型国際理解教育かと感じております。帰国子女教育や外国人子女教育を発端とする日本の国際理解教育は、あくまで現象面であります。ユネスコの理念とこれをどのように結びつけ、日本型国際理解教育を理論化し、体系化していくかはこれからの課題でしょう」（紀要Vol.8 2002: 127）。

第3は、1999年—2001年の特定課題研究におい

て「国」をテーマとする研究が継続に行われたことである。紀要に取り組みの総括的見解を起稿した天城は、「現在の約200の世界の国家の実態はきわめて多様であるが、曲がりなりにも、理念型国民国家の考え方によって一定の秩序が保たれている。しかし、今日ではこのシステム自体の見直しと変容が迫られている。国民国家も所詮は歴史的な所産である」（紀要Vol.6 2000: 12）と述べている。「国」というものの役割と限界をどう把握するのか、それが国際理解教育研究のあり方を大きく規定するものであることを改めて指摘している。

第4は、「学習の転換」論に呼応する形で、学習理論の多様な展開がみられたことである。この時期には、1980年代後半から日本に紹介された新しい潮流——グローバル教育、開発教育、環境教育、人権教育など——のインパクトを受けて、ゲーム、シミュレーションなど参加型の学習技法を取り入れた実践が活性化していく。

その中から、アクティビティの教育的意義を、日本の教育の文脈に即して解明しようとする河内ら（1997）の研究があらわれた。また宇土（2000）は、教育実践を、教育内容・方法、教室環境、教師・生徒の人間関係などを統合させたものととらえ、その視点から学校改革を視野にいれた学習論を展開している。

1997年に天城勲の監訳で刊行されたユネスコ「21世紀教育国際委員会」報告書——通称ドロール・レポート——では、生涯の終わりまで続く個の発達が、自己を知ることからはじまり、自己と他者の関係を築くという対話的過程だととらえられている。この報告書で提起された、知ることを学ぶ、為すことを学ぶ、（他者と）共に生きることを学ぶ、人間として生きることを学ぶという「学習の4本柱」は、学習理論の哲学を示すものとして大きな影響を与えている。

これらの他にも、国際理解教育の目標概念と関連して、「地球市民」の概念が広く使われるようになったことがある。またその一方で、学習者の資質についての研究が盛んになったものの、国際理解教育を指導する教師の側の資質に関する研究が十分に展開されなかったことから、これがのちに21世紀の研究課題の一つとして浮上することになった。

(2) 第2期（2001～10年）

この時期は、日本の国際理解教育の独自性とは何かが模索された時期である。理論研究、実践研究の両面において大きな進展がみられた。

総合的な学習の時間の本格実施に先立って、国際理解教育分野の実践事例を収載した出版物も数多く刊行された。これには文部科学省が、総合学習のテーマとして、情報、環境、福祉・健康と並んで国際理解を例示したことが大きくあずかっている。

しかし、こうした動きと踵を接して学力低下論が登場し、政策面でも「確かな学力」が強調されるようになる。これに呼応して自治体が主催する教員を対象とする国際理解教育の研修講座が急激に減少し、それとは対照的に英語教育関係の講座が増加していった。こうした「逆風」のもとで、学校での国際理解教育実践が次第に困難の度を増して行く時期が2000年代である。学会の2007年の特定課題研究のテーマが「転換期を迎えた国際理解教育」だったことが象徴的である。

こうした状況にあっても研究・実践の多様化は進展していて、シティズンシップ教育を世界規模で概観することで日本の現状の相対化を図る嶺井（2007）、博学連携によって新しい学びを追求する中牧ら（2009）などの成果が相次いで刊行されている。

日本国際理解教育学会では、2003年—2005年に第2次の学会科研「グローバル時代に対応した国際理解教育のカリキュラム開発に関する理論的・実践的研究」（2007年 2分冊）に取り組んだ。ここでは実践研究チーム（責任者：多田孝志）と理論研究チーム（責任者：渡部淳）の二つのチームが並行して研究を進める体制をとり、前者がカリキュラム開発、後者が国際理解教育の独自性の探

先述した通り、カリキュラム開発は学会創設以来の大きな課題であった。カリキュラム研究の成果として、以下の特徴をあげることができる。研究チームは、まず①国際理解教育の目標概念として知識・理解目標、技能（思考・判断・表現）目標、態度（関心・意欲）目標の三つの範疇を採用した上で、②学習領域として、多文化社会、グローバル社会、地球的課題、未来への選択の四つを設定し、その各々についてキーワードを列挙した。この工夫によって、個々の実践者が取り組んでいる実践が、国際理解教育実践の大きな広がりのなかのどこに位置づくのか、自ら判断できるようになったことが大きい。

　報告書では「モデルカリキュラムの開発と実践」として、2～3時間の実践から、数十時間におよぶものまで、総計28本の多彩な取り組みが収集・紹介されている。テーマとしては、「多文化社会」「人権」「平和」などグローバルな視野を提示するものが目立つが、「学校外との連携」として五つの事例が紹介されている点も特徴である。

　尚、この実践研究チームのカリキュラム開発の成果をベースとして新たに編集された国際理解教育学会（2010）が刊行されている。

　理論研究チームは、国際理解教育の多様化をどう把握するのかという視点から、やはり学会創設時からの課題である国際理解教育概念の明確化に取り組んでいる。具体的には、①国際理解教育実践の現状に関する実態調査、②異文化間教育学会や日本社会科教育学会など関連する国内の学会・研究団体の動向および中国の研究・実践動向の把握、③コンピテンシー論などの視点から、総合的・多角的なアプローチで当該テーマに迫っていった。

　報告書の「まとめ」の論考で、研究の取り組みを、渡部淳が以下のように整理している。

　日本の国際理解教育は急速に多様化したが、特に1980年代後半からの多様化は、局所的な現象ではなく国際理解教育の構造全体に関わるものであった。それは教育課題の多様化、アクターの多様化、教育内容・教育方法の多様化などが一体的に進行する事態だったのである。

　理論研究チームは、このような現状を把握するには、従来の「アンブレラ」概念—大きな傘のようにすべての領域をカバーする最上位の概念に国際理解教育をおき、より下位の概念として環境教育、帰国子女教育、人権教育などを位置づけて、それらを横並びに図示するとらえ方—で国際理解教育をみることがもはや不可能になっていると考えた。そして「アンブレラ」概念に対して「磁場」というとらえ方を対置した。

　具体的には、①「多様な課題がながれこむ場」としての国際理解教育、②「時代が提起する課題と格闘する場」としての国際理解教育、③「未来の課題に開かれた場」としての国際理解教育と定義し、その"磁場"のダイナミズムを把握することが有効だと提起したのである。「アンブレラ」の概念でとらえる国際理解教育から「磁場」としてとらえる国際理解教育への転換である。

　また同時に、多様化のなかで国際理解教育としての一貫性、共通性をどこに求めるべきかを考察し、その特質として以下の三つの点が浮かび上がった。それは、①歴史的起源としてユネスコの国際理解教育と強い関わりがあること、②人類の普遍的価値—平和、人権、民主主義など—の存在に対する希望や確信が背景にあること、③日本の教育のメインストリームであるナショナル・アイデンティティを育てる教育の相対化装置としての役割を担ってきたこと、の三つである。

　この時期の研究の特徴として、以下の三つの点があげられる。

　第1は、国際理解教育の目標概念の変遷をより詳細に解明し、これからを展望しようという研究が進展したことである。具体的には、1990年代から広く使われるようになった「地球市民（グローバル・シティズン）」という言葉をどう定義するかという問題にかかわってくる。

　学習者に自己認識の点検を求めるべく、その基

準を探る試みをした石森広美が、諸家の地球市民概念を比較・整理する作業を行っている。そして「地球に居住する一員としての自己認識と責任感を持ち、相互依存関係に基づく地球益の観点から協働し、人類に共通する地球規模課題の解決に参加できるグローバルな視野と思考をもった人間像が浮かび上がる」(紀要Vol.16 2010: 4)としている。

嶺井明子は、先述したナショナル・アイデンティティ教育の相対化装置としての役割にこそ国際理解教育の生命線、レゾンデートル(存在価値、存在理由)があるという認識を基礎に、グローバル時代の国民論、国民教育論として特徴づけられるものこそシティズンシップ論およびシティズンシップ教育論だとしている。その上で「国際理解教育は多元的なアイデンティティを身につけた、アクティブな市民を育成する教育として再構築することが求められている」(紀要Vol.17 2011: 45)と提起している。具体的には、多様化・多文化化する地域の市民、国家の市民、アジア・太平洋といった理念として捉えられている東アジア共同体の市民、グローバル社会の市民のそれぞれのシティズンシップの育成を視野に入れたものである。

第2は、第Ⅱ部2の伊井論文に詳述されている通り、この時期に官民一体の取り組みとして「持続可能な開発のための教育の10年DESD」(2005～14年)が浮上し、「国際理解教育＝ESD」ととらえられるような動きさえ生まれたことである。

第3は、研究委員会がリーダーシップをとってきた「特定課題研究」の方式に代えて「プロジェクト方式」(2008～)を採用したことである。これは、学会員のなかから研究テーマを募り、3年単位で共同研究を行ってもらって、その成果を複数の論文として紀要に反映するというものである。

より多くの会員が、学会の研究活動にかかわれることを企図している。その結果、研究委員会の名称はそのまま残るものの役割が変わり、プロジェクトに取り組む研究チームの選定、研究の進行具合の確認、成果として提出された論文の審査を行うものになった。研究組織の実質的改編である。この方式で、5本のプロジェクトが実現している。

(3) 第3期 (2011年～):

この時期は、理論研究と実践研究の統合の動きが本格化し、新しい研究分野での蓄積も進みつつある時期である。まず、プロジェクト方式の成果が、学会紀要『国際理解教育』Vol.16－20に特集論文として掲載されている。刊行順にテーマをあげると、「ことばと国際理解教育」(研究代表:山西優二)、「グローバル時代のシティズンシップと国際理解教育」(同:嶺井明子)、「ESDと国際理解教育」(同:永田佳之)、「文化的多様性と国際理解教育」(同:横田和子)、「海外研修・スタディツアーと国際理解教育」(同:藤原孝章)である。

ここに見られる通り、いずれも従来の国際理解教育の研究から一歩踏み出した内容である。また、「ことば」や「文化的多様性」など、どちらかというとこれまで国際理解教育研究で体系的に取り上げられてこなかったテーマの研究が進展した点も特徴である。ただ一方で、プロジェクト方式が、単発の企画の集合体にならざるを得ない性格から、個々のプロジェクトが対象とする研究内容と国際理解教育の固有性とのつながりが不分明になりがちで、学会としての研究の蓄積がみえにくくなる、という指摘があった。

プロジェクト方式は5本の企画をもって終了し、再び特定課題方式に移行することになった。その際、これまで学会の別々の組織だった「研究委員会」と「実践研究委員会」が統合され「研究・実践委員会」(2013－)がつくられた。

この委員会では、特定課題研究の3年間の統一テーマを「国際理解教育における教育実践と実践研究」と定め、学会創設時から問題になってきた「実践研究と理論研究の架橋」という大きな課題に新しいアプローチで取り組みつつある。

具体的には、以下の二つの取り組みが浮上している。一つは、実践研究のスタンダードの確立である。これは実践者による当事者研究・臨床的研

究のディシプリン（研究の作法）を作ろうというものだ。もう一つは、研究モデルの探究と発信である。こちらは事例研究によって、研究的実践者・実践的研究者としての自立の道筋と研究コミュニティの形成過程を明らかにしようとするものだ。学校・地域の実践に寄り添いながら、公開研究会を開いてその可能性を探っていくことになる。二つの大きな課題は有機的に繋がりあっている。

　ここでは学会創設時の「研修対象としての教師」という位置づけを克服し、「自立した研究者」としての教師像の確立が目指されることになる。その際、以下の事柄について検討する必要がある。まず「授業実践の理論化」ということに関連してだが、これまで学会員による実践報告・実践研究が数多く行われてきたのだが、その学術研究としてのレベルを判断する基準をどこにおくのかという問題である。また「実践と理論の融合」ということがいわれるが、はたして国際理解教育の独自性に立脚した現場生成型の理論は形成されうるのだろうか、という問題である。

6. 今後の課題

　国際理解教育の多様化は、今後もますます進行していくと考えられる。そのことはまた絶えず新しい研究課題が浮上することをも意味する。

　これまでも、概念研究にあっては磁場の構造と態様をそのダイナミズムとともに分析すること、また実践研究にあっては国際理解教育をになう教師の資質とその形成の方策を解明することなど、数多くの研究課題の存在が指摘されてきた。さらには、グローバル人材の開発という近年注目されている問題を、これまで国際理解教育研究でおこなわれてきたグローバル・シティズンシップに関する研究の視点からどのように評価するのかなど、解明すべき新しい課題が登場している。

　国際理解教育研究の歩みは、未来を展望するために常に歴史をふり返り、その初志を確認する営みでもあった。今後も、「教育研究」としての国際理解教育研究の独自性をより明確にし、その発信の可能性をさぐることが求められている。

（渡部　淳）

[注]
1）1995〜97年度に取り組まれた第1次の科研費研究「国際理解教育の理論的実践的指針の構築に関する総合的研究」（研究代表者：中西晃）には、8名の研究分担者と10名の研究協力者が参加し、1998年に、A4判235ページの報告書を刊行している。
　　また、2003年〜2005年度に取り組まれた第2次の科研費研究「グローバル時代に対応した国際理解教育のカリキュラム開発に関する理論的・実践的研究」（研究代表者：多田孝志）には、12名の研究分担者、26名の研究協力者、40名の実践協力者が参加し、2006年に2冊の報告書―第1分冊（実践編　A4判294頁）、第2分冊（理論編　A4判260頁）―を刊行している。
2）研究紀要『国際理解教育』は、まず1993年にパイロットのかたちで刊行されたが、創刊号（Vol.1）がでるのは学会創設から4年後の1995年である。以後は毎年刊行されて今日にいたっている。

[引用文献]
天城勲監訳（1997）『学習：秘められた宝－ユネスコ「21世紀教育国際委員会」報告書－』ぎょうせい
宇土泰寛（2000）『地球号の子どもたち－宇宙船地球号と地球子供教室－』創友社
大津和子（1992）『国際理解教育－地球市民を育てる授業と構想－』国土社
河内徳子・平塚真樹・渡部淳・安藤聡彦編（1997）『学習の転換－新しい「学び」の場の創造－』国土社
佐藤郡衛監修（2000）『世界の友だちとくらし』（全5巻）学校図書
多田孝志（1997）『学校における国際理解教育－グローバル・マインドを育てる－』東洋館出版
永井滋郎（1989）『国際理解教育－地球的な協力のために－』第一学習社
中牧弘允・森茂岳雄・多田孝志監修（2009）『学校と博物館でつくる国際理解教育－新しい学びをデザインする－』明石書店
日本国際理解教育学会編（2010）『グローバル時代の国際理解教育－実践と理論をつなぐ－』明石書店
野口昇（1996）『ユネスコ50年の歩みと展望』シングルカット社
嶺井明子編（2007）『世界のシティズンシップ教育－グローバル時代の国民／市民形成－』東信堂
米田伸次・大津和子・田渕五十生・藤原孝章・田中義信（1997）『テキスト　国際理解』国土社
渡部淳（1995）『国際感覚ってなんだろう』岩波書店（岩波ジュニア新書）
渡部淳・多田孝志監修（1998）『日本を見る目・世界を見る目－国際理解の本－』（全8巻）岩崎書店

コラム4
バルト海プロジェクトと国際理解教育

バルト海プロジェクト（Baltic Sea Project: BSP）は、ユネスコのASPnetの枠組みの中で、環境保全の意識啓発と国際的な協働を促進するプロジェクトとして1989年に始められた。デンマーク、エストニア、フィンランド、ドイツ、ラトビア、リトアニア、ポーランド、ロシア、スウェーデンなどのバルト海沿岸に位置する国の中学校・高等学校がBSPに参加している。その発端は、国境であるバルト海の汚染に危惧を抱いたフィンランドの国立教育委員会シニア・アドバイザーが、沿岸諸国による協働プロジェクトの必要性を説いたことにある。

環境教育を推進し、若者を「変化の担い手」として育成していくことが狙いとされた。学生は大気や水質などの測量や観察、分析等の科学的な検証を行い、その結果をもとに問題解決に向けてどのような行動が求められるのかを考える。こうした活動を通して、共通課題についての学生の意識を高めるとともに、人間と自然との相互依存関係についての理解を深めること、持続可能な開発に取り組みながら、学生の能力を育成することを目的としている。

1992年のリオ・サミットで採択されたAgenda 21以降、参加国が共有する地域的な実施計画としてBaltic21が策定され、BSP参加校が協働するための枠組みとなった。各国の活動は、ICTを活用したネットワークによって互いに共有されている。

参加国間で事務局を持ち回り、当該国はテーマを設定し、国際セミナー等を開催する。例えば、2015年は「変化の科学（"Science of Changes"）」というテーマでエストニアが事務局を担っている（6月にセミナー開催）。こうした国際セミナー等の会合で、実際に参加者が集い、交流を深めている。このような取り組みの成果は、定期的に刊行されるニュースレターや学習者用ガイドブックに見ることができる。これらの作成には、教師のみならず、学生や専門家も加わっている。リオ・サミット以降、BSPはESDを推進する上で試験的な役割を担った。「国連ESDの10年」では、ESDの優良実践の一事例としてユネスコによって取り上げられた。

BSPでは、学生が「受け手」となってプロジェクトに関わるのではなく、「創り手」として主体的に諸活動に取り組んでいる。それは、民主的で開かれた関係づくりと、BSPの鍵概念の一つである「参加」が重視されているためである。「児童・生徒と政治家との対話」や「NGOとの協働」という活動内容からも、教育活動に関わる人々・諸機関すべてが参加すること、生徒だけではなく参加者すべてが協働し民主的なプロセスを学ぶ。それは、教師も政治家も同様である。参加を通した民主的で開かれた関係、これこそBSPが長期にわたり持続できる鍵であると言えるであろう。

ユネスコ憲章前文に書かれている「人の心に平和の砦を築く」ことを目的とする国際理解教育において、BSPは単なる多国間の国際交流のプログラムにとどまっていない。歴史的に対立していたこともあるバルト海沿岸諸国が、教育活動を通して連帯し、協働する関係性を構築している。各国は、言語や生活習慣、伝統、技術基準に違いがあるものの、互いに協力し合い、環境問題という現代的な課題に取り組み、問題解決に向けて積極的な行動をとっている。ときに、それは学生が政策にかかわる意思決定者と直接話し合うほどである。

BSPは、「平和の文化の構築」というASPnetの目的を具現化させる教育実践であると言えよう。それは、徹底した参加型・民主的な手法が採られているためである。教材と学生、教師と学生という「学ばせる者」と「学ぶ者」という分離した、一方向の関係性ではなく、参加者がフィールド調査を通して「学ぶ」ことができる関係性がつくられている。

（曽我幸代）

第Ⅲ部

国際理解教育の
カリキュラム

写真上：コペンハーゲンの公立学校のランチ・タイム（森茂岳雄撮影）
　　下：フィジーの海辺で（永田佳之撮影）

1 カリキュラム開発の先駆

1. カリキュラム開発研究の開始

これまで日本におけるカリキュラム開発研究は、いずれの教科にかかわらず学習指導要領とそれに準拠して作成された教科書に大きく拘束され、学校に基礎を置くカリキュラム開発研究が十分なされてきたとは言い難い。たとえ試行的な研究がなされたとしても、それがモデルとして検証され、多くの学校で実践されるに至らなかった。

そのようななか、2002年度からの「総合的な学習の時間」の開始を受け、学校や教師が主体となったカリキュラム開発が活発に行なわれるようになった。日本国際理解教育学会においても、2001年に「わが国の国際理解教育の着実な発展の基盤作りに貢献すること」を目的に、"カリキュラム開発イニシアティブ"事業を展開することが提案された。その中で、「問題解決への道筋についての提案」として「国際理解教育カリキュラムの国際比較」「教科書内容や教材の批判的研究」と並んで、「カリキュラム開発の先導的試行」の検討を上げ、「まず手始めに、過去何年かのうちに既に開発されたないしは始められている開発研究を収集整理し、それらを参考にしながら」モデル・カリキュラム開発に取り組むとされた[1]（中島2002: 138）。

本章では、それら「先導的試行」の中から、学会創設期の1990年代に学校現場での国際理解教育の豊富な実践経験の上に立ってカリキュラム開発論を展開した大津和子、藤原孝章、多田孝志の研究を取り上げ、これらの比較検討を通して国際理解教育のカリキュラム開発の課題を抽出したい。

2. 大津和子（1994）のグローバル教育のカリキュラム構想

大津和子は、従来ユネスコにより一貫して進められてきた異文化理解教育に加え、開発教育、環境教育、人権教育、平和教育などを包括する「新しい国際理解教育」をグローバル教育と同義で用い、イギリスのワールドスタディーズに学んで高校「現代社会」の一部に導入するグローバル教育のカリキュラムを構想した。

まずグローバル教育のカリキュラムを構成する原則として、次の四つをあげている。

第一に、カリキュラムを構成する中心概念として「文化」「相互依存」「希少性」「紛争」「変化」「公正」の六つを設定し、それらにもとづいて単元を設定し、各単元に関係概念を設定する。＜表1＞

第二に、学習領域として「生活と文化」「グローバル社会」「地球的課題」「未来に向けて」の四つを設定する。さらに授業づくりの焦点化をはかるために、各領域でモノ・ヒト・コトに関する単元を設定する。例えば、「生活と文化」では、食事やルピー札（インド紙幣）などのモノを切り口とする「世界の暮らし」、家庭におけるヒトとヒトのつながりに焦点を当てた「世界の家族」、マナーの違いとその背後にある共通性というコトに焦点を当てた「世界のマナー」といった単元である[2]。＜表2＞

第三に、各単元に多様な学習活動を組み込むことである。グローバル教育では、地球市民として必要とされる知識の理解だけでなく、技能習得、態度形成も重視される。したがって、授業は講義を中心とする知識伝達だけでなく、新聞や本などからの情報収集、インタビュー、資料分析、シミュレーション、ロールプレイ、討議、レポート

作成・発表など、生徒自身の能動的な学習活動を取り入れることが重要であるとしている。

第四は、テーマの選択、テーマの扱いを、学習者の発達段階に応じて、単純なものから複雑なものへと配列する複雑性の原則である。

次に各単元の学習目標を知識・技能・態度の側面に分けて設定する。まず知識目標は、前述した中心概念および関係概念を核として設定される。次に技能目標として「情報活用」「意思伝達」「批判的思考」「意思決定」の四つが、また態度目標として「人間としての尊厳」「興味・関心」「異文化の共感的理解」「社会参加」の四つが設定される。これら技能・態度目標については、①ワールドスタディーズの理論的枠組に依拠しつつ、②グロー

表1 中心概念

中心概念	(A) 地球的視野に立つ概念理解	(B) 国内(地域)的概念理解
文化	独自の価値観、信念、習慣、伝統、言語、技術、制度などを含む文化が地球上には多元的に存在する。	在日外国人、先住民などのマイノリティ文化が日本(地域)にも存在する。
相互依存	地球上の人々は多様なかたちで依存しあって生活しており、互いに影響をおよぼしあう関係にある。人類共通の課題は世界的に協力しない限り克服が困難である。	日本人(私たち)の生活は世界の人々との相互依存関係の上に成り立っている。地球的課題の克服に日本人(私たち)は一定の役割を果たすことができる。
希少性	人間の欲求が相対的に無限であるのに対し、欲求を満足させるための資源は有限である。	私たちの過度の資源利用が環境問題などを生みだしている。
紛争	価値観の相違などから対立や紛争が生じるが、原因を把握することにより、解決し得る。	日本国内および日本と他のアジア諸国の間には解決すべき諸問題がある。
変化	あらゆる時代、社会を通じて変化が見られ、変化には必ず原因がともなっている。社会への積極的な参加により、望ましい変化をもたらすことができる。	日本の社会も大きく変化しつつある。学校、地域などの一員として社会をよりよい方向に変えていくことができる。
公正	世界がより公正であるためには、すべての人々の権利が尊重され、必要最低限の生活が保障されなければならない。	国内(地域)にも基本的人権が十分に保障されていない人々が存在している。

表2 学習領域と単元

学習領域	焦点	単元例	中心概念	関係概念
①生活と文化	モノ	世界の暮らし	文化	価値・生活様式
	ヒト	世界の家族	文化	役割・価値
	コト	世界のマナー	文化	価値・規範
②グローバル社会	モノ	食べ物のルーツ	相互依存・希少性	需要・供給・機会費用
	ヒト	外国人労働者	相互依存・希少性・文化・紛争	権利・原因・結果
	コト	日本企業の海外進出	相互依存・希少性・公正	利益・紛争
③地球の課題				
開発問題	モノ	世界の食事(食糧問題)	希少性・公正	権利
	ヒト	ストリートチルドレン	希少性・公正	権利・政策
	コト	国際協力―ODAとNGO	相互依存・公正・紛争	協力
人権問題	モノ	子どもの権利条約	公正・紛争	権利・政策
	ヒト	日本と世界のマイノリティ	公正・相互依存・紛争	権利・政策・差別
	コト	アパルトヘイトは今	公正・相互依存・紛争	権利・政策・差別
平和問題	モノ	アジアの教科書に見る戦争	紛争・公正	原因・結果
	ヒト	世界の難民	紛争・公正・希少性	権利・原因・結果
	コト	湾岸戦争から見えたこと	紛争・公正・変化	原因・結果・利益
環境問題	モノ	アジアの熱帯林	希少性・相互依存・紛争	生態系・機会費用
	ヒト	チェルノブイリの子どもたち	希少性・相互依存	生態系・機会費用・安全
	コト	過剰消費のもたらしたもの	希少性・相互依存	資源・機会費用・生態系
④未来に向けて	モノ	メディア今・昔・これから(情報化の進展)	変化・文化	技術・情報化
	ヒト	親子三代国際比較(50年前・30年前・10年後の日本と世界)	変化・文化	価値・規範・生活様式
	コト	共生のための法律づくり	変化・公正・相互依存	権利・価値・規範

表3　技能目標

情報活用	さまざまな情報源から情報を集め活用することができる。
意思伝達	異なる意見、異なる文化の人々を含む多様な人々とのコミュニケーションができる。
批判的思考	問題点を把握し、十分な根拠にもとづいて、より妥当な考え方をすることができる。
意思決定	複数のとりうる方法について検討し、最前の選択をすることができる。

表4　態度目標

人間としての尊厳	個人としての自己の価値、他の人々の価値を尊重し、人々の社会的、文化的背景を配慮しようとする。
興味・関心	社会や他の人々に興味・関心をもち、意欲的に知り、考え、行動しようとする。
異文化の共感的理解	異なる文化をもつ人々や異なる状況にある人々の感情や視点を想像しながら、他の文化を理解しようとする。
社会参加	社会の成員として積極的に人々に働きかけ、社会をよりよい方向に変化させようとする。

バル教育に普遍的と考えられる技能・態度目標をふまえながらも、日本人にとって強調されるべき目標を加味する、といった二つの視点から設定された。〈表3・4〉

このように大津のカリキュラム開発論では、まずカリキュラムを構成する「中心概念」と「学習領域」を設定し、それに基づいて「単元」及び「単元の学習目標」を設定するところに特色がある。このような概念中心のカリキュラムは、欧米のグローバル教育やワールドスタディーズの手法である。

しかし、本カリキュラムは、「現代社会」の一部に導入する単元ということもあり、小・中・高を見通したテーマ例や単元配列については示されなかった。

3. 藤原孝章（1994）の「国際理解（Global Studies）」のカリキュラム開発と実践

藤原孝章は、1989年当時勤務していた高等学校に「国際コース」が設置され、そこで担当することになった特別科目「国際理解」（高校2・3年、各2単位）のカリキュラム開発を行った。

まず、クニープ（Kniep, Willard M.）らアメリカのグローバル教育論や、それに学んで日本においてグローバル教育の体系的なカリキュラムを構想した嵩住忠久を参考に、学習領域として「地球的諸問題」（Ⅰ「開発と協力」、Ⅱ「環境・資源」、Ⅲ「異文化理解」、「グローバル・システム」（Ⅳ「世界経済」、Ⅴ「世界政治」）の五つを構想した。

次にこれらの学習領域の中に具体的な学習テーマを設定した。当初、〈表5〉に示した学習テーマを1テーマ・10時間、高2、3年の各学期に二つ、計9〜10テーマの履修を考えていたが、結果的には「外国人労働者問題」（高2・1学期）、「援助と協力」（高2・2学期）、「地球環境問題」（高2・3学期）、「社会主義の変容とその行方」（高3・1学期）、「アジア太平洋の時代と相互依存」（高3・2学期）の五つになった。[3]

各学習テーマの授業構成に当たっては、今谷順重の「新しい問題解決学習」論を採用し、それに従って、①問題の発見、②原因の探求、③心情の共感、④価値の究明、⑤態度の育成・社会的参加という五つの授業場面を設定した。

またこの授業では、統計や資料の分析、ゲーム、ランキング、ピクチャー・アナリシス、映像などの資料紹介、インタビュー、小論文など多様な学習活動を取り入れた参加型の授業構成がとられた。

内外のグローバル教育論に学んだ藤原のカリキュラム開発論では、カリキュラム構成の枠組みとして大津と同様に「中心概念」「学習領域」「学習テーマ」を重視している。しかし、「『対立』や『相互依存』『希少性』『文化』『公正』といったグローバルな世界に本質的な中心概念を抜きにテーマを考えることはできない」としながらも、「概念自体が抽象的、一般的であるために、『内容中心主義』で『知識中心主義』の日本の教育風土では、内容理解が先行し、学習目標として一般化・抽象化するような作業は、異質であり高度な操作が必要である」（藤原 1994: 8）として、実際の授業における内容構成としては「一般概念」にかわって「知識」という形で示している。

表5 「国際理解（Global Studies）」の内容構成（○印は授業で取りあげたテーマ）

	領域		主な学習テーマ（例）	知　　　識
I	地球的諸問題	開発と協力	○外国人労働者問題 ○援助と協力―ODAとNGO ●発展途上国と食品―バナナとえび	先進国のくらしと発展途上国 南北間の経済格差 発展途上国の貧困と開発問題
II		環境と資源	○地球環境…熱帯林破壊／酸性雨 地球汚染／地球温暖化 ●資源／エネルギー問題 ●食料分配／人口問題	限りある資源・環境・人口 （宇宙船地球号、限りある地球） 発展途上国の開発と環境 先進国の消費文明と環境、資源の配分
III		異文化理解	●伝統と近代／文化の比較 ●文化摩擦（文化認識の格差） ●少数民族の生活と文化 ●観光開発	文化の交流と摩擦 文化の多様性と共通性 （宗教・価値観、生活様式） 伝統文化と近代（欧米）文化
IV	グローバル・システム	世界経済	● EC統合 ○アジア・太平洋の時代と相互依存―アジアNIESの成長と日本 ○社会主義の変容とその行方 ○日米摩擦―先進国経済の相互依存 ●多国籍企業	世界経済（歴史的背景と動向） アジアNIES （発展途上国の工業開発モデル） 市場経済（資本主義経済） 経済統合・経済摩擦 社会主義経済（計画経済）
V		世界政治	●湾岸戦争（冷戦後の世界） ○連邦の崩壊と北東アジア ●核と国際紛争（平和と安全） ●人権問題 ●民族紛争と難民	世界政治（歴史的背景と動向） 民主主義・自由と国家 政治統合と国家 国連の仕組みと役割

4. 多田孝志（1997）の国際理解教育のカリキュラム開発論

多田孝志は、従来「国際理解教育のカリキュラム案は年間計画として、全国各地の学校で作成されてきている。しかしほとんどが、単に教科・領域の教材を配列した一覧表をもって年間計画としている。1990年代に入り、表現力や広い視野など、国際性の素地としての資質・能力・態度の育成をめざした年間計画も作成され始めたが、まだ部分的なものであり、国際理解教育の目標・内容・方法を踏まえた、総合的な国際理解教育のカリキュラムの開発に至っていない」（多田1997: 180）と述べ、授業研究の成果を生かしたカリキュラム開発の必要性を主張した。そしてそのような主張に立って、カリキュラムの内容、編成に当たっての留意事項、具体的編成手順等について述べている。

まず、国際理解教育のカリキュラム開発の基本的方向として、何よりも学校と教室の実践に基礎を置くべきで、したがってカリキュラム開発とは、実際の授業の過程で教師が次々と子どもたちの活動から新たな発見をしていく、いわば「開かれたカリキュラム」でなければならないことを主張している。また、これからの教育は日本の文脈で世界を見るのではなく、地球的視野に立ち、世界の文脈から日本を見るという「グローバリズムの視点」と、歴史、ことに現代史から学ぶ「歴史的視点」が必要であるとしている。

このような基本的認識に立って、国際理解教育の目標として、川端末人のあげた実践目標やユネスコの示した国際理解教育の理念や指導目標を参考に、①価値的なもの、②知識的なもの、③技能的なものの三つを設定した。①は地球市民としての資質・能力・態度の育成であり、具体的には「個の確立」と「高次な社会性」であるとしている。②は、国際理解の概念の構成要素としての「人間理解」「文化理解」「世界の現実理解」の内容から導き出したものである。③として、「異文化間コミュニケーション能力」「情報活用能力」「人間関係形成能力」を設定している。

次に、国際理解教育のカリキュラムの「具体的な内容項目」として、佐藤照雄の内容論を参考に、

(1)生物の発生と進化、人類発達の歴史、(2)人権・人間の尊重と社会正義、(3)日本の文化・伝統・歴史等、(4)他国・多民族の文化・伝統・歴史等、(5)世界文化の多様性と普遍性、文化の等価値性、(6)人類共通課題の顕在化と世界各国の相互依存関係の拡大、(7)戦争・国際紛争の現実と平和のための教育、(8)国際連合等の国際機関や国際民間機関の組織と活動、(9)自然・地理・人口・産業など世界の現状の九項目をあげている。これらは、国際理解の概念の構成要素としての「人間理解」「文化理解」「世界の現実理解」の内容から導き出したものである。

そしてカリキュラム編成の具体的手順として、(1)国際理解教育のめざす人間像を明らかにする、(2)国際理解教育の具体的内容項目を理解する、(3)児童生徒の実態や地域の状況を把握する、(4)自校の国際理解教育の目標の明確化、(5)各教科・領域を国際理解教育の視点から見直す、(6)教材・資料の収集・吟味、サポート機関の調査、(7)カリキュラムを編成する、(8)授業研究により修正・改善する、の8段階を示している。

多田のカリキュラム論の特色は、目標として「コミュニケーション能力」や「対人関係形成能力」をあげていることや、内容として「(1)生物の発生と進化、人類発達の歴史」という歴史的視点や、「(3)日本の文化・伝統・歴史等」といった自国理解の視点を含めている点である。

5. 先行研究から学ぶもの

以上3人の先行研究におけるカリキュラム開発の視点を、目標、内容、方法等によって整理したのが<表6>である。これらの比較検討を通して、国際理解教育のカリキュラム開発の課題を提出する。

第一に、カリキュラム構成の手法である。欧米のグローバル教育やワールド・スタディーズ、及びそれらに学んだ大津や藤原のカリキュラム論では、カリキュラム構成の手順として、まず「中心概念」を設定し、それに基づいて単元や学習活動を設定する方法をとっている。このような方法は、最初に「カリキュラム、指導、評価の焦点として役立つような核となる概念、原理、プロセス」である「キー概念／大きな観念（big idea）」を設定して、それを中心にカリキュラムをデザインする「概念的多文化カリキュラム」の方法と同様の手法である（森茂 2013: 90-93）。

第二に、学習目標についてである。各氏とも中心概念の習得といった「知識目標」、コミュニケーション能力、情報活用能力の育成といった「技能目標」に加え、価値や態度といった「情意目標」を重視している。国際理解教育は単なる国際「理解」の教育ではない。重要なのはその「理解」の上に立って、一人ひとりの内面に根ざしている感情や価値にゆさぶりをかけ、価値観の確立や態度化にまで高めることが重要である。多くの国際理解教育の実践事例を分析した田中博之の研究においても、「知識目標」や「技能目標」に比べ、態度、国際感覚、協調、尊重、自覚、興味・関心、価値判断、異質体験などの「情意目標」が多いことが指摘されている（水越・田中編 1995: 68）。

第三に、学習内容の構成である。大津、藤原のものでは、欧米のグローバル教育やワールド・スタディーズに学んで「学習領域」「単元（学習テーマ）例」「一般概念（知識）」の枠組みで構成されているが、多田のものでは単に「具体的内容項目」が列挙されている。「学習領域（項目）や単元（テーマ）の設定については、三者で異なる点としては、藤原も指摘しているように、大津の「人間と文化」の領域には「若者の文化」や「世界の家族」「世界の食事」など具体的なテーマがみられるが、藤原の「異文化理解」の領域には知識理解志向の「比較文化」などしか見られない。逆に大津の内容構成では「グローバル・システム」の扱いがほとんどない。

また、多田の「内容項目」には「生物の発生と進化、人類発達の歴史」といった「歴史的視点」に立つ内容が設定されているが、大津、藤原の学習領域にはそれが設定されていない。それに対し

表6　国際理解教育のカリキュラム開発の視点

	大津和子（1994）	藤原孝章（1994）	多田孝志（1997）
目標	<知識目標> 1.中心概念（文化、相互依存、希少性、紛争、変化、公正） 2.関連概念（略） <技能目標> 3.情報活用　4.意思伝達 5.批判的思考　6.意思決定 <態度目標> 7.人間としての尊厳、8.興味・関心、9.異文化の共感的理解、10.社会参加	・地球上の多様な価値や文化を理解し、公正で平和な世界をつくろうとする市民的資質、つまり地球市民としての資質（知識、理解、態度）	1.市民としての資質・能力・態度（個の確立と高次の社会性） 2.知識的なもの ・人間理解、文化理解、世界の現実理解から導き出される内容 3.技能的なもの ・異文化間コミュニケーション能力 ・情報活用能力 ・対人関係形成能力
内容	（学習領域） ①生活と文化 ②グローバル社会 ③地球的課題 ・開発問題 ・人権問題 ・平和問題 ・環境問題 ④未来に向けて	（学習領域） ・地球的諸問題 Ⅰ開発と協力 Ⅱ環境と資源 Ⅲ異文化理解 ・グローバル・システム Ⅳ世界経済 Ⅴ世界政治	（内容項目） (1)生物の発生と進化、人類発達の歴史 (2)人権・人間の尊重と社会正義 (3)日本の文化・伝統・歴史等 (4)他国・多民族の文化・伝統・歴史等 (5)世界文化の多様性と普遍性、文化の等価値性 (6)人類共通課題の顕在化と世界各国の相互依存関係の拡大 (7)戦争・国際紛争の現実と平和のための教育 (8)国際連合等の国際機関や国際民間機関の組織と活動 (9)自然・地理・人口・産業など世界の現状
方法	新聞や本などからの情報収集、インタビュー、資料分析、シミュレーション、ロールプレイ、討論、レポート作成・発表等	統計や資料の分析、ゲーム、ランキング、ピクチャー・アナリシス、映像などの資料紹介、インタビュー、小論文等	他者との関わりを重視した自学、参加、実感による学習（例：討論型学習、レポート・エッセイ・小論文等）、人間関係能力形成のためのアサーション・トレーニング等
基本	カリキュラム構成の四原則 1.六つの中心概念の設定 2.四つの学習領域の設定 3.多様な学習活動の設定 4.テーマ設定・配列における複雑性の原則	「新しい問題解決学習」（今谷順重）の授業構成論 ①問題の発見、②原因の探求 ③心情への共感、④価値の究明 ⑤態度の育成・社会参加	カリキュラム開発の基本的方向 (1)開かれたカリキュラムづくり（羅生門的アプローチ、登山型カリキュラム） (2)グローバリズム・歴史的視点（カリキュラムの基盤） カリキュラムの類型（略）
参照	イギリスのワールド・スタディーズ	アメリカのグローバル教育 魚住忠久や大津和子の論	ユネスコや川端末人の目標論、佐藤照雄の内容論、佐藤学のカリキュラム開発論

て、大津は「未来にむけて」という未来学習的視点からの学習領域を設定していることは注目される。しかし多田も主張するように、「未来を築く資質・態度能力の育成や識見の習得には、これまでの人類の歩みへの評価・反省・見直しなどが前提にならなければならない」（多田 1997: 183）。その意味で、国際理解教育のカリキュラムの開発にあたっては、歴史から学ぶ視点が重要になる。

　第四に学習内容の配列についてである。学校におけるカリキュラムは児童生徒の発達を踏まえて各学年を通して全体として構想されなければならない。この点、特に大津、藤原のものでは高等学校の特定の教科・科目、学年を対象としたものとなっており、三者のカリキュラム構想は、学習内容を各学年にどう配列組織し、小・中・高を通して全体としてどのような国際理解教育のカリキュラムを構想するのかというシークエンスについては論じていない。この時期、森茂岳雄と鈴木克彦（2013）は、小学校生活科・社会科における学年を通した国際理解教育のカリキュラム構想を提出した。〈表7〉

　最後に内容と連動した学習方法については、各氏とも講義を中心とする「知識伝達型」授業から「参加獲得型」授業への転換を強調している。特に前述したように国際理解教育で強調される情意的目標を達成するためにカリキュラム構想の中に討論、インタビュー、ロールプレイ、シミュレーション、ゲーム、ディベートといった多様な学習活動を組み入れていることも各氏に共通している。

表7　小学校生活科・社会科における国際理解教育の内容構成例（森茂・鈴木 1993、一部加筆修正）

学習領域			低学年	中学年	高学年
A 異文化理解			・世界の遊び、衣食住 　世界の遊びや衣食住の体験を通して、世界には自分たちとは異なった文化を持った人々がいることを知る。 ・世界の学校・世界の家族 　世界のほとんどの地域には自分たちと同じように学校があり、世界の子どもたちの多くは家族の中でくらしていることを理解する。 ・地域に住む外国の人々 　身近な地域に住む外国の人々との交流を図り彼らの言葉や生活習慣（衣食住や遊び、歌など）を体験する。	・いろいろな土地のくらし 　日本の中には、暖かい所と寒い所、盆地と平地、都市と農村、漁村、山村など異なった特色を持つ地域があり、そこでは、異なったくらしをしていることを知るとともに、世界にもいろいろな特色ある地域があることに気づく。 ・日本の中の異文化 　日本の地域の中にはアイヌなどの先住民族や在日韓国・朝鮮人などの在日外国人がいることを知り、日本の中で共に生きることの大切さに気づく。	・世界の人々のくらし 　日本と文化や経済の面でつながりの深い国々について取り上げ、そこに住む人々のくらしやその国の産業などについて学習するとともに、日本と比較し、その共通性と差異性を理解する。 ・増えてきた外国人労働者 　たくさんの外国人労働者が日本に入ってきている現状を知り、労働内容や来日の理由、日本での生活上の苦労について理解する。
B ネットワーク社会	1 相互依存		・外国から来た動物や植物 　動物園や植物園での観察を通して、わたしたちの身近にいる動物や植物の中には外国からやってきたものが多くいることに気づく。	・地域と外国とのつながり 　地域の生産活動や消費活動が国内の他地域や外国と結びついていることを知る。	・世界と日本のつながり 　食料や工業原料の輸入をはじめ諸産業に利用される様々な貿易品を通し、外国との相互依存関係なしには生きられない日本の状況を理解する。
	2 情報化		・外国からの郵便 　世界各国から日本に郵便が送られてくることや、日本からも多くの郵便が外国に届けられていることを知る。世界の切手や世界のポストを調べたり、外国の友達に手紙を書いたりして、日本と世界がつながっていることに気づく。	・世界のニュース 　世界の大きな事故や災害などの様々な出来事が、瞬時にして日本に伝えられることに気づき、世界の出来事に興味をもつ。 ・交通の世界的なつながり 　身近な地域にある港や空港が、世界とつながっていることに気づく。	・運輸、通信、情報網の発達 　放送、新聞、電信電話、コンピュータなどの通信情報網や、交通の発達によって世界は一つのシステムであることに気づく。
C 地球的課題	1 環境		・野菜や水に住む生き物 　生物にとって、水がとても重要であることに気づく。 　生き物を大切に育てる。 ・大切な水 　人間にとって水がいかに大切なものであるかを知る。 ・花や木を育てる 　学校や身近な地域の花や木を大切に育てるとともに、それらがわたしたちの生活に潤いを与えていることに気づく。	・上・下水道のゆくえ 　わたしたちが住む地球の水が、どこから得られ、どのようにつくられて、運ばれてくるのかを調べる。 ・手に入れることが困難な水 　発展途上国をはじめ、世界の国々の中には日本に比べて水の得にくい地域があることを知るとともに、水を得るための人々の苦労について考える。 ・身近な環境としての森林 　身近な自然環境としての森林を調べ、水資源を守る森林の働きや森林を守る人々の努力や工夫を知る。	・水の汚染 　日本や世界の海、川、湖の汚染の現状を知る。 ・地球の生態系としての水 　地球の中で、水はどのように循環し、どのように生物たちに役立っているのかを知り、資源として大切な水を守るために自分ができることを考え、実行する。 ・限りある資源としての森林 　熱帯林の伐採による砂漠化や工場、車の排出ガスによる酸性雨、地球温暖化などの現状を知るとともに、その解決に向けて自分で協力できることを考え、行動できる。
	2 人権		・ちがいを認める 　わたしたち一人一人は、異なった姿・形をしていると同時に異なった考え方を持っていることを理解し、他の人々の考えを大切にする。	・地域の中の差別と人権 　日本の地域の中でくらしている先住民や在日外国人の人々は、長く差別の中にあったことを理解すると共に、それらの人々となかよくすることができる。	・世界の中の差別と人権 　世界には、さまざまな皮膚の色や民族・性などによる差別があることを知り、だれとでもなかよくできる。
	3 平和		・平和への願い 　世界の子どもたちの絵や作文から、彼らが自分たちと同じように平和で豊かな社会を願っていることを知る。	・働く子ども・飢える子ども 　この地球には、小さいながらも働く子どもがたくさんいることを知り、平和の大切さを理解する。	・平和な世界をつくる努力 　戦争の歴史について、いくつかの例を通して学習すると共に、戦争をなくし、平和な世界をきずくための国連の働きや日本の役割について考える。

6. カリキュラム開発の課題

　カリキュラム開発という行為は、一般に「学習目標の設定→学習（経験）内容の選択・組織→教育課程（学習経験）の評価」（Tyler 1949）といった一連の活動を含んだ行為として構想される。とするならカリキュラム開発において、学習結果にもとづいてカリキュラムを評価し、どう修正するか

が重要な課題である。その意味で、三者のカリキュラム開発論の中にはカリキュラム評価という視点が位置づけられていない。カリキュラム開発は、評価までを含んで構想される必要がある。

特に、国際理解教育の特徴である多様な学習活動から生まれるパフォーマンス課題は質的な評価基準が必要とされ、そのための採点基準として近年ルーブリックの有効性が指摘されている。また、効果的で有意味な国際理解教育のカリキュラム・デザインのためには、まず明確な達成目標としての成果（アウトカム）を設定し、そこから目標達成のための授業構想を行なう「逆向き設計（backward design）」という考え方も主張されてきている（Wiggins & MacTighe 2005）。（この点については次章で詳しく論ずる。）

また、佐藤学がいうように、カリキュラムを単に学習内容の組織としての「教育計画」としてではなく「学校において教師と子どもが創造する教育経験の総体」、あるいは「教師が組織し子ども達が体験している学びの経験（履歴）」（佐藤 1996: 4）であると定義すれば、カリキュラムは子どもの学びの事実（履歴）と可能性に即して決定され、たえず修正されなければならない。そこでは子どもの学びの履歴の「観察と記録」「記述と説明」をふまえた総括的な価値判断の活動としてのカリキュラム評価が重要になる。

最後に、カリキュラム開発という考え方は、歴史的にみて「授業改善」「教師の参加」「教職の研修」を意図した活動である（佐藤 1996: 53）。とするとカリキュラム開発によってどのように授業が改善されたか、またカリキュラム開発への教師の主体的参加によって教師の教育実践に対する意識がどのように変革されたかがカリキュラム開発のあり方を考える重要な視点になる。

（森茂岳雄）

[注]
1) その後、学会により「グローバル時代に対応した国際理解教育のカリキュラム開発に関する理論的・実践的研究」をテーマにした科研費が採択され、2003年度から3年間の計画で研究が進められ、二冊の報告書にまとめられた。
2) 具体的な単元構成と実践については、大津（2002、2007）に紹介されている。
3) 特に、この学習テーマの中の「外国人労働者問題」の実践については、藤原孝章（1994）に詳しい。
4) 地球時代に求められる「コミュニケーション能力」の育成については、多田孝志（2003）に詳しい。

[引用文献]

大津和子（1992）『国際理解教育－地球市民を育てる授業と構想－』国土社

大津和子（1994）「グローバル教育カリキュラムの構想－中心概念・技能・態度・単元－」『北海道教育大学紀要（第1部C）』第45巻、第1号

大津和子（1997）『グローバルな総合学習の教材開発』明治図書

佐藤学（1996）『カリキュラムの批評－公共性の再構築へ－』世織書房

多田孝志（1997）『学校における国際理解教育－グローバル・マインドを育てる－』東洋館出版社

多田孝志（2003）『地球時代の言語表現－聴く・話す・対話力を高める－』東洋館出版社

中島益夫（2002）「国際理解教育とカリキュラム－私の場合－」日本国際理解教育学会『国際理解教育』Vol.8

藤原孝章（1994）「グローバル教育の学習内容とその実践事例について－高校・国際教養科目におけるカリキュラム開発の考察と課題－」同志社大学文学部教育学研究室『教育文化』3号

藤原孝章（1994）『外国人労働者問題をどう教えるか－グローバル時代の国際理解教育－』明石書店

水越敏行・田中博之編（1995）『新しい国際理解教育を創造する－子どもがひらく異文化コミュニケーション－』ミネルヴァ書房

森茂岳雄・鈴木克彦（1993）「小学校生活科・社会科における国際理解教育カリキュラムの実践構想」『茨城大学教育学部教育研究所紀要』第25号

森茂岳雄（2013）「多文化教育のカリキュラム・デザイン－日本人性の脱構築に向けて－」松尾知明編『多文化教育をデザインする－移民時代のモデル構築－』勁草書房

Tyler, Ralph W. (1949) *Basic Principles of Curriculum and Instruction*, The University of Chicago Press.

Wiggins, Grant & MacTighe, Jay (2005), *Understanding by Desing*, ASCD.〔西岡加名恵訳（2012）『理解をもたらすカリキュラム設計－「逆向き設計」の理論と方法－』日本標準〕

※本章は、森茂岳雄（2004）「グローバル時代の国際理解教育カリキュラム開発の視点－会員のカリキュラム開発研究に学ぶ－」日本国際理解教育学会『国際理解教育』Vol.10、164-183頁をもとに加筆修正したものである。

2 国際理解教育の目標と内容構成

1. 国際理解教育の目標

　国際理解教育は、国際化・グローバル化した現代社会／世界の中で生きていくために必要な資質や能力を育成する教育である。したがって、総合的な学習の時間の目標ともされる「自己の可能性を伸ばす」「学び方を学ぶ」といった教育全般のもつ根源的な側面を含みつつも、国際理解教育にこそ求められる独自の目標が設定されるべきであろう。

　本稿では、国際理解教育は次のような人間の育成をめざすものとする。すなわち、人権の尊重を基盤として、現代世界の基本的な特質である文化的多様性および相互依存性への認識を深めるとともに、異なる文化に対する寛容な態度と、地域・国家・地球社会の一員としての自覚をもって、地球的課題の解決に向けてさまざまなレベルで社会に参加し、他者と協力しようとする意思を有する人間である。同時に、情報化社会のなかで的確な判断をし、異なる文化をもつ他者ともコミュニケーションを行う技能を有する人間を育成する。

　以下に、国際理解教育の目標を、授業評価上の便宜を考慮して、体験目標（図1）、知識・理解目標（表1）、技能（思考・判断・表現）目標（表2）、態度（関心・意欲）目標（表3）の四つの側面に分けて設定する。

　本来、体験は何らかの学習目標を達成するための方法と考えられるが、「総合的な学習の時間」における体験的な学習を重視して、体験目標をも加える。体験すること自体の中に、学習者にとってのさまざまな気づきや発見、喜びや感動があり、それらの重要性を授業者がより意識的にカリキュ

| （人と）出会う・交流する
（何かを）やってみる・挑戦する
（社会に）参加する・行動する | → | 気づく・発見する
わかる・納得する
実感する・共感する | → | 知識・理解目標
技能（思考・判断・表現）目標
態度（関心・意欲）目標 |

図1　体験目標

表1　知識・理解目標

文化的多様性	○世界にはさまざまな文化が存在するが、人類に共通する文化の側面もある。 ○文化は異文化との交流を通じて絶えず変化し、創り出されるものである。 ○異なる文化を理解することはときに容易ではなく、文化摩擦や文化対立が生じる場合があるが、異なる文化を相互に認め、共に生きようとすることが重要である。
相互依存	○私たちの生活は、さまざまなかたちで世界の人々とつながっている。 ○世界のできごとは私たちの生活に影響を及ぼし、私たちの生活は世界の人々の生活に影響を及ぼしている。 ○交通や通信網の発達により私たちは膨大な情報に囲まれており、情報を適切に選択し判断することが重要である。
安全・平和・共生	○地域や世界には直接的暴力（戦争・紛争など）や構造的暴力（貧困・抑圧・環境破壊など）により、安全や人権が脅かされている人々が存在している。 ○誰もが人間としての尊厳を尊重され、安全で幸せな生活ができる社会をつくるために、さまざまな取り組みがなされている。

表2　技能（思考・判断・表現）目標

コミュニケーション能力	多文化社会の中で、異なる考えや文化をもつ地域や世界の人々と、言語などを通じてコミュニケーションができる。
問題解決能力	複雑な現代社会の直面している課題を的確に把握し、解決法を追究し最善の選択をするために、根拠を明確にして論理的に考えることができる。

表3　態度（関心・意欲）目標

人間としての尊厳	地域・社会の中で、個人としての自己および他者の人格・人権を尊重しようとする。
寛容・共感	多文化社会の中で、異なる文化をもつ人々や異なる状況にある人々の存在を認め、理解し、学ぼうとする。
参加・協力	地域・社会をより望ましい方向に変化させるために社会の一員として行動し、人々と協力しようとする。

＊1　便宜上、学習目標を四つの側面に分けているが、実際には相互に密接に関連している。

ラムに組み込むために、あえて体験目標を設定する。具体的な体験目標としては、（人と）出会う・交流する、（何かを）やってみる・挑戦する、（社会に）参加する・行動するという三つの型を設定することができる。各実践の中で、いずれか一つの型を組み込む場合も、複数の型を組み込む場合もあるだろう。この体験目標は、知識・理解目標、技能（思考・判断・表現）目標、態度（関心・意欲）目標に関連し、それらの達成を助けるものである。

知識・理解目標としては、「文化的多様性」「相互依存」「安全・平和・共生」について十分に理解することを設定する。「文化的多様性」に関しては、世界にはさまざまな文化が存在するが、人類に共通する文化の側面もある、という文化の異質性と共通性を理解するとともに、文化とは固定的なものではなく、異文化との交流を通じて絶えず変化するものであること、そして私たち自身が文化を創り出していく主体であるということを理解する。さらに、著しく変動しつつある世界において、異なる文化を理解することはときに容易ではなく、文化摩擦や文化対立が生じる場合があるが、異なる文化を相互に認め、共に生きようとすることが重要であることを認識する。

「相互依存」に関しては、私たちの生活は、さまざまなかたちで世界の人々とつながっていること、および、世界のできごとは私たちの生活に影響を及ぼし、私たちの生活は世界の人々の生活に影響を及ぼしていることを理解するとともに、交通・通信網の発達やパソコン・スマートフォンの普及により私たちは膨大な情報に囲まれており、こうした情報化社会の中で、情報を適切に選択し判断することが重要であることを理解する。

「安全・平和・共生」に関しては、地域や世界には直接的暴力（戦争・紛争など）や構造的暴力（貧困・抑圧・環境破壊など）により、安全や人権が脅かされている人々が存在していることを理解するとともに、誰もが人間としての尊厳を尊重され、安全で幸せな生活ができる社会をつくるために、さまざまな取り組みがなされていることを理解する。

技能（思考・判断・表現）目標としては、多文化社会の中で、異なる考えや文化をもつ地域や世界の人々と、言語などを通じてコミュニケーションができる「コミュニケーション能力」、情報化社会の中で、情報を適切に収集・選択・判断し、自己の考えを発信することができる「メディア・リテラシー」、複雑な現代社会の直面している課題を的確に把握し、解決法を追究し最善の選択をするために、根拠を明確に論理的に考えることができる「問題解決能力」の向上を設定する。

態度（関心・意欲）目標としては、地域・社会の中で個人としての自己および他者の人格・人権を尊重しようとする「人間としての尊厳」、地域や世

界で、異なる文化をもつ人々や異なる状況にある人々の存在を認め、理解し、学ぼうとする「寛容・共感」、地域や社会をより望ましい方向に変化させるために、社会の一員として行動し、人々と協力しようとする「参加・協力」を設定する。

2. 国際理解教育の学習領域

　前述したように、国際理解教育は、国際化・グローバル化した現代社会/世界の中で生きていくために必要な資質や能力を育成する教育である。従って、その学習内容はきわめて広範囲に及ぶ。そこで、国際理解教育の学習領域を便宜上、「A多文化社会」「Bグローバル社会」「C地球的課題」「D未来への選択」の四つに分け、それぞれの学習領域を端的に示すキーワードを位置づける。キーワードとは、学際的な国際理解教育学の主な基盤学問である文化人類学、異文化コミュニケーション学、国際経済学、国際政治学、国際社会学、平和学、国際開発学などにおけるきわめて基礎的な概念を、学習者の発達段階に応じて厳選したものである。

　各学習領域にキーワードをあらかじめ位置づけておくことにより、授業づくりに際して、ある学習主題を選んだ時に、どのようなキーワードを含みうるのか、同じ領域内の他のキーワードとどのように関連させることができるのか、その主題はどの領域に属するのか、他の領域とどのように関連させることができるのか、年間あるいは一定期間を通じて、どの領域を重点的にとりあげ、どの領域をとりあげていないのか、などを明確にすることができる。

A 多文化社会

　「A多文化社会」と「Bグローバル社会」は、現代世界の特質である文化的多様性と相互依存性に関する学習領域である。「A多文化社会」の主な学習内容として、「1文化理解」「2文化交流」「3多文化共生」を設定する。文化とは非常に広い概念であり、定義も多様で、国家とは異なる範疇である。「自国文化」というように、文化と国家を単純に結びつけることを避け、一国の中に多様な文化が存在することにも目を向けたい。また、それぞれの文化にはその形成過程で多様な文化との交流があり、文化は絶えず変化するものである。自文化と他文化（異文化）を単純に二項対立的に固定的にとらえるだけでは、文化理解を深めることは難しいであろう。

　小学校低中学年段階では、文化の概念は身近な生活文化や輪郭の明瞭な伝統文化から入るのがわかりやすいであろう。地域や国内、世界にはさまざまな文化をもつ人々が存在し、私たちの文化もその一つであること、さらに、異なって見える文化にも私たちの文化との共通点（例えば、誰もが快適な衣食住や友情、愛情、幸福を望んでいる）があることに気付くことが重要である。こうした文化理解は、小学校段階ではとくに、異なる文化をもつ人々との直接的な交流や、異なる食文化などを体験することでいっそう学習効果を高めることができるであろう。

　小学校高学年・中学校段階では、外国語を通じての異文化コミュニケーションスキルを修得するとともに、私たちが無意識のうちにもっている文化的偏見や思い込みに気付き、異なる文化、一見奇異に見える文化に対しても、即座に否定するのではなく、その文化の存在を認める寛容性をも育成したい。また、日本の文化が他のアジア地域の文化をはじめ、数多くの文化との交流の中で形成されてきたことを知る。さらに、現実の社会/世界には多様な文化/価値観が存在するが、それらはマイノリティであるかマジョリティであるかによって社会的な扱われ方が異なり、種々の差別問題を生み出していることを理解する。

　高校段階では、日常生活の中で、例えば文化住宅、若者文化、日本文化というふうに、さまざまな意味合いやレベルで用いられている文化という概念を、分析的に理解することをめざす。すなわち、全体文化（上位文化）と部分文化（下位文化）、

対抗文化といった概念を知ることにより文化間の関連を把握したり、文化を適切に比較することができる。

そして、文化交流はいつもスムーズに行われるわけではなく、文化摩擦や文化対立は地域でも国内でも、国際的にもしばしば生じる。歴史的に見れば、キリスト教やイスラム教のように、権力や武力を背景としてその版図を拡大してきた事例は珍しくない。自文化中心主義に陥ることなく、他の文化を理解しようとすることが重要であろう。文化はさまざまなかたちで変容してきたし、今も変容しつつある。私たちは既存の文化に支配されるだけではなく、私たち自身が文化を創造しうる主体であることに気付くとともに、異なる文化をもつ人々が社会の中でともに生活していくことは、ときによっては深刻なジレンマを抱えることにも注目したい。

B グローバル社会

「Bグローバル社会」は、今日の世界がもはや単なる国家の集合体ではなく、地球規模で密接な相互依存関係を有する、いわば一つの地球社会を私たちが構成しているという世界観をあらわす概念である。私たちは国家の一員であると同時に、地球社会の一員でもある。この学習領域では、まず、私たちの生活がさまざまなかたちで世界とつながっていることに気付くために、「1私たちと世界のつながり」を設定する。次いで、世界の現状について、近年ますますその傾向を強めつつある「2情報化」の側面から認識を深める。小学校低中学年段階では、暮らしの中の身近な食べ物や地域の外国人などを通じて「私たちと世界のつながり」を発見するというアプローチがわかりやすい。

小学校高学年・中学校段階では、旅行・移動・移住・出稼ぎ・難民といったヒトにかかわるつながりや、音楽・スポーツなどのコトを通じたつながりを、高校段階では、複雑な世界の一面をあらわす紛争・テロ・戦争などを通じたつながりをとりあげることも可能であろう。もちろん、必ずしもモノ→ヒト→コトの順序でとりあげるべきだというのではない。ヒトやコトをとりあげると、それらの背景についてもある程度理解が必要であり、小学校低中学年段階では難しいかもしれないというほどの意味である。が、ヒトやコトの中にも旅行や流行のように、小中学校段階でもそれらを切り口として、「私たちと世界のつながり」を探究することは可能であろう。

グローバリゼーションに関しては、高校段階で多国籍企業を中心とする経済のグローバリゼーション、および、近年注目されはじめた反グローバリゼーションの動きを理解する。グローバリゼーションは均質的にではなく、国際的な経済／政治関係における水平関係と垂直関係を反映しながら進行している。

「2情報化」については、小学校低中学年段階では、身の回りにはたくさんの情報が溢れており、それらは時には不確かであったり、間違って伝えられることがあることを「伝言ゲーム」などを通じて体験し、情報選択の重要性に気づく。小学校高学年・中学校段階では、多くの子どもたちがすでにマスメディアやパソコンなどを通じて、大量情報消費社会の中に組み込まれている。そのため、適切な情報を収集・分析・選択できるように、基本的なメディア・リテラシーを育成することが必要であろう。高校段階では、世界の出来事がリアルタイムで報道されていることを知るとともに、身近なレベルから国際的なレベルまで情報操作がなされていることを理解する。さらに、今日の南北格差は情報格差ともなってあらわれていることにも目を向けたい。

C 地球的課題

「C地球的課題」は、人類が直面している諸問題を、地域・国家・地球的レベルでとらえ、解決の糸口を見出そうとする学習領域である。「C地球的課題」の主な学習内容として、「ユネスコ国際教育勧告」(1974)にも明記された「1人権」「2環境」「3平和」「4開発」を設定する。

小学校低中学年段階で、自分らしさに自信をもち、自己の存在を価値あるものとして認めることのできる自尊感情と、他者に対しても価値ある存在として受け入れようとする気持ちを育てることが「1人権」の出発点である。すでに周囲の大人から無意識のうちに植え付けられた先入観や偏見があれば、それらに気付くことも重要である。個人の人権がまもられてはじめて、私たちは安全に暮らすことができる。

小学校高学年・中学校段階では、生徒が当事者として直接かかわる「子どもの権利条約」に照らして、自分たちの権利は守られているか、世界の子どもたちの権利は守られているかを追究したい。異なる状況にある同年代の子どもたちを視野に入れることによって、かれらに対する親近感や連帯感を育みたい。

高校段階では、地域や国内の民族、ジェンダー、セクシュアリティなどに関する差別問題の現実を知るとともに、当事者たちの闘いについても理解を深めるとともに、「人間の安全保障」は、個人の人権が確立されることによって実現されることに気付く。

「2環境」については、小学校低中学年段階で地域の環境問題に目を向け、自分の生活を見直したり、環境改善のために学校や家庭、地域などで行動に移すことが可能であろう。小学校高学年・中学校段階では、森林破壊やオゾン層破壊など、私たちの生活と密接に関係している地球規模の環境問題をとりあげ、生態系について学ぶとともに、環境保全の重要性について認識を深める。

高校段階では、環境問題の解決法をめぐって、先進工業国と発展途上国の間で深刻な対立をもたらしていることを理解する。このことは、京都議定書をはじめ、数々の環境国際会議で常に議論となってきた。先進工業国では、産業廃棄物だけではなく、大量消費社会の中で日々膨張する私たちの欲望に応えるべく、パソコンやケータイ、自動車などをはじめとする生活物資の目まぐるしいモデルチェンジが行われており、それは同時に、大量の廃棄物を生み出している。他方、発展途上国では、種々の理由により環境保護が難しく、また、日常生活の燃料を得るためや、先進工業国に輸出するための森林伐採による環境破壊が進んでいる。産業廃棄物等に対する規制も十分ではなく、多くの人々が環境問題に直面している。

「3平和」については、小学校低中学年段階では、学校や家庭で経験する身近な対立の原因を明らかにし、解決のためのよりよい方法を探るというプロセスを学習する。対立や紛争の背後には必ず原因があり、その原因を除去したり双方が歩み寄ることによって解決が可能であることを理解し、そのスキルを身に付けるためである。

小学校高学年・中学校段階では、平和の意義について学ぶために、ヒロシマ・ナガサキの被爆者（当時同年代の子ども）の経験、あるいは紛争地の子どもの様子などをとりあげ、戦争のもたらす結果について考える。また、世界で起こっている戦争や紛争について知るとともに、軍縮・平和への取り組みについても理解する。

高校段階では、平和学における基礎的概念である消極的平和と積極的平和、直接的暴力と構造的暴力を学び、単に直接的な暴力である戦争がない状態が平和なのではなく、貧困や差別、人権侵害などをもたらす構造的暴力も、人間の安全を脅かすものであるという「人間の安全保障」について理解を深める。そして、ユネスコの提唱する「平和の文化」についても考える。

「4開発」の領域は、ある意味では（日本の教科書にはほとんど記述されていないために）小中学校段階では難しいと感じられるかもしれない。しかし、深刻な地球的課題の一つであり、また「国連持続可能な開発のための教育Education for Sustainable Development（ESD）の10年」（2005-2014）が終了した後は、グローバル・アクション・プログラム（Global Action Program: GAP）に引き継がれることもあり、さまざまな工夫を取り入れて実践したい。

小学校低中学年段階では、ビデオなどの視聴覚教材を活用して、世界には私たちとは全く異なる

条件（学校に行けない、働かなければならない、など）のもとで生活している子どもたちが存在しており、かれらも同じように幸せな生活を望んでいることを知る。

小学校高学年・中学校段階では、世界には少数の先進工業国と大多数の発展途上国が存在し、両者の格差は依然として拡大していること、そして国連では半世紀にわたって様々な取り組みをしてきたが、その解決はなお難しいことを理解する。

高校段階では、限られた地球資源の中で、すでに豊かな先進工業国がこのままさらに経済的に発展することが可能なのか、経済的に豊かになることが真の幸福を意味するのか、発展途上国の人々はどのような開発を望んでいるのだろうか、といったことがらについて、具体的な事例をとりあげて考える。

本稿では、主要な地球的課題として人権、環境、平和、開発をあげているが、実際にはこれらの諸問題は密接に関連しているため、一つの地域を事例としてとりあげて、複合的なアプローチを試みることも可能であろう。なお、「C地球的課題」は、社会科でも一部扱われ、歴史的分野とも関連するが、総合的な学習の時間に生徒たちの探究活動などを取り入れて、さまざまな観点から展開することにより、いっそう生徒の興味や関心を深めることができるであろう。

D 未来への選択

「D未来への選択」は、他の3領域の学習にもとづき、あるいは、他の3領域の学習の過程で、アジアや世界の歩んできた歴史を踏まえて、自らが地域や社会の一員であるという意識を育み、さまざまな人々や諸問題が他人事ではなく自らの生活や存在とのかかわりを見出し、自己の生き方につなげていこうとする学習領域である。

「D未来への選択」では、「1歴史認識」「2市民意識」「3社会参加」を設定する。

「1歴史認識」については、小学校低中学年段階では、地域における異なる文化をもつ人々（例えばアイヌ民族、在日コリアンなど）にかかわる歴史を、できればかれらとの出会いの機会や、その文化（歌、踊りなど）を経験する場を設定して、体験的に学ぶ。小学校高学年・中学校段階では、日本と他のアジア諸国との歴史的な関係に目を向けるとともに、他のアジア諸国で日本がどのように受け止められているかを知る。アジアの一員として、今後私たちが（従来の欧米一辺倒ではなく）どのような方向に進むべきかを考えるためである。世界の歴史を学ぶ高校段階では、自国中心史観やヨーロッパ中心史観に陥ることなく、地域・国家・世界史の統一的な把握をめざす。なお、「歴史認識」は、必ずしも「D未来への選択」領域においてばかりではなく、他の領域でそれぞれのテーマに即して扱うことも可能であろう。

「2市民意識」については、小学校低中学年段階では、一人一人が家庭、学校、地域の一員であるという意識を育む。小学校高学年・中学校段階では、民主主義社会の一員としての権利や義務について、単に言葉としてだけではなく、具体的な生活の場で学ぶ。高校段階では、地域、国家、地球社会の一員として地球的な課題に関心をもち、社会的正義の実現に向けて、努力しようとする態度を培う。物理的には社会の一員であっても、種々の問題に関心をもったり関わったりしようとする当事者意識をもつことは、現代の日本社会においては容易ではない。それを可能にしうるのは、地域・社会での何らかの活動であろう。当事者意識と行動とはどちらが先ということではなく、相互作用のなかでともに成長しあっていくと考えられる。

したがって「3社会参加」は、一連の学習プロセスの最後の段階として位置づけられることが多いが、場合によっては、学習プロセスの途中で組み込むことも可能である。小学校低中学年段階では、地域の人々への発信やユニセフなどへの募金協力活動がよく取り組まれている。小学校高学年・中学校・高校段階では、社会への参加や国際協力の重要性について学び、ボランティア活動を

表4　国際理解教育の学習領域とキーワード

学習領域	主な学習内容	キーワード 小学校低中学年以上	キーワード 小学校高学年・中学校以上	キーワード 高校以上
A 多文化社会	1 文化理解	生活文化 伝統文化 文化の多様性と共通性	文化の尊重 文化的寛容	全体文化（上位文化）と部分文化（下位文化）、対抗文化 エスノセントリズム（自文化中心主義）
	2 文化交流	異文化体験（食文化、遊び、歌など）	文化交流による文化の歴史的形成	文化摩擦、文化対立、文化変容、文化支配、文化創造
	3 多文化共生	地域の多様な人々との出会い	コミュニケーション・スキル マイノリティとマジョリティ	多文化共生とジレンマ
B グローバル社会	1 相互依存	モノ（食べ物など）、ヒトを通じたつながり	ヒト（移動・移住・出稼ぎ・難民など） コト（音楽・スポーツなど）を通じたつながり	コト（紛争・フクシマ・地球温暖化など）の影響 グローバリゼーション
	2 情報化	身近かな情報と情報源	マスメディア メディア・リテラシー	情報格差 情報操作
C 地球的課題	1 人権	自尊心・自己主張 人権の尊重 先入観・偏見への気づき	世界の子どもたち 子どもの権利条約 地域や国内のマイノリティ	民族、ジェンダー、セクシュアリティなどにかかわる差別問題と当事者たちの闘い
	2 環境	地域の環境問題 生活の見直し	地球環境問題、生態系 環境の保全	資源をめぐる南北対立、世界環境会議 資源の有限性と欲望の無限性
	3 平和	けんかや対立の原因と解決法	戦争と子ども 難民の子どもたち 軍縮・平和への取り組み	積極的平和、構造的暴力 人間の安全保障 平和の文化（ユネスコ）
	4 開発	発展途上国の子どもたち	健康、教育、南北格差 ODA、NGOなどの取り組み	人間開発 持続可能な開発
D 未来への選択	1 歴史認識	地域の歴史認識	地域の国際的歴史認識 アジアの歴史認識	自国中心史観・ヨーロッパ中心史観の克服 地域史・国家史・世界史の統一的把握
	2 市民意識	地域の人々とのつながり	地域の一員意識 アジアの一員意識	民主主義社会の一員意識 社会的正義、当事者意識
	3 社会参加	地域への発信	地域での活動 ボランティア活動	さまざまな国際協力活動

注1　学習領域間の破線は、区分が難しく相互浸透が可能であることを示している。
注2　小学校低中学年・小学校高学年および中学校・高校段階という区別は、あくまでもおおまかな段階を示すものである。中学校段階は小学校段階の内容を含み、高校段階は小・中学校段階を含む。

はじめ多様な活動の仕方があることを知り、それらに積極的に参加しようとする。いずれの段階でも、地域の人々やさまざまな活動をしている当事者に直接会って話を聞く機会を設定することができれば、より効果的であろう。

以上の各学習領域、主な学習内容、キーワードをまとめたものが表4であるが、これはあくまでも構想カリキュラムである。例えば、異文化体験を通じての文化理解は小学校低中学年段階で可能であるが、小学校高学年・中学校や高校段階でも効果を期待することができる。

また、テレビなどで外国に関する報道により、小中学校の子どもたちが紛争などの諸問題に疑問や関心をもって追究したいという意欲を見せる場合もあるだろう。そうしたときには、紛争などの諸問題の背景や原因について深入りせずに、むしろ、現地の人々（とくに同年代の子どもたち）の生活の現状や紛争・戦争の影響などに焦点を絞るとともに、かれらと私たちとのさまざまな側面でのつながりについて、探究していくことも可能であろう。要は、カリキュラムを構想しながらも、目の前にいる学習者の実態を配慮することが重要である。

ところで、どの学習領域を学習しても知識・理解のみに終わるのではなく、「未来への選択」にどういう形でかつながっていくのが望ましい。あるいは、「多文化社会」「グローバル社会」「地球的課題」の学習領域の中に「未来への選択」が組み込まれることもありうるだろう。

以上の学習領域論に基づいて、カリキュラムを開発する際の実践的枠組を表5のように提示することができる。A、B、C、Dは四つの大きな学習領域を、1、2、3、4がそれぞれの領域における主な学習内容を示している。

どの学習領域で、どのような内容で単元カリキュラムを構想するのか、あるいは年間を通じて、どの学習領域で、どのような内容のカリキュラムを構想するのかを検討する際の実践的な枠組になりうる。また、各単元の関連を明瞭にしたり、年間を通じてどの学習領域に重点が置かれ、どの学習領域が手薄であるかを概観することも容易にできる。さらに、授業記録や実践記録を分析する際の一つの視点としても有効であろう。

※ 本章は、日本国際理解教育学会編（2012）『現代国際理解教育事典』に所収されている大津和子「国際理解教育の目標と内容構成」を一部修正したものである。

（大津和子）

表5　実践的枠組

学習領域	1	2	3	4
A　多文化社会	文化理解	文化交流	多文化共生	―
B　グローバル社会	相互依存	情報化	―	―
C　地球的課題	人権	環境	平和	開発
D　未来への選択	歴史認識	市民意識	社会参加	―

3
国際理解教育の学力と評価

1. 国際理解教育の学力についての考え方

(1) 国際理解教育が目指す学力

　国際理解教育で育まれる学力は、知識・理解のみならず、学習意欲、態度、マインドセットや資質までを含む幅広い力量として捉えられる。特に2005年以降、21世紀に求められる資質として強調されている読解力、論述力、討論力、批判的思考力、問題解決力、学習意欲、学習計画力、コミュニケーション力、そして総合的な学力の育成には、教科横断的な学習である国際理解教育の果たす役割は大きい。

　国際理解教育は、学んだことを振り返り、それを活用し問題解決に当たろうとする姿勢の育成までを視野に入れた能動的な教育であり、知識・理解にとどまらず、様々な問題に対処する技能・スキルや、行動の前提になる姿勢・態度をも包含するものである。それは、幅広いスキル、例えば課題解決力、知識(情報)活用、コミュニケーション力、批判的思考力、人間関係構築力、寛容性、コンフリクト解決、異文化理解等を包摂し、その様相は複合的である(Oxfam 2006; Pike & Selby 1988ほか)。

　そして、個人、地域、文化、人類、地球等の多層的なつながりや空間的水平的広がりとともに、自己の内面的深さをともなったアイデンティティ、あるいはセルフエスティームやエンパワーメントの基底を成す力は、国際理解教育が注力してきた総合的な力であり、学力観である(Pike & Selby 1988ほか)。さらに、それは複雑なグローバル・イシュー(地球的課題)を解き明かす探究的なプロセスであり、教科横断的かつ総合的な学習の営為である。そこからの学びは自己の気づきや発見を促し、時間的、空間的、内的な豊かな広がりを持つ。地球市民に必要とされる力や資質は、生涯学習へと発展する基礎となる幅広い学力を形成するものである。

　こうした力は、人権、平和、環境、開発等の地球的課題を切り口に、世界と自分、自分と地域とのつながりや関係性を問い、主体的に学び合うことを主眼とした諸活動を通して、時間をかけて醸成されていく。さらに、知識基盤社会、グローバル社会といわれる社会構造的変化の中で、学習指導要領の理念である「生きる力」の育成は、国際理解教育との関係性において看過できない。

　国際理解教育で涵養される力は可視化しにくいものの、学習者の人格形成や成長に長期にわたって貢献するものであり、従来の教科準拠型教育と共振しつつ、相乗的に機能する点に特色がある。

(2) グローバル時代に求められる学力とは

　国際的に合意されたグローバル時代に目指すべき学力モデルとしては、OECD(経済協力開発機構)のDeSeCoプロジェクトによってPISAの概念的な枠組みとして定義づけられた「キー・コンピテンシー」が知られている(OECD 2005 Rychen & Salganik 2003 立田他訳 2006)。学校教育に限定されがちな学力をより広義で深い人間能力観の枠組みで捉え直し、価値ある個人的社会的能力を目指すキー・コンピテンシーは、生涯学習の基礎となるものとして「生きる力」にも深く関わり、全人的なアプローチで地球市民の育成を図る国際理解教育の特質と合致する(石森 2013)。

　また、グローバル企業や研究機関が協同で進めた研究プロジェクトは、21世紀型スキルとして、「批判的思考と問題解決」「コミュニケーションと

協働」「創造性と革新性」「情報リテラシー」「社会的・異文化的スキル」「リーダーシップと責任」等が重要な能力として示され、世界的な関心を集めている（Trilling & Fadel 2009ほか）。

　これらのプロジェクトが示す諸能力と、国際理解教育の実践によって養成される学力は大きく重なる。それは「コンテンツベースの狭義の学力ではなく、グローバル社会や生涯学習社会において、自己の個性や能力を伸長させながら、有意義な人生を送るのに不可欠なスキルであり、その意味で広義の学力」（石森 2010: 82）である。

　学力を論じる際、「課題（問題）解決」「活用」「創造性」「コミュニケーション」「批判的思考」等の単語が頻繁に登場する（文部科学省、2008）。こうした諸能力を広く学力として捉えるとき、国際理解教育の実践はまさにこの育成に寄与するものと考えられる。これまでに蓄積された実践研究により、国際理解教育の積み重ねが、生徒のグローバルな視野は言うまでもなく、物事を多角的に考察し、周囲の人々と良好な関係性を築きながら、種々の課題の解決に向けて協働し、行動を起こそうとする力、コンピテンシーやライフスキルを含めた幅広い学力の形成につながることがわかっている（石森 2013）。

　グローバリゼーションの渦中である現代において学力問題を語ることは、地球時代・グローバル時代の学力をどう捉えるかという問題に直結する。この意味で、グローバル化や多文化共生社会の現実化は、我が国の教育政策や動向にも影響を与えるものであり、学力の国際理解教育の視点からの検討がいっそう必要となる。

（3）「生きる力」と国際理解教育が育む学力

　グローバル化の進展は、新たな知を創造する能力や予期せぬ変化に対応し課題解決を図ろうとする能力などを要求している。そして現在、「確かな学力」「生きる力」を基幹として、基礎的・基本的な知識・技能の習得や、知識・技能を活用して課題を解決するために必要な思考力・判断力・表現力等の育成などが目指されている。日本の旧学習指導要領の理念であり、現行学習指導要領（2009年改訂版）にも継承された「生きる力」にも、「よりよく問題を解決する資質や能力」が示されており、とりわけ、課題解決能力の育成は重視されている。

　そうした「生きる力」を育む教育の一端を担うものとして国際理解教育が期待され、様々な実践が試みられている。「生きる力」の育成と連動して、教科などで学んだ知識や技能の活用と統合、自ら課題設定し解決する学習や教科横断的な学習を行う「総合的な学習の時間」においても、国際理解教育は推奨される。「総合的な学習の時間」に目指される自ら学び、考える力も、国際理解教育にも共通する学力観である。

　国際理解教育が包括する概念は広範囲かつ多岐にわたっており、また幾多の近接する領域と関連し合っている。その中核には、あらゆる分野でグローバル化が進展し、相互依存関係が高まりをみせるこの世界で、国境を越えて解決が目指されるべき地球規模の問題に対して、協働で取り組み、自然環境も含めた世界全体の幸福を希求する、いわば理想的な考えが定位している。それと同時に、21世紀のグローバル社会・知識基盤社会の中で、グローバル化によってもたらされる影響に対応し、各人が充実した生き方をするうえで必要なスキルや姿勢も含めた幅広いものである。

　一般的に、学校現場では国際理解教育などで涵養するような広義の学力と、試験対策としての狭義の学力を分けて考える傾向にある。しかし、基礎基本の知識と知識活用能力は両輪となって学力を形成し、相互に影響し共鳴し合いながららせん的に向上するものである。国際理解教育は知識注入ではなく、問題提起型の教育方法を重視することから、ディスカッションや問題解決、コミュニケーション、思考力等のスキルを含めた知識基盤社会に重要とされる学力の育成という面からも、同教育の果たすべき役割は明確化されるだろう。

2. 国際理解教育の評価のあり方

(1) アセスメント

　地球市民として望ましい価値観や姿勢を問う国際理解教育では、数値的評価はなじまないとされてきた。したがって、児童・生徒が提出する振り返りシートや感想文等を教師が確認することが一般的である。しかしながら、系統的な評価方法の欠如は、効果的で継続的な実践の障壁となる場合があることも事実である。国際理解教育を学校教育に位置づけるには、評価システムの構築は避けて通れない。

　国際理解教育で育まれる力は総合的であり、学習内容が広範にわたり扱う問題が複雑に絡み合う性質上、評価についても多角的・多元的にならざるを得ない。その意味で、形成的アセスメント（児童・生徒の学力進歩や理解度を測る頻繁かつ対話型の評価方法）を含めた多様な評価アプローチを検討する必要がある。

　具体的には、総合的なテストの他に、評価規準を反映させたアセスメントシートを活用した自己評価や相互評価、グループ討議、学習者と教師の対話に基づく双方向性のある評価や面接法、観察法やパフォーマンス評価やポートフォリオ評価、またそれらの組み合わせを授業に応じて工夫し、児童・生徒の学びのプロセスにフィードバックしていくような評価計画を立てることが重要である。

　国際理解教育の評価を考える際、その特質上、生徒の能力を測定・判断する「エバリュエーション（評価）」よりは、学習活動についての情報を集めたり、分析したりする過程に与えられる言葉である「アセスメント」という概念を適用したほうが適切である（石森 2013）。

　アセスメントには、多角的に子どもに関する幅広い情報を獲得し、子どもの学びや成長に役立てるという特長がある。さらに、アセスメントは生徒の生涯学習への動機に影響を与え得る側面を持ち、未来に向かって開かれる。集約すれば、アセスメントは学習に焦点を合わせ、学習プロセスにおける幅広い情報収集を含意する。そして、生徒が成果を改善し理解を深める機会や学習を観察するプロセスをも含めた、生徒を次なるステップへ向かわせる幅の広い評価活動であり、教育活動であると理解できる。

　国際理解教育において妥当な評価は、評定やランク付けではなく、教育（授業）における目指すべき目標を明確にする手助けとしての、また生徒の学びを把握するプロセスとしての評価、教師と生徒との間に対話やフィードバック等の豊かな相互のやり取りがあり、教師と生徒が共にエンパワーされる評価、生涯学習や個人の成長につながる望ましい変化をもたらす未来に開かれた評価、そしてエビデンス（生徒の学びの軌跡を示す証拠）の蓄積によって生徒の学びと教育の質を向上させることができる評価である。これを、「エバリュエーション」とは異なる評価概念である「アセスメント」として位置づけるものである（石森 2013）。

　目標と評価は表裏一体である。したがって、授業やプログラムで目指すべき目標項目は、同時に、授業期間中また授業や教育活動の事後に行われるアセスメントの規準や成果を測る指標としての役割も担うものである。

(2) 形成的アセスメント

　形成的アセスメントとは実践と同時進行の収集行為であり、証拠を集め、解釈するプロセスである点で、将来志向、前向きな概念であり、キー・コンピテンシーや21世紀型スキルとも深く関わる（CERI 2005 有本他訳 2008 ほか）。

　形成的アセスメントの形式は幅広く、言葉（口頭・筆記）、イラスト、パフォーマンス、作品、自己・相互アセスメント等のほか、エッセイ、質問シート、アンケート、インタビュー、クラス討論、グループプロジェクト、ポスター、宿題、作業、コンピュータ、直接的観察、学習ログ・日記、ポートフォリオ作成等、多岐にわたる（Cizek 2010）。

　また、形成的アセスメントは生徒の学習状況や学力、理解度を測る頻繁かつ対話型評価であり、

学習者と教師の豊かなコミュニケーションや相互作用に基づくインタラクティブな活動である点で注目される（Black & Wiliam 1998; CERI 2005 有本他訳 2008ほか）。そうした多様性に富むアセスメント方法と戦略を含み、現在の学習と望ましい目標の間に介在するギャップを認識し、目標に向かってそれを改めていくために用いられるのが形成的アセスメントである（Heritage 2010）。

さらに、形成的アセスメントは、学力向上を促進する最も重要な措置の一つであるといわれる（Black & Wiliam 1998; CERI 2005 有本他訳 2008）。ここでいう学力とは、テストで得られる成績や教科的学力という狭義のものではなく、概念や関係性の理解、問題解決のための分析力や推論力、行動に結びつける能力、ある対象に対する態度や価値観等を含めた幅広い学力を意味し、実際のリアルな世界への積極的な参加から測るべきものである。また、複数の方法を組み合わせて展開するアセスメントにより、生徒は理解を深め、知識を統合して創造的に活用し、幅広い学力が磨かれる。生徒の発達を総合的に捉え、生涯にわたる生徒の学習を支援していくうえで、多様なアセスメント活動は重要な役割を担う。

多様化が進む社会においては、多様な学習スタイルおよび多様な評価法がいっそう求められる。多様な評価方法は、異なる学習スタイルを有する生徒の学びを助成し、達成感をもたらし、学習意欲を高める。したがって、客観テストのみに依存しない様々な形成的アセスメントによるアプローチは、個を尊重し、未来志向型である国際理解教育の評価活動として適している。例えば、表１のような評価方法も、具体的事例として参考になる。その他に、パフォーマンスやワークシートなども評価の対象として加えることができる。

態度、気質、意欲、価値等、学習のいくつかの側面は概念化するのが難しく、アセスメントには困難が伴う。国際理解教育では、そのような認知的・情意的側面や姿勢・価値観等も重要な学習成果の要素を構成する。これらの懸案事項を乗り越

表１　A高校「国際理解」に関する授業科目の評価方法事例

評価方法（アセスメント）
定期試験（筆記試験）・・・・・70％
小論文（年5〜6回）・・・・・10％
単元ノート（年2回）・・・・・10％
プレゼンテーション・・・・・5％
参加への姿勢・・・・・・・・5％
＜形成的アセスメントの視点＞
・単元ノートのチェック＆フィードバック
・小論文のチェック＆フィードバック
・ディベートへの取り組み
・プレゼンテーションや発表のチェック
・自己アセスメント
・ワークシート
・授業観察

出典：石森広美（2013: 236）をもとに作成

えるには、様々な角度から学習の証拠を集め、生徒の学びを丁寧に追跡することが鍵となるだろう。

（3）パフォーマンス課題・ルーブリック

多様なアセスメント方法の中でも、パフォーマンス課題についてふれておきたい。特に、問題解決能力や思考力・表現力・判断力の育成が求められるなかで、パフォーマンス課題は一つの評価方法として有効であり、広く活用可能なものである。パフォーマンスとは単純に言えば、課題を実行することである。リアルな課題に取り組ませることにより、主に知識の習得の有無を確認する客観テスト等だけでは測れない、現実の文脈で知識を統合したり活用したりする力、深い理解力や応用力、思考力などをみるものである。パフォーマンス課題は、様々な作品やエッセイなどの成果物（小論文やレポート、図表やグラフ、絵画等）や、実技・実演・発表・プレゼンテーション（口頭発表、説明、ロールプレイ、演技、実験の操作等）など、学習者の様々な表現を引き出すものであるため、質的な評価規準が必要となる。このような場合、質的な採点指針としてよく用いられているのが、ルーブリックである。

ルーブリックは、パフォーマンスや自由記述問題の成功の度合いを示す採点指針のことであり、

表2　口頭発表のルーブリック例

5	生徒は探究した課題について明確に述べ、その重要性について裏付けとなる理由を提示する。提示された結論を支持する具体的な情報が示される。発表方法は人を説得する力があり、発表の構成も論理的である。視覚的な補助資料などを効果的に使用し、聞き手を引きつける。入念な準備や興味を持って熱心に取り組んだ証拠がみられる。地球市民としての自覚や責任が感じられ、今後の意欲が示されている。
4	生徒は探究した課題とその重要性を述べる。提示された結論を支持する適切な量の情報が示される。発表方法にも工夫がみられ、発表の構成も適切である。視覚的な補助資料を用いている。準備し熱心に取り組んだ証拠がみられる。今後の意欲が示されている。
3	生徒は探究した課題とその重要性、結論を述べるが、それを支持する情報や論理性は、4、5ほど説得力のあるものではない。発表方法や構成はほぼ適切である。視覚的な補助資料にも言及している。準備し取り組んだ跡がみられる。
2	生徒は探究した課題について述べるが、課題に応える結論は十分ではない。発表内容や発表方法に対する工夫も不十分である。準備し取り組んだ証拠があまりみられない。意欲の面でも物足りない。
1	生徒は設定した課題に対する探究を行わないまま、発表している。適切な結論が述べられず、発表内容も論点が不明瞭でわかりにくいものである。準備をした様子はなく、構成も適切ではない。
0	発表が行われなかった。

注：5…素晴らしい　4…とても良い　3…良い　2…努力を要する　1…不十分　を意味する
出典：Wiggins（1988）および西岡（2003）を参考に作成

得点を示す数値的な尺度（例えば、1～5の5段階など）と、それぞれの尺度にみられる認識や行為の特徴を記した記述文から成る評価指標（表）を指す。

表2は、国際理解に関する一連の学習の総括として、各自プロジェクトに取り組ませ、プレゼンテーションをさせることを想定したルーブリックである。学んだことを踏まえ、関心をもったグローバル・イシューについてさらに深く探究したい課題を各自設定し、問題の背景や原因、自分たちの暮らしとの関わりなどについて調べ、また自分の考える解決策についても提示し、ポスターやパワーポイントで発表させるというプロジェクトを課した際（筆者による2010年度の学校設定科目Global Citizenship授業実践）の評価方法である。

パフォーマンスの評価に当たっては客観性と妥当性が保たれるよう、複数の教員で規準の吟味と共有化を図るとともに、学習者もそれを確認し、要点を押さえながら自律的に課題に取り組ませることが大切である。

また、近年ではcan-doリストも注目されている。すなわち、学習の結果、生徒が具体的にどのようなことができる可能性があるかの一定の到達目標を文章で示したリストである。分野ごとに学習到達目標となる「できる」項目を能力指標とした指針であり、生徒の達成状況を把握・検証する。外国語教育において普及しつつあるこのアイディアは、国際理解教育の評価にも応用可能であると考えられる。

（4）自己アセスメント

一般的に抱かれる評価のイメージは、授業者（教師）が学習者（生徒）に対してある判断・診断（評価）を行うというものであるが、アセスメントはそうした一方向ではなく、学習者を主体としている点が特徴である。

学習において生徒に目標を自覚させる作業は不可欠であり、自分たちが学んだこと、力を伸ばした点、あるいは今後努力すべき点を自ら発見できるようにすることが重要となる。その方略として、自らの理解とスキルの問題点を認識し、次にすべきことの指針を与えてくれる自己アセスメントとピア（相互）アセスメントは、注目に値する。とりわけ、自己アセスメントは評価活動でありなが

ら、同時に、連続する学習活動の重要な一部としての意味を持つ。

　加速する情報化時代において、獲得した情報を適切に処理し管理できる自立した学習者および批判的思考力を有する人となることが、これまでにも増して求められている。そのなかで教師は、学習者が自己アセスメント技能の発展を通して、自身の学習に責任を持つ能力を培うよう導き、学習者が省察的に自己管理できるようにすることが重要である。自己アセスメントは、より探究を深める自己省察・振り返りの前提となる。自立した学習者は、新しい知識やスキルを求め学んでいく能力があり省察ができるゆえ、自らの学習の次なる段階を認識できる。こうした力は、生涯学習社会において必須となる「自己教育力」や「メタ認知能力」と同質のものと捉えられ、自己アセスメントはそうした能力を磨く方法の一つとして活用されうる。

　具体的な方法としては、構造的に整理された設問に自分の学びを記述していくワークシートやアンケート、あるいは学びの記録を綴じていくポートフォリオ、目標・評価項目に即した自己チェックシート、豊かな学びを記述させるジャーナルや文章記述などが挙げられる。表3はその一例である。

3. カリキュラム設計

(1) 逆向き設計

　効果的で有意味な国際理解に関する授業構想にあたっては、断片的な内容を臨時に行う単発的なものでは、その時の授業が一時的なイベントに終わり、目標や意義が教育全体に浸透しない。その点を克服するためには、教育によってもたらされる結果、すなわち生徒にいかなる資質を育成したいのかという全体的枠組みと、各授業の目標およびアセスメント項目を設定する必要がある。また、アセスメントは明確な達成目標から提起されなければならず、まずは特定の教育成果を記述する必要があることからも、教育による成果（アウトカム）を規定し、そこから目標到達のための方法や具体的な授業の構想を行う手順が効果的である（Stiggins 1997）。アセスメント項目は目標項目を意味することになる。こうした考え方は、「逆向き設計」の理論によって示される。

　これは、ウィギンズとマクタイが提唱するカリキュラム設計論であり、最終的に教育によっても

表3　自己アセスメントシート例

Do you understand what you've learned clearly? 【　　　】
Write the most important thing you learned.
Have you obtained new knowledge in today's class? 【　　　】
Write some key words.
Were you able to cooperate with others? 【　　　】
Give an example.
Did you listen to the teacher and to others? 【　　　】
Give an example.
Were you able to express and justify your opinions? 【　　　】
Give an example.
Has this work/learning made you view things differently? 【　　　】
Give an example.
Will this learning help you in any way-either now or in the future? 【　　　】
Give an example.

E=Excellent S=Satisfactory N=Needs improvement
出典：筆者作成、Global Citizenship 2010 授業記録集より

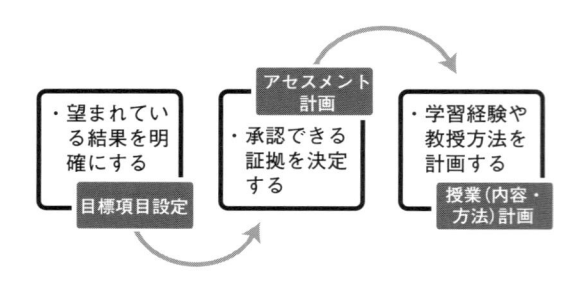

図1 逆向き設計のプロセス
出典：Wiggins & McTighe (2006: 18) をもとに作成

たらされるべき結果からさかのぼって教育設計することがこの名称の所以である。逆向き設計 (backward design) とは、カリキュラムや単元を設計する際に、過去にうまくいった授業や活動、教科書等を基に構成しながら、必要なものを新たに追加したりしていくボトムアップ型とは逆に、まず目標を設定し、それを達成するために必要な方法を選び抜き、問題が生じた場合には再度目標および内容の吟味に立ち返り、その後活動に移るというトップダウンの設計法である（Wiggins & McTighe 1998）。例えば学年末や卒業時に何を身につけておいて欲しいか、等の教育の成果から逆向きに計画することが主張されている点、また、指導が行われた後で考えがちな評価方法を先に具体的に構想することなどから、「逆向き」と言われる（西岡 2008）。図1は、逆向き設計を図式化したものである。学習によって望まれている結果を明確にすることから始まり、目標項目設定、アセスメント計画、授業（内容・方法）計画へと進み、三者が一貫性を保ち連動している点がポイントである。

（2）アセスメント中心アプローチ
またこの理論は、授業設計者や授業者が意図された学習成果を起点に、授業設計やアセスメントを行うアウトカム中心アプローチ、あるいはアセスメント中心アプローチとも言われる。

表4が示すように、多くの教師は最初に内容（トピックやテーマ）に関する計画を立案し、それから活動を選択し、最後に教え終わったことに基づいてアセスメントを創る内容中心のプロセスをたどる傾向にある。それに対してアセスメント中心アプローチでは、期待目標を最初に描き、その後にアセスメント計画を構想する。コースの終わりに生徒にこうなっていてほしい（こういう力を身につけていてほしい）という明確な考え、言い換えれば、具体的なアウトカムのイメージをもっていることが重視される。

国際理解教育の枠組みでこれらのモデルを適用すれば、授業やコースを通して、目指すべき地球市民資質や獲得してほしい力をアウトカムに反映させ、目標と設定する。そのことにより、計画・実践しようとする授業やプログラムを通じて育成したい資質を含め、教育活動のねらいを教師が常に意識することになる。それを踏まえて、設定した目標項目を具現化するための授業（内容・方法）を立案する。さらに、一連の授業実践後には、望まれている結果としての目標項目をアセスメントの観点や規準として利用し、フィードバックに活かすことで、実践の点検や改善を可能にすることができる。

4. まとめ

近年、教育の質保証について関心が高まり、教育内容が常に学力問題と絡めて論議される学校現

表4　教師は計画についてどのように考えるか－何が最初に来るのか－

内容中心（Content-based）アプローチ	トピック／テーマ／リソース	教授／学習ストラテジー	アセスメントと評価	目標（ゴール）と期待
アセスメント中心（Assessment-based）アプローチ	目標（ゴール）と期待	アセスメントと評価	教授／学習ストラテジー	トピック／テーマ／リソース

出典：Graham（2005: 609）より訳出の上、作成

場において、国際理解教育と学力との関係についても論理的な説明が求められる。受験競争に打ち勝つ学力と、長期の人格形成や生きる力に資する幅広い資質や総合的な学力の向上をいかに両立させるか、また最終的にどのように統合させうるのかも問われている。他方、アクティブ・ラーニングがあらためて注目されており、国際理解教育に通底する学力観や同教育が重視してきた教授・学習方法の普及が期待される。また、学習のプロセスに着眼し、学びを活性化させ改善に向かうための素材にする形成的視点の重要性は、今後さらに高まるだろう。

すでに推進されている「生きる力」に加え、「コンピテンシー」、「リテラシー」、「グローバル人材」、「人間力」、「社会人基礎力」、「ジェネリック・スキル」等、現代に求められる諸能力を示す呼称は様々である。それらは同一ではないものの、相互を包含し合っており、国際理解教育とも大きな重なりをもつ。

国際理解教育は、グローバルなものの見方はもちろん、物事を多角的に考察し、周囲の人間と良好な関係性を構築しながら、種々の課題の解決に向けて協働し、主体的に行動しようとする力、あるいは生涯学習の基盤やライフスキル、道徳性を含めた幅広い学力の形成に寄与しうる。同教育の果たすべき役割を、時代と社会が求める諸能力に照らしてみることにより、その新たな道筋が拓かれる可能性がある。そして、課題意識をもって主体的に学び続けることを可能にするためにも、学習者を励まし、さらなる学びへと導く評価のあり方が重要である。

（石森広美）

[引用文献]

石森広美（2010）「グローバル時代に求められる学力についての考察」日本グローバル教育学会『グローバル教育』12号

石森広美（2013）『グローバル教育の授業設計とアセスメント』学事出版

西岡加名恵（2003）『教科と総合に活かすポートフォリオ評価法－新たな評価基準の創出に向けて－』図書文化社

西岡加名恵（2008）『逆向き設計で確かな学力を保障する』明治図書

文部科学省（2007）中央教育審議会初等中等教育分科会教育課程部会「教育課程部会におけるこれまでの審議のまとめ」平成19年11月7日

文部科学省（2008）中央教育審議会答申「幼稚園、小学校、中学校、高等学校及び特別支援学校の学習指導要領等の改善について」平成20年1月17日

Black, P., & Wiliam, D. (1998) *Inside the Black Box: Raising Standards through Classroom Assessment*. London: NferNelson.

Centre for Educational Research and Innovation (CERI) (2005) *Formative Assessment: Improving Learning in Secondary Classrooms*. Paris: Organisation for Economic Co-operation and Development.〔OECD教育研究革新センター編著、有本昌弘監訳（2008）『形成的アセスメントと学力－人格形成のための対話型学習をめざして－』明石書店〕

Cizek, G. J. (2010) An Introduction to Formative Assessment: History, Characteristics, and Challenges. In H. L. Andrade & G. J. Cizek (Eds.), *Handbook of Formative Assessment* (pp.3-17). New York: Routledge.

Graham, P. (2005) Classroom-based Assessment: Changing Knowledge and Practice through Preservice Teacher Education. *Teaching and Teacher Education*, 21,

Heritage, M. (2010) *Formative Assessment: Making It Happen in the Classroom*. Thousand Oaks, Calif.: Corwin.

OECD. (2005) *The Definition and Selection of Key Competences*, Executive Summary.

Oxfam (2006) *Education for Global Citizenship a Guide for Schools*, Oxford: Oxfam GB.

Pike, G., & Selby, D. (1988) *Global Teacher, Global Learner*, Sevenoaks: Hodder & Stoighton.

Rychen, D. S., & Salganik, L. H. (2003) *Key Competencies for a Successful Life and a Well-functioning Society*. Cambridge, MA: Hogrefe & Huber.〔ライチェン, D. S.・サルガニク, L.H. 立田慶裕監訳（2006）『キー・コンピテンシー－国際標準の学力をめざして－』明石書店〕

Stiggins, R.J.(1997) *Student-Centered Classroom Assessment* (2nd ed.). Upper Saddle River, NJ: Prentice-Hall.

Trilling, B., & Fadel, C. (2009) *21ST Century Skills: Leaving for Life in Our Times*. San Francisco: CA, Jossey-Bass.

Wiggins, G., & McTighe, J. (1998) *Understanding by Design* (1st ed.). Alexandria, VA: ASCD.

Wiggins, G., & McTighe, J. (2006) *Understanding by Design* (2nd ed.) Upper Saddle River, NJ: Pearson.

コラム5
「障害」と国際理解教育

現在、全国の小・中の特別支援学校や通常学校の特別支援学級に在籍する視覚障害・聴覚障害・肢体不自由などの身体障害や、知的障害、発達障害をもつ児童生徒は、24万人（通常学級に在籍し支援を受けているのは7万7,000人）である（文科省2013年調べ）。2006年には国連の「障害者の権利条約」が採択され、日本も2014年1月にこれを批准した今、(1)障害をもつ子どもたちを視野に入れた国際理解教育を開発することと同時に、(2)障害者問題をテーマにした国際理解教育の開発が急がれる。その際、障害者の権利条約をはじめ、国際社会における障害者像が「福祉の対象」から「権利の主体」へ、障害が「個人モデル」から「社会モデル」へとパラダイム転換していることに注目する必要がある。

国際理解教育でも、その中心概念である（と言われてきた）「人権」を学ぶトピックとして、障害者問題を取り上げる実践はある。そこには、前提として「社会的マイノリティや差別問題をテーマとした学習＝人権を学ぶこと」という単純化された図式があるように感じる。

しかし、それらを知れば自動的に「人権の理解」につながるわけではない。また、従来人権教育で取り組まれてきた障害者問題学習は、障害者個人のエピソードや交流を通して、当事者の「生き方」やふれあいから情緒的に「思いやり」「共感」「感動」をもって学ばせようとする傾向があった。そうした実践によって障害のない学習者は勇気づけられ、思いやりや協力の大切さを学ぶ事ができたとしても、「障害」をもたらしている社会のあり方を問い返していく契機とはなりにくい。しかもこのようなアプローチは、ともすれば学習者を「障害を克服しようと健気に頑張る人なら支援してもいい／人権を認めてもいい（そうでないなら反対だ）」という意識へと繋げる可能性さえある。これでは、本来の普遍的人権への理解を妨げるばかりでなく、障害をもつ子どもを一層無力化してしまう。

このような課題を克服し、社会のあり方を問い返す学習を考える上で参考になるのが、障害学（Disability Studies）における「障害の社会モデル」である。障害学は障害当事者運動を背景に、イギリスやアメリカ、アジアでは日本を中心に発展してきた新しい学問領域である。「障害の社会モデル」では、障害者が困難に直面するのは「自分に障害があるから」ではなく、多様な障害をもつ人がいることを考慮せずに営まれている社会システム自体が「障害＝社会的障壁」をつくっていると考える。それは、焦点を「障害＝身体の損傷」に置き、問題解決の手段は何より医療や障害者自身の「克服」への努力だと考える「個人モデル」こそが、障害者の生に抑圧的にはたらいてきたと訴える。「個人モデル」によって問題状況への社会の責任が不問にされ、社会的障壁（法制度上の障壁、物理的障壁、健常者中心主義的な価値観など）が温存されてきたためである。

障害当事者と実際に出会う実践は大切である。しかしそれを人権の理解につなげるためには、この「障害の社会モデル」を学び、健常者を基準とした社会のあり方を人権の視点で批判的に問い返していく実践を構築しなくてはならない。この考え方は、開発、ジェンダー、エスニシティなど、その他の人権課題を学ぶ際にも、自文化中心主義を相対化し、構造的差別を読み解いていく学習の手がかりになる。

また、重要なのは「障害の社会モデル」が、健常者中心の価値観や認識に変容をもたらす枠組みであると同時に、「障害をもって生きること」自体を肯定する思想として、障害当事者にエンパワメントをもたらしてきた点である。国際理解教育は、障害をはじめ多様な背景をもつ子どものエンパワメントになっているか？そのことが問われているように思う。

（野崎志帆）

4
国際理解教育の教材と教具

1. はじめに

　国際理解教育の教材と教具に関する課題については、既に1958年に日本ユネスコ国内委員会によって発刊された『国際理解教育のための教材教具利用の手引』において、次の二点が指摘されている。

　第一に、「現在国際理解の教育に努力している学校の当面している難点は、視聴覚その他の教材・教具の不足である」とされ、物理的な教材・教具の不足が指摘されている。第二に、「国際理解の教育を、普通の教師によって、過大な労苦なしにだれにでも実践できるようにするためには、理論だけでなく、日常の教室活動にたいする補助手段を計画し供給することが急務なのである。それと同時に、これらの教材・教具を、どの学習活動の場面で、どう活用したら効果的かという指導技術についても定式化し、すべての教師が習得するようにしなければならないのである」とされている。

　この指摘からは、単に物理的に教材・教具が存在するだけでは不十分であり、教師に負担をかけることなく国際理解教育を実践可能とするためには、指導技術のマニュアル化も含めた教材開発が課題であると認識されていたことがわかる（日本ユネスコ国内委員会 1958: 1-8）。つまり、国際理解教育にかかわる多様で豊かな教材・教具の必要性、および教師が教材・教具を活用するにあたっての補助や支援にかかわる課題が指摘されていたといえる。この指摘は、今日の国際理解教育の教材・教具の課題でもある。

2. 教材と教具

(1) 教材と教具とは

　教材とは、「大人と子ども、あるいは子どもと子どもがつくりだしている教育関係のなかに登場し、教育の媒介となるすべての文化財」（中内 1978: 14）といわれる。さらに、教材という言葉に三通りの意味があると整理されることもある。教具の意味に使われる場合、科学の概念や法則などの要素をさす場合、およびそのような要素を子どもに理解・習得させるための具体的な事象・事項の意味に使われる場合の三つである[1]。いずれにしても、「教材をより効果的に学習者に提供するための道具を教具という」（山﨑・片上 2003: 140）との、記述からもわかるように、「教材」は「教具」に比べて、学習活動を含めた広い捉え方がなされているといえるだろう。

　これらのことから、教材と教具という用語の捉え方の多様性や、両者の線引きの難しさが理解できるとともに、教材と教具が、教育や人間形成に欠かせない重要な要素であることがわかる。本稿では、教材と教具の多義性を認識しつつ、これらの表記を用いている。

(2) 教材と教具の役割

　教材と教具の価値は、学習者が教育内容を習得するのを有効に援助し得たか否かによって決まるといわれる。また、教科書とともに、適切な教材を選択し、活用することは、学習指導を円滑かつ効果的に進めるうえで有効である（水越・熱海 1995: 7）。

　さらに、教材と学習内容の関係については、Aを教材、Bを学習内容（教えたいこと）とした場合、

「AでBを教える」といわれる（藤岡 1989: 18）と同時に、「教材は授業の質を決定する核的要素」と表現されることもある（今野 1981: 137）。一定の目標を達成するために、あるいは物事をリアルに感じ取らせるために、操作的なものがあることは有意であろう。つまり、教材と教具は、教育内容の習得において中核の役割を果たすといえる。したがって、教師が国際理解教育にかかわり適切な教材を選択し活用することで、学習者が四つの学習領域にかかわる主な内容を効果的に習得することが期待される。一方で、教材を真の教材たらしめ、授業で有効に生かし活用するためには、教師の「創造的力量」は不可欠といわれる。学習者の経験などに関連付けた教材選択を行うことや選択された教材をどのように配列するかなどの、教材にかかわる創造的作業についてここでは触れないが、教師に求められる重要な要素と考えられる。[2]

（3）これまで行われてきた分類・整理

教材に関しては、これまでさまざまな分類・整理が行われてきている。例えば日本ユネスコ国内委員会は、国際理解教育にかかわる視聴覚教材を具体から抽象へという教育作用の原則に従って、以下のように分類・整理した上で、見学・訪問・演示・劇などをこれに含める場合もあると論じている。

① 標本・模型
② 映画・テレビ
③ 写真・幻燈スライド・フイルムトリップ・紙芝居
④ ラジオ
⑤ 絵画・掛図・地図・図表・グラフ・ポスター

そして、「具体性の寄せ集めだけでは教育作用とは言えないし、逆に具体性のない抽象化だけでもいけない。その間に、半具体的、抽象的な視聴覚教材が配置されることによって理解にまで到達できるわけである」とし、国際理解教育における半具体的、抽象的な教材の重要性が指摘されている（日本ユネスコ国内委員会1958: 10-12）。

また、森茂・中山（2014）は、国際理解教育としての移民学習の教材について、9種類（①実物教材、②読み物教材、③映像・絵画教材、④音声教材、⑤紙芝居、⑥カルタ、⑦シミュレーション教材、⑧ワークシート教材、⑨アウトリーチ教材）に分類・整理している。

さらに、古藤（2008）は、教材の種類・形態とその働きについて、授業活動における教材の働きのうち、「認知・知覚作用」に視点をおいて分類・整理すると、以下の5種類になるとする。

① 言語教材（その中核は教科書で、副読本、図書、雑誌、新聞など）
② 視覚教材（写真、図絵・図表、掛け図、スライド、OHPなど）
③ 聴覚教材（音声テープ、音声CD、LLなど）
④ 視聴覚教材（映画、放送、VTR、映像CD、DVDなど）
⑤ 触覚（実物）教材（標本、模型、地球儀など）

以上のことから、教材の分類・整理の仕方は、「具体から抽象へという教育作用の原則」や「認知・知覚作用」など、分類・整理の基準を何に定めるかによって多様であることがわかる。

3. 国際理解教育の教材と教具

ここでは、1.で記した『国際理解教育のための教材教具利用の手引』において指摘された国際理解教育の教材と教具にかかわる課題と、前項で述べた、これまでなされてきた教材と教具の分類・整理を踏まえつつ、グローバル時代にふさわしい国際理解教育の教材と教具について検討する。

現代においても、国際理解教育に求められるリソースは、普通、学校にはないものが多く、学校と社会との連携により物的・人的リソースが教育活動に利用できるとの指摘がなされている。そして、博物館や資料館などの社会教育機関との連携事例として、アウトリーチ教材の活用について言及されている（森茂 2010: 160）。教材の分類と整理に際しては、主に古藤の「認知・知覚作用」に視

点をおいた5種類の分類を用いながら、多様で豊かな教材・教具の必要性、および教師が教材・教具を活用するにあたっての補助や支援という上記の課題を踏まえ、具体的な教材・教具を示していくこととする。その際、関連する研究動向も提示する。

さらに、近年の教材開発の新たな試みも念頭におき、国際理解教育において特に注目すべきものとして、現在文部科学省によりその活用が推進されているICT (Information and Communication Technology: 情報通信技術) にかかわる教材（以下、ICT教材）や、森茂が国際理解教育に求められるリソース充足の具体策として言及したアウトリーチ教材、さらにシミュレーション教材およびすごろく教材を取り上げる。「人権の尊重を基盤として、−（中略）−地球的課題の解決に向けてさまざまなレベルで社会に参加し、他者と協力しようとする意志を有する人間」（大津 2012: 14）の育成を目指す国際理解教育においては、参加型の学びを支援する教材・教具は重要と考えられる。シミュレーション教材、すごろく教材は、その具体例である。

(1) 言語教材（読み物教材）

（児童）図書、紙芝居、カルタ、ワークシートなどが含まれる。外国にルーツをもつ子どもたちが日本の保育機関などに多数在籍する状況になっている[3]。そのような状況の中で、日本においても異文化への対応にかかわる教育的支援を、乳幼児期という人間形成の早い時期からはじめることの重要性が指摘され（松尾 2006）、グローバル時代の幼児教育に求められる教材と教具についての論考もある（福山・田尻 2014）。例えば『多文化絵本を楽しむ』（福岡他 2014）には、「多文化理解」、「多文化共生」、あるいは「環境」や「平和」にかかわる読み物教材が多数掲載されていると同時に、それらの教材を用いた保育所、幼稚園での実践例が提示されている。また、中山は、参考資料として日系アメリカ人の強制収容にかかわる絵本などを示しつつ、日本人移民にかかわる実践を展開している[4]。この実践においては、カリキュラム開発の視点として「多文化共生」「人権」「歴史認識」などが、挙げられている。

(2) 視覚教材

写真、地図などが含まれる。例えばJICA横浜海外移住資料館で借りることができる写真教材に、「ハワイのビッグ・ファミリー」がある。この教材は、1891年に山口県からハワイに移住した一組の夫婦の孫にあたる三世から六世まで、58人の一つの家族を映したものである。100年以上を経て、六世代目に入った日系の家族の構成は、肌の色、髪の色も多様である。異なる文化的背景を有する人々がひとつの家族を形成し、ハワイの自然を背景に笑顔で写っている。この「ハワイのビッグ・ファミリー」を活用し開発された「グローバル化と移民」（田尻 2008: 184-199）は、「多文化社会」、「グローバル社会」という学習領域を含む実践であると考えられる。

(3) 聴覚教材（音声教材）

歌、演奏、インタビュー音声などが含まれる。例えば音楽に関しては、日本がかつて移入した近代西洋的な価値観があるとの認識から、「西洋音楽を中心に学んできた音楽科の教師自身の意識改革が必要であろう」との指摘がなされ、音楽の背景となる風土や文化・歴史にまで着目する活動が重要であると言われている（居城 2012: 150）。例えば、フォルクローレで用いられるチャランゴ（弦楽器）を聴覚教材として活用し、その音楽の背景に着目する実践[5]により、「多文化理解」「歴史認識」などの内容の習得が期待できる。

(4) 視聴覚教材（映像教材）

記録映像、証言映像、映画、ドラマ、アニメなどが含まれる。栗山（2011: 1-12）は、国際理解教育における「グローバル社会」領域の教材開発のあり方について、一面的な「社会の構造性・不平等性」という従来の教材観の問題点・不十分さを

指摘した上で、今後はアンビバレントとしての「社会の構造性・不平等性」の視点に基づく教材開発が求められると論じている。つまり、「富める者と貧しき者の格差は、先進国と発展途上国の差に見られるような、各国間にあるばかりではなく、そういった国の内部にも同様な差が存在している」との指摘である。例えば、栗山が引用している『おいしいチョコレートの真実』という教材のねらいには、「格差は同じ国の中にも存在することに気づく」とある。チョコレートに関連する児童労働にかかわるドキュメンタリー番組を視聴覚教材として併用する実践を行うことで、国内に存在する格差の問題に気付かせることも可能であろう。

(5) 実物教材（実物資料）

　移民の農作業着、弁当缶等の生活用具をはじめ、実際に着用するなど体感できるモノである。「モノは、それが持つ文化的意味のゆえに教材としての価値があると同時に、あるいはそれ以上に、体験をつくり出すという意味で教材として有益である」（森茂 2007: 118）といわれ、教材としての価値が高く評価されている。1本のバナナから、南北問題、多国籍企業、貧困、農薬による健康被害を学ぶ実践は、実物教材を用いた、学習領域「グローバル社会」、「地球的課題」、「未来への選択」を含む事例と位置づけられよう。

　以上の他、「認知・知覚作用」に複合的に働きかけ、かつ現代的な課題に向き合う上で効果が期待される教材として、ICT教材、アウトリーチ教材、シミュレーション教材、およびすごろく教材について述べていく。

○ICT教材（デジタル教材）

　ICT教材は、"物的手段"である場合は教具と捉えることが妥当かもしれない。拡大機能や、作図機能、あるいは保存機能などが利点として取り上げられる、実物投影機、電子黒板、デジタルカメラ、タブレットPC、などの機器をはじめ、グーグルアースやスカイプなどのアプリ、GISなどの地理情報システムなども含まれると考えられる。例えばGIS（Geographical Information System）は、文字、数字、画像などを地図と結び付けてPC上に視覚的に再現することができるシステムである。このシステムを、開発途上国の環境問題を議論する際に用いる提案もなされている（長澤1995）。このような、地理にかかわるさまざまな情報を統合、分析できるシステムの活用は、学習領域「地球的課題」の、「環境」、「開発」、あるいは「相互依存」などの内容を習得する上で、有効であると考えられる。

○アウトリーチ教材

　実物教材、言語教材、視聴覚教材など、複数の教材を集め、その解説やそれを用いた学習活動案等をトランクなどにパックしたものであり、借用が可能である。4.において詳しく述べる。

○シミュレーション教材

　参加型の学びを支援する教材として注目されている。例えば「ひょうたん島問題」（藤原2008）は、移民や外国人労働者が増えつつある現代社会の課題とその解決のあり方を、多文化共生の観点から体験的に理解するためのシミュレーション教材である。教材においては、コミュニケーションや文化、教育などの社会問題が仮想的に設定されており、仮想現実の中で、考え、解決していくことをめざしたものである。「多文化共生」「市民意識」などの習得が期待される。

○すごろく教材

　例えば「韓国／中国旅行すごろく」は、日本の児童・生徒が3泊4日で韓国／中国の各地を地図上で旅行しながら、衣食住・生活習慣・伝統文化などに見られる文化の違いと共通性、および両国の歴史的なつながりを学ぶとともに、隣国に対してそれまで抱いていた思い込みや誤解・偏見に気づくことを狙いとしている（大津2014: 125）。この教材を通し、学習領域「多文化社会」の主な内容である「多文化理解」、学習領域「グローバル社会」の主な内容である「相互依存」、さらに学習

領域「未来への選択」の主な内容である「歴史認識」の習得が期待される。

4. 国際理解教育とアウトリーチ教材

　国立民族学博物館の「みんぱっく」をはじめとするアウトリーチ教材は、授業の質と効果を高め、五感を使った体験的な学習へと授業が転換する可能性を秘めている（森茂 2010: 160）といわれるが、国際理解教育の主な内容の習得に効果が期待されるアウトリーチ教材には、いったいどのようなものが考えられるだろうか。ここでは、具体例として、JICA横浜海外移住資料館が多文化共生を学ぶことを理念として掲げ開発し、どの教育機関でも借用可能なアウトリーチ教材である、「いみんトランク」[9]を取り上げ、国際理解教育の学習領域と主な内容との関係について論考する。

(1)「いみんトランク」の内容

　「いみん」は、移民と、International migration、Multicultural Co-living、Interesting、Network（国際的な人の移動、多文化共生、楽しい、日本と世界をつなげる！）の頭文字の双方の意味を含む。教材数は、移民カルタ、4種類の紙芝居、ハワイ移民労働着（着用可能）、ミックスプレートの模型、教師用の解説書など50点以上にのぼり、すべて日本人の海外移住の歴史と、日本人移民の経験にかかわるものである。

　トランクの内容は、上記の他、弁当缶、笠戸丸（移民船：写真）、真珠湾攻撃や太平洋戦争終結を伝える当時の新聞（英文レプリカ）、移住斡旋ポスター（写真）、ジュート（麻）、コショウ、綿花、コーヒー、コーヒー用麻袋、ブラジルのサクラ醤油、サトウキビ（模型）、ハワイ盆踊り手ぬぐい、ロコモコ模型、スパムセット模型、ブラジル南米神宮のお守り、ハワイのビッグ・ファミリー（写真）など、多岐にわたる。さらに、これらの実物教材にかかわる教師用解説資料である、「トピックシート」や、具体的な授業案までも含む『学習活動の手引き』が用意されている。

(2)「いみんトランク」の活用

　前項で、ビッグ・ファミリーの写真を事例として挙げたが、他の教材に関しても、国際理解教育の視点で読み解き、活用することは可能であろう。

　例えば、なぜ今ハワイに多くの日系人が暮らすのだろうか。明治時代にサトウキビプランテーションでの過酷な労働に耐え、差別・偏見にさらされた日本人がいたことや、第二次世界大戦中、アメリカ軍へ志願した日系アメリカ人がいた一方で、日本軍に従軍した日系アメリカ人がいた事実など、多様な切り口で国際理解教育の主な学習内容を習得させることができるだろう。具体的な例を挙げるなら、中学2年生を対象とした「もうひとつの『日本』〜ブラジルとハワイ日系移民の歴史と今〜」は、「日本が移民を送り出すことになった背景について関心をもち、意欲的に学ぼうとする」などを活動目標とし、ハワイ移民労働着、弁当缶、真珠湾攻撃を伝える当時の新聞他十数点の「いみんトランク」の内容物を用いて展開された実践である[10]。

　移民にかかわる学びは、グローバル化と多文化化が連動して進行するこれからの社会を生きる子どもたちにとって「共生」にむけての資質を養ううえで意義があると言われている（森茂 2007: 122）。日本人移民の移住先国での貢献や、彼らが勝ち得た信頼、そして現在、多文化社会を担う当事者である日本人移民についての学びは、「多文化理解」、「文化交流」、「多文化共生」、「人権」、「平和」などの視点から、国際理解教育に深くかかわると考えられる。

（福山文子）

[注]
1) 藤岡は、教材概念の変遷について整理をする中で、小川太郎がこの3通りに分けて論じていると述べている。
2) 教材構成の理論と方法については、今野喜清（1981）に詳しく論じられている。

3) 幼児の国際化に関する調査報告書（平成20年度）によれば、51自治体の保育所における外国人児童数は13,337人であり、国籍別にみるともっとも多いのはブラジル国籍である。
4) 日本国際理解教育学会のHPより、ダウンロード可能。実践者は中山京子、単元名は「海を渡る日系移民」。
5) 西洋人によって音楽を禁じられたアンデスに住む人々が、ポンチョの中に楽器を隠せるようにギターを小型化したことから生まれた楽器。（居城 2010: 122）
6) 大津和子の実践「一本のバナナから」。
7) 今野は、教材が授業過程で提示される際の"物的手段"として位置づけられるものを「教具」としている（1981: 136）。
8) 国土交通省では、全国の教員向けのGIS研修プログラムを実施している。詳しくは、同省HPを参照のこと。
9) JICA横浜海外移住資料館の学習キット「いみんトランク」。貸し出しについては、JICA横浜海外移住資料館のHPを参照のこと。
10) 上薗悦史の実践。JICA横浜海外移住資料館のHPにおいて公開されている。

[引用文献]

居城勝彦（2012）「音楽科と国際理解教育」日本国際理解教育学会編『現代国際理解教育事典』明石書店
居城勝彦（2010）「国際理解教育の視点を生かした中学校音楽科の取り組み」『東京学芸大学附属学校研究紀要』37
大津和子（2012）「国際理解教育の概念と目標」日本国際理解教育学会編『現代国際理解教育事典』明石書店
大津和子（2014）「人の移動（2） − 旅行」大津和子編『日韓中でつくる国際理解教育』明石書店
栗山丈弘（2011）「国際理解教育における『グローバル社会』の 教材開発方略に関する一考察」文化学園大学編『文化女子大学紀要. 人文・社会科学研究』19
今野喜清（1981）『教育課程論』第一法規出版
田尻信壹（2008）「世界史単元『グローバル化と移民−日系人の体験を通して−』の開発」森茂岳雄・中山京子編『日系移民学習の理論と実践−グローバル教育と多文化教育をつなぐ−』明石書店
中内敏夫著（1978）『教材と教具の理論』有斐閣
長澤良太（1995）「地理情報システム（GIS）を用いた地球環境情報の整備」立命館地理学会編『立命館地理学』第7号
日本ユネスコ国内委員会（1958）『国際理解教育のための教材教具利用の手引』日本ユネスコ国内委員会
藤岡信勝（1989）『授業づくりの発想』日本書籍株式会社
藤原孝章（2008）『シミュレーション教材「ひょうたん島問題」−多文化共生社会ニッポンの学習課題−』明石書店
福岡貞子他（2014）『多文化絵本を楽しむ』ミネルヴァ書房
福山文子・田尻信壹（2014）「グローバル時代の幼児教育に求められる教材・教具−文化多様性に親しむ実物教材に着目して−」共立女子大学編『共立女子大学家政学部紀要』第60号
古藤泰弘（2008）「教材の種類・形態とその働き」日本教材学会編『『教材学』現状と展望』（上巻）共同出版
松尾知明（2006）「乳幼児期からの異文化間教育とは」山田千明編『多文化に生きる子どもたち−乳幼児期からの異文化間教育−』明石書店
水越敏行・熱海則夫編（1995）『教科書・教材教具』ぎょうせい
森茂岳雄（2007）「グローバル教育の教材開発−トランクキット型アウトリーチ教材を中心に−」日本グローバル教育学会編『グローバル教育の理論と実践』教育開発研究所
森茂岳雄・高橋順一（2010）「国際理解教育における社会連携」日本国際理解教育学会編『グローバル時代の国際理解教育−実践と理論をつなぐ−』明石書店
森茂岳雄・中山京子（2014）「人の移動（1）−移民」大津和子編『日韓中でつくる国際理解教育』明石書店
山﨑英則・片上宗二編（2003）『教育用語辞典』ミネルヴァ書房

5 参加型学習と振り返り

1. 参加型学習とその理論的背景

（1）参加型学習の定義とアクチュアリティ

なぜ、国際理解教育において「参加」型学習なのか。

それは、国際「理解」を拡張・深化させるうえで、欠かすことのできない学習方法であるからである。国際理解教育は、これまでの「知識伝達型」の学習では複雑化する国際理解のアクチュアリティ（現在性）に迫ることができず、学習者が自ら「知識構成型」の学習を行なうことによってそのアクチュアリティを有することができるからである。

国際理解教育における参加型学習とは、学習者が複雑化する現実世界の現象を単に事実として獲得するだけではなく、ファシリテーターのもと、その現実世界の現象の意味を多様で異なる視点で読み解き、その場に自らが当事者として関わるための意識と行動の変容を促すアクチュアリティ（現在性）のある学習である。

まさに、国際理解教育における「参加型学習」は、表面的表層的現実感（リアリティ）を伴う疑似体験的な学習ではなく、学習者の実存に迫るアクチュアリティ（現在性）を伴う体験学習であると言ってよい。

そのためには、単なる体験的な学習活動で終わらせるのではなく、学びのデザインを明確にもつファシリテーターによって事前・事後の見通しと振り返りが組み込まれた学習活動として位置づけられる必要がある。

（2）参加型学習の類型

参加型学習は、学校教育では主として開発教育や国際理解教育、環境教育、シティズンシップ教育など総合的な学習の時間等で実践されたり、教育課程全体に位置づけられた持続可能な開発のための教育（ESD）などで実践されたりしてきた。また、成人のための社会教育、教員養成・教師教育、高等教育、企業研修などにおいても実践されている。

ここでは、国際理解教育実践において有効であると思われる参加型学習の事例について、展開過程や場面に応じて類型化し、簡単に紹介する。なお、事例については特別な注記（＊印）のない場合は、日本国際理解教育学会編著（2010）『グローバル時代の国際理解教育－実践と理論をつなぐ－』（明石書店刊）所収の実践事例とした。

① 単元の最初などで、課題を共有するためにウェビング（石森実践）やドーナツチャート（＊矢口実践2014、図1参照）が用いられている。

② 単元のねらいを達成したり、課題を深めたり、ひろげたりする場合に、ディベート（鹿野実践）、パネルディスカッション（石川実践）、ロールプレイを取り入れたパネルディスカッション（＊成田実践1995）が用いられる。

③ 単元のまとめや考察、課題の収束・再共有やメタ認知のために、コンセプトマップ（多文化マップ、中山実践）やドーナツチャートが用いられる。

④ 学びの成果や新たな課題を明らかにするために、多様な表現手法による「成果物」を作成する。例えば、紙芝居づくり（織田実践）、創作叙事詩・解題づくり（＊成田実践2013）[1]。

⑤ 実社会への参加・参画を促すためにボランティア活動（小嶋実践）などを行なう。

ただし、こうした多様な参加型学習の方法をな

図1 ドーナツチャート「戦争とは何か？」

ぜ用いるのか、その目的に至る手立てとしての意義を吟味し、選択する必要がある。

(3) 参加型学習を支える諸理論

先述したように、参加型学習とは「学習者が複雑化する現実世界の現象を単に事実として獲得するだけではなく、ファシリテーターのもとでその現実世界の現象の意味を多様で異なる視点で読み解き、その場に自らが当事者として関わるための意識と行動を変容させるアクチュアルな契機となる学習」である。

この参加型学習を支える理論とは何か。参加型学習の有意味性を読み解くためには、如何なる理論が必要なのか。

参加型学習の理論的背景を知ることは、その抽象性と引き換えに、参加型学習を意味づけるだけではなく、参加型学習と非参加型学習間のつながりを俯瞰しカリキュラムやプログラムの中に位置づけることが可能となる。

参加・経験への階梯を読み解くための理論

参加型学習とは、学習者をただ状況の中に投げ込み、参加・経験を促しさえすればよいわけではない。その参加・経験を促すためにはいくつかの階梯があり、学びを促す手立てが不可欠である。

ここでは、「経験の円錐（Cone of Experience）」モデル（デール 1985: 35）をもとに再考したい。

E.デールは、「経験の円錐」モデルについて、底辺に位置する①「直接的目的的経験」からもっとも抽象化された頂点にある⑩「言語的表現」へと向かう階梯として説明している。

① Direct, Purposeful Experience：<u>直接的目的的経験、感覚的経験の重視</u>〔ボランティア、社会参画など〕
② Contrived Experience：雛型体験〔「貿易ゲーム」、「ひょうたん島問題」など〕
③ Dramatic Participation：劇化された体験〔模擬裁判、模擬国会、模擬国連など〕
④ Demonstrations：演示〔教師による例示・実演など〕
⑤ Field Trip：見学〔社会科見学・遠足・修学旅行など〕
⑥ Exhibits：展示〔文化祭・学習発表会の展示など〕
⑦ Motion Pictures：テレビや映画〔現在では、DVDやYouTubeなどの視聴を含む〕
⑧ Still Pictures, Recordings, Radio：写真、レコード・ラジオ〔スライド音響構成など〕
⑨ Visual Symbols：視覚的象徴〔グラフ、図表、掛図、地図、イラストなど視覚的シンボル操作〕
⑩ <u>Verbal Symbols：言語的表現</u>〔文字、作文・論文、詩歌などの言語的シンボル操作〕

（デール, 1985:23-34）下線及び〔 〕内は筆者

実践される（た）参加型学習が、如何なる階梯に位置しているか、また、如何なる階梯レベルを組み合わせた学習になっているのか、事前／事後に意味づける必要がある。そして、①「直接的目的的経験」（底辺）から⑩「言語的表現」（頂点）への抽象化をめざし、また、「言語的シンボル操作」から「直接的目的的経験」へと具体化する往復・往還作用が重要である。

さらに、参加型学習と非参加型学習との架橋・往還も位置づけ、一連の学習活動が拡張・深化していくことで国際理解のアクチュアリティ（現在性）が担保されていくのではないだろうか。

例えば、先述した矢口弘士実践のドーナツチャート「第二次世界大戦と日本：戦争とは何か」

は、単元の冒頭に教師から「戦争とは何か？」という本質的で根源的な問いを投げかけられ、個々の学びや暮らしの履歴の中から想起したイメージを書くという⑩「言語的シンボル操作」を行い、しかも黒板に他者のイメージを可視化していくという⑨「視覚的シンボル操作」を行なった。これは④の「教師による例示」のもとに行なわれた経験として行なわれた参加型学習である。

また、福岡県立S高校ディベート部において実践された鹿野敬文のディベート「歴史認識の違いを乗り越えて：「原爆投下」の是非の扱い方」は、事前に論題に関する知識・情報を獲得し、肯定・否定両論の立場に立った意見を書くという⑩「言語的シンボル操作」を経て、実際のディベートでは肯定か否定かの役割に立ってロールプレイングとしてのディベート＝③「劇化された体験」を行ない、最後に再び個に立ち返って⑩「言語的シンボル操作」を行ない、最終的な意見文を書くという、歴史・現代社会・英語という教科間の連携によって実践された、18時間にわたる息の長い参加型学習である。

実際の社会的文脈に向かう参加型学習

子どもの参加・経験としての行為を引き出す参加型学習が、さらに実際の社会的文脈への参加・参画に向かっていく道程については、ハート（2000: 42）が、以下のように八つの参画の階梯を提示している。

①操り参画
②お飾り参画
③形式的参画　　　　　（①〜③：非参画の階梯）
④与えられた役割の内容を認識した上での参画
⑤大人主導で子どもの意見提供ある参画
⑥大人主導で意思決定に子どもも参画
⑦子ども主導の活動
⑧子ども主導の活動に大人も巻き込む
（④〜⑧：参画の実階梯、下線は筆者）

この「参画の実階梯」に踏み込んだ参加型学習は、環境教育や開発教育、国際理解教育等においても常に模索されて来たが、教室や学校における社会参加・社会参画をめざす学習が、地域や家庭生活に生かされ続けることは至難の業であった。

ここでは、先述の小嶋祐伺郎実践「新しい市民社会を創る：「つながる」力を育む」は、公立中学校における3カ年間にわたるESD実践に注目したい。

この実践は、中学3年生において、「平和の文化の構築が希望ある未来を創ることを理解する（知識理解）」、「合意形成の手法を使って話し合える（技能）」、「地域に目を向け、他者とつながって行動する意欲を持つ（態度）」という三つのゴールを定め、デールの「経験の円錐」モデルの①「直接的目的的経験」としてのボランティア活動を行なっていく。

この実践は、そこに向かうために中学1年、2年の社会科・道徳・特別活動・総合的な学習の時間のカリキュラムを横断しつつ縦断する「全連関的なカリキュラム」に編み込まれている。

特に中学校3年では、「高齢社会における介護の主体はどこ（だれ）が行なうのが望ましいか」という問いに対して、生徒たちは①家庭・在宅介護、②行政サービス、③民間のサービス会社やボランティアという三つの立場について、調査や体験を通じて意見を交わし合意形成の場をもっていく。そして、生徒会活動や地域のコミュニティ活動、そして、ボランティアネットワークづくりへと活動は拡張・深化し、社会参画まで果たしていった。3年間に渡る「全連関的なカリキュラム」（ホールスクール・アプローチ）のもと実践された小嶋実践は、まさにハートの④から⑦に至る参画の実階梯を徐々に昇っていたと言ってよい。

また、特筆すべきは、小嶋実践がM.ブーバーの「我・汝＝対話論」やN.ノディングスの「ケアリング論」などの哲学や理論に支えられ、「対話的相互関係」の中で、「他者への共感的理解」、「豊かな感性と参加・参画能力をつなぐケアリングの

手法」を用いている点である（小嶋 2010: 140-143）。

小嶋実践は、認知レベルでの学習経験に留まらず、情動レベルや身体性（感覚運動）レベルの学習経験を取り入れた実践であり、いわゆる脳科学における大脳新皮質への働きかけだけではなく、大脳辺縁系や脳幹にも作用する三位一体の可能性を持った実践であると言える（オクデン 2012: 5-33）。

参加型学習には、こうした知性と心性と身体性を包括的に作用する可能性がある。

教室や学校だけに留まらず、表面的表層的な現実感（リアリティ）を超えて、地域や家庭において持続可能な学びと暮らしにつながるアクチュアリティ（現在性）のある学習へと展開していくためには、「経験の階梯への位置づけ」や「全連関的なカリキュラム」の編成・脳科学を援用した「認知・情動・身体」に働きかける学習活動をめざすことが重要である。

こうした実践が、学年間で継承され、学校の文化として永年に渡って定着してゆくと、社会参画の実階梯の④～⑦の先にある⑧「子ども主導の活動に大人も巻き込む」実践となる可能性がある[2]。

そうした意味では、2005年～2014年模索されて来たESDの実践の中に、国際理解教育における参加型学習に多くの示唆を与える実践が潜んでいる。

2. 参加型学習における「振り返り」と「見通し」

1.では、「参加型学習の類型と理論的背景」について述べてきた。特に、参加型学習が「経験の円錐」モデルや「全連関的なカリキュラム」に位置づけられ、脳科学を援用した「認知・情動・身体」に働きかける実践をめざすべき方向性について言及して来た。

ここでは、その目指すべき方向性を担保するために不可欠な参加型学習のプロセスにおける「振り返り」（省察・観想）と「見通し」（予察・展望）について述べたい。なお、この「振り返り」と「見通し」と架橋・往還することは、参加型学習の評価・確認の方法について言及することになる。

（1）振り返り（省察・観想）

近年、省察（Reflection）という概念が、あらゆる校種の学校教育だけではなく、教員養成・教員研修・教師教育、企業研修や社会教育などで注目を浴びている。

ここでは、「振り返り」をその省察（Reflection）に加えて、観想（Contemplation）という概念を踏まえてその要点について述べる。

① 省察（Reflection）

学校現場では、児童生徒にしばしば単元や本時のまとめとして「振り返り」を課すことがある。そこには、子どもたちの思いや願いなど「感想」が書き綴られ、実践者はそれをみずからの授業の成果や課題を見取り、次なる授業実践に生かすことが多い。

省察としての振り返りは、そうしたレベルに留まることなく、単元や本時のプロセスで常に「学びつつ振り返り、振り返りつつ学ぶ」行為である。まさに行為しながら考えることである。また、省察とは、視点を定めて、学習過程における学びのエビデンスをもとに論理的実証的に振り返ることである。そして、みずからの学びのプロセスをメタ認知していく作業であり、それを支えるツールとして学びとその省察の集積物であるポートフォリオが有効である。参加型学習は、協働による主体的な学習態度が求められることから、とりわけ自己省察＝自己評価、相互省察＝相互評価が不可欠である。

実践者は、その学びと省察の詰まった学習者のポートフォリオを「見通し」として掲げたゴールに照らしたルーブリック（評価規準に基づき作成された評価基準が示された評価指標）を用いて評価・確認を行なう。

② 観想（Contemplation）

観想的なアプローチは、カナダのトロント大学オンタリオ教育研究所（OISE）の修士課程及び博士課程に在籍する現職教員を対象にしたコースの講義の中で取り入れられてきた（中川 2005: 253）。

観想とは、省察とはある意味で対照的な「振り

返り」の方法である。省察が「論理と証拠」で振り返るとすると、観想とは極めて主観的な「直観や気づき」をもとに振り返る方法であると言ってよい。

参加型学習は、底辺としての「直接的目的的経験」と頂点としての「言語的シンボル操作」との間の架橋・往還をめざし、企図された目的知・内容知・方法知のもとで行なわれる。また、参加型学習が、各教科・領域等を超えた全連関的なカリキュラムにおける学びの履歴が生成され、さらに認知・情動・身体に働きかける学習活動となった場合、論理と証拠での振り返る省察だけでは捉えられない学びが児童生徒の内面に潜んでいる可能性がある。それを意識化ないしは外化する手立てとして観想的なアプローチは重要である。

この観想としての「振り返り」の方法の事例としては、「発展とはいったい何だろうか」「幸せとはいったい何だろうか」という本質的で根源的な問いへのレスポンスを引き出した成田実践「懐かしい未来との対話～ラダックの暮らしと私たち～」の中で行なった生徒が作成した「創作叙事詩・解題」とその交流が挙げられる（成田 2013: 1-16）。

参加型学習としての「創作叙事詩・解題」とは、まず、デールの「経験の円錐」モデル⑦としてDVD『懐かしい未来：ラダックから学ぶ（ダイジェスト版）』の視聴を通して学んだ事実・事象（急激な開発によってもたらされたインド北部・ラダックの変化の様相）をもとにみずからの想像力や直観をもとに⑩「言語的シンボル操作」としての「創作叙事詩」を書く。この「創作叙事詩」は、かならずしも「ポエム」である必要はなく、「キャッチフレーズ」や「漢字1字」であったり、「イラスト」であったり、時に「空白」であったり多様な表現形態を自己選択できる。

ただ、その創作物をなぜ書いたのか、再び⑩「言語的シンボル操作」として論理と証拠で「解題」を描かねばならない。この「解題」は創作叙事詩を書いたみずからをメタ認知し、その理由や根拠を書く省察的なアプローチが組み込まれている。

【創作叙事詩】「しあわせ」（生徒作品）
なにがしあわせ？／たくさんお金がある。／これって幸せ？毎日ステーキが食べられる。／これって幸せ？一日中ゲームができる。／これって幸せ？毎日働ける。／これって幸せ？ 友達たくさん、みんなが協力する。／これってしあわせ！

【解題】本当の幸せとは？　と考えた時、大金がある事ではない。例え近代的ではないだろうと、人々が助け合い、支え合って「仲間」が居ると実感できる時がラダックの本当の幸せではないだろうか。「本当に大切なもの」についての詩を書いた。（同生徒）

この実践では、複数の生徒の「創作叙事詩」と「解題」を共有し、学んだ事実・事象からの学びを深め、それぞれの抱く「発展」や「幸せ」への見方・考え方・感じ方・在り方に触れる授業となった。

この「創作叙事詩・解題」は、観想としての「振り返り」と省察としての「振り返り」とをつなぐ参加型学習の方法の一つであると言ってもよい。

(2) 見通し（予察・展望）

参加型学習は、とりわけ実践者（ファシリテーター）においても学習者においても「見通し」を持つことは極めて重要な営みである。

以下のような①～⑤の問いに可能な限りレスポンスすることで、その参加型学習の「見通し」が地に足の着いたものになる。

①参加型学習のゴールは何か、見通しはあるのか。
②目的知・内容知・方法知・自分知レベルでのゴールをどう設定するのか。
③そのゴールは如何なる「経験の円錐」モデルに位置づけられるのか。
④その学習とそのゴールは、如何に「全連関的なカリキュラム」に編み込まれているのか。
⑤その学習は認知・情動・身体の各レベルにどのように働きかけるのか。（アクチュアリティ

の担保)

①〜⑤のすべてにレスポンスする「見通し」を持つことは容易なことではない。しかし、実践を重ねつつ、レスポンスの質・量の拡張・深化を図っていきたい。

以上、「振り返り」の方法を踏まえて「見通し」への視点について述べてきたのには理由がある。

通常の流れでは「見通し」→「振り返り」という展開になるのだが、ここで「振り返り」→「見通し」という展開にした背景に、コルトハーヘン(2010)のALACTモデルを想定していたからにほかならない。

① Action 行為
② Looking back on action 行為の中の振り返り
③ Awareness for essential aspects 本質的な諸相への気づき
④ Creating alternative methods of action 行為の選択肢の拡大
⑤ Trial 試行

(コルトハーヘン 2010: 54)

参加型学習における「振り返り」(省察・観想)と「見通し」(予察・展望)は、以上のような理論を援用しながら、学習者の実存に迫るアクチュアリティ(現在性)を獲得し、社会参画・行動を準備するために不可欠な学習評価・確認活動であると言えよう。

(成田喜一郎)

[注]
1) 「創作叙事詩・解題づくり」の事例は、成田実践「懐かしい未来との対話〜ラダックの暮らしと私たち〜」を参照されたい。次のURLを参照(2014/12/20) http://laotao.way-nifty.com/islikewater/files/natsukasiimirai2013.pdf
2) 袋井市立三川小学校では、小学校1年から6年間に渡って行なわれる「みつかわ学習」がある。その中でもっとも大きな取組として6年生の秋に行なわれる鎌倉修学旅行がある。それは、郷土史遺産である16歳で亡くなった「源朝長」(頼朝の兄)について学んだ成果を「源朝長ガイドブック」にまとめ、鎌倉の街で見知らぬ人びとに「朝長アピール」を行なうものである。親子の代に渡って十数年近く実践されてきたこの参加型学習は、地域のおとなたちを巻き込み、2001年から地元で「源氏の里ひまわりまつり」が催されるようになった。まさに、ハートの実階梯の⑧「子ども主導の活動に大人も巻き込む」レベルに到達した事例である。(ユネスコ・アジア文化センター 2009: 32-39)

[引用文献]

石川照子(2010)「グローバル化大論争：三つの立場」日本国際理解教育学会編『グローバル時代の国際理解教育−実践と理論をつなぐ−』明石書店

石森広美(2010)「グローバルイシューと英語学習：英語学習における内容中心学習」(日本国際理解教育学会編、前掲書)

オグデン,パット、ミントン,ケクニ、ペイン,クレア著、日本ハコミ研究所訳(2012)『トラウマと身体：センサリーモーター・サイコセラピー(SP)の理論と実際』星和書店

織田雪江(2010)「『たみんぞくニホン』：人との出会いから学ぶ」(日本国際理解教育学会編、前掲書)

小嶋祐司郎(2010)「新しい市民社会を創る：『つながる力』を育む」(日本国際理解教育学会編、同上書)

コルトハーヘン,フレット著、武田信子監訳、今泉友里・鈴木悠太・山辺恵理子訳(2010)『教師教育学−理論と実践をつなぐリアリスティック・アプローチ−』学文社

鹿野敬文(2010)「歴史認識の違いを乗り越えて：『原爆投下』の是非の扱い方」(日本国際理解教育学会編、前掲書)

デール、エドガー著、西本三十二訳(1985)『デールの視聴覚教育』日本放送教育協会(原著：Dale, Edgaer. (1946) Audio-Visual Methods in Teaching. NY:Dryden Press.)

中川吉晴(2005)『ホリスティック臨床教育学−教育・心理療法・スピリチュアリティ−』せせらぎ出版

中山京子(2010)「海を渡る日系移民−多文化共生にむけて−」(日本国際理解教育学会編、前掲書)

成田喜一郎(1995)「日露戦争から『韓国併合』へ：伊藤博文・安重根、そして石川啄木の視点で考える」『教育科学 社会科教育別冊 近現代史の授業改革』(第2号、明治図書)

成田喜一郎(2013)「子どもと教師のためのオートエスノグラフィーの可能性−『創作叙事詩・解題』を書くことの意味−」『ホリスティック教育研究』第16号

日本国際理解教育学会編(2010)『グローバル時代の国際理解教育−実践と理論をつなぐ』明石書店

ハート,ロジャー著、木下勇・田中治彦・南博文訳(2000)『子どもの参画−コミュニティづくりと身近な環境ケアへの参画のための理論と実際−』萌文社

林泰成・山名淳・下司晶・古屋恵太編著(2014)『教員養成を哲学する−教育哲学に何ができるか−』東信堂

藤原孝章(2008)『シミュレーション教材「ひょうたん島問題」−多文化共生社会ニッポンの学習課題−』明石書店

矢口弘士(2014)「中学校社会科における社会認識を深める授業づくり：社会的事象との対話を通して」『平成26年度 東京学芸大学教職大学院課題研究成果報告書』東京学芸大学

ユネスコ・アジア文化センター編(2009)『ESD教材活用ガイド−持続可能な未来への希望−』ACCU

歴史学研究会編(2013)『歴史学のアクチュアリティ』東京大学出版会

コラム6
太平洋地域の国際理解教育

　太平洋地域は、オーストロネシア語族が現在の台湾周辺から長い時間をかけて移動と定住をし、共通性をもちつつも独自の発達をとげ、現在では、ミクロネシア、ポリネシア、メラネシアの三つの地域に区分されている。「南国の楽園」のイメージが強いが、マジェランに代表される大航海時代から植民地時代を経て、グローバル化が進む現代まで、歴史の波に翻弄されてきた歴史をもつ。サモア独立国、アメリカ領サモア、フランス領ニューカレドニア、クック諸島、フィジー共和国、北マリアナ連邦、と国名を眺めるだけでも政治的な位置の複雑さがわかる。旧宗主国は植民地支配以降も経済的・政治的に島々と強い関係を保ち、教育への経済的・人的支援を行っている場合が多い。

　日本から最も近い太平洋の島嶼とも言えるマリアナ諸島のグアムは、アメリカの「未編入領土」という位置づけにある。住民はアメリカ市民権をもち、米軍基地が島の三分の一を占め、アメリカ軍従軍者も多く、実質アメリカの植民地支配が継続している。グアム自治政府があるものの、アメリカ連邦政府から巨額の経済支援を受け、教育に関しても同様であり、教師の給料、教科書等の教材の購入、教員研修などにあてられ、アメリカの標準に準拠した教育が行われている。したがって、国際理解教育はアメリカのグローバル教育の文脈で行われている。しかし、グローバリズムの中で多くの犠牲を強いられてきた先住民の視点からは、受け入れられない部分もある。現在もアメリカの移民法によって、ミクロネシアの島々の貧困移民層がグアムに流入するようになり、先住民チャモロはマイノリティとなってしまった。そこで1990年代からチャモロ学習を必修科し、アイデンティティの確立に力を注いでいる。

　つまり、グアムでの国際理解教育は、アメリカで行われているグローバル教育の考え方に基づいて教科学習の中で行われつつ、独自の必修科目を通して、植民地主義時代から現代の問題を考えさせようとしている。

　ヴァヌアツ共和国は、1906年から1980年まで、イギリスとフランスの共同統治時代を経ている。農村部では、インフラの整備は十分ではなく、民家の窓にはガラスなどもない。しかし、子どもたちは村のことば、標準語であるビシュラマ語に加え、流暢なフランス語もしくは英語を話す。フランスから支援を受けている学校ではフランス語を教え、フランスの標準に基づいた教育を行い、イギリスから支援を受けている学校では英語の習得とイギリスの標準に基づいた教育を現在でも行っているからである。そして、政府教育省はフランスとイギリスの教育を取り混ぜて、環境教育や文化伝統教育を推進している。

　つまりヴァヌアツでの国際理解教育は、旧宗主国理解と、ヴァヌアツ人としてのアイデンティティを育成するために工夫して作成されたグローバル社会を理解するトピック学習から成り立っている。また、最近では日本や中国などからの開発支援とともに、教師が派遣され、その教師との出会いによる日本理解、中国理解が新しい国際理解の機会ともなっている。

　太平洋の島々の国際理解教育は、自然環境問題にも影響を受けている。温暖化に伴う海面上昇によって島の浸水被害が深刻化しているツバルでは、子どもたちは地球規模の環境問題が自分たちの生活を脅かしていることを学んでいる。また、サイクロンやハリケーン被害に対する諸外国からの救援物資やインフラ整備によって、外国との関わりが増え、島民の食や生活に変化が起こり、子どもたちの生活感覚に「外国」の存在が増す事例もある。

　太平洋の島々における国際理解教育は、旧宗主国や経済的・政治的に結びつきが深い国の教育に大きく影響を受けつつ、独自の島の先住民の視点からグローバル社会を考察するカリキュラムの創造を行っていると言えよう。

（中山京子）

第Ⅳ部
国際理解教育の実践

写真上：チャモロダンスをおどるグアムの小学生（中山京子撮影）　　下：トルクメニスタンの制服姿の学生（嶺井明子撮影）

1 実践の展望

1-1 国際理解教育実践の展望

　戦後の国際理解教育実践は、平和を希求し、ユネスコ協同学校を中心に展開された。1980年代には、開発教育、環境教育、グローバル教育、平和教育などの関連領域と重なり合いながら、新しい国際理解教育実践が活発になった。第2部に、戦後日本の文教政策、ユネスコ協同学校事業の歩み、学習指導要領の変遷、理論研究・実践研究の歩みについて、国際理解教育の視点から詳細が示されている。ここでは、近年行われてきたいくつかの実践をとりあげ、特徴や潮流を整理する。

　これまで、国際理解教育実践の取り組みは、強い関心をよせる教師による独自の取り組みが多かったが、「持続可能な開発のための教育」（以下、ESD）が活発になるとともに、学校全体で取り組む事例が増えてきた。グローバル化と多文化化が連動して進行する現在、「もはや外国とは関係ないと思われる地域の学校においても、国際理解教育の視点や経営戦略をもたずには、学校経営が成り立たない時代に突入している」（130頁）と言える。管理職の学校経営方針や学校全体の研究テーマに国際理解教育が反映されることによって、英語（外国語）学習活動、総合的な学習の時間における国際理解の視点からの学び、教科学習に含まれている国際理解に関する要素、人権教育活動など、学校教育全体に散在しているものがクロスカリキュラムのように整理統合される。その結果、学校経営の特徴として国際理解教育実践をつくる教師の育成、実践開発が行われるようになっている。

　ICTの進展によって新たなスタイルの実践も生み出されている。海を超えた交流のあり方として、手紙、ファックスが主流だった時代から、インターネットやメールが発達するとともに、交流や学習スタイルに変革がもたらされた。例えば、中山（2007）は、京都、ロサンゼルス（米国）、オマハ（米国）の学校の生徒をメールでつなぎ、真珠湾と広島の記憶をめぐる3ヶ月に渡る日米同時学習の実践を報告した。現在では、ネットを活用してモニター越しに国境を越えて交流したり、インタビューしたりすることが容易になり、SNSを活用して発信するなど、新しい取り組みが生まれている。こうしたICTの活用によって多様性が生まれ利便性が増しているが、国際理解教育の内容とも言えるコンテンツづくりには丁寧さが求められることは変わりない。本章では、日本と韓国の昔話を題材にしたデジタルコンテンツを作成して、日韓の幼稚園、小学生、中学生が学ぶ実践を紹介する。

　ICTの活用が活発になる一方で、国際理解教育実践を子どもの興味関心をもとに、子どもの身の回りにある素材を主にして学びを紡ぎ出す実践も重要である。身近な事例から国際理解教育を行うことが多い小学校実践では、高学年の実践が多い。本章では小学校低学年の生活科と関連させた「あやとり」を用いた実践を紹介する。あやとりは、「子どもたちにとって遊びながら、世界各地の人々が何を生活の糧としていたのか、どのような生活様式を持っていたのかを知るだけでなく、その文化の価値観や信仰のあり方を知ることにもつながっている」（145頁）。それは単なる遊びではなく、世界各地で知識を伝授するための教具であり、知識そのものであることもあった。情報のやりとりが加速化し膨大化する現代こそ、子どもたちと遊びをとおして学ぶ国際理解教育の意義がある。

　小学校に外国語活動が導入され、英語の教科化が言われる中で、英語学習＝国際理解教育といった解釈が広がる懸念が指摘されてきた。外国語活動が小学校に導入され、多様な言葉や文化に触れる機会が増えたが、英語一極集中の外国語活動によって、多言語に触れることばの学習を通した国

際理解教育が広がる機会には至っていない実態がある。本章では、5年生の外国語活動と関連させ、言語的多様性に対する開かれた態度、メタ言語能力、言語意識、複言語能力を育てることを意図した実践を紹介する。多様な言語への意識を高めることは多文化共生への重要なステップである。

中学の英語科における実践においても、用いる教材文や資料を効果的に活用し、国際理解や異文化理解を目的とする授業を組み立てることができる。しかし、こうした知識としての国際理解や異文化理解にとどまらず、国際共通語としての英語の視点をもってコミュニケーション能力を伸ばすこと、生徒に「当事者意識」をもたせることの重要性が指摘されている。紹介する事例は、アメリカのESLクラスのメキシコ系のスペイン語を母語とする生徒との交流を通して、共通語としての英語の使用や、わくわくする経験を授業に組み込みながら、自文化への気づきやその発信までを行っている。

中学校での国際理解教育は社会科や英語と関連付けたものが多いが、本章では「道徳の時間」と総合的な学習の時間を活用し、上の実践と同様に「当事者意識」をもたせている実践を取り上げる。「同じ地球に住む人々のことをより身近に感じ、相手を知ると同時に自分を見つめる機会とすること」を主とし、フィリピンの16歳の少女の生活についてカードを使用して話し合い、自分の中に潜んでいる偏見や思い込みに気づかせるものである。特定の国やエリアの生活の様子を垣間見るために、ステレオタイプな理解を避けるために、また共感的な理解を深めるために、個人をクローズアップして等身大の理解を図ろうとする手法は国際理解教育の中で定着してきているが、一方で、どういった人物を取り上げるかによって、学習者が得る情報とつくられるイメージが大きく左右されることを意識しなければならない。

近年、教員を対象とするスタディツアーや研究旅行、NGOが主催するスタディツアーが普及し、教師が実際に現地フィールドワークを行い、取材で得たものを構成する授業づくりの手法が普及してきている。スタディツアーと国際理解教育をテーマにした論集が『国際理解教育』20号（2014）にあり、スタディツアーのプログラムづくり、学びと変容、相互交流実践の分析、教師海外研修について論じられている。本章の高校の「国際問題研究」における実践も、教師がカンボジアへのスタディツアーに参加して行った実践である。東京、帯広、カンボジアの首都、カンボジアの農村の高校生4人を取り上げ、カードを使いながら人権について話し合う。

国際理解教育は学校教育においては、単元レベルで行われることが多いが、直接交流を継続的に行っている実践もある。紹介する高校の事例は、日韓の高校生が意見文や手紙の交換を通じて「『東アジア市民』として共通の『東アジア世界』という同時代的な歴史的環境に生きていることを実感できること」などをめざしている。大学の事例は、グアムの先住民族チャモロと日本の大学生とその卒業生が交流を継続し、相互理解を深めている実践である。これら二つに共通することは、活動が期間限定ではなく、複数年にわたって続き、教員も生徒も卒業後に活動との関わりを持ち続けていることである。

こうした国際理解教育を推進するために大きな役割を担うのがファシリテーターである。国際理解教育を実践する教師には、従来の教師像と異なる学びの案内人としての機能が求められる。またそうした教員の育成には、ファシリテーション能力を伸ばす研修が求められる。本章ではファシリテーター養成の実践についても紹介する。

このように現在の国際理解教育の実践は、発達段階に即し、多様な方法を選択し展開している。

（中山京子）

[引用文献]
中山京子（2007）「真珠湾と広島の記憶をめぐる日米共同単元開発－ロサンゼルス・オマハ・京都の生徒が共に学ぶプロジェクト－」日本国際理解教育学会編『国際理解教育』Vol.14
日本国際理解教育学会編（2014）『国際理解教育』Vol.20

1-2 学校経営に生きる国際理解教育

1. 国際理解教育と学校経営戦略

(1) 学校経営と学校を取り巻く環境の変化

　学校を取り巻く状況は、地域社会や国内外の変化に現れているように、大きく変動してきている。中でも、国境を越えたモノ・カネ・情報の往来、そして、子どもたちを含めたヒトの移動が増大し、明らかに、学校を運営する上でも考慮せざるを得ない状況になっている。まさに、グローバル化と多文化化が並行して進む地球時代の教育を実施しなければ、学校運営にも、様々な問題を引き起こす事態になっているのである。

　このような事態の中で、「グローバル人材の育成」や「多文化共生」が叫ばれ、英語活動が導入されてきたのである。また、地域と同時に地球的な視野でとらえ、態度形成まで求める「持続可能な開発のための教育」（ESD）も、学習指導要領の中に色濃く反映されているのである。

　こうした時代の動向を踏まえた時、国際理解教育は、学校経営の重要な経営戦略となるのである。

　帰国児童生徒や外国人児童生徒が多いから、英語活動を重視したいから、市町村が姉妹都市と交流しているからなど、その学校なりの実態から、国際理解教育や国際交流を行ってきた学校が多くあったが、もはや外国とは関係ないと思われる地域の学校においても、国際理解教育の視点や経営戦略をもたずには、学校経営が成り立たない時代に突入しているのである。

(2) ビジョンの実現に向けた学校経営戦略

　学校経営のスタートは、子どもたちの実態から教職員、保護者、地域などの実態、そして、学習指導要領や教育目標など、区市町村から国レベルまでの教育動向をしっかりと校長自ら主体的に捉え、さらに、学習指導要領の背後にある地球的規模での知識基盤社会と言われる21世紀の時代動向を摑み、学校目標や学校づくりのビジョンを作ることである。そこでは、もはや強者による競争原理を基盤にした知識伝達型の学習を中心としたビジョンではなく、共生原理を基盤にした知識構築主義の学習を中心としたビジョンが重要である。そして、学校づくりのビジョンを具体的に実践し具現化していくことが何よりも必要であり、ビジョンがビジョンで終わってはならない。ビジョンの具体化は学校全体の教職員や教育委員会、地域とも関わるものであり、ビジョンの実現に向けた学校経営戦略であるストラテジーが重要となる。

　この第1段階での重要な側面は、教職員間でイメージできる具体的な実践の提示と具現化していくための学校組織づくりである。

　校内研修会や職員会議の場で、校長自ら、具体的な事例を挙げながら説明し、教職員間で共通イメージを持つことが重要である。その後、外部講師などを呼び、自らのビジョンを代わりに話してもらったり、このビジョンの重要性や具体的実践例を話してもらったりするのも効果的である。

　次は、ビジョンを実現するための学校組織があるかどうかが問題である。人選も含めて、校内の分掌組織の再構築が重要とも言える。

(3) モデルプロジェクトの提示

　ビジョンの具現化への大きな一歩となる教職員とのビジョンの共有化は、まず概要の理解のための説明や外部講師の話などがあるが、そう簡単にいくものではない。

　そこで、学校行事や特別活動、あるいは、校長による特別授業でもよいが、子どもたちが参加し、生き生きと活動するモデル授業や活動を実施し、そのビジョンの具体的姿を示すのである。

　国際理解教育やESDは、学校行事や特別活動として実施することが大いに可能で、イベント的な活動としてもたいへん効果的である。図1は、

国際理解教育と環境教育を両輪にESDを基盤にした学校づくりのビジョンを示したものである。

ここでは、まず下の三角の環境教育と国際教育のプロジェクトをモデルとして、学校で取り組んだのである。

地域の持続可能性を探究する動物園との連携による絶滅危惧種のニホンメダカの繁殖プロジェクトに参加することにし、そのために、児童会の中に新しく環境委員会が誕生したのである。

もう一つは、地球の持続可能性を探究する国際教育交流の実施である。

西アフリカのブルキナファソ国への机と椅子の支援交流から始まったプロジェクトである。

これらのプロジェクトは、新しく学校がめざそうとしているビジョンを明確に具体的に提示し、新聞やテレビでも取り上げられ、学校の教職員だけではなく、保護者や地域にも、具体的な方向性を示したのである。

この環境教育のプロジェクトは、中堅教員の働きによってできたのであり、国際教育は、ちょうど学校の机と椅子の切り替えの時に、廃棄するのではなく贈ろうと言う発想から生まれたものである。現在、どの地域にも、国際交流協会やJICA、国際NPO、あるいは、日本人学校の派遣教師など、いろいろな所に世界とつながる契機はあると言える。

（4）教員の意識改革と組織づくり

学校づくりの核心は、日々の授業づくりや学級経営にあるのは言うまでもないが、イベント的行事で、国際理解教育が大きな役割を果たすのは事実であり、他の何よりも演出効果がある。

しかし、日々の授業や学級経営が、改革されないままでは、本当の意味での国際理解教育の実現とは言えない。実は、国際理解教育は、異質性、多様性の受容、そして共通性の探究という三原則をもっており、しかも、表現力や態度形成までを目標にしているのである。それは、今、新しい学力として求められているコンピテンシーや生きる

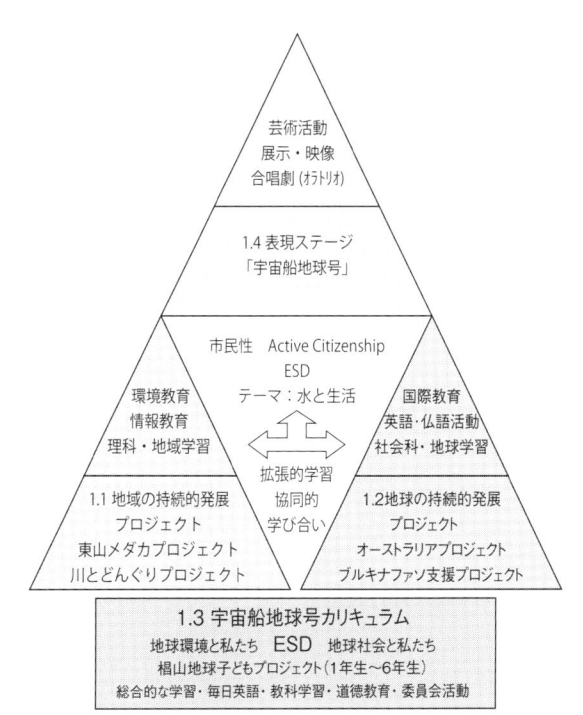

図1 学校づくりのビジョンとモデルプロジェクト

力、「グローバル人材」の育成につながるのである。

そのためには、教員の意識改革が必要であり、それを実現していくための研究・研修組織と運営が求められると言える。

ここでも、国際理解教育は、参加型の授業や協同的な学び合いなど様々な教材や手法を開発してきており、学校改革の基盤になるのである。

2. ひらき、つなぐ授業づくり

（1）協同の学びと中堅教師の奮闘

いよいよ日常的な学校改革を伴う学校づくりの第2ステージでの取り組みを考え、実施しなければならない。

教員一人ひとりは、長年の経験を踏まえ、自らの手法を持ち、日々実践している。しかし、大きな時代状況の変化の中で、それが妥当なことと全て言えるとは限らない。そのために、教員の考え方や教え方も日々見直し、自らを教育のプロフェッショナルとして向上させようという姿勢が重

要である。そして、日々の学校の中で、国際理解教育を実践していくためには、二つの課題がある。

一つは、内容としての課題、もう一つは、指導方法としての課題である。実は、内容と方法はたいへん密接な関係にあるのである。しかし、日本の教育の場では、永年、方法よりも内容を重視する傾向が強かったとも言える。つまり、指導方法は、一斉指導という形で確立し、その中での研究だったのである。しかし、1990年代の半ば、アクティビティや体験型授業を日本国内で広めたのが、国際理解教育であり、国際理解教育を研究実践することは、教員にとっても大きな意識改革をもたらすのである。

そこで、「ひらき－つなぐ」というキーワードを提示し、授業づくりを含め、様々な場面で課題に出合ったら、「ひらき－つなぐ」という考えで実践してみようと提案したのである。

この提案は、従来の教育が、教科は教科、学校は学校など閉鎖的な「ビリヤードモデル」であり、ひらかれた「ウェブモデル」へと変革されなければならないという、世界のグローバル教育をリードしてきたセルビー等の言説と一致するとも言えるのである。

この内容からのアプローチと方法からのアプローチにおいて、最終的には、両方が一致したものにならなければならないが、本校の学校改革では、方法からのアプローチを優先したのである。

このアプローチの優先順は、学校の実態によって異なり、協同的な学びなどが日常化している学校では、内容優先で進められる。しかし、教師が、自分のやりやすい内容や単元で、児童への一方的な知識伝達ではなく、児童同士がひらかれ、つながる協同的な学び合いをまず実施していくことから始めるのも、やりやすい方法なのである。

いよいよ授業の改革に進むわけであるが、簡単ではない。まず、研究部の研究委員長や中堅教師を外部の研究会や研究大会に派遣し、学び、自ら実践させてみる。さらに、外部講師などとの研究を行い、校内研究推進の力量形成を行うのである。

自らの学級で実践し、子どもたちの反応や変化、学級の学びの雰囲気の変化や専科授業での様子など、その子どもたちの姿から、自らの実践への確信を得る。ここまでの研究実践過程では、校長は支援助言することが重要である。

しかし、研究委員長や中堅教師での校内研究推進の土台ができたら、校内全体への波及を図る新たな段階になったと言え、それらの教師を前面に出し、学年部会などでの研究推進を図るのである。明確な研究課題を持ち、その課題解明のための研究授業であることを共通理解できれば、失敗でも、その個人の教師の責任ではなく、むしろ研究課題の解明につながるので、公開の研究授業をベテランの教師もやりやすくなり、校内全体に広がりやすいのである。

(2)「水と生活」の共通トピックの設定

次の段階が、内容でのアプローチである。教員同士が互いに研鑽し合い、学校全体の研究を進めるために、共通のトピックやテーマを設けることにしたのである。

テーマは、学校によって、特徴の出せるものでよい。本校では、オーストラリアの学校と交流を継続してきており、新しくブルキナファソの学校と交流支援を始めたことから、これらの国が水問題を抱えていること、そして、水が豊かと言われる日本においても、洪水や渇水など、大きな問題が生じており、これからの地球的課題であり、地域的課題であることから、「水と生活」を共通テーマにしたのである。

(3)「水と生活」についての素材研究

学びの対象との出合いが、いよいよ教師にも始まる。内容からのアプローチの始まりである。しかも、大陸を越えたオーストラリア、ブルキナファソとの交流活動も視野に入れた内容研究である。

①日本の地域の中の「水と生活」

学校のある愛知県は、木曽三川の豊かな水と同時に、伊勢湾台風や東海豪雨など洪水の課題を抱

える尾張地区と、逆に、水不足にずっと悩み、明治用水、愛知用水などの開発をやってきた三河地区があり、地域の問題としても水問題を両面から捉えることができる。

学習指導要領や教科書、ESD関連の本や研修から、「水と生活」のテーマはむしろ重要なトピックであることが、中堅教師の研究などから理解されてきた。そして、全校での取り組みの大きな一歩になったのが、全校遠足を学び合いの場として位置づけ直し、教師自ら、全員で、「水と生活」を探究できる木曽三川公園に行き、事前調査を行ったことである。同じ公園でも、教師の見方によって、見るものも、関心も異なり、全員で行う研修の良さを体験できたのである。その結果、一緒のテーマでやっていこうという方向になったのである。

ここから、研究委員会が主導して、「水と生活」をテーマに各教科での取り組みが各学年部会で開始された。そこで、出された指導案を研究部が指導助言し、全体で検討しあう校内研究会まで至ったのである。

この動きと同時に、国際交流も継続し、アフリカの水事情を話してもらうことも実施した。ここまで進展すると、これらの交流活動には、PTAも大いに協力してくれることになったのである。

②オーストラリアの水問題

オーストラリアは、年平均降水量は472mmと少なく、中央部は乾燥地域である。雨の降り方も、年ごとの変化が激しく、干ばつに見舞われることが多い。オーストラリアの農業は、日本の食糧と非常に関係が深く、うどんの原料となる小麦や牛肉などを大量に輸出しており、日本は、オーストラリアの水を使っている、つまり、仮想水貿易（ヴァーチャルウォーター）の問題となるのである。

しかも、長い開拓の歴史を通して、どこまでも続く広大な面積が牧場や畑になっているが、乾燥地域に適した自然林を伐採して、開拓したために、今、深刻な塩害が発生しているのである。

③ブルキナファソの水問題

ブルキナファソは、西アフリカにあり、マリ、ニジェール、ガーナ、コートジボワールなどに囲まれた内陸国である。人口は1700万人で、60の民族からなっている。気候は、北部と東部は乾燥気候で、ガーナに近い付近はサバナ気候である。

首都のワガドゥグー市内は、水道が設置されているが、郊外に行くと、井戸水に頼る生活となる。この井戸には、浅井戸と深井戸があり、各国の援助等により深井戸が作られているが、ギニア虫など健康被害の多い、浅井戸に頼っているのである。

（4）「水と生活」についてのカリキュラム研究

これらの水問題を教材化し、どのような内容を教えるかが課題となる。

そこで、日本とオーストラリアのテキストを比較して、「地球時代の水リテラシー」を探究した。Ⅰ水の世界、Ⅱ水と生活　生きるための水、生産のための水、Ⅲ世界の水危機、Ⅳ国境を越える水、Ⅴ水と人々、Ⅵ私たちにできること、☆大陸を越えた地球体験学習というテーマに、各6個のトピックを設けて作成した。

また、研究部は、教科研究からの内容をつなげ、独自なESDの実践「水と生活」を、水と自然環境、水の多文化理解、水と命の人権教育、水と地域・国際社会教育、コミュニケーション力の観点から作り、授業へとつなげたのである。

（5）授業実践

オーストラリアのパースでの水問題を探究するために現地学習（エクスカーション）として、ダムとその周りの森や歴史的遺産のポンプ場の見学を日本とオーストラリアの子どもたちが合同で行った。

このプログラムは、小学校5年生を対象にした西オーストラリア州政府の学習プログラム"Catchment Carers' Trail"「集水地への道のり－集水と貯水ダムについて学ぶ－」にそって、現地のインストラクターの指導によって行われた。

事前学習として、オーストラリアのパース市の水供給と水のない内陸部の問題を学習し、さらに、内陸部への水供給のパイプライン建設に貢献した

オコナー氏の物語を調べ、当日のエクスカーションに臨んだのである。特に、オコナー氏の悲劇とも言える死は、日本の社会科で扱う郷土の用水建設と深くつながるものがあり、日本の子どもたちにとっても貴重な学習となると思う。そして、現地学習の翌日に、ポストエクスカーションとして、学校で、下記の授業が展開された。

今回の小学校5年生のエクスカーションとポストエクスカーションに参加して、森の中の木や草一本でも、地球環境の学習が可能であり、水の大切さやどんな行動をすべきかなどの価値形成や態度形成まで進む体験学習のすばらしさを痛感した。

ポストエクスカーションの授業では、移民の多いオーストラリアでは、英語力に差があり、言葉より、まず絵から入ることにより、各自の興味関心の違いや良さを認め合うなど多文化教育が日々実践されており、大いに参考になる授業であった。

学校経営においても、単なる国際交流ではなく、具体的な学習内容を、国境を越えて学び合う教育活動へとつながる契機となった。

3. 学校文化の生成と大陸を越えた教育活動

(1) 大陸を越えた学び合いから学校文化生成へ

学校経営の立場から、国際理解教育を実践するとき、イベントを中心とした国際交流の行事から、

学習活動の展開		
	主な学習活動と学習者の意識	○資料・留意点など
1時間目	**マンダリングダム見学を振り返りましょう** ・静かに映像を見ながら、ダムや森の中の体験を振り返る。 写真1　　写真2 **自分の一番印象に残ったことを絵に描いてみましょう** 　静かに、各自が絵を描いていく。 **みんなの絵を見て回ってみましょう** 　それぞれの関心の違いに驚きながら見て回る。お互いにコメントし合う。 **自分の絵にエッセイを書きましょう** ・野生のカンガルーがいる森の大切さを感じた。 ・草や木がないと地面が削られてしまう。熊野古道は石畳があるから道が残っている。（オーストラリアに来る前に夏の生活で熊野古道を歩いた日本の子） ・森に入る人は、ブラシで菌を落として入るなど、すごく森を大切にしている。 ・雨が降り、水がダムに流れ込むという水の循環がわかった。 **次は、みんなに発表し、クラスのビッグエッセイを創りましょう** ・クラス全体で、発表し合い、それぞれの絵やエッセイをつなげて、クラス全体で、ビッグエッセイを書く。	薄暗く、静かな音楽が流れる室内で昨日のエクスカーションの写真が映し出される。 写真1 ダムの周りの森の中に、ジオラマがあり、森とダムのかかわりを俯瞰的に捉え、水問題を考える。 写真2 自分たちの飲料水となる大事なダムを見て、自分の飲む水を考える。 静かに見て回った後、席に戻り、エッセイを書く。 知識理解と態度形成の両面から捉えている。

教職員同士の研鑽による授業研究まで、様々なレベルで実践は行われるが、学校経営として最終的に目指したいのが、学校文化の創出である。

実際に行った例として、学校の空き教室を利用した「地球子ども博物館」などの世界と子どもたちを日常的につなぐ居場所づくりがある。

ここでは、学校や学級での取り組みが、つながり積み重なり、学校の学びの文化づくりとなるのである。そして、世界の道具や楽器など、具体物を展示するので、小学校においても、モノから入る学びができ、低学年からの学習が可能なのである。ここから、子どもたちの調べ学習が始まり、地球や世界の国々を意識したジオラマづくりや体験的なコーナーもできる。

このような場で、ICTを使い、交流校の子どもが調べた問題を検討し合ったり、相互に訪問し合ったり、大陸を越えた学び合いが可能となるのである。更に、演劇的な手法で、地域や世界に課題をメッセージとして表現することまで発展でき、まさに学校文化を生成できるのが、国際理解教育の大きな可能性と言えるのである。

(2) 大陸を越えた学び合いへの挑戦

従来、国際理解教育やグローバル教育も、日本国内の教育をステージに行われてきた。もちろん地球的課題に日本の子どもたちが関心をもち、Think globally, Act locally の精神で行動できるのはすばらしいことである。しかし、グローバル化の進展は、人が国境を越え、移動し合う地球時代になり、「グローバル人材」の育成が大いに叫ばれている中で、学校経営を行うには、国際理解教育を基盤に、「ひらき－つなぐ」の発想を持ち、学びのステージそのものを越境的な視点から創り出すことが重要ではないかと考える。

現在の学力論の観点にもなり、OECDのキー・コンピテンシーに挙げられている①自律的に活動する力、②道具を相互作用的に用いる力、③異質な集団と交流する力からの学びづくり、あるいは、コンピュータ等ICTの活用、英語活動の実施な

写真3　地球子ども博物館

ど、新たなニーズを踏まえた学校経営を行うには、国際理解教育を基盤にするのが妥当と言える。しかも、地域や保護者の要望とも合致するのである。

もともと国際理解教育は、他の教科や分野と異なり、外国との関わりを持ち、また、第二次世界大戦後の平和を願うユネスコの精神の具現化も目的として持っており、教育自体を相対化する視点を持っているのである。

そのために、単に教えるティーチャーから、学習環境や学校文化を生み出すプロデューサー、地域や世界ともつながるネットワークを創り出すコーディネーター、子どもの力を引き出すファシリテーターへと、教師自身の新たな資質づくりへの意識改革と実践力を高めるのである。

確かに、国境や大陸を越えてつながるには不安もあるが、学校を取り巻く地域には、多くの外国とつながり合う人材や機関がある。新たな教師力を身に付けた教師と学校は、「ひらき－つなぎ」の発想の元、地域や世界とも連携し、新しい学校文化を創り出すことになるのである。

(宇土泰寛)

[引用文献]
宇土泰寛（2011）『地球時代の教育－共生の学校と英語活動－』創友社
宇土泰寛（2013）『宇宙船地球号－水と生活の旅－』椙山女学園大学附属小学校／椙山女学園大学

1-3 国際理解教育におけるICTの活用
―小・中連携による韓国版デジタル紙芝居の作成と実演―

1. 単元の概要

本学習活動は、小学校6年生（道徳）全4時間と中学校1年生（技術科）全8時間を活用、国際理解教育の視点に留意した協働学習として、デジタル紙芝居の作成と実演の小単元を設定した。

学習領域	カリキュラム開発の視点			
	1	2	3	4
A 多文化社会	文化理解	文化交流	多文化共生	
B グローバル社会	相互依存	情報化		
C 地球的課題	人権	環境	平和	開発
D 未来への選択	歴史認識	市民意識	社会参加	

単元目標は以下の通りである。
① 昔話について日本と韓国に同様の内容があることに気づき、その共通性と差異性を理解する。
② 情報モラルを意識しつつ、コンピュータや情報通信機器、ICT（情報通信技術）を活用することができる。
③ 幼児を対象として、児童と生徒が連携して取り組むデジタル作品の作成を通して、協働的かつ主体的な学びの姿勢を身につけさせる。

単元を特徴づけるキーワードは、昔話、文化理解、ICT、協働学習である。

昔話は伝統的な価値を含み、国・地域の文化の違いが細部に顕著に表れる場合が多い。そのため昔話を通じて、表現されている内容についての共通性と差異性を理解し、異文化に対する寛容な態度の育成をめざす国際理解教育の題材として多様なアプローチの可能性に富んでいる。

本学習活動の準備として、市販されている日韓の昔話に関する絵本を中心に調査を行った。その結果、内容的に類似したものが多く見られたが、これは北欧に浦島太郎とそっくりの昔話があるように、おそらく調査の範囲を広げればさらに多く

表1 日韓の類似した昔話の例（民話）

日本の昔話	韓国の昔話
『ふるやのもり』 古い家にしのびこんだ狼が、老夫婦の会話に出る「ふるやのもり」を非常に怖がる。「ふるやのもり」とは、古い家の雨漏りのこと。	『とらとほしがき』 里へ降りたとらが、民家の親子の会話に出てくる自分の知らない「ほしがき」というものを非常に強いものだと思い込み怖がる。
『さるかに合戦』 かにが育てた柿の木の実をひとり占めする猿に対して、ハチ・臼・栗・糞などが助太刀し、猿を懲らしめる。	『あずきがゆばあさんとトラ』 おばあさんを食べようとするトラを、栗・石臼・すっぽん・糞などが協力し、懲らしめる。

の事例を挙げることができるであろう。本実践では、韓国と日本を対象として、その中で特に似通ったものについてのみ抽出し、まとめたものを表1に示す。

その中で特に、「さるかに合戦」と「あずきがゆばあさんとトラ」は、幼稚園児でもその類似性を理解できる点が顕著であり、本実践の題材にすることとした。ちなみに「さるかに合戦」は日本の五大昔話の一つであり、「あずきがゆばあさんとトラ」もまた韓国において最もよく知られている昔話のひとつである。

学習指導要領では、総則において、コンピュータや情報通信技術（ICT）を活用することが示されている。ただ、総合的な学習の時間以外で、中学生が授業の中で情報機器に触れるのは、基本的には技術科の「情報に関する技術」の領域となる。本実践では、その中のマルチメディア領域の単元において、日韓の類似した昔話を題材としたデジタル紙芝居を制作し、日本および韓国の幼稚園で実演することを通して、「異文化理解」「自文化理解」の視点からの国際理解教育の実践に取り組んだ。

さらに本教育活動は、その過程において昔話に関連した画像の出版社への使用許諾を申し出たり、日韓の保育機関・初等教育機関における上演によ

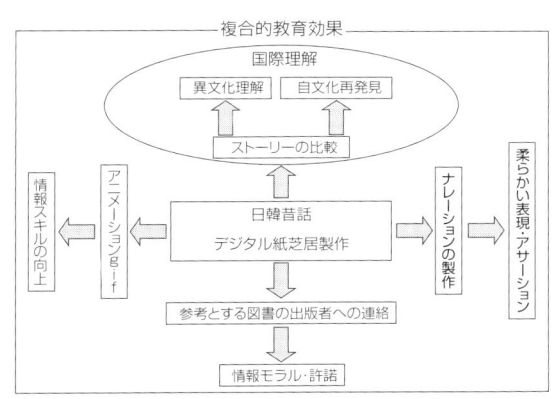

図1 日韓昔話デジタル紙芝居製作から広がる複合的教育効果ウェービング図

り、「ICT活用のスキル向上」「協働的な学びの姿勢」「主体的な学びの姿勢」など複合的な教育効果を目指したことに特徴がある（図1）。

小学校では画像処理のソフトウェアを用いて素材を着色し、簡単な静止画による紙芝居を制作した。また、小学生が制作した静止画紙芝居を元にして、中学生がアニメーション機能を追加したデジタル紙芝居を完成するという協働的な学びを計画し、学習者の意欲を高めるための状況の設定にも配慮した。

文部科学省は、平成23（2011）年4月28日に「教育の情報化のビジョン」（以下『ビジョン』と略す）を示した。ビジョンでは、つけたい力を「生きる力」だけでなく、ATC21S（Assessment and Teaching of 21st Century Skills）という21世紀型スキルとしてより具体的に明示している（文部科学省 2012）。

ATC21Sは、思考の方法（創造性と革新性、批判的思考・問題解決・意思決定、学習能力・メタ認知）、仕事の方法（コミュニケーション、コラボレーション＆チームワーク）、学習ツール（情報リテラシー、ICTリテラシー）、社会生活（市民性、生活と職業、個人的責任および社会的責任）の四つの主技能により構成されている（文部科学省 2012）。

一方、OECD（経済協力開発機構）が実施する生徒の学習到達度調査（Programme for International Student Assessment：PISA）でも、コンピテンシー（competency）を身に付けることを求められている。

そこで重視されているキー・コンピテンシーは、「社会・文化的、技術的ツールを相互作用的に活用する能力（個人と社会との相互関係）」「多様な社会グループにおける人間関係形成能力（自己と他者との相互関係）」「自律的に行動する能力（個人の自律性と主体性）」の三つである。これらに共通しているのは、ツールを活用し、人とつながる力の育成である。

さらに「ビジョン」では、学習形態として、情報通信技術（ICT）を活用し、一斉学習および個別学習に加えて、子どもたち同士が教え合い学び合う協働的な学び（協働学習）を推進することにより、基礎的・基本的な知識・技能の習得や、思考力・判断力・表現力等の、主体的に学習に取り組む態度の育成を最も重要な課題として示している。

「21世紀型学力」で示された資質・能力に留意することによって、国際理解教育のさらなる充実が期待できる。「21世紀型スキル」の特徴は、テクノロジーの力を利用することであるが、問題はそれを活用してどれだけ人と人とをつなげることができるかである（今田他 2012：57-66）。

ICTを使いこなしながら、協働的にグループで課題に取り組む学習方法は、国際理解教育で身に付けたい学力との整合性も高く、有効な学習方法である。色々な課題を示し、学習の過程でICTを効果的に使わせることはよく行われているが、学習者がその課題に対して取り組む意義、学ぶ必然性を実感して取り組める題材はなかなか提示できていないことが、情報関連の授業づくりにおいては、常に課題である。

今後学校教育においては、ツールの相互作用的な活用に関する資質・能力の育成が、さらに重視されていくであろう。本実践は、国際理解教育として取り組んだ実践であるが、ICTおよび協働学習の視点での授業づくりにおいて、全ての教科でアプローチする際の参考例として授業評価表も含めて提案するものである（木村他 2009：77-78）。

2. 学習活動の展開

①小学校での展開

	主な学習活動と学習者の思考	○機器・留意点など
全4時間	・韓国昔話に関する事前学習（1時間）を実施。 ・デジタル紙芝居の静止画の作成を行った（3時間）。実習授業では、あらかじめ外形線のみを描いた gif 画像をデジタル画像素材として用意し（図1）、児童はその素材データに対して、ソフトウェア『ペイント』を使用し着色などを行う。 図1　「あずきがゆばあさんとトラ」デジタル画像素材と作成の様子 ・その後、着色した素材を組み合わせ、静止画の紙芝居もナレーションとともに完成する。着色し、静止画紙芝居として完成した画像の一部を以下の図2に示す。 図2　着色し完成した静止画紙芝居（抜粋） ・中学生へのアニメーション化を依頼する手紙の作成 　完成した静止画を添付して、中学生にデジタル紙芝居として完成するために、そのアニメーション化を依頼する手紙を作成、送付する。依頼文はクラス全体で討議して完成する。その全文を以下に示す。 立命館守山中学校のみなさんへ 　おはようございます。僕たちは奈良県の葛城市立磐城小学校の6年生です。僕たちは、道徳の時間に「あずきがゆばあさんとトラ」という絵本をパソコンで作りました。ペイントで色塗りをしていましたが、山田先生の話によると僕たちの作ったものをアニメーションにしていただけると聞きました。幼稚園児に見てもらう予定なので動く絵本になればもっとすごくなると思います。どうか中学生のみなさん、僕たちの作った絵本をアニメーション化してもらえないでしょうか？　よろしくお願いします。 　　　　　　　　　　　　　　　　　　　　磐城小学校6年1組	Windows ソフトウェア『ペイント』を使って着色を行う。マウスでの絵の描画は、困難な作業であるため、主に着色作業とする。特に描画線の修正など高度な編集作業が必要な場合は、授業者が手伝うように配慮する。 依頼する中学生の立場になって、わかりやすく思いを伝える。あくまでも小学生自身で考え、推敲するように留意する。子どもらしいイラストやカットも自由に描かせる。

②中学校での展開

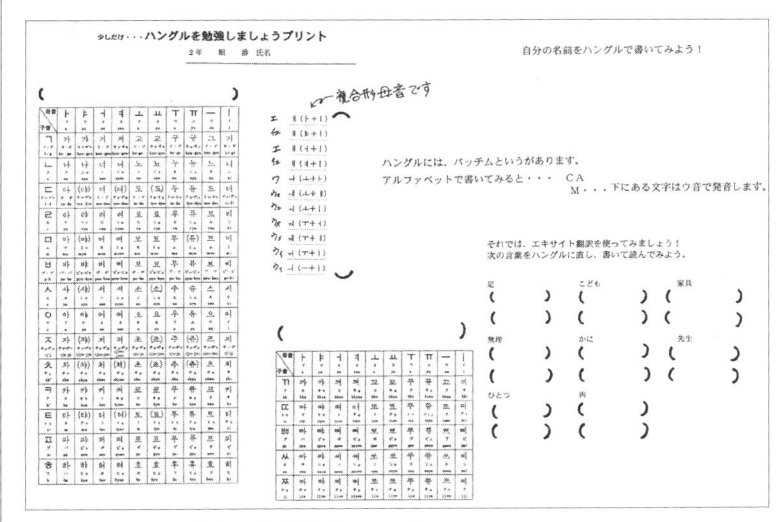

	主な学習活動と学習者の思考	○機器・留意点など
全8時間	・ハングルについての事前学習（1時間） その学習プリントの実際を以下に示す。ハングルが表音文字であることを知らない生徒がほとんどであった。しかし基本的な法則が理解できれば、半切表を見ながらであればローマ字程度の簡単な読み書きは生徒全員ができるようになった。 （ハングル学習プリントの図） ・アニメーション作成の基本練習（2時間） 「さるかに合戦」を題材として、アニメーション制作の練習を行う。画像のデジタル化・デジタル画像の合成方法・拡大縮小・レイヤーの動かし方などのスキルを習得した。なお、ソフトウェアは、Adobe社のFireworksを用いた。 生徒が絵本を参考にして描いた絵とレイヤーによる画像の合成 ・アニメーションの作成（4時間） 小学生からのメールを紹介し、小学生が作成したデジタル紙芝居のデータを使用して「あずきがゆばあさんとトラ」のアニメーションを制作する（4時間）。小学生が幼稚園で実演するという想定で作成する。中学生が制作し、小学校に送付したアニメーションの一部を以下に示す。	ハングル学習プリントを用いて、ハングルの基本的な構造を理解する。 ハングル文字は、母音と子音で構成されていること、母音＋母音となっている母音を合成母音ということが理解のポイントであることを強調する。 ハングル文字は、一見複雑で難しそうであるが、基本的にはローマ字と同じ構造で、原理を理解してしまえば解読は簡単であることを、練習問題の個別学習および学び合いを通じて理解させる。 ソフトウェア「Fireworks」を用いてアニメーションを作成する。 レイヤーの基本的な概念を理解させることが大切である。 レイヤーの概念は、重ね順の作業の練習で、理解できる。その際、透明シートを数枚用意して、その原理を実物で説明するとレイヤーのイメージが得やすい。 ソフトウェア「Fireworks」を使ってアニメーションを作成する。なめらかなアニメーションになるように各コマの時間調整を、見た人の立場に立って何度も修正する。

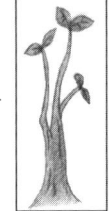

③小学生による幼稚園での実演

	主な学習活動と学習者の思考	○機器・留意点など
全2時間	・幼稚園での実演（1時間） 中学生が完成してくれたデジタル紙芝居を地元の幼稚園で小学生が実演する。実演は、デジタルテレビ1台に大きく投影し、代表者数人で機器の操作、読み上げなどを行う。  	小学生が日本の幼稚園で実演する。小学生は、幼稚園児のために実演するという状況の設定により、主体的、協働的に準備を行うことができる。授業者は、必要に応じて幼稚園児に対する対応などをアドバイスする。

④教員による韓国幼稚園での実演

	主な学習活動と学習者の思考	○機器・留意点など
全1時間	・韓国幼稚園での実演 中学生が完成したデジタル紙芝居の実演については、児童ではなく、中学校側の木村慶太教諭がソウル大学の韓敬九教授の協力を得てコリア語で韓国の幼稚園で行った。園児の反応は、作成した中学生にとっても大変興味深い内容であり、その反応を生徒の他者意識の涵養に役立てられるように、ビデオ等にその記録を撮った。  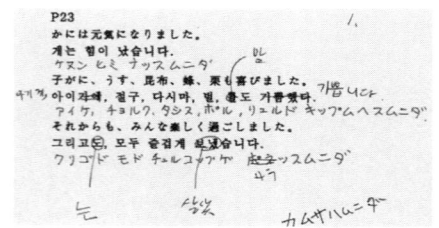	韓国の幼稚園において、中学校の教員が生徒の作成したデジタル紙芝居を実演した。 韓国の幼稚園での実演の様子を動画に撮って、後日中学生に見せられるように編集した。その際、ポイントとなる場面の映像を各項目ごとに1分程度でまとめることが、自己評価を有効に行うためのポイントである。

3. 学びの軌跡

　授業評価については、本学習活動の前後に、小学生および中学生を対象に異文化理解（韓国文化を含む）、自文化理解、ICT活用、協働的な学びの姿勢、主体的な学びの姿勢等についての自己評価を行い、その変容を検討した（表2）。結果、小学生、中学生ともに韓国に対する親近感および文化に対する意識が高まった。また、デジタル紙芝居の作成の過程で、ICT活用の新しい技能が身についたと回答している。自由記述では、小学生からは「ふたつのはなしは、本当によく似ている。やはり隣の国だし、考え方とかも昔はもっと近いものがあったのかも知れない」「幼稚園の子らに、もっと韓国のお話を紙芝居で見せてあげたい」などの感想が聞かれ、題材として、ある国の民話や昔話を取り上げることで、その国への関心を自然と高めることができるという手応えを得た。また、自文化との共通性を認識することで、より親近感を抱くこともわかった。

　中学生からは、「ハングル文字が、アルファベットのように読めるということをはじめて知っ

表2　自己評価の変容による授業評価表

構成要素		質問番号	自己評価平均点(小学生)		検定	自己評価平均点(中学生)		検定
学習領域	キーワード		授業前	授業後		授業前	授業後	
異文化理解	共通性	①	6.05	6.32	n.s.	6.25	6.44	＊＊
	差異性	②	5.98	6.20	n.s.	6.24	6.30	n.s.
	環境	③	5.44	5.71	n.s.	5.43	5.72	＊
	昔話への関心	④	5.51	6.27	＊＊	5.24	5.43	n.s.
	認識	⑤	5.93	6.46	＊	6.19	6.33	＊
	文化への関心	⑥	4.39	6.36	＊＊	5.04	4.98	n.s.
韓国文化	親近感	⑦	4.71	6.46	＊＊	5.23	6.31	＊＊
	昔話への関心	⑧	4.76	6.00	＊＊	5.17	5.57	＊＊
自文化理解	関心・意欲	⑨	5.80	6.39	＊＊	4.95	4.83	n.s.
協働的な学びの姿勢	認識	⑩	6.24	6.51	n.s.	6.19	6.35	＊
	態度	⑪	5.51	6.12	＊	5.58	5.66	n.s.
ICT活用	モラル	⑫	6.48	6.61	n.s.	6.14	6.57	＊＊
	技能習得	⑬	5.56	6.39	＊＊	5.23	6.40	＊＊
主体的な学びの姿勢		⑭	5.28	5.24	n.s.	＊＊	5.57	＊

小学生　n=31　　中学生　n=161　　＊＊ P<0.01　　＊ P<0.05　　n.s. 有意差なし

た」などの感想に加えて「調べてみたら中国にも『ひよこの仇討ち』という、よく似た話があることが分かった。似ている話があることはわかったが、なぜ似ているのか、元の話は何なのかをさらに調べたい」という、文化の伝播に関する興味にまで発展させる生徒もいた。さらに、出版社等への画像使用の許諾を得る過程を通して、情報モラルの感覚が自然に身についた。さらに協力し高め合い学び合う、協働的な学びの姿勢の涵養など、本学習活動の状況の設定で複合的な教育効果の成果が認められた。

以上のように、国際理解教育の視点で類似した昔話という題材にICTを活用して取り組むことで、21世紀型のスキルが自然に身に付けられる可能性を見出すことができた。

今後は、さらにタブレット型の情報端末が普及し、協働学習が進むことが考えられる。資質・能力の育成の観点からもICTを活用した協働学習の充実がさらに求められる。協働学習の基になっているとされる学習理論であるCSCL（Computer Supported Collaborative Learning）は、そもそもがコンピュータに支援された協調学習と定義されている（山内2010: 4）。CSCLが取り組むべき題材としても国際理解教育の可能性は大きい。

（今田晃一）

引用文献

今田晃一・村山大樹（2012）「タブレット型情報端末（iPad）を用いた授業づくりとその環境整備～iBooks Authorと簡易式教室内クラウドの構築」『文教大学教育研究所紀要』第21号

木村慶太・韓敬九・今田晃一（2009）「国際理解教育におけるICTの活用－デジタル紙芝居の作成日韓交流－」日本国際理解教育学会『第19回研究大会抄録』

文部科学省（2012）「平成23年度　文部科学省委託事業『21世紀型生きる力』の育成ルーブリックの活用と高度ICT人材開発のモデル化成果報告書」

山内祐平編（2010）『デジタル教材の教育学』東京大学出版会

コラム7
IBスクールと国際理解教育

　国際バカロレア（IB）は、探究する人、知識のある人、考える人、コミュニケーションができる人、信念をもつ人、心を開く人、思いやりのある人、挑戦する人、バランスのとれた人、振り返りができる人、という10の学習者像を掲げている。IBには初等教育プログラム（PYP）、中等教育プログラム（MYP）、ディプロマプログラム（DP）およびキャリア関連教育サーティフィケイト（IBCC）の四つがある。10の学習者像はすべてのプログラムの中核に位置づけられており、IBの三つの特質、すなわち、コミュニケーション、包括的学習（Holistic learning）及び多文化理解（Intercultural Awareness）と併せて、IBの教育理念を示している。

　IBはグローバルスタンダードの教育システムとして、その教育理念を実現するための仕組みが詳細にわたって整備されている。IB校として認定されるためには多くの条件をクリアしなければならないが、その過程で教育課題が明確になり、それが学校改革にもつながっていく。なお、IBの価値観や様々な規定は、国際理解教育のテーマと密接に関わるものばかりである。

　第一に、学習者中心で、評価が学習と密接に関連していること。学習目標を児童生徒と共有した上で、個人や集団で「探究→行動→振り返り」を繰り返しながら学習を進めていく。MYPの場合、評価規準（評価の観点）と評価基準（評価の目安）のルーブリックを単元ごとに事前に生徒に示し、生徒がルーブリックを通して目標を理解した状況で学習が行われる。

　第二に、概念学習であること。IBは「知識の伝達や事項の機械的暗記よりも理解の転移と協働的な意味の構築としての教育の方に価値を置いて」おり、そのためには概念的理解が「究極的な目標」となる。「学び方を学ぶ」ことが重要なのである。学習の転移を促す場として、教科を超えた学習領域や教科間連携が規定されている。年間学習計画作成において、各単元で設定した「重要概念（Key concepts）」などを示したカリキュラムマップを全教員で共有し、教科間連携が図れるようにする。

　第三に「逆向き設計」に基づいて単元計画を作成すること。MYPでは指定の「単元プランナー」フォーマットを用いる。まず初めに全教科共通の16の「重要概念」と六つの「グローバルな文脈（Global contexts）」のうちから一つずつ選択し、教科ごとの「関連概念（Related concepts）」と併せて「探究テーマ（Statement of inquiry）」を一文で示して単元目標を明確にする。次に具体的な「探究課題（Inquiry questions）」を設定し、それにそって学習内容を定めていく。

　以上のように、国際理解教育の課題に取り組んでいく上で、IBは非常に有益である。2014年3月現在、日本の「一条校」（学校教育法第一条に規定された国公私立の幼稚園、小学校、中学校、高等学校、大学及び高等専門学校）のうちIB校は7校しかない。そのうちの1校でIB教育に携わる者として、今後日本においてもIB校が増えてIB教育の理念や手法が普及することを期待している。

　ところで、政府は2013年6月、日本のIB校を2018年までに200校に増やすことを方針として掲げた。併せて一部日本語によるデュアルランゲージDPの実施が決定された。それ以来、「一条校」においても高校2年生と3年生を対象としたDPを導入しようとする動きが広がっている。しかし、高校1年生段階までいわゆる日本の学校文化に沿った学習を続けてきた後、DP導入でいきなりIB的な学びを始めるのは、生徒にとっても教員にとっても非常に切り替えが困難であろう。やはりDPの前段階、すなわち小学校や中学校の段階から、IBのようなグローバルスタンダードの学びを、これまでの日本における学校教育の成果も活かしながら、少しずつ組み込んでいく必要がある。その前提として、まずは教員の意識改革が求められる。

（山本勝治）

2 小学校の実践

2-1 学級における実践 －世界のあやとり教室－

1. 単元の概要

本学習活動は、小学校2年生生活科の単元を中心とし、発展的な学習として構成した全16時間の活動である。

学習領域	カリキュラム開発の視点			
	1	2	3	4
A 多文化社会	文化理解	文化交流	多文化共生	
B グローバル社会	相互依存	情報化		
C 地球的課題	人権	環境	平和	開発
D 未来への選択	歴史認識	市民意識	社会参加	

単元目標は、以下である。
① 仲間とともにあやとりを楽しみながら、自分のできる技を増やす。
② 技を増やす過程を通して、あやとりが日本だけでなく世界各地で行われている文化であることに気づく。
③ 自分ができるようになった技を、仲間と協力しながら他学年の児童や保護者に伝える。

単元を特徴づけるキーワードは、あやとり、巧緻性、世界地図、人との関わり、伝承である。
小学校第2学年の生活科学習内容では、身近にあるものを使って遊びの面白さに気づき、みんなで遊びを楽しむことが掲げられている。あやとりは、毛糸などのひも状のものがあれば、何度も試すことができ、どこでもできる遊びである。また、一人でも二人以上でも遊ぶことが可能で、子どもたちにとっても取り組みやすい遊びである。低学年期の子どもたちにとって、指先にかけたひもを指の動きだけで絡ませたり抜いたりする行程は、巧緻性の育成にも効果的である。また、うまく行かないときには、指から外して何回でも容易

にやり直すことができることも、試行錯誤を繰り返すためには有効である。さらに、見よう見まねで技を覚えていくなかで、ひもの取り方を指示するために言葉を使うことも、この時期の子どもたちにとっては大事な学習活動となる。

日本でも長い間、子どもたちの手遊びとして幼児期から取り入れられているあやとりであるが、世界のさまざまな地域でもあやとりは行われてきている。「現在、約3000種類のあやとりが確認されているが、そのうち約2000種類が南太平洋の国や島々のものである。パプアニューギニアやツバルには、海やそこに生息する生き物についての技がたくさんある。南太平洋のナウル島では、18世紀中期から100年間ほどは年2回あやとり協議会を開くなどの、島中の人びとが熱中し、人の髪の毛をきれいに編んだひもを使い、織物のような複雑なデザインを生み出していた」（シシドユキオ 2006: 29）。また、アメリカ先住民のナバホの人たちもあやとりを得意とし、「ナバホのかまえ」や「ナバホとり」といったあやとり専門用語もあるくらいである（野口廣 2009: 10-11）。

対象となる児童は、1学年3学期から機織りに取り組み（居城 2012）、その発展として、2学年になり、夏休みのお手伝い経験をもとに、世界の子どもたちのお手伝いや児童労働について取り上げた。本活動では、子どもたち向けに書かれている室内遊びの本（グループ・コモンズ 2007）に掲載されているあやとりの技、「ハワイの魚」と「シベリアの家」をきっかけとして、さまざまな技ができるように増やしていった。あやとりの本を用意したが、本のままでは複数の子が使用することには適さないので、各技をB4版片面または両面にまとめ、ラミネートをかけたものを用意し、参考資料として使いやすいようにした。これを使って、

子どもたちは、授業時間だけでなく休み時間や放課後の時間にも友だちと一緒にあやとりに取り組んだ。まずは、自分でやってみたい技を選び、それができるように何度も練習していった。うまくいかないところは、すでにできるようになっている友だちに訊いていた。その中で、自然に教え合う場面が成立していた。

活動が進むと、各自が得意とする技に傾向が見られるようになった。「はしご」のように段数を増やして発展していく技を得意とする子ども、「シベリアの家」のようにお話に合わせて形を変化させることを楽しむ子ども、「もちつき」のように複数人数での動きを伴う技を友だちと楽しむ子ども、友だちと同じ技の形を作る速さを競い合う子ども。あやとりと一括りにして捉えがちであるが、子どもの姿からは、あやとりのさまざまな楽しみ方を見つけている様子を見とることができた。

世界各地で伝承されているあやとりは、子どもの手遊びという意味合いだけではない。文字をもたない文化においては、それぞれの図形を使って、狩猟の対象となる生き物やそれを捕らえる道具や方法を伝えるときの教具として用いられている。すなわち、生活を支える知識や技術をくり返し伝えていくためのツールとして利用されているのである。また、形を変化させていく技には、変化に合わせて語ることが、子どもに対する説話としての役割を果たしているものもある。複数人数で行う技では、小気味よく動きを繰り返す中で、共同作業で必要な息を合わせる感覚を覚えることができる。アボリジニのあやとりには、生き物としての人間に関する生殖や排泄に関する技がある。これも生きるために必要な知識を、模式的な図形と動きによって伝えやすくしていることが読みとれる。

さらに、指先を動かすことで複雑な図形を作っていくことは、巧緻性を高めることにつながり、生活能力を向上させるのに有効な手段の一つであることがわかる。新たな技を創作することは、高い巧緻性を示すだけでなく、知性や独創性をももち合わせていることを誇示することになるのだろう。

これは、あやとりを知ることが子どもたちにとっては遊びながら、世界各地の人々が何を生活の糧としていたのか、どのような生活様式をもっていたのかを知るだけでなく、その文化の価値観や信仰のあり方を知ることにもつながっているととらえることができる。

以上のことから、世界のあやとりを取り上げた活動の意義を、五つの観点からまとめる。

①形を変形させる技ができるようになったり、教えたりする過程を通して、知識や生活技術を伝えることを追体験できる。　　……(体験)
②世界各地の文化や生活様式について知ることが可能である。　　……(知識理解)
③ひも1本で、どのような場所でもくり返し再現可能な図形を作ることができることを生かし、世界のさまざまな地域であやとりが行われていることを知る。　　……(知識理解)
④世界各地のあやとりと日本あやとりに共通する技があることをきっかけとし、文化の比較が可能である。　　……(比較)
⑤複数人数で行う技を繰り返すことで、息を合わせることを体得できる。　　……(共同性)
⑥仲間との協同の中で楽しみながら、さまざまな学びにつながる経験の素地が出来上がる。
　　……(共同性)
⑦それぞれの技を地図上に記していくことで、自分にとって意味のある世界地図を作ることができる。　　……(表現)

本活動では、小学校2年生の生活科が中心となるので、活動の目標として上記の意義を踏まえながらも、活動を支える教師の視点として、全てを直接子どもたちに提示する活動の目標とはしていない。

2. 学習活動の展開

主な学習活動と学習者の思考	○資料・留意点など
<div>1〜2時間目</div> みんなであやとりをしよう 「ハワイの魚」と「シベリアの家」に挑戦しよう ・「はしご」なら作れるけど、これは初めてだな。 ・図の説明だけだとよくわからないよ。誰かやり方を教えて。 ・なんで「魚」じゃなくて「ハワイの魚」なのかな。 ・シベリアってどこにあるの。 ・他の技にも挑戦したい。  写真1　シベリアの家 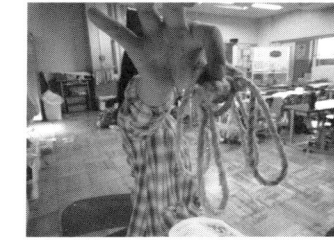　　写真2　花かご  写真3　はしご 　　写真4　東京タワー  写真5　ナバホのテントのまく 　　写真6　2人で1本のひもを使うもちつき	・自分たちの知っているあやとりの技から始めると取り組みやすい。 ・失敗しても繰り返すうちにできるようになる。 ・必ずしも「世界の〜」を選ばせるのではなく、自分が選んだ技ができるようになり、それがどの地域で伝わる技なのかを知りたくなるような流れで、あやとりを楽しむことを最優先とする。 ・〈写真5〉ナバホやテントについて関心が向いたときには、説明を加える。 ・〈写真6〉あやとりのひもは取り組む技によって長さを変えるほうが良いことに気づく。
<div>3〜6時間目</div> 世界のいろいろなあやとりに挑戦しよう ・途中でわからなくなるから、できる人は誰か教えて。 ・二人でやる技を一緒にやろう。 ・「シベリアの家」には2階建てもあるよ。 ・1階建てにくらべて、お話も長くなるね。 ・ニュージーランドの2本のひもを使うあやとりは難しいね。でも、できると動きが面白いよ。	・お話ししながら動きを伴うものや、二人で次々と取り合うものなど、レパートリーが増えることを存分に楽しませる。 ・誰かに教えてもらうだけでなく、自分でも練習ができるように、技の説明図を

7〜8時間目	・「のこぎり」や「もちつき」はひもを長くして試してみよう。教室だと狭いから、校庭でやってみよう。 ・みんながんばったので、あやとり教室を開きませんか。 世界のあやとり教室を開こう 自分のできる技を整理しよう ・1年生のときにやったはたおり美術館みたいに、ひとり一人でお店を出そう。 ・自分が机に座って、前に来たお客さんにあやとりを教えてあげたい。 ・自分が教えられる技をメニューみたいに書いておきたい。 写真7　自分ができる技を書き込んだ世界地図	カード化してラミネートしておく。 ・お互いの技を見せ合うことから、教え合うことにつなげていく。そのときに「どこのあやとりなの？」という質問を加え、世界を意識させるようにした。 ・世界のあやとりを表記できるように白地図を用意した。
9時間目	お客さんにお知らせしよう ・みんなの広場（全校集会）で全校のみんなにお知らせしよう。 ・ポスターを作って、全クラスにお知らせに行きたい。ポスターには自分の教えられる技を書くといいと思う。 ・技の名前だけでなく、絵も描きたい。 ・休み時間もやると、お客さんがたくさん来ると思う。 ・お客さんが持って回るカードも用意した方がいいかもしれない。 ・教えてあげた技の名前をカードに書いてあげたい。きっと、いろんな人のところを回っていろんな技を教えて欲しいと思うよ。 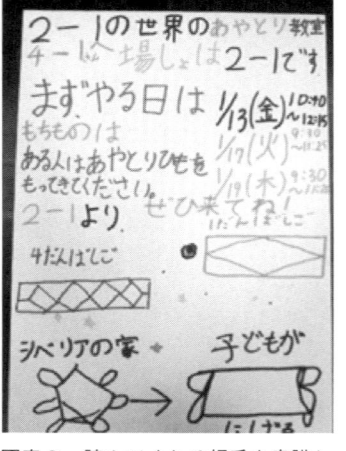 写真8　読んでくれる相手を意識したポスター	・ポスターに掲載する項目は共通で確認し、レイアウトは自由とした。 ・これまでの経験から、全校への告知方法は学んでいる。クラスの代表者ではなく、全員が何かしらの方法で広報に参加できるようにした。
10〜15時間目	世界のあやとり教室開催 ・緊張する。お客さんくるかなあ。 ・人気のあるのは、この技なんだ。予想と違うな。 ・ひもが細いと初めての人はやりにくいのかもしれない。太いひもも用意しよう。長さもいろいろ用意しておこう。 ・向かい合うと教えにくいから隣に並んで教えよう。	・他者に伝える機会の中で子どもたちが成長していけるように毎日2時間ずつ3日間にわたって開催をした。

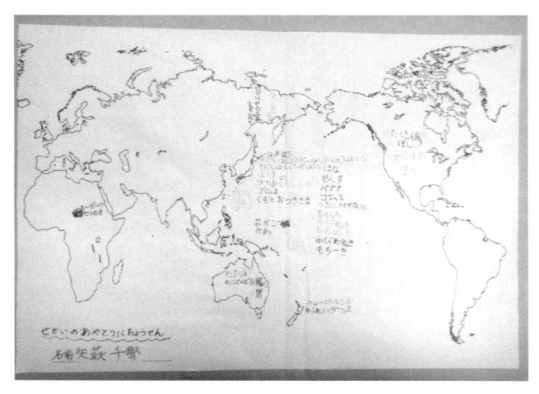

	・初めての人と上手な人では、教え方を変えた方がよさそうだな。 ・お客さんのカードにコメントを書くと喜んでもらえるよ。 ・メニューには書いたけど、うまく教えられないので手伝ってくれる？ ・その技なら、長いひものほうがやりやすいよ。 ・今日は2日目だから、昨日より上手に教えられるように頑張ろう。 写真9　相手への教え方を工夫する。相手に対して自分の手が見やすい位置を考えて、動きと言葉で説明する。 写真10　それぞれの得意を活かしながら、友達と協力して教えていく。	・来場者用のカードは共通のものを用意した。 ・各自が必要な道具は、各自が用意した。 ・太さや長さの違うひも、コメントを書き込むためのペンなどがあった。 ・クラス全体でのふりかえりの後、国語の活動で詩を書いた。また、学年末の文集作りなどにあやとり教室に関する作文が複数見られた。
16時間目	まとめをしよう ・お客さんがたくさん来てくれた。3日間来てくれた人もいた。 ・最初は上手に教えられなかったけれど、相手がわかるように工夫をしていった。 ・人気が出るだろうと思っていた技とお客さんが教えてほしいと言ってきた技が違った。	・日常から大切にしている、子どもたちが経験を語ることや綴ることを活動のまとめとして活用する。

3. 学びの軌跡

　評価は、下記の3項目について、発言、学習感想、文集の作文や詩、活動中の様子から以下の視点で評価する。
・世界各地のあやとりの技を知り、それを他者に伝える活動を通して、人々が伝承してきた文化に触れる。（知識理解）
・自らすすんで技を習得しようと練習し、仲間との交流によって、それらを発表する機会を持とうとする。（関心意欲、思考態度）
・これまでの経験をいかし、世界のあやとり教室開催の知らせ方や当日の運営の方法を考える。また、お客さんに教える過程を繰り返す中で、技を伝える追体験を繰り返し、文化の伝承の仕方を経験する。（思考、表現）

　本活動を展開するにあたり、子ども向けのあやとりの本が多数出版されており、授業づくりのための参考資料として活用することができた。本稿の引用文献としたものには、それぞれの技がどこの地域のものかを明示したものや、それらにまつわるエピソードを子どもにもわかるような文体で書かれているものもある。

　また国際あやとり教会（http://www.isfa-jp.org/00.htm）のホームページにも授業作りに役立つ情報が掲載されている。

　子どもたちは、世界のあやとり教室の経験を以下のように詩や作文に表現している。

　　あやとり教室では、いろいろなあやとりを教

える。あやとりは外国にもある。すごい。できないあやとりもある。あやとりはむずかしい。かんたんなのもある。もっとあやとりを知りたいとぼくは思った。あやとりできるようにがんばりたい。（Aさん）

いっぱいあやとりをおぼえて、あやとり教室をやりました。（中略）わたしのめあては、わかりやすく、ていねいにです。（中略）わたしは、お客さんがあやとりをかんせいさせたら、もう1回やってもらうようにしています。まとめのようにです。それをさいごにやってもらうことで、もっとおぼえてもらえると思ったからです。（Bさん）

あやとり教室ではむずかしいあやとりも、みんなでれんしゅうするとできるようになりました。（中略）教室がおわっても、つづけています。自分でもあたらしいあやとりを考えました。ふじ山からのからまないはずし方です。これからもどんどん新しいあやとりを作って、みんなとやってみたいです。（Cさん）

この活動を通して、まず子どもたちはあやとりを遊びとして楽しんでいる。さらに、練習を重ね、技を増やし、仲間と協力して他者にあやとりを伝える「世界のあやとり教室」を企画実施した。一連の活動の手応えから、さらなる技の習得やオリジナルの技を試行錯誤しようという姿勢もうかがえる。

また、家族との海外旅行先の空港で、ポケットに入れていたひもを取り出してあやとりをしていたところ、隣にいた外国人の方とあやとりでコミュニケーションが取れたことを報告する子どももいた。国際理解教育の実践では外国人とのコミュニケーションが活動に組み込まれることが多い。言語によるコミュニケーションを苦手とする人にとっては、場所を選ばず、相手と近い距離で、手と手を触れあいながら、世代を超えて、共同作業として一つの形を作っていくあやとりは、コミュニケーションツールとして魅力的ではないだろうか。

本活動を通して子どもたちが経験した、人に教えるための試行錯誤は、世界各地で長きにわたり行われてきた生活文化伝承の追体験ととらえることもできる。教えるための苦労や工夫や、教わりできるようになる喜びは、日本を含む世界各地であやとりを通して多くの人々が経験してきたことである。それを文化の継承として学習活動の中に意識的に取り入れることは、未来の文化の担い手を育てるという面でも大事にしていきたい。

以上のように、小学校低学年期の子どもにとって、あやとりを楽しむことを通して世界のさまざまな文化に触れることは、これから小学校生活の中やそれ以降で学ぶであろう国際理解に関わる学習の入門期の活動として、取り組みやすく価値ある活動だと考える。

（居城勝彦）

[引用文献]
居城勝彦（2012）「機織りを通して世界を眺める－小学校1年生の実践から－」日本国際理解教育学会『国際理解教育』Vol.18、明石書店
グループ・コロンブス編（2007）『親子のあやとりBOOK』文化出版局
シシドユキオ（2006）『世界あやとり紀行－精霊の遊戯－』INAX出版
野口廣（2009）『たのしいあやとり（中級編）』土屋書店

2-2　外国語活動―多言語との出会い：ことばへの目覚め活動―

1. 単元概要

本学習活動は、小学校5年生の外国語活動の一環として、あるいは外国語活動と連携する総合的な学習の時間における取り組みを想定している。授業計画は、各5時間で構成される単元を二つ（計10時間）としたが、学校や児童の実態に応じて各授業内容を数時間に分けることなども可能である。

学習領域	カリキュラム開発の視点			
	1	2	3	4
A 多文化社会	文化理解	文化交流	多文化共生	
B グローバル社会	相互依存	情報化		
C 地球的課題	人権	環境	平和	開発
D 未来への選択	歴史認識	市民意識	社会参加	

二つの単元を通じた目標は次の4点であるが、第1単元では①から③を、第2単元では④を主に扱うこととする。
①言語の多様性に対する開かれた態度（寛容の精神）を養う
②諸言語の学習への意欲を高める
③ことばについての知識や、多言語性・諸問題への認識をもつ
④対象としての言語を観察・比較し、推論を行う能力（メタ言語能力）を育成する

単元を特徴づけるキーワードは、言語的多様性に対する開かれた態度、メタ言語能力、言語意識、複言語能力である。

小学校における外国語活動は、総合的な学習の時間における国際理解の一環として始められ、現時点で教科ではないものの高学年必修として主に学級担任及びALTによって実施されてきており、今後の教科化も検討されている。その背景にはこれまでの英語教育に対する批判そして高度な英語運用能力を備えた人材に対する社会的要請（主に経済界からの声）があり、外国語活動といいながら英語を扱うことが原則とされている。事実、ほぼ全ての小学校が「外国語＝英語」といって良いであろう。さらに、外国語学習は早く始めるほど効果があがるという主張も手伝い、小学校低学年から英語活動を展開する小学校も増えつつあるように見受けられる。

小学校外国語活動のこのような状況は、二つの点において問題を孕んでいると思われる。

第一に、英語一極集中の外国語教育がさらに強化されることにより、学校教育現場に存在する多様な言語（使用者）が無視、あるいは不可視化されてしまう。これは、英語以外の背景を持つ言語的少数派にとっては、自身の母語が周辺化され自己肯定感を損なうことにつながり、言語的多数派にとっては、多様な言語との出会いを奪われ言語差別を醸成することにもなりかねない。

第二に、小学校における現在の教育環境では、英語学習を早く始めても言語習得上の効果は期待できないという点である。英語が第2言語ではなくあくまで外国語である日本の言語環境、外国語教育の専門ではない教員が圧倒的に多い指導状況においては、小学校教育課程の貴重な授業時間が無駄になることも考えられるのである。

本単元は、このような問題に対応するため、欧州で長年取り組まれてきた多言語活動とりわけスイスジュネーブのEOLE: Eveil au langage et Ouverture aux Langues à l'Écoleと呼ばれるアプローチを参考に構想されたものである。EOLEの目的は次の二つの側面から説明される（志賀 2004: 104）。

・Eveil au langageは、子どもに刺激を与え、諸言語（langues）の用法、構成、働きに関する考察を行うように促し、言語活動（langage）を学習や考察の対象となすこと。
・Ouverture aux languesは、母語以外の諸言語（langues）への興味・関心を高めることにより、

多言語化していく生活環境のなかで不可欠となる他者を尊重する態度の育成、母語中心主義からの脱却（décentration）を図ること。

これら二つは、「言語活動を基盤としたメタ言語能力という資質開発」と「諸言語を中心に据えた学習意欲や寛容の精神といった態度育成」とも説明され、その基にあるのは、英国発祥の「言語への気づき／言語意識」及び欧州の「複言語主義」の概念である。「言語への気づき」は、「言語の性質と人間の生活での言語の役割に対する、個人の感受性と意識的な気づき」（福田・吉村 2010: 122）と定義され、言語そのものに関する知識・関心や言語の学び方なども含め、言語運用・学習の基盤となる能力を指す。また、「複言語主義」とは、個人レベルの言語多様性を尊重・促進していく姿勢であり、社会レベルのそれを問題とする多言語主義と区別される（福島 2010: 37-38）。そして複言語主義に基づくと、個人の言語能力（複言語能力）は、複数の言語が並列して存在するものではなく、言語によって程度の異なる部分的な能力が重層的に統合された能力を意味し、それ自体が尊重・促進されるべきものなのである。

以上の概念的背景及び目的を持つ本活動は、その主要な目的に合わせて2単元構成とした。第1単元は「言語の多様性への気づき」、第2単元は「言語の構造への気づき」である。各単元5時間、計10時間のタイトルを次に示す。

第1単元：言語の多様性への気づき
(1) ことばって何だろう（言語観の見直し）
(2) 世界のあいさつ（多様な言語）
(3) ことばとことばが出会う時（外来語）
(4) 自分の言語マップ（複言語能力）
(5) 地図の上で世界旅行（多様な文字）
第2単元：言語の構造への気づき
(6) お天気キャスターになろう①世界の文字を書いてみよう（文字を観察）
(7) お天気キャスターになろう②世界の文字を解読しよう（文字を観察・比較）
(8) お天気キャスターになろう③ことばのルールを探ろう（規則を推論）
(9) 知らないはずのことばがわかる（「月」の名前で規則を推論）
(10) 振り返り（ことばを通じての学びの共有）

教材に関しては、EOLE教材を日本の文脈に合わせて応用・開発したものをはじめ、日本国際理解教育学会特定課題研究（山西 2010）から科研費助成研究へと発展した多言語・多文化教材研究プロジェクトチームで作成したものを使用する。特に、ブラジルポルトガル語、中国語、スペイン語、韓国・朝鮮語、フィリピノ語、ベトナム語など日本国内における外国につながる住民の背景言語は、小学校教育現場の言語的少数派児童の背景言語を可視化し、それらを学級全体で共有すべき資源とするために重要である。また、外国語ではないが、国内の少数派言語であるアイヌ語や日本手話、あるいは方言も言語変種として含める。

なお、本実践で紹介する教材を含め、共通の目的のために使用できる多くの教材がいくつかの実践指導計画と共に現在ウェブサイトで入手できる（「多言語・多文化教材研究」http://www.waseda.jp/prj-tagengo2013）。

このウェブサイトには、ことばの教育研究の背景や主旨、参考文献も掲載されている。そして、開発された教材は、「ことばと感性」「ことばをとりまく問題」「ことば（日本語）と文化」「メタ言語能力」「小学生実践教材」の区分で整理されており、小学校外国語活動をはじめ、国語教育、社会科教育、総合的な学習の時間などの学校教育のみならず、地域日本語教育などの多様な教育実践の文脈で使用することが可能である。

2. 学習活動の展開

10時間分全てを紹介することは紙面の都合上困難であるため、数時間分（2、4、8、9時間分）を取り上げる。

	主な学習活動と学習者の思考	○資料・留意点など
2時間目	**世界の様々な言語であいさつしてみよう** ・配付されるカード（図1）の中から一人一枚カードを持ち、その挨拶を口にしながら仲間を捜そう。 | ニーハオ	ニーハオ	ニーハオ	ニーハオ | | ハロー | ハロー | ハロー | ハロー | | ブエノスタルデス | ブエノスタルデス | ブエノスタルデス | ブエノスタルデス | | ナマステ | ナマステ | ナマステ | ナマステ | | アッサラームアレイコム | アッサラームアレイコム | ボンジュール | ボンジュール | | ボアタルジ | ボアタルジ | サワッディ | サワッディ | | ジャンボ | ジャンボ | シンチャオ | シンチャオ | | アンニョンハセヨ | アンニョンハセヨ | スラマッシアン | スラマッシアン | | ズドラストビーチェ | ズドラストビーチェ | マガンダンハポン | マガンダンハポン | | ハイサイ・チューウガナビラ | イランカラプテ | カンサヤアンラ・タンガオロウ | | 図1　あいさつカード（切り取り、一人一枚配付） ○日本語とはまったくちがい、アイヌ語や琉球語は日本語とは思えなかった。 ○一番びっくりしたのはアイヌ語です。同じ国に住んでいるのにことばがちがうからです。文字がない事にもおどろきました。アイヌ語が話せる人がいなくなったら言葉がなくなっちゃう。	カードの数は言語比率に合わせ、少数言語は一枚しか用意しない。言語によって話者数が異なることや、少数言語、危機言語があることを実感できる活動となるよう配慮する。 琉球語・アイヌ語・マレーシアの少数民族の言語を使用するが、特にアイヌ語との出会いにより、ことばに対する児童の関心が高まることが予想される。 日本に存在しながら、日常使っている日本語とは異なるアイヌ語の単語のつらなりや、発音の面白さに興味が引き出されるのではないだろうか。
4時間目	**自分の言語マップを描いて説明してみよう** ・自分が少しでもわかる、使えることばを考えてみよう。 ・どのことばが体のどの部分と関係が深いかを考えて、次の人の絵に描き込んでみよう（図2）。 ・それぞれのことばに色を塗ろう（図3）。 ・それぞれのことばと色や体との関係を説明してみよう。 図2　配布する人の絵　　図3　描写例 ○お母さんのことばはペルシャ語だけど、かなり忘れて足（土台）と心臓になっている。 ○長崎に数年間住んでいたので長崎弁が少し使える。 ○英語は勉強したので知っている。 ○日本語は自分の血のようになっているので赤。	部分的なものも含め、多様な言語能力が自分の体に重層的に統合されていることを意識させることができる活動である。 最初の指示だけでは、自然言語のみ思いつく場合が多いので、見てわかる、聞いてわかる、挨拶だけでも知っているなど、言語観が広がるようなヒントを与える。 最後に自分の言語マップを説明して言語化させることが、言語を学習の対象として意識させることにつながる。

8時間目

お天気キャスター大作戦：ことばのルールを探ろう

・前時に作った、多言語の天気の表し方リスト（図4）を用意しよう。
・今日は、世界各地の天気情報について2〜3文で書かれた文章と、用意したリストを見比べ、天気に関する単語を探し出そう。

	日本語	中国語	韓国語	タイ語	スペイン語	ポルトガル語	英語
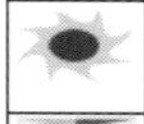	晴れ	晴	맑음	ท้องฟ้าแจ่มใส	despejado	claro	sunny
	曇り	阴	흐림	มีเมฆ	cubierto	nublado	cloudy
	雨	雨	비	ฝน	lluvia	chuva	rain
	雷	雷	뇌우	ฟ้าร้อง	tormenta	geada	thunderstorm
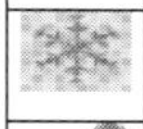	雪	雪	눈	หิมะ	nieve	neve	snow
	風	风	바람	ลมพัด	viento	vento	wind

図4　多言語の天気の表し方リスト

○知らない字でもなんとなく解読できるんだと思った。
○他の国の言葉でもきまりを見つけて読んでいけば、初めて見た言語でもすぐに読めることがわかった。

前時に、複数の言語（英語、韓国語、中国語、タイ語）で示された天気（晴、雨、曇、風、雪）の書き方を解読してリストを作成している。

教材は児童に馴染みのない文字で書かれているが、文字・形・綴りを注意深く観察し、グループで協力して行えば、目的のことばを見つけ出せることを伝える。

9時間目

知らないはずのことばがわかる：「月」の呼び名の比較から規則性を探そう

・各班に月の呼び名が書かれたカード（図5）を配ります。
・カードを良く見て、同じ言葉ごとに分けてみよう。
・その時、なぜそのように分けたのかを言えるようにしよう（図6）。グループごとに発表しよう。

スーユエ	ウーユエ	リョウユエ	セプティエンブレ
ユウォル	クウォル	タンバー	チロル
パオル	チーユエ	マルソ	ノビエンブレ
タンサウ	フーニオ	タンナム	タントゥー

図5　配付する月の呼び名カード

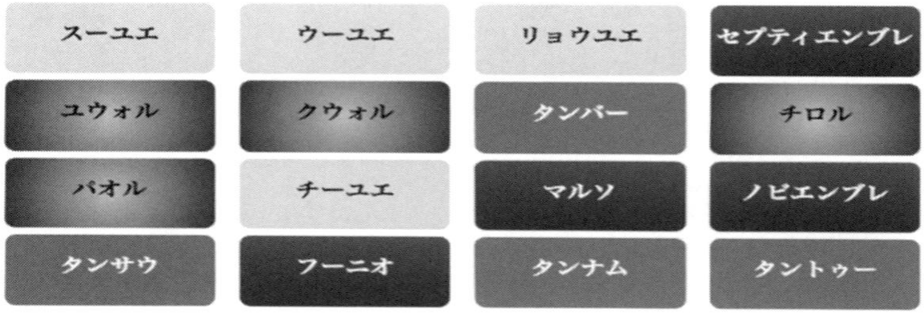

スーユエ	ウーユエ	リョウユエ	セプティエンブレ
ユウォル	クウォル	タンバー	チロル
パオル	チーユエ	マルソ	ノビエンブレ
タンサウ	フーニオ	タンナム	タントゥー

図6　分類されたカード

基本的には、アジア言語、欧州言語を含めるが、学級に言語的少数派児童が在籍する場合にはあらかじめ当該言語を含めておく。

グループ内に答えが明確にわかる児童（言語的少数派児童）がいる場合には、教えてもらって良いことを指示する。ただし、言語的少数派児童であっても既に当該言語能力が失われている場合や、知られたくないという場合もあるので、必要に応じて家族と相談しておくことも考えられる。

○ウォルがついている。ユエがついている。
○最初にタンがついている。
○共通する部分は「月」、その他の部分は数字を表すのでは。

・次に、各言語での月の名前の音声を聞きながら、1月から12月まで順番に並べてみよう。(図7)

A	B	C	D
イーユエ	イルウォル	タンモッ	エネーロ
アーユエ	イウォル	タンハイ	フェブレーロ
サンユエ	サムウォル	タンバー	マルソ
スーユエ	サーウォル	タントゥー	アブリール
ウーユエ	オウォル	タンナム	マヨ
リョウユエ	ユウォル	タンサウ	フーニオ
チーユエ	チロル	タンバーイ	フーリオ
バーユエ	パロル	タンタム	アゴースト
ジョウユエ	クウォル	タンチン	セブティエンブレ
シーユエ	ユウォル	タンムォイ	オクトゥエンブレ
シーイーユエ	シビロル	タンムォイモッ	ノビエンブレ
シーアーユエ	シビウィル	タンムォイハイ	ディシェンブレ

図7 音声を聞きながら並べられた月の呼び名カード

・最後に応用クイズ。(カードは全て回収した後)次の表(図8)には今日出てこなかった言語もありますが、空欄を埋めてみよう。

日本語	中国語	韓国語	ベトナム語	英語	スペイン語	フィリピノ語	ポルトガル語
1月	イーユエ	イルウォル	タンモッ	ジャニャリ	エネーロ	エネーロ	ジャネイロ
2月	アーユエ	イウォル	タンハイ	フェビュラリ	フェブレーロ	ペブレーロ	フェヴェレイロ
3月	サンユエ	サンウォル	タンバー	マーチ	マルソ	マルソ	マルソ
4月	スーユエ	サーウォル	タントゥー	エイプロー	アブリール	アブリル	アブリウ
5月	ウーユエ	オウォル	タンナム	メイ	マーヨ	マーヨ	マイオ
6月	リョウユエ	ユウォル	タンサウ	ジューン	フーニオ	フーニョ	ジューニョ
7月	チーユエ	チロル	タンバーイ	ジュライ	フーリオ	フーリョ	?
8月	バーユエ	パロル	タンタム	オーガスト	アゴースト	?	アゴースト
9月	ジョウユエ	クウォル	タンチン	セプテンバ	セブティエンブレ	セテーブレ	セテンブロ
10月	シーユエ	ユウォル	タンムォイ	オクトーバー	オクトゥーブレ	オクトーブレ	?
11月	?	シビロル	タンムォイモッ	ノベンバー	ノビエンブレ	ノビエンブレ	ノヴェンブロ
12月	シーアーユエ	シビウィル	?	ディセンバー	ディシェンブレ	ヂシェーンブレ	デゼンブロ

図8 応用クイズ

○縦軸をよく見るとわかった。そして、横軸で比べるとわかった。
○日本語、中国語、韓国語はルールがよく似ている。
○英語、スペイン語、ポルトガル語は音がよく似ている。
○フィリピノ語がなぜかスペイン語とそっくり。

カタカナ表記はあくまでも目安なので、実際に聞こえる音と、カタカナ表記が異なるように聞こえる場合には、音韻体系の違い(相互に存在しない音を持つことなど)に気づかせる材料としても良い。

授業で扱わなかった言語も含め、空欄をグループで考えさせる。

限定された知識からまだ知らない知識へとアプローチできることを実感させる。

文化圏によって傾向性があることや、特にアジアの言語は「数字と『月』を示す語の組み合わせであることに気づかせる。実際には、英語、スペイン語、ポルトガル語などのヨーロッパ語にもそのなごりがあること、国家間の歴史によって言語が影響を受けることなどに発展しても良い。

3. 学びの軌跡

　教育課程上評定の必要はないものの、この活動が本格的な言語学習の基盤的資質能力育成を目指していることを考えれば、何らかの方法で児童の変容を評価することが重要である。

　評価の観点は、設定された四つの目標がどの程度育成されたかということになるが、児童の実態等に合わせてさらに具体的な基準を設定するために、欧州評議会のプロジェクトの一つである「言語と文化への多元的アプローチのための参照枠（CARAP）」を挙げておきたい。これは、複数言語を用いる言語活動によって育成される知識・技能・態度を、欧州の長期的取り組みに基づいてまとめたものであり、評価を考える上での枠組みを提供するとともに、各能力項目に対応する教材も用意している。もちろん、欧州と日本の文脈の違いを考えれば、そのまま使用可能であるとは言えないが、国際理解教育の一環として言語活動・教育を構想する場合には参考になる。

（http://carap.ecml.at/FREPAinstrumentsinotherlanguages/tabid/3194/language/en-GB/Default.aspx）

　また、評価としては、目標に態度の変容が含まれていることを考慮すれば、ポートフォリオによる児童の長期的な自己省察と、ポートフォリオ内に蓄積された根拠資料に基づく教員の解釈が一つの方法であろう。これは意欲や知識に加え態度やメタ言語能力にも有効だと思われる。

　最後に、この活動の学びを発展させるために長期的な取り組みが課題であることも指摘したい（秦 2014: 85）。表1はその試案である。各学年の発達段階に応じたこのような活動カリキュラムが実施できれば、外国語活動を含む広い意味でのことばの教育がより深く実践的なものになるだろう。

　もちろん、小学校の現在のカリキュラムおよび外国語（英語）が高学年で教科となる可能性が高い次期カリキュラムにおいて、多言語を含むこのような活動を実践することは困難であるようにも

表1　6年間を通じたことばのカリキュラム例

低学年	言語観	ことばあそび
		身体をひらく活動 オノマトペ
	多言語活動	あいさつ 歌 民話よみきかせ 動物の鳴き声
中学年	言語観	非言語コミュニケーション 色
		日本語のおもしろさ
	多言語活動	多言語カルタ 外来語 手話 点字
	調べ学習	知っている言語について 身近な外来語さがし
高学年	言語観	ことばとは何か 方言 危機言語
	調べ学習	危機言語プロジェクト
	多言語活動	ことば探偵団 言語比較 ルール 文字
	調べ学習	自分の言語観を発信

思われる。しかしながら、身近に存在する多様な言語を可視化、意識化するためにも、また「教科としての外国語（英語）」の学びを効率的にするためにも、児童の第1言語、第2言語、外国語を問わず、ことばというものを包括的に捉えられる資質能力をまず育成することが必要ではないだろうか。

（吉村雅仁・秦さやか）

[引用文献]

志賀淑子（2004）「フランス語圏スイスのEOLEアプローチ－ジュネーブにおける『多言語に開かれた学校での実践』－」吉島茂・長谷川弘基編『外国語教育Ⅲ－幼稚園・小学校篇－』朝日出版社

秦さやか（2014）「小学校における多言語活動の教材開発と実践－国際理解教育としてのことばの多様性からのアプローチ－」日本国際理解教育学会『国際理解教育』Vol.20、明石書店

福島青史（2010）「複言語主義理念の受容とその実態－ハンガリーを例として－」細川英雄・西山教行編『複言語・複文化主義とは何か－ヨーロッパの理念・状況から日本における受容・文脈化へ－』くろしお出版

福田浩子・吉村雅仁（2010）「多言語・多文化に開かれたリテラシー教育を目指して－日本の小学校における言語意識教育の提案－」細川英雄・西山教行編、同上書

山西優二（2010）「国際理解教育からみたことばのもつ多様な役割」日本国際理解教育学会『国際理解教育』Vol.16、明石書店

3 中学校の実践

3-1 英語科における実践
― Traditional Events: Similarities and Differences ―

1. 単元の概要

本単元は、中学校2年生英語科において、国際理解／異文化理解を目的とする授業として5時間を設定したものである。

学習領域　カリキュラム開発の視点	1	2	3	4
A 多文化社会	文化理解	文化交流	多文化共生	
B グローバル社会	相互依存	情報化		
C 地球的課題	人　権	環　境	平　和	開発
D 未来への選択	歴史認識	市民意識	社会参加	

単元目標は、以下の通りである。
① 日本の伝統行事について書かれた平易な英文を理解することができる。(1時間目)
② 日本の伝統行事について、個々の家庭文化の違いに気づき、それを既習の語彙や文法を用いて説明できる。(2時間目)
③ メキシコの文化的背景をもつアメリカ人中学生の書いた、伝統行事に関する英文を読んで、内容を理解できる。(3時間目)
④ 互いの伝統行事の類似点と相違点に気づき、それぞれの意義を考えることができる。(4時間目)
⑤ 文化における伝統行事について、平易な英文で説明することができる。(5時間目)

単元を特徴づけるキーワードは、異文化理解、自文化理解、文化交流、協同学習である。

英語教育の目的は、単に言語そのものの学習にとどまらず、英語を用いて積極的にコミュニケーションを図ろうとする態度を育成することである。このことは、「自己と他者の人権を尊重しながら異なる文化を認め、世界の人々と共に生きていこ[1)]うとする人間を育てる」ことを目標とする国際理解教育と軌を一にする。つまり、英語教育は地球市民に必須の能力である「コミュニケーション能力」の育成を目指すものである。

中学校の英語授業で国際理解教育に取り組むポイントは以下の三つである。

第一に、「国際共通語としての英語[2)]」の視点をもたせること。英語は英米人のもの、という考えを払拭する必要がある。「なぜ英語を学ぶのか」を常に生徒たちに考えさせる。生徒たちが将来英語を使う相手は、英語非母語話者であることが圧倒的に多いはずだ。お互いのことばを知らない、使えないから、仕方がないので、実質上国際共通語である英語を媒体にしてコミュニケーションを図るのである。お互い母語でないのだから間違うのは当たり前。しかし、相手に理解してもらえるように正しい英語を身につけよう、相手の言おうとしていることを辛抱強く理解しよう、そう生徒に伝え続けることが重要である。

第二に、生徒に「当事者意識」をもたせること。授業で扱う教材が「絵空事」であってはならない。生徒たちが自分のこととしてとらえられる教材を工夫すること、自分のことを語ることのできる活動を取り入れる必要がある。

第三に、生徒の視野を少し外に広げる工夫をすること。生徒の知的好奇心をくすぐる教材を見つけたい。生徒が「知りたい」「伝えたい」と思うときこそ、力が伸びるときだからである。そのためには教師自らが「ワクワク」する素材を見つけ教材化することが大切である。

本単元では、アメリカのESLのクラス[3)]との交流から生まれた素材を教材化することで、上記の三つのポイントを可能にすることができた。

生徒たちはこの前年度（1年生時）の冬からそ

のESLクラスの生徒たちとの交流を始めた。簡単な自己紹介のポスター交換など、その時その時に学習しているテーマや文法を用いた無理のない活動と関連させながらの交流を心がけた。

　交流相手のESLクラスにはメキシコにルーツをもつ生徒が多く、彼らの母語はスペイン語である。日本の生徒たちは、アメリカにも英語を母語としない同世代の人たちがたくさんいることや、彼らがアメリカ文化とは異なる独自の文化を継承していることを、生徒同士のやりとりから知り、驚き、もっと知りたいと思う。また、自分たちの文化を彼らに知らせたいと思うとき、その手だてとなる英語の学習意欲が高まるようである。また自文化を知る動機付けにも効果があるようだ。異なる言語を使用する他者と「共通語としての英語」を使って分かり合える「ワクワクする経験」も英語学習意欲の向上につながっている。

　交流相手の英語には文法やスペリングの間違いが散見される。グループワークの中で、間違いを指摘し訂正しあったり、ほんとうはどう言いたかったのか考えたりする中で、「間違う」ことへの不安感が減少すると同時に、自分たちも相手にわかりやすい英文を書くことを心がけるようになった。非母語話者同士の交流ならではの学習であると言える。

　現行の学習指導要領では、英語授業の教材づくりの観点として、以下の三つをあげている。

　　ア　多様なものの見方や考え方を理解し、公正な判断力を養い豊かな心情を育てる。
　　イ　外国や我が国の生活や文化についての理解を深めるとともに、言語や文化に対する関心を高め、これらを尊重する態度を育てる。
　　ウ　広い視野から国際理解を深め、国際社会に生きる日本人としての自覚を高めるとともに、国際協調の精神を養う。

　本単元では、実際に異文化の交流相手の生の情報、生の声を使用したことで、以上の三点を満たす教材づくりをめざした。1年間の交流を通して、相手校の生徒を知りたいと思う気持ちが強くなっていたこと、相手を知りたいと思うと同時に、自分たちに関心をもってくれている生徒たちにもっと日本文化を知らせたいという思いが高まっていたことは、彼らの学習意欲を高めるのに役立った。日本文化については、日本語・日本文化を学ぶ人たちのための教科書・参考書等や、英語で書かれた日本紹介の本やウェブサイト等が役立つ。

　これまでの英語授業における国際理解教育の実践研究例を見ると、そのほとんどが「アメリカ理解」であることは憂慮すべき問題であり、吉村雅仁（2010）はその解決策として英語非母語話者の活用を挙げているが、本実践はESLクラスとの交流の活用の可能性を示すものである。

　授業形態については、協同学習[4]のスタイルを取り入れる。英語を実技教科と捉え、英語授業そのものをダイナミックなコミュニケーションの生まれる場とする。外国語は他教科と比較しても生徒の不安感の高い教科である[5]が、少人数のグループ学習によって、その不安が解消しWTC[6]が高まることが期待できる。また、同じ文化を共有していると思っていたクラス仲間も実はそれぞれ異なる文化を持っているのだ、と気づくことも大事な経験である。その中で、豊かなコミュニケーションの力を育んでいきたい。

2. 学習活動の展開

	主な学習活動と学習者の思考	○資料・留意点など
1時間目	ケンタッキーの友達の文化を知ろう Dia de los Muertosって何だろう "Dia de los Muertos: A Celebration of Life" ・英語じゃない。（スペイン語？） ・元々はどこの国の行事なんだろう。（写真がメキシコっぽい！） ・タイトルは Celebration of Life（生への賛美）なのに、なぜ骸骨が飾られているんだろう？（死者を弔うこと？） Dia de los Muertosって何だろう 〈わかったこと〉 ・11月1、2日の祝日。 ・亡くなった愛する人を思い出す日。 ・家族でお墓をきれいにする。 ・特別な食べ物がある (Pan de Muerto)。 ・死者を敬って踊る。 ・「死」は人生サイクルのプロセスのひとつ。 ・花（マリーゴールド）を供え、香を焚く。 〈思ったこと、考えたこと〉 ・「死」についての考え（「死ぬ」ことでその人の魂に平安がやってくる）は、最初よくわからなかったけれど、そう考えると「死」が恐ろしいものでなくなる。 ・亡くなった後も、家族を大事にする人たちだ。 ・お祭りに卵や花火やお金を「投げる」のは、ちょっと嫌だ。 ・日本の「お盆」に似ている！ （＊2時間目は省略。英文理解、音読、シャドウイングなど。）	交流校の一生徒からの手紙のタイトルを板書。 一緒に送られてきたニュースレター（左の図入り）や、インターネットで入手できる写真を見せる。 4人グループで考えを出し合ったあと、全体でシェアする。 送られてきた手紙を基に作成した教材（資料1）を読み、得た情報をグループでまとめた後、全体でシェアする。 感じたこと、考えたこと等、交換する。 できるだけ英語を使わせるが、日本語使用を規制しない。 全体でシェアする部分では、英語でどう言えばいいのか考えさせ、正しい英文を示す。
3時間目	自分たちの文化との共通点と相違点を見つけよう 「お盆」との共通点は何だろう ・家族で集まる休日である。 ・亡くなった人に敬意を払い、お墓をきれいにする。 ・household altar（仏壇／祭壇）がある。	4人グループで英語で話しあう。その際、前回の授業で学習した表現を使うことを意識させる。ただし、日本語の使用を厳しく規制しない。

	・花を供える（菊とマリゴールドは似ている！）。 ・お香を焚く。 ・亡くなった人の霊を慰めるために踊る。 「お盆」との相違点は何だろう ・お盆は真夏だけど、Dia de los Muertos は秋（調べてみたら元々は8月初旬だったらしい。近い！）。 ・お供えの食べ物が違う（日本でも法事で人の形にしたお餅を食べることがあるから似てるかも！）。 ・日本では「迎え火」「送り火」がある。Dia de los Muertos では花火をあげるのが、これに当たるのかな。	グループワークの後、全体でシェアする。英語にしにくい部分は、意見を出し合い、最終的には正しい英文を示せるように工夫する。
4時間目	自分たちの文化を知ろう 「お盆」との相違点は何だろう ・前回の授業で出てきた内容も含めて、グループ内のブレインストーミングで情報を書き出してみる。 ・各自、5W1H に気をつけながら、英文で書いてみる。 ・グループ内でお互いの文章を交換し、訂正しあったり、いい意見をシェアしあったりして、ひとつの作品に仕上げる。 ・全体でシェア（グループ代表が口頭で発表）し、各グループの作品についてコメントしあう。	グループで様々な意見が出てきたころ、共通して必要な語彙を板書で示し、発音練習をし、文章のなかで使える工夫をする。 個人作業の際、スロー・ラーナーに気を配り、適宜助言する。 全体会の各グループからの作品を録音しておく。
5時間目	自分たちの文化を知ろう 「お盆」との相違点は何だろう 各グループからの作品を統合させ、ひとつのエッセイに仕上げたものを音読、シャドウイングの後、元の文章にこだわらずに口頭で発表してみる。	（資料２） ディクトグロス[7]の手法を使って、文章を再現させる。

資料1

Dia de los Muertos

I'm Angel Diaz Perez. I'm going to talk about "Dia de los Muertos". It's a Mexican holiday when we go to the cemetery to clean and decorate our ancestors' graves. It's very important for the people who live there because the people who died are very special for them. Sometimes they fill eggs with confetti and throw them at people. Then we go downtown and people dance. Sometimes they throw fireworks and money. At the end of the two days people eat "Pan de Muerto".

It takes place on the 1st and 2nd of November. The first day is called "Dia de los Angellitos" and the second "Baile de los Muertos". After those two days people give out free Pan de Muerto that they didin't sell. The Pan de Muerto is special because it is fancy and has a different shape. They make the bread with flour and sugar, then sometimes they put caramel on the bread.

　Today, people wear wooden skull masks called calacas and dance in honor of their dead relatives. The wooden skulls are also placed on altars for the dead. Sugar skulls, with the names of the dead person, are eaten by relatives and friends. It is not a scary holiday like Halloween.

　Mexican people believe that death is just a process in the life cycle and that it brings peace to the person's soul. It is a day to remember loved ones. It comes from Aztec culture, Native American from Mexico. Marigolds are the flowers of the dead, and people burn copal or incense.

- cemetery 墓地
- ancestor 祖先
- grave 墓
- altar 祭壇
- incense 香

資料2

Bon Festival

O-bon is a Japanese festival in summer. Every family welcomes back its ancestors' souls to this world from August 13 through 15. Because the spirits of the dead return during this time, people light fires at the entrances to homes so the spirits do not lose their way. People tidy up the Buddhist home altars and set out offerings, such as vegetables and fruit.

People enjoy Bon Dance in their hometown around this time of the year. It was originally a religious ceremony to entertain ancestors' spirits, but today it is a local event for families.

At the end of o-bon, the spirits go back to the other world. People light fires at entrances of homes to see off the spirits, and float the offerings on rivers.

O-bon is a Buddhist festival and originally it's religious. You should go to a cemetery and visit your ancestor's grave. But today O-bon is becoming just a holiday. Many companies and stores are closed during the O-bon holiday. People come back to their hometown and get together with their family and friends. Some people go on a vacation to the beach, to the mountains, or abroad. Railroad stations and airports are packed with travelers.

3. 学びの軌跡と今後の課題

　知識理解について以下のことがいえる。交流によって、「アメリカにも英語ネイティブじゃない人がたくさんいて、自分たちと同じように英語を習っていると知って、驚いた」と、アメリカが単一言語の国でないことに気づく生徒が多い。交流仲間の生のことばを読むことから「アメリカへの移民が自分たちの文化や行事を大事にしていて、ちゃんと説明できるのはすごい」と、異文化を身近なものと捉えることができ「先祖を大切にするって万国共通なんだ」と自文化と比較して考えることができるようになったようだ。

　関心・意欲、思考・態度については、先に述べたとおり、生徒は「知りたい」とか「伝えたい」と感じたときにいちばん英語の力が伸びる。同世代の「会ったことのないアメリカの同い年の子から手紙をもらうという不思議な体験」をすることで、相手との距離が急速に縮まり、相手のことをもっと知りたい、こちらのことをなんとか伝えたいと、強い動機づけになるようだ。送られてきた資料からquinceañera[8]等の他の行事についても調べたり、「自分が日本のお盆について知らないことが恥ずかしい」と自文化について学ぼうとしたりする姿勢が見られるようになった。

　思考、表現に関しては他の文化を知ることで、改めてこれまでわかっていたつもりの自文化について考える機会となる。遠い地に伝える相手がいることで、それを表現しようという思いも強くなった。「みんなで考えたことをつなぎあわせたとき、結構カッコいい文章になって感動したし、不思議と自分でも言えるようになっていた」のは、協同学習の醍醐味である。

　英語という教科の特性上、教師自身のコミュニケーション能力が授業づくりに大きく影響する。ここでいう「コミュニケーション能力」とは、他者との関係を構築する力である。教員自身が多方面の人と接する中で、多様な世界を知り、自分自身を高めることこそ、よい授業実践につながる。自律した学習者であり続ける教師でいたいものだ。

（南 美佐江）

[注]
1) 現行の学習指導要領参照のこと。
2) 鳥飼玖美子（2011）等参照のこと。
3) 筆者が2011年に参加したESD日米教員交流プログラムで知り合った教員との間で共同研究を始めた。ケンタッキー州Leestown Middle SchoolのESLクラスの中学2年生。
4) 佐藤学（2012）等参照のこと。英語授業における協同学習の理論と実践については、江利川春雄（2012）、津田ひろみ（2013）等参照。
5) 八島智子（2004）等参照のこと。
6) Willingness to Communicate：積極的にコミュニケーションを図ろうとする態度。八島（2004）参照のこと。
7) 聴き取った情報をメモし、正しい文章に復元する活動。学習者の明示的な気づきにより文法運用能力の定着を促進することを目的とする。
8) ラテン・アメリカの国々で女子の15歳の誕生日を祝う行事。

[引用文献]
江利川春雄（2012）『協同学習を取り入れた英語授業のすすめ』大修館書店
佐藤学（2012）『学校を改革する－学びの共同体の構想と実践－』岩波書店
津田ひろみ（2013）『学習者の自律をめざす協働学習－中学校英語授業における実践と分析－』ひつじ書房
鳥飼玖美子（2011）『国際共通語としての英語』講談社
八島智子（2004）『外国語コミュニケーションの情意と動機』関西大学出版部
吉村雅仁（2010）「国際理解教育としての外国語授業－意識と態度形成を中心に据えた『ことばの学習』－」日本国際理解教育学会『国際理解教育』Vol.16、明石書店

3-2 「総合的な学習」における実践 －フィリピンの少女メロディー

1. 単元の概要

本学習活動は、中学校「道徳の時間」の内容項目4－(10)の指導と関連付け、総合的な学習の時間を活用して1時間の小単元を設定した。

学習領域	カリキュラム開発の視点			
	1	2	3	4
A 多文化社会	文化理解	文化交流	多文化共生	
B グローバル社会	相互依存	情報化		
C 地球的課題	人権	環境	平和	開発
D 未来への選択	歴史認識	市民意識	社会参加	

単元目標は、以下の通りである。
① メロディと自分の暮らしを重ね合わせて「違い」と「同じ」を理解し、思い込みに気付く。
② 自分の意見を根拠にもとづいて主張するとともに、仲間の意見に耳を傾けることができる。
③ メロディの生活を通して、フィリピンに関心をもつ。

単元を特徴づけるキーワードは、「違い」「同じ」「同じの中にある違い」である。

現代はあらゆる通信方法によって世界で起きている情報が入手できる。その中で、互いの国々が関係を持ちながら、手を携えて解決しなくてはならない諸問題が山積みであることも、多くの人が知っている。しかしながら、それらは自分の身近なところにはなく、他人事として受け止められている現実がある。

本単元は、同じ地球に住む人々のことをより身近に感じ、相手を知ると同時に自分を見つめる機会とすることに主眼を置いている。そこで、授業者が実際に訪れたフィリピンという国を題材とし、その中でもコミュニケーションを多く重ねることができた一人の少女「メロディ」にスポットライトをあてて、学習者の思考を促したいと考えた。

そのための教材として、4人程度の小グループでプレイするカードゲームを開発した。小グループで議論しながら、18枚のカードを、日本の中学生に関するカード、同世代のフィリピン人メロディに関するカード、両方に共通するカードに分け、正解したカードの数を競うゲームである。カードには、現地でインタビューして得た情報を記し、話し合いのたたき台とした。小グループ間で競うことになるので、学習者のモティベーションが高まり、「勝ちたい」という気持ちから話し合いが自然発生的に生まれる。

中学生が、自分の暮らしとフィリピンの同世代の少女の暮らしを比較することにより、違いだけではなく、共通性についても理解することができる。また、一見同じに見えても、実はその中身が異なるという意外性を通じて、現象の背後にある家族の暮らしぶりや社会事情などについて理解を深めることができる。

例えば、「手伝いをする」カードは両者に共通するが、メロディは食事の支度や（家に水道がないため）水運びなどを毎日するのに対し、日本の中学生にとっての手伝いは、登校時のゴミ捨てや食事の後片付けなど極めて軽微な手伝いである、といった違いが明らかになり、さらに、食事の準備や洗濯といった家事が、電化製品の普及した日本とメロディの生活環境では大きく異なることにも気づくのである。

さらに、「メロディ」に焦点化することにより、「国」という大きな枠で一般化したものの見方ではなく、あくまでも自分の中にある「個」と向き合う機会を設定したいと考えた。「メロディ」という少女の生活について話し合いをし、他者の考えや意見に耳を傾けることで、自分の中にある思い込みや偏見に気づくことができる。

2. 学習活動の展開

	教師（ファシリテーター）の指示・働きかけ	○資料・留意点など
1時間目	■ 地図でフィリピンの位置を確認しよう フィリピンが多くの島からなることも確認する。 地域は東南アジア、飛行機で日本から4時間半の距離 ■ フィリピンの写真を見よう 3枚の写真「バナナ」「マニラの高層ビル」「パヤタスの村」を順に見せ、フィリピンのイメージを描けるようにする。 ■ 「メロディの自己紹介」を読もう 　私はメロディといいます。ハイスクール3年生、16歳です。今、日本のNGOの方の支援を受けて、奨学生として学校に通っています。好きな教科は数学です。苦手な教科は英語です。 　私は、フィリピンのケソン市パヤタスというところに家族と一緒に住んでいます。近くには大きなゴミ山があります。私の友だちの両親には、ゴミ山でゴミの中からプラスチックなどを種分けし、それを売って収入を得るスカベンジャーという仕事をしている人がたくさんいます。 ■ これから、カードゲームを始めます。4人（前後）のグループをつくりなさい ・カード・ワークシート・白地図を配布する。 ■ 18枚のカードを「メロディの生活のこと」「日本の中学生の生活のこと」「メロディと日本の中学生に共通すること」の三つに分けなさい ・グループで意見を出し合い、よく話し合って決めるよう伝える。 　※カードの裏を見ないように指示する。 　※6枚ずつに分けられることをあえて伝えない。	・教室に設置した掛地図を利用する。 ・フォトランゲージにより本学習の意識付けをする。 ・17名の子どもたちとメロディの写真を提示する。 ・日本の中学生のカードの内容は、事前に本校生徒にとったアンケートの結果に基づいていることを伝える。 ・話し合いの様子を見ながら、特定の人が決めている場合には、みんなで話し合うように促す。

第Ⅳ部　国際理解教育の実践

	それでは、すべてのカードを裏返しなさい		・全体で意見を共有する。
	カードの裏に絵が描いてあるので、全問正解であれば、「フィリピンの村の風景」と「日本の学校」と「バナナ」(共通)の絵が完成する。 ・各グループにそれぞれ何枚間違えたかを尋ねる。 ・間違いの最も少ないグループに、みんなで拍手を送る。		
	「間違ったカード」はどのように判断して間違ったのだろう		・「同じ」と思っていたことの内容の違いについて理解する。 ・カードに書かれたことはあくまでもメロディ個人についてであり、フィリピン人すべてに当てはまるわけではないことを付け加える。
	・まず間違えたグループに尋ね、次いで、正解したグループに尋ねたうえで、教師から説明を補足する。 「メロディは、ポケモンは知らないだろうと思った。」 「フィリピンでは、携帯電話は普及してないと思った。」		
	「共通カード」の違いを考えよう		
	わたしの家族は携帯電話を持っています	・親は持っているが、メロディ自身は持っていない。 ・家に固定電話がない。 ・電話線や電柱などへの投資が不要であるため、急速に普及している。	
	わたしは毎日家の手伝いをします	・洗濯は、水を井戸まで汲みに行き、たらいで手洗いをして、手でしぼって干す。また、メロディは、弟妹の世話や食事の支度、水汲みなどを毎日している。	
	気付いたことや考えたことをワークシートに書こう		

それぞれのカードがもつ意味

	カード	区別	カードがもつ意味
炊事	私の家では炭で煮炊きをしています。	メロディ	メロディが住むこの地区で話を聞いた17名の子どものうち、17名すべてが、家での煮炊きは炭で行うということでした。他の地区も回りましたが、炭で調理する人々を街角で多く見かけました。
起床	私は毎日午前3時に起きます。	メロディ	日本では3時に起きる子どもはいないでしょう。学校が始まるのが早いことにもよりますが、朝食の支度が家庭でのメロディの役割だからです。夜は、毎日必ず宿題をしてから寝るのだそうです。フィリピンでは落第という制度があります。小学校では75点以下は落第で、落第は小学校1年から2年にあがる時が最も多いそうです。
学校	私の学校は午前7時に始まります。	メロディ	フィリピンでは二部制をとる学校が多いです。子どもの数に比して教室が不足しているので、子どもを午前と午後に分けて、同じ教室を2回使って授業するのです。そうすることにより、たくさんの子どもたちが学校で教育を受けることができます。しかし、1日の授業時間は少なくなりますから、教育の質は低下して、学力が十分には伸びないという問題が生じます。日本でも、第二次世界大戦直後の貧しい時代には教室が足りず、二部制をとる学校がありました。給食のミルクも外国からの支援に頼っていました。
	私の学校は午後の12時45分に終わります。	メロディ	
	私の学校は午前8時20分から始まります。	日本	

	カード	区別	カードがもつ意味
幸せ	私は毎日が幸せです。	メロディ	「どんなときに幸せだと感じますか」の問いに、フィリピンで出会った子どもたちは、即座に「毎日」「いつも」と答えました。日本の中学生の回答は多様です。1位が「寝ているとき」、2位は「友達と遊んでいるとき」、3位は「食べているとき」です。なかには「一人でいるとき」とか、「メールしているとき」、「PCで遊んでいるとき」などの回答があるのも日本の子どもたちの特徴です。ただ、これを一般化して「日本の中学生は」と決めつけるのは誤りです。「達成感を感じるとき」、「自分が必要とされたとき」「小さな優しさや温もりを感じたとき」「当たり前の普段」と答えた日本の中学生もいますから。
大切なもの	私の大切なものは学校に行ける今の生活と家族です。	メロディ	「大切なものは」と問われた時に共通しているのは「家族」という答えです。フィリピンで出会った子どもたちは異口同音に「教育を受けられる今の状況」と「家族」と答えました。日本の中学生のアンケートでは「友達」が1位で「家族」が2位です。そういう意味では、両国に共通している内容といってもいいでしょう。ただ、「学校に行けるありがたさ」については、データでは推し量れない深い思いがありそうです。
携帯電話	私の家族は携帯電話を持っています。	共通	フィリピンで質問した17人の子どものうち、10名が「親」が携帯電話を持っていると答えています。つまり、かなりの率で普及していることがうかがえます。ただ、日本と同じように考えてはいけません。いわゆる固定電話に加えて、家族全員が携帯電話を持っている家庭が多い日本に比べて、フィリピンは電話線がない地域がある、携帯電話の方が安いという事情があります。特にこの地域では、子どもが自分だけの携帯電話を持つことはほとんど考えられません。そこには明らかな質の違いがあるのです。
手伝い	私は毎日家の手伝いをします。	共通	本校生徒にアンケートをとると、家の手伝いをしないと答えた生徒は本当にごく少数です（約150人中10名程度）。フィリピンでは、家での子どもたちの役割分担が明確です。多くの子が妹弟の世話、水くみ、皿洗い、食事の支度をはじめとする役割をもっています。そういう面では共通点が見いだせます。 ただ、ここにも質の違いがあります。例えば「洗濯」に着目すると、フィリピンでは、まず少し離れたところに水汲みに出かけることから始まり、たらいで手洗いし、手で絞って、場所をうまく見つけて干すわけです。その干し方も、隣や向かいの家にロープがまたがるかたちで干します。日本でそんなことをするともめごとになりかねません。日本では、洗濯機に洗剤を入れると、ボタン一つですべて洗ってくれるわけですから、やはりそこには大きな違いがあるのです。
運動	私の好きなスポーツはバドミントンです。	共通	バドミントンは日本・フィリピン共通の中学生、高校生らしい趣味といえるでしょう。ただ、ラケットはどのように入手するのでしょうか。日本などからの支援でしょうか。捨てられたものの再利用でしょうか。買うのでしょうか。

	カード	区別	カードがもつ意味
楽しみ	私は友だちとおしゃべりするのが大好きです。	共通	特に、女の子に共通する楽しみかもしれません。女の子同士談笑する姿は日本の生徒のそれと全く同じでした。
	私は友だちとショッピングに行くのが楽しみです。	日本	日本で10名を少し超える程度の生徒がショッピングを楽しみの一つとしてあげています。決して多い数字ではありませんが、メロディの生活の中には存在しないかもしれません。
夢	私の夢は看護師になることです。	共通	本校生徒のアンケートでは意外に少ない数でしたが、看護師を目指す生徒は確実にいました。メロディも同じく看護師を目指しています。その理由は、病気の人を助けたいという理由です。
テレビ	私はポケモンを知っています。	共通	メロディの住む地区で出会った子どもたち17名中、家に電気が通っていない家は4家庭です。テレビがある家は10家庭ですが、多くは小型の旧式テレビです。子どもたちはみんなピカチューを知っています。他に「ナルト」などが人気だということです。アニメが好きなのはどこの子どもたちも同じなのでしょう。
遊び	私はよくパソコンで遊びます。	日本	家にPCがある子どもは、メロディの住む地区で出会った子どもたちの中にはいませんでした。日本ではインターネットやメールをして遊ぶ子どもが多いです。メロディに何をして遊ぶのかを尋ねると、「学校の図書館で読書をする」、「友達とおしゃべりする」と答えました。
小遣い	私はお小遣いをもらっています。	日本	生活を支えるために、子どもまでが仕事をせざるを得ない状況があります。稼いだお金はすべて家族の為に使うか、文房具など学校で使用するものに使います。日本でも、誰もがお小遣いをもらっているわけではなく、アンケートでは33人の生徒がお小遣いをもらっていないと答えています。しかし、必要な時にはもらえる子どもが多いのではないでしょうか。
クリスマス	クリスマスの日に特別な過ごし方をしませんでした。	日本	フィリピンではキリスト教徒が圧倒的多数を占めます。スペインやアメリカの統治下におかれた時代が長かった影響でしょう。そのため、クリスマスには、多くの家庭で貧しいながらも何かしら特別なことをします。メロディの家では親戚が集まってささやかなパーティーをしたということです。教会に行ってクリスマスの特別のお祈りを捧げる子どもたちが多いそうです。本校生徒対象のアンケートでは、クリスマスに何も特別なことはしていないと答えた人は59名にのぼりました。
嗜好	私はカレーライスや焼き肉が好きです。	日本	メロディは野菜が好きだということです。野菜は自分の家で作っているのかなと思いましたが、どうやら違うようです。カレーライスや焼き肉は日本のメニューですね。

3. 学びの軌跡

評価は、ワークシート、発言、議論の様子により、以下の観点から評価する。
- メロディと自分の暮らしを重ね合わせて「違い」と「同じ」を理解し、思い込みに気付いたか。（知識・理解）
- 自分の意見を根拠にもとづいて主張するとともに、仲間の意見に耳を傾けることができたか。（思考・表現）
- メロディを通じて、フィリピンに関心をもったか。（関心・意欲）

授業づくりのための参考資料として、まず、土橋泰子『レヌカの学び』（開発教育協会、2004年）をあげたい。『レヌカの学び』のカードゲームでは、12枚のカードを、ネパールから日本に研修にやってきた聾学校の女性校長レヌカが、日本で経験したことと、ネパールで経験したことの二つに分ける。『フィリピンの少女メロディ』では、カードゲームをさらに進化させて、メロディと日本の中学生の「違い」「同じ」「共通」の三つにカードを分ける。『レヌカの学び』では、「違い」のみが強調されるのに対して、『フィリピンの少女メロディ』では共通点にも注目することにより、共感的理解を深めることができる。さらに、メロディという同世代の少女を登場させることにより、生徒は親近感をもつことができる。

本授業を受けた生徒たち（中学2年生）は、次のような受け止め方をした。

○テレビでフィリピンのことを見て、フィリピンは貧しくて、みんな大変そうでつらそうだと勝手に思っていたけれど、貧しくても楽しくやっている人がいるというのを知って少しびっくりした反面、安心もした。
○フィリピンでは朝早くから起きて家族のために働いて、何げない生活で当たり前のことを幸せと言えることはすごいと思いました。自分も今の生活を改めて、学校や普段の生活をもっと楽しみたいと思いました。
○フィリピンの人は、そんな生活の中でも「大切なものは学校へ行ける今の生活と家族」「毎日が幸せ」と言っているのに、もっと裕福な暮らしをしているはずの日本人が「悩みがある」とか「幸せじゃない」と簡単に口にできるのはおかしいことだと思いました。日本人は贅沢をしているにもかかわらず、それをちゃんと意識して生きていないというか、それが当たり前になってしまっているので、これからは自分の生きている状況を当たり前と思わずに幸せを実感しながら生きていきたい。
○日本とフィリピンとの違いを勉強して、テレビとかでは日本と全然違う気がしていたのだが、実際勉強してみて、毎日の手伝いや住んでいる所の違いだけで、あとの笑顔や明るさは全く変わらないと思った。
○フィリピンに携帯電話があるとは思わなかった。でも使い方が日本とは全く違い、フィリピンでは家族で一台の携帯電話をもっている。日本では家族で一人一台くらいの携帯電話を持っている。
○自分は家の手伝いをするけど、フィリピンの人たちから比べると規模が違うことを知った。自分は雪かき1時間もやればだいぶ手伝いをした気でいるけど、フィリピンの人はもっとやっている。
○今回の授業でフィリピンの人々の生活の見方が少し変わった。貧しい生活の中でも友達や家族がいることで幸せだと感じることができるのはとても良いことだと思うし、きっと向こうの人々はこれからも生活を続ける上で笑顔であり続けると思う。
○自分の生活について考えた。メロディはこれからどのような生活をするのだろう。

注　本教材は、2008年フィリピンへのスタディツアー（北海道北方圏センター主催）での調査に基づいて作成したものである。

（佐藤　貢）

コラム8
MOOCsが拓く新たな国際理解教育の可能性

　近年、MOOC（ムーク）またはMOOCs（ムークス）が話題になっている。Massive Open Online Coursesの略語で、和訳は「大規模公開オンライン講座」。旧来の高等教育の存在意義の問い直しを迫るほどの「革命」と指摘する専門家もいる。その起こりは、1990年代に学習リソースの電子化が、2000年代に無料公開化が進んだ米国である。

　まず、筆者も「受講」したコロンビア大学の「持続可能性の時代」を例にその具体像を素描したい。このコースは、同大学教授で国連事務総長の顧問も務めるJ・サックスによる連続講座である。毎週公開される20分程度のビデオ講義を週に5本聴くのが一連の学習の軸となる。週ごとにトピックが変わり、「持続可能な開発とは何か」を皮切りに「ミレニアム開発目標と貧困の終焉」や「サスティナブル開発目標」など、14のトピックが設定されている。すべて無料であり、開講期間中は何度でもくり返し見ることができる。

　受講者には、毎週、各ビデオの内容に関連した選択式の10問の小テストがオンラインで届く。結果はグラフで示され、自分と同じ点数の受講生がどの位いるのかが分かる。成績は小テストの結果の14回中最もよい13回のスコアの総合点が6割を占め、残りの4割は最終試験で決まる。終了後、同教授の署名付の成績証明が発行される。

　同講座のインタラクティブな機能には目を見張るものがある。アイデアを自由に交換しあう「カンバセーション」や毎週の小テストについて議論する「クイズ」、共通の関心事をもつ受講生と交流する「スタディグループ」など多彩な空間が用意されている。「グーグル・ハングアウト」を活用してサックス教授自らが学習者の質問に直接回答する機会も定期的に設けられている。MOOCsは豊かな情報リソースと機能をもった多彩なプログラムなのである。

　グローバル化によって人が自由に、そして情報が瞬時に行き交うようになった。しかし国境を越えた人や情報の往来が増えれば、異文化や異質な他者に対する寛容度も増すかというと、必ずしもそうではない。絶えないテロ事件や国内外で見られるヘイトスピーチなどを見るにつけ、グローバル化によって容易には国際理解は進展しないことが了解されてしまう。

　このような状況下で、今後ますます他者に対する寛容や他者への想像力が重要になってくるであろう。ただし、こうしたコンピテンシーの涵養は、旧来の国際理解教育のように外国に関する固定された知識やイメージを学習者に伝達する教育は無論のこと、徐々に普及してきた参加型の手法を駆使しても多くの制約を伴う。

　筆者はMOOCsに上のような状況が改善される端緒が見出されると捉えている。その特徴は、多声的な状況に学習者が置かれ、グローバル化社会で避けられない異質な他者性と遭遇する場がネット上で実現していることである。MOOCsは他者性とのリアルな出会いの宝庫である。またMOOCsでの講義を宿題にして、その内容についてクラスで討議するという反転授業も新たな国際理解教育の可能性となろう。

　ここまでMOOCsのどちらかというと長所を強調してきたが、一部の論調に見られるように、こうした新たな学習ツールが従来の学習に取って替わると考えるのは早計に過ぎる。「ハングアウト」の回答は1回きりなので講師と受講生との間で思考を深めていくような問答は難しい。また、ネット上で出会う他者が必ずしもマナーを守るとはかぎらず、差別的な表現に対する対応も求められる可能性もある。

　現実の大学がMOOCsに対して「勝ち目」があるとすれば、学びを深化させる過程を創出できるか否かである。国際理解教育の当面の課題は、従来型の講義かMOOCsかという二者択一ではなく、双方を上手に組合わせて相乗効果をもたらすことであると言えよう。

（永田佳之）

4 高等学校の実践

4-1 国際問題研究における実践 ―「違い」から考える平和な社会―

1. 単元の概要

本授業は高校の「国際問題研究」という科目において、1年生から3年生までの各クラスで、3時間をかけて実施した。「国際問題研究」では、貧困・戦争・差別・児童労働・ジェンダーなど国際的諸問題をとりあげて授業を行ってきたが、本単元では平和をテーマとして教材を開発した。

学習領域　カリキュラム開発の視点	1	2	3	4
A 多文化社会	文化理解	文化交流	多文化共生	
B グローバル社会	相互依存	情報化		
C 地球的課題	人権	環境	平和	開発
D 未来への選択	歴史認識	市民意識	社会参加	

単元の目標を、次のように設定した。
・日本とカンボジアの違いを通して、日常生活の中で何気なく見過ごしている様々な事象に目を向け、その背景にある問題を考えようとする。（態度・関心）
・「平和な社会」とはどのようなものか考え、自分の意見を記述することができる。（技能）
・世界人権宣言の内容を、カードの内容と照らし合わせながら理解する。（知識・理解）

本単元を特徴付けるキーワードは「日本とカンボジアの違い」「カンボジア国内の地域格差」「大切なもの」「人権」「平和な社会」である。

カンボジアへのスタディツアーを通して最も強く感じたのは、以下の5点である。①市場経済の浸透により急速に変容しつつある都市部と農村部との地域格差。②内戦により、社会の中の様々なものが失われたこと。③最も脆弱な立場に置かれているのは子どもたちであること。④経済的理由により将来の夢や仕事が限定されているカンボジアの子どもたちではあるが、自分たちの将来に対しては強い意思や希望をもっていること。⑤支援活動の現場を視察したことで、人の生命・生活を支える仕事の尊さを実感でき、望ましい社会のあり方を考えるきっかけになったこと。

授業者自身がカンボジアで発見した日本との、あるいはカンボジア国内における様々な違い――文化・習慣による違い、歴史的背景による違い、経済格差による違い――を一つ一つ討議していくことで、生徒自身にカンボジアという国についての理解を深めさせたい。国・地域が異なれば、様々な違いが生じるのは当然であるが、それを単に「その国の制度だから仕方ない」「個人差だからどうすることもできない」と他人事として見過ごしてしまう生徒が多いと予想される。一つの事象を多角的に捉え、それが何に起因するのか、そしてどのように影響するのかというところまで考えさせる必要があるだろう。違っていることが否定されないというのが人権の基本であるが、しかし、どんな違いでも無条件に肯定されるものではない。違っていても、誰もが同じようにもっていて、尊重されるべきものが人権である。授業者が見てきたカンボジアの人々の生活や考え方を切り口に、生徒に「人権」についての意識をもたせ、人が安全に、安心して生きることができる平和な社会をつくるためには何が必要か考えさせたい。

教材作成に際しては、「違い」のカードに「あっていい違い」と「あってはならない違い」の両方の内容を取り入れ、分類するときに生徒に葛藤を抱かせるような内容にすることに苦労したが、授業者自身のカンボジアに対する見方の偏りを自ら気付くことにもつながった。

2. 学習活動の展開

教師（ファシリテーター）の指示・働きかけ	○資料・留意点など
8枚の写真はどこの国の写真でしょう？ 選択肢：インド、中国、カンボジア、韓国、フィリピン ・各グループに以下の写真8枚を配る。 ①  ②  ③  ④  ⑤  ⑥  ⑦  ⑧  **カードゲームをしよう** ・ゲームの説明をする 　各グループに47枚のカードを配ります。カードには、日本の高校生美希と優介、私が訪れたカンボジアの高校生ソティアラとリンナについて書かれています。カードを裏にして積み重ねておいてください。一枚ずつ表に返し、一人が書かれている文をグループ全員に聞こえるように読み上げます。そして、そのカードが、 　　○あっていい違い 　　○あってはならない違い 　　○どちらとも言えない違い のいずれであるか分類してください。なぜそのグループに分類したのか、理由やそう判断した根拠をメンバー全員でよく話し合って決めてください。 **ワークシート①に記入しよう** ・三つに分類したすべてのカードのキーワードを記入する。 ・分類するのが難しかったカードを記入する ・記入したカード全体を見て、どういう違いなら「あっていい」と思いましたか？ ・反対に、「あってはならない違い」とは、まとめると、どのようなものだと思いましたか？	4人グループをつくる 写真に写っているものを確認する。 ① 伝統的な絹織物 ② お金 ③ アンコールワット ④ 勉強（知識） ⑤ 自転車 ⑥ 友だち ⑦ 家族 ⑧ 文房具 正解はカンボジア。 8枚の写真に共通することは、「あなたの大切なものは？」という質問に対する、カンボジアの人の答え。 日本とカンボジアの地図を黒板に書き、東京、帯広、カンボジアの首都、農村都市のそれぞれの位置に、4人の顔写真を貼る。 美希（東京の高校生） 優介（帯広市の高校生） ソティアラ （カンボジアの首都の高校生） リンナ （カンボジア農村部の高校生） それぞれの違いは、生物的・社会的・文化的背景などの違いに起因していることに気付かせる。 さらに、それらが 「あっていい」 ＝そのままにしていてもいい 「あってはならない」 ＝見過ごしてはならない 違いなのか考えさせる。

1時間目

2時間目	各グループでカードをどのように分類したのか、クラス全体で共有していきましょう。（1回目） 1．「あってはならない違い」に分類したカードはどれですか？ まず、一つのグループに選んだカード一枚を答えてもらい、同じカードを選んだグループが他にないか全体に問いかける。 2．なぜ、そのカードを「あってはならない」と判断したのですか？ いくつかのグループに理由を問いかける。 上記の要領で、「あっていい違い」に分類されたすべてのカードを挙げさせ、その理由を問いかける。 3．「あっていい違い」に分類したカードはどれですか？ 4．なぜ、そのカードを「あっていい」と判断したのですか？ 1．2．の要領で進めていく。 5．「どちらとも言えない違い」に分類したカードはどれですか？ 1．2．の要領で進めていく。	ほとんどの生徒は「あっていい違い」に分類するカードの方が多い。従って、最初は明確に「あってはならない違い」に分類したカードから聞いていき、その後、「あっていい違い」「どちらとも言えない違い」をたずね、討議していく。 「あってはならない違い」には、生命や人権、差別に関わることが多いと予想される。個別のカードについて、その違いの引き起こす問題点を想像させる。 （例）・5歳未満児死亡率 ・非識字・地雷　など 「あっていい違い」には、文化・風習・好みなどの違いが多いと予想される。 （例）・ゆで卵　・頭をなでる ・挨拶・お葬式・住居　など
3時間目	カードをどのように分類したのか、分類した理由をクラス全体で討議しましょう（2回目） 　2時間目の要領で、「どちらとも言えない違い」に分類されたカードを中心に、各グループで結論が出なかったカードについて討議していく。 「世界人権宣言」とカードの内容を照らし合わせましょう カードを「あっていい違い」「あってはならない違い」と分類したとき、みなさんが判断した基準として、「生命」「差別」「人権」というものがありました。 　違っていることが否定されないということは、人権の基本です。しかし、どんな違いでも無条件に肯定されるものではありません。違っていても、誰もが同じように尊重されるべきものが人権なのです。 平和な社会について考えたことを記入しましょう 　今までの授業を通して、人が安心して、安全に生きることのできる平和な社会とはどのようなものだと思いましたか？　どういう状態であれば平和なのでしょう？　みなさんが望む平和な社会とは？　反対に、平和を妨げている要因は何でしょう？　考えたことを「ワークシート③」にまとめてみましょう。	「どちらとも言えない」には、判断材料がない、グループ内で意見がまとまらない、などの理由で分類されたカードがあると予測される。 （例）・欲しいもの　・将来の夢 ・牛乳の値段　など 「教育」「地雷」に関するカードは、必ず討議する。 一つの事象を見るとき、視点を変えることで、見過ごしてしまいがちな事柄を深く考え、新しい考え方ができるようになることに気付かせる。グループ内で結論が出なかったカードについては、他のグループの意見も聞き、問題認識の視点が違うことを知らせる。 「世界人権宣言」を配布し、解説を加えたうえで、個々のカードの内容が、どの条文に当てはまるのか考えさせる。

カード一覧(47枚)

関連分野		カードの内容
学校	初等教育就学率	優介の友達は全員小学校を卒業しているが、リンナの友達の半分は5年生になる前に小学校を退学した。
	情操教育	優介が小学生だったとき、時間割には、国語、算数、社会、理科、音楽、体育があったが、リンナの小学校には音楽と体育がなかった。
	昼食	美希が中学生だったとき、昼食は学校で給食を食べたが、ソティアラは家で食べるか、売店で買って食べていた。
	二部制	美希は高校で午前8:30〜午後3:30まで勉強し、リンナは午前7:00〜午前11:00まで勉強する。
	教科書の不足	優介は毎日宿題が出されるが、リンナは宿題は出されない。
	歴史教育	ソティアラは歴史の授業で、カンボジアの内戦について習ったが、リンナは習っていない。
	図書	優介の学校の図書室には約3万冊の本があり、リンナの学校の図書室には約300冊の本がある。
	通学方法	リンナは学校まで歩いて1時間かかり、美希は学校までバスと地下鉄を使って1時間かかる。
夢		美希は将来、看護師か保育士か美容師のどの仕事に就こうか迷っているが、リンナは小学校の先生になりたいと思っている。
欲しいもの		美希が今一番欲しいものは、服とスマートフォンで、リンナが欲しいものは文房具と学力、と言っている。
教師	給料	優介の小学校の先生の給料は月20万円だが、ソティアラの小学校の先生の給料は月2,000円である。
	教師の最終学歴	美希の小学校のときの先生は教育大学を卒業しているが、リンナの小学校の先生は中学校を卒業してすぐに教師になった。
	育児と仕事	美希の学校の先生は、自分の子どもを保育園に預けてから学校に来るが、リンナの学校の先生は、教室に自分の子どもを連れてきて授業をする。
地雷	被害	内戦時、リンナの祖父は地雷で足を怪我したが、友達チャンティの祖父は銃で撃たれて亡くなった。
	値段	最も安い地雷は1つ300円くらいで製造できるが、銃を購入するには、安いものでも5万円くらい必要だ。
	地元住民の考え	リンナの家の畑に埋まっていた地雷はすべて除去されたが、リンナの友達チャンティの家では、地雷が埋まっている畑をそのまま使っている。
平均余命		優介の祖母は90歳で亡くなり、リンナの祖母は55歳で亡くなった。
5歳未満児死亡率		美希の弟が5歳になったとき七五三のお祝いをしたが、リンナの弟は5歳になる前に亡くなった。
子どもの人口		全人口のうち、15歳未満の人口は、日本では13%、カンボジアでは34%である。
		優介は2人兄弟だが、リンナは6人兄妹である。
農業人口		総労働人口のうち、農業に従事している人口の割合は、日本では2.4%、カンボジアでは72%である。
挨拶		初対面の人と挨拶するとき、日本では「こんにちは」と言ってお辞儀をするが、カンボジアでは「チョムリアップスオー」と言いながら合掌する。
履物		学校へ通うとき、美希はローファーをいて行くが、ソティアラはサンダルをいて行く。
家事		美希の家では、家事は美希の母親がほとんどするが、リンナの家ではリンナが牛の世話や井戸の水汲みをする。
物価、栄養		牛乳1リットルの値段は、日本のあるお店では168円、カンボジアのあるお店では200円である。
インフラ	舗装道路	日本では、道路全体の79%が舗装されているが、カンボジアでは7%である。
	水道	優介は毎朝シャワーを浴びてから学校に行くが、リンナは学校から帰ったあと、川で水浴びをする。

住宅	電化率	優介は毎日夜12時まで起きているが、リンナは夜8時に寝る。
	住宅	ソティアラの家は→　　　　　　　　　　　リンナの家は→
設備・情報機器	トイレ	美希の家にはウォシュレット付きのトイレがあるが、リンナの家にはトイレはない。
	調理方法	優介の家ではガスコンロで調理するが、ソティアラの家では薪や木炭を使って調理する。
	インターネット	美希の家にはパソコンがあるが、ソティアラの家にはない。
	携帯電話	優介のクラスでは、ほとんど全員が携帯電話を持っているが、ソティアラのクラスで携帯電話を持っているのは半分くらいである。
児童労働		優介の弟は小学校に通っているが、リンナの住む町には、一日中革細工の仕事をしている子どももいる。
早婚貧困		美希は高校に通っているが、リンナの友達チャンティ（16歳）は結婚している。
		美希の友だち絵里子は16歳で子どもができたが、養育できないので「赤ちゃんポスト」に子どもを預け、リンナの友達チャンティは1万円で自分の子どもを手離した。
食べ物		美希が好きなゆで卵は　→　　　　　ソティアラが好きなゆで卵は→
乗り物		優介の兄は、よくバイクの後ろに彼女を乗せるが、ソティアラの家では父親がバイクを運転し、後ろに母親とソティアラとソティアラの妹を乗せる。
非識字		優介の祖母は下の看板の文字が読めるが、ソティアラの祖母は下の看板の文字は読めない。 専用駐車場　　ប្រយ័ត្នគ្រាប់មីន!!
スポーツ		サッカーの公認審判員の数は、日本では220,000人で、カンボジアでは112人である。
遺跡修復		美希の家の近くのお寺は、最近修復されてきれいになったが、リンナの家の近くのお寺は、修復されずに壊れたままである。
宗教		カンボジアの僧侶は結婚することができず、お昼以降食べ物を食べてはいけないが、日本の僧侶の多くは結婚している。
生活習慣マナー国民性		日本では子どもをほめるとき頭をなでるが、カンボジアでは頭をなでてはいけない。
		優介は通学中のバスの中では、本を読むか、携帯電話でメールをしているが、ソティアラは隣に座った人とおしゃべりをする。
		日本のお葬式は静かに行われるが、カンボジアのお葬式はスピーカーでお経を近所に響かせ、音楽や花火も使われる。
		優介の家では、長男である優介の父親が祖母の面倒を見ているが、ソティアラの家では、一番末の叔父さんが、叔母さんの親と一緒に住んで面倒を見ている。
		休日は、美希は友達とカラオケに行き、ソティアラは家族で遺跡を見に行く。

3. 学びの軌跡

評価は、下記の3項目について、発言、ワークシート、学習感想を用いて、以下の視点で行う。
・日本とカンボジアの違いを通して、日常生活の中で何気なく見過ごしている様々な事象に目を向け、その背景にある問題を考えようとしたか。（態度・関心）
・「平和な社会」とはどのようなものか考え、自分の意見を記述することができたか。（技能）
・世界人権宣言の内容を、カードの内容と照らし合わせながら理解したか。（知識・理解）

自分たちと同じ高校生4人を登場させ、彼らの生活習慣や考え方などについての具体的な「違い」を示すことで、生徒たちは自然と日本とカンボジア、都市部と農村部の格差について知ることができていた。また、グループやクラス全体で、その「違い」が「あっていい」のか「あってはならない」のかという視点で考え答えを出す学習形態によって、生徒たち自身で気付き、学び合い、どんどん考え方が修正されていった。「人権」という大きなテーマではあるが、自分たちの身近なところにも関わりがあることを理解していたように思う。

カードについての討議の際、具体的な数値データや写真などの資料を用いることで、よく理解することができていた。実際に使用した資料で理解の助けになったものは、日本を含めたアジア6カ国のデータ「5歳未満児死亡率」「成人の識字率」「人口100人あたりのインターネットユーザー数」など、および、地雷のレプリカ、カンボジアの小学校の時間割、人口ピラミッドなどである。

この単元は3時間での実施を予定していたが、生徒が「地雷」と「教育」の分野に特に関心を示したため、カンボジアが抱える社会問題の背景にある内戦やそれに伴う貧困について解説を加える時間をさらに要した。

本単元終了後、生徒たちはワークシートに次のような感想を記した。

○ 平和な社会とは、戦争・紛争の有無だけではなくて、勉強を満足にできたり、自分の好きなことができたり、自分の目指していることに打ち込める社会なのだと思う。食事がとれたり、周囲に信頼できる人がいたり、普段何気なく暮らすことができている今の日本の社会は平和だと思う。

○ これまで「日本は戦争がなくてよかった」としか思っていなかったけれど、戦争のある他の国のことも考えるようになった。やはり、どんなことがあっても戦争はよくない。戦争が終わっても、その後に影響するものがあるから。大切なのは、「戦争のない世界」を目指すことだと思う。

○ 国によって文化も感じ方も価値観も違っていて、自分たちの価値観で他の国を批判することはできないと思った。

○ 私たちは「幸せ」を見逃してしまっている、と思いました。私たちの身近にある小さな幸せは、カンボジアの人々にとっては大きな幸せだったり、私たちの「当たり前」は、決して「当たり前」ではないのだと実感しました。そして、そのことに気付かないのなら、私たちの国は悲しい国だと思いました。

なお、授業づくりのための主な資料として、以下を活用した。

アムネスティ・インターナショナル日本支部／谷川俊太郎（2001）『世界人権宣言』金の星社

池間哲郎（2008）『アジアの子どもたちに学ぶ30のお話』リサージュ出版

日本国際理解教育学会編（2012）『現代国際理解教育事典』明石書店

ユニセフ（2012）『世界子供白書2012－都市に生きる子どもたち－』

（林　香織）

4-2　世界史における実践―日韓紙上対話授業―

1. 単元の概要

本学習活動は、高等学校1年生世界史Aの時間を活用して4時間（日本3時間、韓国1時間）の小単元を設定した。

学習領域	カリキュラム開発の視点			
	1	2	3	4
A 多文化社会	文化理解	文化交流	多文化共生	
B グローバル社会	相互依存	情報化		
C 地球的課題	人権	環境	平和	開発
D 未来への選択	歴史認識	市民意識	社会参加	

単元目標は、以下の通りである。
① 1880年代という、「東アジア世界」が多様な可能性を秘めていた時期について学習することにより、植民地化された朝鮮と植民地化した日本という固定的な関係を相対化する歴史認識をもつこと。一連の「対話」により、歴史教育の本来の目標である、歴史的思考力や問題解決能力を育成すること。
② 紙上対話の形での「日韓交流」をおこなうことにより、日韓の生徒同士が「東アジア市民」として共通の「東アジア世界」という同時代的な歴史的環境に生きていることを実感できること。これにより、政治的に対立し、お互いの声を聞かない態度をもちがちな日韓の政治的関係にかかわらず、日韓の生徒がお互いの声を聞く態度をつくり、「平和の平和的な創造」を可能にする態度・意識をもてるようになること。
③ クラスや韓国の生徒との「対話」を通じて自らの思索を弁証法的に深め、それを再び表現すること。

単元を特徴づけるキーワードは、「東アジア」「東アジア市民」「日韓交流」「平和の平和的な創造」「対話」である。

高校で世界史など社会科の授業を教えて30年以上となる。その間、学校外での学習活動を積極的におこなってきた。1990年から、神奈川県立多摩高校でクラブ活動として「多摩高校日本語ボランティアサークル」を組織してきた。ここでは、高校生が毎週、ベトナム・ラオス・カンボジア定住者の小中学生に学習援助活動をおこない、1998年には部員とベトナムへのスタディツアーをおこなった。また、2000年からは、川崎市内の学校の生徒を中心にして、韓国の高校生や朝鮮学校に学ぶ高校生たちとの日・韓・在日三者による交流団体である川崎・富川高校生フォーラム「ハナ」（以下「ハナ」と省略）を組織し活動を現在までおこなっている。これは、夏には韓国富川市、冬には日本川崎市を舞台とし、ワークショップ形式による討論・対話（フォーラム）やフィールドワークをおこなうものである。

以上のような実践を踏まえ、モノや他者と対話し、協同的・互恵的に学び合うなかで、自らの分かり方を反省・吟味する、という佐藤学（1999: 102-106）の「学び」概念に示唆を受けながら、「国際青少年交流センター・アウシュビッツ／オシフィエンチム」などでおこなわれている、国境を越えて他者と対話をおこなう「学び」の場を理想とした、〈対話的学びのネットワーク〉という概念を提案したことがある。[1] 本実践は、学校外で作り上げてきた〈対話的学びのネットワーク〉を日常の教室内の授業実践でも実現しようとするものである。

そもそも「対話」とはいかなるものであろうか。多田孝志（2009: 24-31）は、『共に創る対話力』において、対話を「指示伝達型」「真理追求型」「対応型」「共創型」に分類した上で、「参加者が協力して、利害対立の現実や相互理解の難しさを認識しつつ、叡智を出し合い、新たな価値や解決策を生み出す」対話である「共創型」の対話力を高める必要性を説く。このような「共創型」を対話の

典型とし、相手を論破しようとする、といった狭義の「討論」を超える価値があると考えたい。

多田は主として国語科の授業における対話力の育成について分析を深めている。国語科以外の科目、とりわけ社会科においても、対話力は共生を目指す市民社会における資質として必要不可欠だが、従来の社会科、特に歴史においては、未だ暗記型を克服できない受験システムの問題、また、いわゆる「課題集中校」では学びそのものの崩壊という問題もあり、対話力を育成するような授業形態は今後の課題となっている。

「対話」を実現する授業方法はどのようにすればよいのだろうか。鳥山孟郎（2003: 191-199）は世界史での討論・対話学習のテーマ設定として以下の留意点を指摘する。つまり、①「これからの方針」についての選択を迫る設問で、②一般的な方針ではなく、「個別具体的な事件」を取り上げ、③「～はどうすれば良かったか」というような問い方で、④意見が一方に偏らないような選択肢を設定し、⑤その時代の本質と現在の日本の課題にかかわる基本的な選択肢で問うべき、とする。また、鳥山（2008: 117-129）は別の著書でも再度、討論・対話学習について考察を深め、授業のなかでそれをおこなう意義として、「生徒たちがそれぞれに異なる意見を出し合って相互に学びあう場を作ること」であると述べる。

鳥山の実践は、「紙上討論・対話」の形式をとることがある。これは、面と向かって意見を言うことがなかなか出来ない日本の生徒たちの現状に合わせた討論の形式である。紙上討論・対話に関して、久保田貢（1999: 9-12）はその手法のメリットとして以下の点を指摘する。「・全員が自分の意見を書き、それを読み合わせる、という形ならば、口頭の討論が成立しにくい教室環境でも、誰もが学びあう場をつくりだすことができる。・口頭の討論のような即応的なダイナミズムには欠けるものの、逆に、自分の意見をまとめて、書くために、じっくりと調べたり、考えたりする時間を充分にとって、深めることができる。・書いたものが文字に残り、それを読みあうことで、聞き流すことなく、他者の意見を充分に把握し、考察を深めることができる。時間をおくので、感情に流されずに対応することができる。・教師の側も、子どもたちの問題関心の所在、認識の変化などをつぶさにはかることができ、次の授業展開を考えることができる。」

本実践はこの「紙上対話」を、翻訳者と韓国側の協力者の力を借りて〈対話的学びのネットワーク〉として、国境を越えておこなったものである。

鳥山が述べるように、対話授業の成否はテーマ設定にある。本稿のテーマは、1880年代の朝鮮の政治である。周知のように、1910年に日本は大韓帝国(1897年改称)を植民地とするのだが、1880年代後半の北東アジアは、1882年の「壬午軍乱」、1884年の「甲申政変」に見られるように、朝鮮における日本のプレゼンスが低下するなど、様々な可能性を秘めた時期であり、生徒が多様な意見を提案し、対話をすることが可能であろうと考えた。

もう一つ、〈対話的学びのネットワーク〉を可能にするために大切なことは、東アジア市民との個人的なネットワークを作り上げていくことである。上記「ハナ」や「日韓合同授業研究会」、「日本国際理解教育学会」、そして今回の授業に協力していただいた朴中鉉氏（パクチュンヒョン）（2009年第1回授業）や李京娃氏（イギョンジュ）（2011年第2回授業）と出会うことになる「歴史教育者協議会日韓交流委員会」など様々なチャンネルでネットワークを作ってきた。

冷戦下のドイツ市民による贖罪の意識を背景にしたポーランドとの地道な市民レベルの交流活動が、現在の豊かなドイツ・ポーランド関係を創造したように、日中、日韓が政治的に対立し、あるいは対立を政治的に利用するという社会のなかで、東アジア市民同士が個人的ネットワークを作り上げていくことこそが、未来への「種まき」、「徴」として、今、大事なのではないだろうか。

2.学習活動の展開

	教師（ファシリテーター）の指示・働きかけ	○資料・留意点など
1時間目	**韓国の高校生たちと紙上対話をしてみよう** 1年世界史Aの2学期、韓国の高校生たちに自分たちの意見を送って「紙上対話」をすることを説明する。 **いままで学んできたことを踏まえて自分の意見を書いてみよう** 紙上対話は、まずクラス内でおこなう。「1884年の甲申政変後、朝鮮はどのような外交、内政をとれば良かったと思うか」という問いへの意見【意見1】を、クラス全員分まとめて印刷しやすいようにB7サイズのワークシート1に書かせる。 【意見1】の例 ・（中立政策、民乱への対応）「朝鮮は、甲申政変後、どこの国とも親密な関係をもたずに中立となり、まず国内の「民乱」を鎮めるべきだと思う。「国」と「国民」が一致団結するべき。（後略）」	・授業案と生徒の意見は、2009年度に朴中鉉（パクチュンヒョン）氏の良才（ヤンジェ）高校生と実施した第1回のものをもとにしている。 ・日本、琉球、朝鮮、中国、ベトナムなど東アジアの19世紀後半の歴史を、その相互関係に留意しながら事前に学習をしておくことが、生徒のよりよい考察につながる。
2時間目	**クラスの他者の意見を読んで評価することで自分の意見を深めてみよう** 2時間目、【意見1】をクラス全員分載せたプリントを生徒に読ませる。その上で「自由、平等、平和、生活の安定など、人々の求めてきた価値に結びついていくかどうか？」という点で評価できる「なるほど！」と思う意見と、「実際に出来るのか？ 論理的なくいちがいがないか？ 歴史的な事実と異ならないか？」という点で疑問がある「そうかな？」と考える意見、それぞれ3人の意見を選んだ上で簡単なコメントをワークシート2に書かせる。【意見2】これをクラス内で回覧し、他者の意見を読んだ上で、ワークシート3に自分の意見【意見3】をもう一度記入させる。 以下が【意見3】の代表的なものである（要旨）。 《Aさん》「朝鮮は中国と同盟を組み経済力をつける。北東アジア全体の経済的水準をあげ、北東アジアがEUのような関係になる。」 《Bさん》「対外的に抵抗の意志を示すべき。民衆の意見を取り入れない政権が問題。」 《Cさん》「民衆を政治に参加させる。欧米と直接貿易。」 《Dさん》「イギリスと貿易し軍事力導入。軍事力には軍事力で対抗する他なかった。」 《Eさん》「日本と組み、清と対抗し、徹底した開化政策を実施。」 《Fさん》「中立の立場を示しておいて、まず国内の問題解決をするべき。」	・ある事項の「良いところ」と「悪いところ」をあげて話し合うことは、対話的ワークショップのひとつの方法である。これを紙上でおこなったのが、今回の実践である。
3時間目	**韓国の高校生たちの意見を読もう** 【意見3】のうち典型的なものを翻訳して韓国の高校に送り、特別授業で【意見4】を作成してもらう。これを翻訳の協力者に再度日本語に翻訳してもらう。韓国良才高校生の【意見4】を二つ示す。	・翻訳は「ハナ」を長年共に運営をしている川崎市職員の小田切督剛氏と「ハナ（ハナ）」のOBである韓国の南佑炫（ナムウヒョン）氏にお願いした。

《Yさん》歴史を学んで、歴史に関する話を聞きながら、なぜ朝鮮はいつも外国に依存しなければならなかったのかが疑問だった。もし、私が主体的に行動しないで、他人に頼ろうとしたら、私は無視されるだろう。そんな面で自分を改革することが難しくなるはずだ。朝鮮は依存的だった外国との関係で、外国の干渉と侵略から自由でなかったと思う。その時、朝鮮がもっと主体的で、積極的に改革を進めたら、歴史が変わったと思う。朝鮮がもっと努力をして、国権を維持するために抵抗しなければならなかったと思う。日本の友達の意見を読んで、私の思ったことと似たような意見もあったが、私が考えたこととは違い、中国や日本、欧米の列強と同盟を組むという意見などもあった。あとは、日本の友達の中で一人Fさんは朝鮮の中立に関する意見を出してくれたが、この意見は外国に依存的ではなく、朝鮮国内の結束力を高める意味であって、私の意見と似ていた。

《Zさん》個人的には、甲申政変が失敗したことが残念だ。先にあった洋務運動や明治維新を見てみると、明治維新は成功したと思う。（中略）その後は、日本や清国よりは地理的に離れていた欧米列強と協力するべきだった。近くの二国は、どうすれば朝鮮を支配できるかばかり思っていたからだ。より先進的なヨーロッパの国の制度と文物を直接に受け入れたら、日本の明治維新のような成果を出せたかもしれない。日本の高校生のAさん、Eさんに対しては全面的に反対する。朝鮮を助けるという名目をもつ中国や日本と手を組んでも彼らはいつも朝鮮を利用するための工夫だけをしていたと思うからだ。

> 手紙の形式で、韓国の高校生たちに返事を書いてみよう

3学期の4時間目の授業で【意見4】を読み、手紙の形式で返事【意見5】を書かせる。例として《Fさん》の文章を示す。

「《Fさん》（前略）外国との関係で最も良いと私が思ったのは、韓中日の三国が協力するという安重根の「東洋平和論」です。民族を超え、人類共同の平和を念頭に置いた考えをもつことは大切だと思いました。韓中日の三国は、個々に独立できる国力をもちつつ、反発しあうのではなく協力して共同繁栄を目指すべきだったと思います。安重根があげた具体的な案で、共通の貨幣を発行すること、各国の言語を教えること、技術を提供しあって商工業の発展を試みることなどは、賛同できました。しかし、「三国の若者で共同の軍隊を編成する」というのは、必要がないと思います。確かに、その時代は戦力が必要だったと思うし、三国が協力していれば強い戦力になったかもしれません。けれども、三国が話し合って共同繁栄することに同意したのならば、三国は「話し合う」という力を得ることができているのだから、戦争をするのではなく、他国と話し合うこともできるはずだと私は思います。「争い」で解決するのではなく「話し合い」をしっかりとすることが重要だと思います。それは、過去のことだけでなく、今のこと、そして未来のことまで共通で重要なことなのではないかと、私は思っています。」

4時間目

・2011年には、土坪（トピョン）高校の李京姃（イギョンジュ）氏（現在は仁倉（インチャン）高校勤務）と第2回の対話授業をおこなった。この時は、日本側も韓国側も写真ビデオを撮り、文章と一緒に送った。映像がある方が、どのような生徒が文章を書いたかが分かり、感情移入がしやすいであろう。

・手紙は韓国側に翻訳して送付したが、残念ながら時期が悪く、韓国の生徒たちからの返事はもらえなかった。韓国の学校は3月1日から新年度で1～2月は殆ど授業がない。授業がないことを理解してなかった自分のミスだった。国境を越えた対話授業を成立させるためには、お互いの授業期間や進捗状況の理解も必要である。

4 高等学校の実践

3. 学びの軌跡

評価は、下記の３項目について、ワークシートの記載内容を用いて以下の観点で評価する。

- 1880年代の東アジア世界を、朝鮮の内政、政治的・社会的環境、朝鮮を取り巻く国際関係、特に日本、中国の動きなどを、対話を通じて多様な視点から理解したか。（知識・理解）
- 隣国である韓国の生徒との紙上対話を通じ、その意見に関心をもち、東アジアの問題を自分の事として考え、「東アジア市民」としての態度を持つことができたか。（関心・意欲・態度）
- クラスや韓国の生徒の意見を読み、その評価できる点、問題点について考察し、他者の意見も参考にすることで自らの意見をさらに深め、表現することができたか。（思考・表現）

上記のように良才高校生の《Yさん》は【意見4】において、麻生高校生《Fさん》の「中立策」を「自分の考えと似ている」と評価した。《Fさん》は、良才高校生の意見を読んだ後、【意見5】として、授業で紹介した安重根の東洋平和論に学び、「三国が協力して共同繁栄を目指すべきだった」と説いた。さらに安重根を批判して、三国が獲得したはずの平和な「話し合い」での紛争解決能力を、三国以外の世界に広げることの重要性を論じた。以下、他の生徒の【意見5】をいくつか紹介したい。

麻生高校生《Eさん》は、自分の意見に反論した良才高校生《Zさん》の意見をみて「やった！」と喜んだ。この感覚はとても大事だろう。お互いの考えが違う、ということを互いに認め合うこと、それが対話的な関係だ。《Eさん》は、反論された《Zさん》と自分の考えには究極には同一の方向性があるということに気づき、「当時の日本は自国の利益しか考えず、自己中心的な行動が多かった」と、最初の自分の意見を自己批判していった。

《Eさん》

「（前略）最初に目がいった意見はZさんの意見でした。なぜなら、自分の意見について書かれていたのが目に入ったからです。その意見は僕の意見に対する反論でしたが、「やった！自分の意見が注目されたぞ！」と、内心は喜んでいました。そして、その反論を読んで気づかされることがあり、分かったことがあるので、それを伝えたいと思います。

結果から言ってしまうと、僕とZさんの根本にある意見は二人とも同じなのではないか、ということです。僕の意見では、日本に頼った明治維新のような改革をおこなうべきだと言いましたが、Zさんとは日本か欧米かの違いだけで、朝鮮国内を良くしようという考え方は両者一致しているなと考えました。でも、反論の通りに、当時の日本は自国の利益しか考えず、自己中心的な行動が多く、明治維新のような真の成功ができたかと思うと疑問です。

こんな当たり前のことを最後まで読んで頂いて誠にうれしく思います。外国の人と意見を交換するような機会はあまりないので、貴重な体験ができました。ありがとうございます。今回、お互いの意見を交換したのが、将来の日韓関係につながれば良いと思います。」

良才高校生の《Zさん》は、麻生高校生の《Aさん》、《Eさん》の中国、日本との関係重視策を批判し、欧米との関係を重視した近代化を主張し、明治維新を成功した改革と捉えた。この意見を批判して麻生高校生の《Gさん》は、「改革の先に戦争ばかりしかない政治」となった明治維新の持つ問題性を指摘した。

《Gさん》

「Zさんと同じように、甲申政変の失敗は、僕も残念だと思う。Zさんは明治維新が成功と言うが、僕は違うと思う。なぜなら、改革の先に戦争ばかりしかない政治を見ると、変革はできたかもしれないが、成功したとはどうしても言えないからだ。国をより良くしなければ、僕はうまくいったとは思いたくないからだ。韓国の人がこれを成功と考えることはあまり理解できない。（後略）」

麻生高校生の《Hさん》は、3回目の授業が終

わったあとの冬休みに「ハナ」の川崎での交流会に参加し、その後、「ハナ」に加入し積極的に活動するようになっていった。対話の授業が授業外での実際の〈対話的学びのネットワーク〉の活動に広がっていった。

《Hさん》

「私は最近、日本の川崎市と韓国の富川市の高校生の交流合宿に参加しました。近い国同士であるし、似ている部分が多いということを感じました。韓国の子の話を聞くと、日本人に対して怖いという印象を強くもっていたということを聞きました。私自身はあまり思ってはいませんが、日本人も、韓国人や朝鮮人に対して勝手なイメージをもってしまっているということを、とても悲しく思います。実際に会って自分の目で確かめてみなければ、どんなことであっても、事実を知ることはできないし、自分の意見を主張しなければ伝わらないことが、今の世の中ではほとんどだと思います。当時の朝鮮にも、もっと自分の意見を言える場があれば、政治だって改革だって何か少しでも変えることが出来たかもしれないし、多くの人が苦しむことも減っていたかもしれません。悲しい過去を作ってしまった分、これからは私たち自身の手で過去のような過ちを繰り返さないようにすることが、とても大事なことだと思いました。みなさんの意見や考えをもっと深く知りたいです。（後略）」

最後に、授業協力者の朴中鉉氏のコメントを紹介したい。

「この実践は、『歴史戦争』に突入した感もある日韓関係の状況に対応するという側面と、問題解決能力を養成することを目的とする歴史教育という両側面で、重要な意味を持つといえる。＜対話的学びのネットワーク＞の実践として実施された『紙上討論型』の授業実践は、空間的、言語的障壁を克服する一つの方策として積極的に導入される必要がある。韓国や日本で、現在の歴史教育は生徒にはあまり歓迎されていない。それは歴史教育自体が暗記式、説明式を中心にして行われる『試験用のもの』になったからだと思われる。したがって、日韓両国の生徒を対象としたこうした授業は、歴史教育が追求する本来の方式を通じて、生徒の生き方に寄与するだけでなく、現実的な問題も克服することができる授業実践と判断される。したがって、こうした実践の拡大とともに、インターネットを利用した画像対面授業の形態なども模索すれば、より望ましい歴史の授業のモデルになるのではないかと考える。」

氏の提案にあるように、Google等の自動翻訳を活用して、SENSEI NOTEを発展させたような日韓中の授業交流サイトが運用されるようになれば、＜対話的学びのネットワーク＞は当たり前のものになるであろう。そのような未来の授業への一里塚にこの実践がなれば幸いである。

（風巻　浩）

[注]
1) 「国際青少年交流センター（IYMC）」や、ドイツ・ポーランド交流を資金的に援助する「ドイツーポーランド・ユーゲントヴェアク」、冷戦下から交流を続け、IYMCを産み出したドイツの市民団体「行動・贖いの徴・平和ボランティア」などの動きについては、風巻浩（2009）「『対話的な学びのネットワーク』としてのドイツ・ポーランド若者交流」日本国際理解教育学会『国際理解教育』Vol.15、2009年を参照。
2) 朴中鉉氏は韓国高等学校韓国史、東アジア史教科書執筆者であり、教育部（日本の文部科学省にあたる）教育課程審議委員、カリキュラム開発委員を歴任した。勤務校は交流時には良才（ヤンジェ）高校であったが、現在は、蚕一（チャミル）高校に勤務する。

[引用文献]
久保田貢（1999）『15年戦争発表・紙上討論の授業』日本書籍
佐藤学（1999）『教育改革をデザインする』岩波書店
多田孝志（2009）『共に創る対話力－グローバル時代の対話指導の考え方と方法－』教育出版
鳥山孟郎（2003）『考える力を伸ばす世界史の授業』青木書店
鳥山孟郎（2008）『授業が変わる世界史教育法』青木書店

〈参考資料〉
朴中鉉著、大谷猛夫・平野昇訳、三橋広夫監訳（2013）『歴史教育を通した韓日「歴史和解」方案研究』歴史教育者協議会日韓交流委員会

コラム9

道徳の教科化と国際理解教育

　道徳の教科化は、安倍晋三首相がめざす愛国心教育の仕上げである。第1次安倍政権では教育基本法を改正し（2006年）、第2条「教育の目的」に道徳の徳目が書き込まれ、「伝統と文化を尊重し、それらをはぐくんできた我が国と郷土を愛する」態度を養うこと（愛国心規定）が明記された。直ちに2007年改正学校教育法に義務教育目標を新設、21条に愛国心規定が書き込まれた。その後、内閣に設置された教育再生会議は、徳育を教科化し、感動を与える多様な教科書作りを提案したが、中央教育審議会は、道徳教育は子どもたちの心の内面を育てるもので、検定教科書を使うことや成績をつけることにはなじまないとして、結局教科化は見送られた。ただ、2008年の学習指導要領では、「道徳教育は、道徳の時間を要として学校の教育活動全体を通じておこなうもの」とされ、道徳の時間が道徳教育の中核的なものと位置づけられた。

　第2次安倍政権のもとで、私的諮問機関として設置された教育再生実行会議は、「道徳を新たな枠組みによって教科化し、人間性に深く迫る教育を行う」として、道徳の教科化を提言した。それを受けて、中央教育審議会答申（案）「道徳に係る教育課程の改善等について」（2014年）には、道徳の時間を「特別の教科　道徳」（仮称）として位置づけること、検定教科書を導入すること、数値などによる評価はせず指導要録に文章で評価を記入することなどが盛り込まれた。答申（案）では「特別の教科　道徳」（仮称）は、「学校の教育活動全体を通じておこなう道徳教育の要としての性格を強化する」としており、「修身科」を教科目の筆頭においた戦前の学校教育の構造を連想させるものとなっている。

　安倍政権が進める復古的・国家主義的な道徳教育を国際理解教育の視点から検討してみたい。
　1990年代以降、日本の国際理解教育においては、普遍的価値として平和、人権、民主主義を位置づけ、ナショナル・アイデンティティの相対化装置としての役割を重視してきた。一方、21世紀に入って改正された教育基本法や学校教育法に書き込まれた愛国心規定はナショナル・アイデンティティの形成を志向したものである。

　「伝統と文化」が具体的に何を意味するか明確ではないが、「日本の伝統・文化」の特殊性や独自性を強調するのは、明治維新以降国民国家建設を目指した近代化過程で作り出されてきたものである。また、「他国を尊重し、国際社会の平和と発展に寄与する態度」は、国民国家を前提に「国際社会で活躍する日本人」の育成を目指していると想定できる。このような価値観は、冷戦時代の教育課題であり、1990年代以降の国民国家の枠組みが崩れたグローバル社会の価値観として必要とされるものではない。

　グローバル化が進行するなか、日本では格差拡大、東日本大震災後の復興問題、海洋権益を巡る近隣諸国との緊張関係、ヘイトスピーチに代表される人権侵害など起こっている。気候変動、エネルギー、紛争・テロ、貧困、人権など地球的規模で解決を迫られる問題も含めて、政府が進める規範教育としての道徳教育では解決に向けての力とはならない。

　グローバル社会に必要なのはシティズンシップ教育である。すなわち、現代社会の道徳教育は、政治的判断力を持って社会に参加し、国家の政策や有り様を市民社会（地域）の視点から批判的に捉え、民主主義の基本的価値に基づいて社会に参加する政治的主体を育てるものでなければならない。そのためには、『私たちの道徳』に示される徳目を一つひとつ教えるのではなく、今私たちの社会が抱える具体的な課題を、その解決に向けて子どもたちが批判的に検討し、討論・議論・対話を通じて子ども同士が多様な価値に気づいていくような授業を構想するべきである。

（井ノ口貴史）

5 大学・地域／NGOの実践

5-1 大学における国際交流実践—グアムとの交流活動—

1. 大学における国際交流の意義と類型

　大学の国際化が求められ、大学生の海外旅行者数も増加してきた一方で、将来的に海外で就労したり生活したりするよりも日本で安泰な生活を送りたいという、日本人学生の内向き志向が指摘されている。経済協力開発機構の統計（OECD 2013）によると、世界の留学生数は過去30年間で4倍もの増加を示しているが、日本人の海外留学者数は1999年の7.5万人から停滞傾向にあり、2004年には8.3万人近くまで増加したものの、それ以降は減少を続けている（高等教育局学生・留学生課 2014）。

　そこで、あちこちで「グローバル人材の育成」が掲げられるようになった。文部科学省では、スーパーグローバル大学等事業として、「若い世代の『内向き志向』を克服し、国際的な産業競争力の向上や国と国の絆の強化の基盤として、グローバルな舞台に積極的に挑戦し活躍できる人材の育成を図るため、大学教育のグローバル化のための体制整備を推進」している。そして各大学は、海外の大学と提携を結び、留学生を送りだすシステムを整備し、英語で授業を行う科目の増設を含めたカリキュラム改革に乗り出している。

　しかし、実際に日本人学生は本当に内向き志向になったのだろうか。太田浩（2014）は、少子化で総学生数が減っていること、大学全入時代で海外の大学に行ってでも大学に進学する雰囲気がなくなっていること、履修に余裕ができる3年と4年には加熱する就職活動があり、その期間に長期に日本を離れることへの抵抗や不安があることを指摘し、単純に留学者数の減少から若者が内向き志向である、という言説に疑問を提起している。

　他にも、留学という形式ではなく、海外ボランティア活動に若者の興味が広がり、スタディツアーや短期海外協力体験プログラムへの参加が増えていることもある。海外ボランティアの旅は、短期間で、出会いや感動、成長など得られるものが多く、学生を中心に感動体験の報告が広まり、孤児院訪問、子ども達と遊ぶ、教育関連物資（教具、文具など）を届ける、遺跡保護活動、環境保全活動などをテーマにし、現地のNGOと連携しながら交流活動を行っている。

　こうしてみると、「大学生の内向き志向」という表現は必ずしも的を射ているとは限らない。大学においても、国際交流の取り組みや機会は広がっている。大学における国際交流の場面として、①留学生とのキャンパスでの日常的な交流（チューターなどを含む）、②授業やゼミにおける外国人ゲストとのキャンパスでの交流、③国際交流を目的とするサークル等の任意団体での活動、④大学が主催する短期海外語学研修などの海外での交流、⑤交換留学などの単位取得を伴う海外での交流、⑥ゼミなどで企画する海外スタディツアーやフィールドワークでの交流があげられる。

　大学で企画される交流プログラムの研究も散見される。例えば、恵泉女子大学編（2007）は、特色ある大学教育支援プログラム（特色GP）の成果として、海外における体験学習で専門性をいかした国際交流の在り方を報告している。同志社女子大学では、藤原孝章が中心となり科目「海外こども事情A」として、タイでのスタディツアーを2005年から隔年で実施し、チェンマイのプログラムでは、現地小学校、象キャンプ、スラム、エイズこども支援、売買春に取り組むNGO、環境教育、山岳民族の若者を支援する施設、人身売買や麻薬取り締まりにかかわるタイ・ミャンマー国境などを訪問し、交流を行っている（藤原 2013: 62）。

　大学教育における「海外体験学習」研究会では、[1]

実践事例や実践内容の類型化、組織体制、教育効果、体験の省察や変容等をテーマに研究活動を行い、2005年から大学における海外体験学習のあり方を検討して報告書を出している。

このように、大学における国際交流実践には、大学の正規プログラムとしての国際交流と、大学を基盤としながら必ずしも教育課程に位置づいていないものがある。

2. グアムとの交流活動

以下に述べるグアムとの交流活動は、筆者が大学ゼミとして企画運営しているものである。太平洋地域を学ぶことの意義は、まず、歴史学習のヨーロッパ中心主義から脱却することである。これまで太平洋地域は列強諸国の植民地主義の過程で登場して来たが、過去と現在の事象についてポストコロニアルな視点から太平洋を中心に描くことによって新しい内容構成をすることができる。

戦前日本が南洋を委任統治という形で植民地支配をし、また戦時中には地元住民を巻き込んで多くの犠牲者を出したにもかかわらず、戦後は社会の中でも教育においてもほとんど戦前の支配については触れられず、何もなかったかのような「集団的記憶喪失」状態になり、現地の人々と日本人の記憶のずれが生じている。この「集団的記憶喪失」(Captivating Memories) は、被害的経験の文脈で使用されることが多いが、これは加害的経験の文脈にも当てはまるだろう。戦時中の加害の恥ずべき行為について「集団的記憶喪失」に日本はなろうとした。しかし、アジアからの告発によってそれは許されず、現在では社会科教科書でも記述されている。一方、グアムなどミクロネシアの場合、当事者たちが声を上げる間もなくアメリカと日本との戦後の協定の中で「戦後処理は終わった」と見なされ、声を上げる機会も力も奪われてきた結果、日本はミクロネシアの島々に対して「集団的記憶喪失」でいられることが許され、さらに政府開発援助等によってさらにその声を封じ込めて

きた。しかし、現在、ミクロネシアの人々は高齢者が他界する前に記憶を風化させてはいけないことに気づき、グローバリズムの進展の中で声を上げる力をつけはじめた。日本は、集団的記憶喪失のままではいられないにもかかわらず、教育において十分に対応ができていないのが現状である。

従来の社会系教科や国際理解教育においてポストコロニアルな視点からの学習が十分でないために、子どもたちの太平洋地域に関する認識がゆがみ、青い海と空の魅惑的なリゾート地としての「南の島」のイメージしかない。そこで、太平洋地域を学ぶことによって、グローバリズムが進展する中で周辺化されてしまった人々の視点から歴史や現在の問題を描き直し、先住民の現在の抵抗を理解し、歴史を「引き受けて生きる」(春日 2002: 10) 態度を育てることができる。

太平洋地域にはポリネシア、メラネシア、ミクロネシア地域があり、それらの中には共通性と固有の文化や特色をみることができる。多くの島嶼の中からマリアナ諸島を学習事例にとり上げる背景には、まず、日本人（漂流民、移民、日本軍）と先住民の視点から世界史をみることができることがある。マリアナ諸島は、サイパン島、テニアン島、ロタ島等を含むThe Commonwealth of the Northern Mariana Islands（北マリアナ諸島、アメリカ合衆国の自治領）とグアム（アメリカ合衆国の未編入領土）からなり、マゼラン到着以後、スペイン、ドイツ、日本、アメリカに支配されてきた。マリアナ諸島には江戸時代に漂流した漁民が辿り着いて生活をしていた記録がある。明治元年にハワイに渡った日本人移民「元年者」だけでなく、グアムに約40人の移民が渡っている。アホウドリの羽を求めて滞在した日本人の事業家もいた。その後、サイパン、テニアン、ロタには製糖産業にかかわる日本人が数多く移民をし、戦中には悲劇がおこったことは周知のことである。

しかし、日本の植民地支配の歴史があったにも関わらず、学校教育カリキュラムにおいて言及されることはなく、「何もなかった」という集団的

記憶喪失の状態になっているといえよう。日本統治時代には、サイパンのガラパンの街には1万4千人の日本人が暮らした。グアムでは、真珠湾攻撃と同時にグアム攻撃があり、その後日本軍による支配が行われた。マリアナ諸島では先住民族チャモロの土地は日本軍支配により移住、没収を余儀なくされ、公学校への通学義務や日本語使用が求められる場面も多々あった。こうした記憶が現地の人々にはあるが、日本では戦後学校教育で言及されることがなくなったため、歴史を知らずに、毎年160万人もの日本人がマリアナ諸島へ観光に出かけている現状がある。そして、現在も続くアメリカによるコロニアリズム（強国の都合によるグアムと北マリアナの分断、基地問題）、ツーリズムという形のネオコロニアリズムがあり、日本もともに考えるべき問題が多くあることもマリアナ諸島をとり上げる理由である。

このように、マリアナ諸島をとりあげることにより、太平洋史を日本人と先住民の視点から考えることができ、近代国家成立以降のコロニアリズムの過程やグローバリズムの諸問題、現在の諸相をポストコロニアルな視点から考えることができ、グローバル時代のシティズンシップの育成を図ることができよう（中山 2011: 1-10）。

グアムへのスタディツアーや国内での交流活動への主な参加者は教職課程を履修している学生および教員である。2010年度京都ノートルダム女子大学、2011～2013年度帝京大学にて、継続してグアム・スタディツアーを行っている。グアムでは、①外国におけるフィールドワークのたのしさを経験すること、②フィールドワークの場所に関する知識理解を深めること、③参加者や地元の人々との交流を通して人間的な成長を促すこと、の三つを目的としている。ツアー全体に多様性が反映されるように意図し、2010年の場合、参加教員の背景は、中国籍の大阪の中学校教員、基地問題に取り組んでいる沖縄の社会科教員、海外日本人学校に異動する前の小学校教員、大阪で人権問題にとりくんできている小学校音楽の教員など

で構成した。参加者の多様な背景がスタディツアーに複数の視点をもたらし、単純な感動体験から脱することができる（中山 2012a: 15-22）。グアムでのホストとなる相手は、チャモロ人の活動家、米軍関係者、教師、文化復興活動団体などである。ツアー全体は6日程度で、参加者や目的をふまえて以下のプログラムから選択して構成している。

① 自力行動を通して観光客の目線から「グアム」を眺め、ツーリズムの状況を把握する。
② 街中にあるラッテストーンをめぐり、ラッテストーンが大事にされる意味を考える。
③ 南部に残るプレラッテ期、ラッテ期、スペイン統治期の史跡を見学し先住民史を学ぶ。
④ 戦跡やメモリアルサイト、博物館などを見学し、当時の様子を考える。
⑤ 戦時の様子を高齢者にインタビューし、「生きている歴史」を実感する。
⑥ チャモロ語復興とアイデンティティ育成にむけた学校教育の取り組みを理解する。
⑦ 授業を見学し、児童生徒の様子や教育環境の相違などを観察する。
⑧ 地元高校生とともに戦跡をめぐるなどの活動をし、歴史を共有する。
⑨ グアムの島の生活文化を支えてきた椰子の木の活用の知恵を学ぶ。
⑩ チャモロダンスを通してグアムの歴史や文化の継承と創造を考える。
⑪ 伝統的なアクセサリーの説明を受けて鑑賞し、購入の意義を理解して記念として購入する。
⑫ 関わりを持った人々が出演するディナーショーを見学し、文化の共有と消費について考える。

リゾート地としてのグアム島のイメージしかもっていない日本の学生・教員が、グアムの歴史・文化・社会について講義や現地フィールドワークを経て、認識を大きく変容させる。その変容のプロセスや理解を、帰国後、どのように表現し、国際交流活動として現地の人々と共有できるだろうか。その方法としてコラージュ作品を製作しグアムにおける芸術展に出品すること、舞踊を通した

継続的な交流を通して理解を深めることに取り組んできた。

3. 交流の継続－コラージュ作品を出展－

スタディツアーを経て、活動を通して学んだことや考えたことを、帰国後に口頭で発表する他、コラージュ作品を製作する場を設けた。コラージュとは、現代絵画技法の一つで、「糊付け」を意味するが、ピカソらが画面上に多様なものを貼り付けたことに始まり、現在では、写真、新聞、雑誌などを切り抜いて貼り付けて表現する現代アートとして定着している。文化人類学においては、クロード・レヴィ＝ストロースがブリコラージュ（寄せ集めて作る）という言葉を未開社会特有の思考法を表すのに用い、目的や概念に即して手段を講じる近代科学的なアプローチに対する言葉として用いた。現在、「ブリコラージュ」「コラージュ」は混在して使用されていることが多い。

この文字表現を用いないコラージュ作品づくりは、作品に使用するパーツや構図を考えることで、自分の考えや主張を整理して明確にすることができる。また言語操作能力に左右されないことから、従来の文字表現を中心とした評価とはことなる尺度による評価を行うことができる。

コラージュ作品を見る側は、その作品に用いられた写真とその構図の意図を読み取ろうとし、主体的に作品に関わることから、発表や報告を聞く・読むこととは異なる立場におかれる。スタディツアーの課題の一つとして、発表や報告は日本において日本語によって行われることから、当事者が介在することなく、当事者性が反映されにくいこと、学んだ者の解釈を知ることができないことがある。体験や観察を通して一方的に持ち去られた知見が、異なる空間で異なる言語を用いて都合の良い解釈で語られるという現象が生じる。これは文化人類学研究上で指摘されてきたことと同じである。文化人類学上で努力されてきたように、学び（獲得した知識や解釈）を当事者であるグアムの人々と共有するために、グアムで開催されるアートショーに参加し、出品することとした。学生がコラージュ作品を作る時に、常にグアムに持って行って作品を現地の人々がみることになることを伝えてきた。それを実現するための機が熟すのを待ち、日本とグアムのアーティストが協同して開く展覧会に参加する機会を得た。

この展覧会 East meets West は2013年9月にグアムのアーティスト、ロン・カストロ氏によって主催され、日本とグアムの双方に縁のある4人のアーティストの作品がニッサン・インフィニティ・ギャラリーに一同に展示された。この展示会は「アジアの東端の日本と西洋・太平洋の西の端が出会う」接点に生まれる融合、交流、葛藤などを表現している。そこに筆者のコラージュ作品3点と学生による作品20点を出品し、グアムの人々、とくに先住民族チャモロの人々に公開した。

学生が作成したコラージュ作品には、グアムを自分がどのように理解しているかを表現することに加え、グアムの人に伝えたいメッセージも込められている。多くの作品には、チャモロの歴史、第二次世界大戦の記憶、現在の様相などが表現さ

写真1　コラージュ作品の一例。スペイン時代、戦前、戦争、現代が表現されている。

れ、作品の基底に平和や交流がメッセージとして語られている。こうした作品をグアムでの展示会で見た地元の人やアメリカ本土から来ていた教師が、学生の作品を高く評価し、購入を希望するほどであった。カストロ氏はグアムで著名なアーティストであり、めずらしいテーマであったことから、アーティスト間では評判の展示会となった。コラージュ作品のデザインの意図を生徒に書いてもらったもののうち二つを英語に翻訳し、展示会場にパネルとして掲示した。作品との対話からではつかみきれない思考を地元の人と共有するためである。

そして、この作品展 East Meets West を日本に誘致し、帝京大学学園祭「青舎祭」（2013年）において、規模を縮小した巡回展示をアーティストの協力を得て行った。まさにグアムと日本の両方で行うことで、展示のテーマをより深めることができたと言えよう。展示の主催者であるカストロ氏も来日し、関心を寄せる人々がキャンパスで集うことが出来た。

4. 交流の継続－チャモロダンスへの取り組み－

スペイン、アメリカ、日本、アメリカの統治を経て、チャモロ文化は大きく変化した。特に戦後のアメリカ化政策において、チャモロ語を話すことをはじめとし、チャモロの伝統的な習慣も影を潜め、1970年頃、「伝統的なチャモロダンス」なるものはなかった。舞踊家フランク・ラボン氏の努力により「チャモロのものに最も近いもの」が再現された。今やラボン氏率いる舞踊集団によって、また学校カリキュラム化によってグアムの「伝統的ダンス」として普及している（中山2012b：165-169）。文化人類学者エリック・ホブズボウムが言う所の「創られた伝統」が、まさに今、「伝統」となろうとしている（ホブズボウム&レンジャー 1992）。

チャモロダンスは、古代舞踊、スパニッシュ舞踊、現代舞踊の三種類にわけることができ、スパニッシュダンスにはワルツやフラメンコのステップも混在している。植民地支配の過程で舞踊そのものもハイブリッド化しているからである。グアムでは生徒に、チャモロ舞踊の歴史やステップを教える中で、グアムの植民地時代の経験を教え、チャモロ人がチャモロ舞踊を踊る事はアイデンティティの主張であることを教えている。

スタディツアーにおいて、参加者がチャモダンスを体験する場を設けている。踊りを通して文化理解を図り、また継承しようとしている若者との交流によって、文化を維持すること、共有することの価値を体験的に学ぶことができるからである。グアムのラボン氏をリーダーとするNPOチャモロダンス団体 Pa'a Taotao Tano（チャモロ語で「土地の人」の意）の協力を得てチャモロダンスを通した交流プログラムは6年続けている。現地で学ぶだけではなく、2012年10月と2013年10月、2014年4月に帝京大学において特別練習および講演会を行い、グアムや先住民チャモロに興味がなかった学生にも学びの機会を提供している。特に教育とアイデンティティ、文化保持の問題を話してもらい、教職を履修している学生への刺激となった。一部の学生はグアムへ行き学んだ後も練習を自主的に続け、仲間や後輩に踊りの輪を広げ、グアムから日本へチャモロのダンサーを招待して学ぶと同時に日本の踊り（ソーラン節など）を練習して披露するなどし、年々活動への参加者は増え、発表をする機会も増えている。学生の表現スキルも伸び、福祉施設や地域活性イベントなどの場で、自分たちでギターやジャンベを演奏し、チャモロ語で歌うこともできるようになった。ダンスグループ Famagu'on Tano Yan I Tasi（「海と大地の子どもたち」の意）として成長し、グアムでの公演を成功させた。特にグアム島南部のイナラハン村での公演では、日本軍占領期の辛い場面を含めるかどうか、学生と議論し、当日のそのシーンを演じるまで皆に葛藤があった。南部の複数箇所において、日本軍による虐殺が行われ、地域の人々の

写真2　グアムで活動成果を発表（Pacific Daily News 2014年2月2日より）

記憶は生々しい。しかし、こうした心の痛みを伴う交流が、歴史を直視する態度や平和を希求する姿勢を育成する契機となるだろう。そして、2014年2月には、活動主旨と技術の双方からグアム政府公認の団体となった。

　学生にとっては仲間とチャモロダンスを踊ること自体、楽しいことである。しかし「楽しい」という感覚だけでなく、グアムを含むマリアナ諸島がコロニアリズムに巻き込まれてきたこと、日本が過去にグアムを攻撃・支配した歴史と、リゾート地としての島資源の消費ではなくチャモロ文化を尊重する姿勢を伝えるための活動であることを念頭におき、また、グローバルな視点からグアムと日本をつなぐ役目を意識して活動を行っている。スタディツアーやグアムの人々との継続的な学びをもとに、ダンスのチャモロ語歌詞の意味を歴史に重ねて解釈し、「伝える」ことを目的にパフォーマンスを行っている。

5. 結語

　大学レベルでの国際交流活動には多様な形態があり、それぞれが成果をあげているが、継続的に取り組むこと、さらに活動を深化・発展させていくことは容易ではない。深化・発展は複数年かかり、その道筋を最初からプログラムすることは難しいからである。活動の展開とともに交流を継続する新たな機会とエネルギーが生まれ、交流実践活動に弾みがつくことが多い。こうした実践は、財政的な基盤と指導者の粘り強い姿勢が必要であるが、グローバル人材の育成が叫ばれる今こそ、地道な草の根活動を通した「人の育成」の場を大事にしたい。

（中山京子）

［注］
1) 正規カリキュラムとして海外体験学習を実施する大学が相互に交流することで、より高度な教育内容、プログラム展開を目指している。2004年度から活動を続け、海外体験学習の教育目的・目標・内容・方法・効果・評価、危機管理、あるいは関係機関・団体との協働など幅広い課題に取り組んでいる。（研究会HPサイトより）

［引用文献］
太田浩（2014）「日本人学生の内向き志向に関する一考察－既存のデータによる国際志向性再考－」ウエブマガジン『留学交流』Vol.40
春日直樹編（2002）『オセアニア・ポストコロニアル』国際書院
恵泉女学園大学編（2007）『特色GP「専門性を持った教養教育としての体験学習」海外における体験学習の実態基礎調査』報告書
高等教育局学生・留学生課（2014）「日本人の海外留学者数及び外国人留学生在籍状況調査について」文部科学省 http://www.mext.go.jp/a_menu/koutou/ryugaku/1345878.htm
中山京子（2011）「太平洋地域学習の意義と可能性－マリアナ諸島・グアムを事例にポストコロニアルの視点を育てる－」『帝京大学文学部教育学科紀要』36号（再版）
中山京子（2012a）「戦争の記憶をめぐるスタディツアーに多様な視点をどう組み込むか－グアム・スタディツアーを事例に－」『帝京大学文学部教育学科紀要』37号
中山京子（2012b）『グアム・サイパン・マリアナ諸島を知るための54章』明石書店
藤原孝章（2013）「学士教育におけるグローバル・シティズンシップの育成－『海外こども事情A』（海外体験学習）の場合－」日本グローバル教育学会『グローバル教育』第15号
ホブズボウム、E・レンジャー、T編（1992）『創られた伝統』紀伊國屋書店

5-2 地域における日本語教育実践

1. 地域日本語教育の背景

　グローバリゼーションによるヒトの移動が加速するなか、日本社会は確実に多言語化、多文化化が進行している。法務省によると、2013年末の外国人登録者数は、206万6,445人となっており、総人口の約1.6％である。また、2012年11月1日現在の日本語学習者数は、13万9,613人となっている（文化庁文化部国語課）。日本語教育機関は、各地の国際交流協会などの一般施設・団体が73.7％、大学等の機関が26.3％となっている。学習者数は、日本語教育機関、日本語教師と共に、前年より増加している。一般施設・団体における教師数では、国際交流協会が32.1％と最も多く、職務別では、ボランティア60.4％、非常勤教師が28.0％、常勤教師が11.6％の順になっており、地域ではボランティアに頼っていることがわかる。

　その背景には、少子高齢化と連動した1990年の「出入国管理及び難民認定法」の改正により日本社会に労働者として新たに参画した日系南米人や国際結婚の配偶者の増加がある。これらのニューカマーに対して、多くの自治体が国際交流協会や日本語教室などの機関を開設した。それ以前に、地域ではオールドカマー（在日韓国・朝鮮人など）への識字教育と並行して、1980年代から、インドシナ難民や中国帰国者の受入れに伴い、病院や銀行の手続きを行うための生活者としての日本語支援のボランティアが誕生していた。上記ニューカマーの渡日により、地域では、ゴミの出し方などの生活習慣による摩擦が日常的に起こるようになり、互いの文化を理解し、平等に社会参加していくための多文化共生の視点からの日本語支援活動が活性化した（服部 2010: 74-82）。

　2000年代には、日本語教育専門家と連携し、各地域の特性に合わせた多様な活動が実践されている。これらの日本語教育を総称して、2000年前後から「地域日本語教育」と呼ばれるようになった（野山 2013: 18-31）。地域日本語教育の現場は、まさに、多文化理解や多様性の尊重といった国際理解教育の知見が活かされるべき「多文化・多言語の接触・交流の水際」（山西 2012: 26-38）なのである。

2. 地域の日本語学習者の状況

　2012年11月1日現在、日本語学習者の出身地域別の割合は、全体では、85.0％がアジア地域で、うち一位は中国の49.1％である。南アメリカ地域は0.7％で6位であるが、大学等の機関を除いた一般施設・団体では、アジアが78.3％に続いて南アメリカが7.6％となっている（文化庁文化部国語課）。

　次に、日本語支援が必要な公立小中学校在籍児童生徒数は、文部科学省によると、2012年5月現在、2万7,013人で、母語の1位がポルトガル語の32.8％、中国語20.4％、フィリピノ語16.6％、スペイン語12.9％と続く。このように、親と共に「移動する子どもたち」の母語状況が、ニューカマーの大人たちの言語と連動していることがわかる（川上 2011）。ことばが、自己相対化と他者理解を通して、異なる歴史、自然、文化を背負った人と人との関係を構築し、自己のアイデンティティを模索しつつ社会を協働で引き継ぎ発展させていくためのものであるならば、学校の教室も、生活の場の一つとして位置付け、子どもの言語文化的アイデンティティの発達を見通した「多文化共生社会におけることばの教育」として、その目標や評価を捉え直す必要がある。

　そこで、外国人の社会参加の支援を目指した「『生活者としての外国人』のための日本語事業」について、「多文化共生社会におけることばの教育」の視点から問題がないか、検討したい。

3.「生活者としての外国人」のための日本語教育事業

(1) 目標・内容・評価

　文化庁は、2007年度より、日本国内に定住している外国人等を対象とした優れた地域の日本語教育に関する取組みと、日本語教育の充実に資する研修及び調査研究「『生活者としての外国人』のための日本語教育事業」を公募している。平成24年度からは、枠組みが変更され、地域日本語教育実践プログラム（A）では、「生活者としての外国人」に対しての、ア）日本語教育の実施、イ）日本語教育を行うための人材の養成・研修の実施ウ）日本語教育のための学習教材作成、を支援している。文化庁文化部国語課によると、2014年8月現在「生活者としての外国人」に対する日本語教育の目的・目標は表1のとおりである（下線筆者）。

表1　生活者としての外国人に対する日本語教育の目的・目標

> 目的：<u>言語・文化の相互尊重を前提としながら</u>、「生活者としての外国人」が<u>日本語</u>で意思疎通を図り生活できるようになること
> 目標：
> ①日本語を使って、健康かつ安全に生活が送ることができるようにすること
> ②日本語を使って、自立した生活を送ることができるようにすること
> ③日本語を使って、<u>相互理解を図り</u>、社会の一員として生活を送ることができるようにすること
> ④日本語を使って、文化的な生活を送ることができるようにすること

　この目標達成のための「『生活者としての外国人』に対する日本語教育」に、①生活者としての外国人に対する日本語教育の標準的カリキュラム案について②その活用のためのガイドブック③教材例集④日本語能力評価について⑤指導力評価について、が示されている。

　ただ、表1には、言語・文化の相互尊重という国際理解教育からの視点は含まれているが、例えば、公募事業の採択にあたり、応募事業の選抜方法として、表1の目的にかなった「日本語教育の標準的カリキュラム案の活用例にふさわしい事例になり得ること」が記され、評価についても日本語教育能力評価に重点がある。つまり、「母語話者規範」をもとにした同化に繋がる危険性のある「静的な日本語教育」となっており、基本的には日本人が「教える」側であり、相手の文化や言語を「学ぶ」内容になっていない。

(2) 採択された事業例

　これまで採択された事業の中には、上記問題点を越えた文化の学び合いを通した日本語活動が位置付けられているものもある。

①外国人支援から日本語支援へ

　外国人支援が先にあり、その中の一つの活動として日本語教育が始まったNPO法人日本ボリビア人協会の実践がある。本事業は、平成24年、25年連続で文化庁委託事業（A）に採択されている。本活動は、国、企業、NPO、行政、国際交流協会、メディア、NPOと地域社会とが連携しながら①生活相談②国際交流③ボリビア文化紹介④日本語教室⑤翻訳（スペイン語←→日本語）などが展開され、相互に言語文化を学び合う取り組みが日本語学習に組込まれている。

②母親教室・母語教室

　移動する子どもに一番影響を与える親の支援も含め、母親教室や母語教室などが地域日本語教室で行われている（松尾 2013、内海・澤 2013）。浜松では、ブラジル人集住地区において、ポルトガル語と日本語の両方が学べる教室が開かれている。

(3) 採択外の事業例

　採択以外の例として、筆者が関っている自治体とNGOと大学の連携事業について紹介する。

　川越市在住の外国人は5,014人で、市全体における外国人の占める割合は、約1.4%である。

川越市の外国人の出身国の内訳は、中国39%、フィリピン12%、韓国・朝鮮11%、ブラジル8%となっている（埼玉県国際課HPより）。まず、1993年に川越市が埼玉県の委託事業を受け、大学の国際理解教育専門の教員の声かけで、外国人と日本人が交流する「ふれあい広場」が公民館に開室された。そこに訪ねてくる外国人の多くが日本語学習を希望し、日本人ボランティアからは日本語の教え方講座の開設要望が増え、「日本語ボランティア指導員養成講座」および「国際ボランティアリーダー養成講座」が開設され、毎回定員を越える受講申込みがある。この講座の受講生を中心に、2007年に「かわごえ国際ボランティアの会」が設立された（かわごえ国際ボランティアの会HPより）。このように、当初から日本語教育が目的ではなく、「国際理解教育」を基本に展開しており、現在 ①生活相談窓口②外国籍住民を招いての日本人との対話交流「多文化交流inかわごえ」③住民の異文化交流と国際交流および国際ボランティア活動の啓発「川越国際交流フェスタ」企画実施④海外ボランティア活動支援（ルワンダ教育支援、スリランカに絵本を送る活動、ミャンマー災害復興支援、中国四川地震救援活動支援など）を行っている。③については、川越市、川越市教育委員会、小江戸観光協会、川越商工会議所、東京国際大学、尚美学園大学が後援し、大学生、在日本朝鮮埼玉県西部青年商工会、JICA地球ひろばなど、23団体が参加し、企業や観光会社10社が協賛するまでになっている。

川越市は、上記の多様な機関と相互連携を通して、表2の国際化施策を実施している。

市は当初、市民ボランティアに対して、日本語教育専門家から「母語話者規範の日本語の知識や教え方」の講義を想定し、「道具としての日本語教育」を期待していた。「かわごえ国際ボランティアの会」も、川越フェスタにおいて、ブラジル人なら「サンバを」といったステレオタイプ的な「静的な」文化紹介を外国人に強いる傾向があった。しかし、「国際理解講座」や「国際ボラン

表2　川越市国際化施策

1　外国人への支援
必要な情報の提供　例：防災カードの発行（英語・中国語・韓国語）
外国人の社会参加の促進　例：日本語教室の開催、外国籍市民相談の実施
外国人の意見聴取　例：外国籍市民会議の開催、外国籍市民アンケートの実施
2　日本人市民の国際交流促進
外国の言語・文化に関する知識を培う　例：国際理解講座の実施、日本語指導員を養成する講座の実施
外国を訪れる機会を提供する　例：中学生交流団、市民の派遣　市立川越高校の米国姉妹校訪問
国際交流団体を支援する　例：国際貢献事業補助金の支給

出典：川越市国際交流課作成配布資料より抜粋

ティア養成講座」を受講し、月に1回の企画会議を開き、外国人と共に考えていくなかで、川越市の多言語多文化状況を理解し、フィリピン人のソーシャルワーカーと連携した現地の教育支援、マニラのマンホールチルドレンの支援、現地へのスタディツアーなどを実施している草の根NGOの紹介をHP上で行っており、今では日本人が同じ地域に住む外国人の文化を学べる場を提供している。

4. 国際理解教育としての日本語教育

これまでの日本語教育が中心的に担ってきたのは、母語話者の話す「正しい日本語」を使用するスキルや評価、異文化や世界の問題を知るための知識としてのことばなど、「道具としてのことば」の教育だった。しかし、多文化共生を目指す地域の日本語教育を考えるには、「道具としてのことば」のみでは難しく、ことばに内在する文化性について捉える「対象としてのことば」の教育が必

要だ。その上で、山西は、地域の日本語教育をむしろ「日本語教育」という枠をはずして捉えるか（山西 2012）、日本語教育を狭い意味での言語のみの教育ではなく、広く、共に社会に参画し社会を構築する生活者として、社会の問題解決を担うエンパワーメントとしての教育として捉え直し、「地域多言語・多文化教室」の開設を提唱している（山西 2013）。

このような問題意識と日本語教育のあり方をふまえ、科研費研究「多言語・多文化の開発による学校と地域の連携構築に向けた総合的研究」（研究代表：山西優二、2014年）では、「多言語・多文化教材」を開発し、教材サイトを公開した。[1]

本教材は、地域、学校など多様な場でそれぞれの状況に対応できるリソース型の教材となっている。個々の多言語・多文化状況を把握し、柔軟に使用できるよう、具体的な進め方も示した。作成意図について以下にまとめる。

1. 多言語・多文化主義、複言語主義の立場からの地域社会・学校の現状把握。
2. 1に即した多言語・多文化教材の開発。
3. 学校や地域における言語的文化的少数派児童（生徒）と多数派児童（生徒）、外国人と日本人とを結ぶ多言語・多文化教育実践の提案。

ことばを「道具」としてだけではなく「対象」としても捉える視点を養うために、以下の点に留意した（岡本 2010）。

①日本語と他の言語とを比較し、母語話者自身が気づいていない、言語に潜む文化性を発見できるようにする。
②多様な言語文化に興味をもち、他言語や他文化の学びに誘う態度と意識を喚起する。
③他言語や他文化への違和感も出し合い、お互いの価値観や認識のズレに気づけるような活動

	場面と相手：挨拶1：出会いと別れ、朝昼夜
目標	・日頃使っている挨拶を客観的に捉えなおす。 ・コミュニケーションの中で、相手や場面によってことばを使い分けていることに気づく。
ねらい	：朝や夜、出会いや別れの挨拶の語源を知り、世界の挨拶と比較し、その裏にある共通点と文化の違いに気づく。 他の言語とその背景にある文化に興味を持ち、自己の考えを表現したい気持ちや態度を養う。
対象	：高学年以上／中学年／Ｎ１／指導者（地域日本語ボランティア・日本語教員養成講座学生）
所要時間	：45〜50分
準備	：プリント
進め方	：1. 日頃何気なく使っている挨拶などのことばを客観的にとらえてみる授業であることの説明をする。 2.「挨拶」の意味を知る。 3. 挨拶に伴うジェスチャーを考える。その意味を知る。 4. ジェスチャーで違和感を感じるものについて伝え合う。 5. 出会いや別れ、朝や昼間、夜にどんな挨拶があるか考える。 6. プリントにある挨拶の意味を考え、グループ分けする。 7. その背景にある考え方の共通点や相違点を考え、文化との関係を話し合う。
留意点	：「さようなら」の代わりに言う挨拶等についても考え、挨拶の多機能性に気づくような工夫をする。
発展	：家族に言う挨拶と家族には言わない挨拶をあげる。 他の言語に訳すのが難しい挨拶があるか話し合う。
コラム	：「おはよう」「さようなら」などの挨拶はいつから使われているのかな？ 電話を切る時、何と言いますか？　各国のことばで調べてみましょう。

を工夫する。

以下では、川越市の教職免許更新講習で活用し、反響が大きかった教材例をあげ、具体的に本教材の理念について解説する。

挨拶の意味を問うことで、一見、通常の語彙学習と変わらないようにみえるかもしれない。しかし、「道具」としての言語教育では、「挨拶」の語源や「Leave taking」自体の意味を問うこともないだろう。まず「挨拶」という語彙が頭を下げるという動作も含めた宗教的意味の仏教用語であることから、各言語の挨拶のジェスチャーと、宗教や文化との関係に気づくことになる。更に、ジェスチャーの中で、不快に思うものを問うことで、身体と言語との関係、自分自身の感性との繋がりを意識する機会となる。

次に、語源については、「さようなら」は、「Good-bye」と同じ別れの挨拶だと教えられ、意味がわかっているつもりだが、語源となると母語であるのにもかかわらず、答えられないことに気づく。その上で、「さようならば（＝それならば）お別れしましょう」という意味であることへと導くことで、「Good-bye」の意味に関心を繋ぎ、「Good-bye」が「God be with you（神様があなたと共にありますように）」という宗教的な挨拶であることを知り、文化と言語との関係を意識化させる。英語母語話者も知らない場合が多いため、英語話者にきいてみるよう奨めることもできる。その上で、各国の挨拶とその語源を紹介し、グループ分けをすることで、各言語を横断する挨拶の意味とそれぞれの挨拶に潜む文化性を意識し多文化への興味を引き出し、多言語学習へと誘うことができる。

このように、日本語を相対化し、「対象」として捉える日本語教育の場は、自らの言語と文化に気づくと同時に、多言語と多文化の理解へと誘い、文化の多様性の尊重という国際理解教育そのものの価値を学ぶ学習機会を提供することになる。

5. 今後の課題

学習指導要領や国家施策に縛られない地域日本語教育の場は、新しい日本語教育のあり方を活かせる恰好の場である。作成した多言語・多文化教材に関しては、奈良と東京の小学校で実践された活用内容や実践例がサイトに公開されている。かわごえボランティアの会や川越ボランティア指導員養成講座でも実践していく予定である。多くの地域で活用され、国家施策による日本語教育能力に焦点をあてた「生活者としての日本語教育」の目標や評価基準を越え、共に社会の構築を目指す日本語教育目標と評価基準の策定を進めていくことは、多様な文化の豊かさを尊重する多文化共生社会を担う、国際理解教育としての日本語教育の重要な課題である。

（岡本能里子）

[注]
1) 多言語多文化教材研究：http://www.waseda.jp/prj-tagengo2013/blog/html/index.html、詳しい作成経緯や概要は山西優二（2010）「国際理解教育からみたことばのもつ多様な役割」日本国際理解教育学会『国際理解教育』Vol.16号を参照のこと。

[引用文献]
内海由美子・澤恩喜（2013）「外国人母親に対する読み書き能力支援としてのエンパワーメント－幼稚園・保育園と連携した主体的子育てを目指して－」日本語教育学会『日本語教育』155号
NPO法人日本ボリビア人協会 http://www.arbj-info.net/new_arbj/index.html（2014年11月10日閲覧）
岡本能里子（2010）「国際理解教育におけることばの力の育成」日本国際理解教育学会『国際理解教育』Vol.16
川上郁雄（2011）『「移動する子どもたち」のことばの教育学』くろしお出版
かわごえ国際ボランティアの会 http://www7.ocn.ne.jp/~kivc2007/index.htm
埼玉県国際課HP「在留外国人統計」http://www.pref.saitama.lg.jp/soshiki/d06/（2014年11月21日閲覧）
野山広（2013）「地域日本語教育－その概念の誕生と展開－」『日本語学：特集 ことばのデータ集』第32巻第3号、明治書院
服部圭子（2010）「地域日本語教育からみる国際理解教育の課題」日本国際理解教育学会『国際理解教育』Vol.16
文化庁文化部国語課「『生活者としての外国人』のための日

本語教育ハンドブック」http://www.bunka.go.jp/kokugo_nihongo/kyouiku/nihongo_curriculum/pdf/handbook.pdf

文化庁文化部国語課「平成24年11月1日日本語教育の概要」http://www.bunka.go.jp/kokugo_nihongo/jittaichousa/h24/pdf/h24_zenbun.pdf（2014年12月23日閲覧）

法務省「平成25年末現在における在留外国人数について」http://www.moj.go.jp/nyuukokukanri/kouhou/nyuukokukanri04_00040.html（2014年11月10日閲覧）

松尾慎（2013）「母語教室とエンパワーメント－太田市におけるブラジル人住民と大学生の協働実践－」日本語教育学会『日本語教育』155号

文部科学省「日本語指導が必要な児童生徒の受入れ状況等に関する調査（平成24年度）」の結果について http://www.mext.go.jp/b_menu/houdou/25/04/1332660.htm（2014年10月31日閲覧）

山西優二（2012）「多文化共生に向けての地域日本語教育のあり様と多文化社会コーディネーターの役割」東京外国語大学多文化・多文化教育研究センター編『地域日本語教育をめぐる多文化社会コーディネーターの役割と専門性－多様な立場のコーディネーター実践から－』シリーズ多言語・多文化協働実践研究15

山西優二（2013）「エンパワーメントの視点から見た日本語教育－多文化共生に向けて－」日本語教育学会『日本語教育』155号

5-3 ファシリテーター養成実践

1. ファシリテーターとは

近年、市民活動や行政、ビジネスなど様々な分野で、「ファシリテーター」という役割が注目されており、企業や行政が主催する「ファシリテーター養成講座」が盛んに開催されている。この場合の「ファシリテーター」とは、会議や研修の場で、多様な参加者や利害を異にする関係者間の共通理解や合意形成などを効率的に進める役割を担うリーダーのことである。また、各地のNGO・NPOや国際交流協会やJICAなどの国際理解教育に関わる団体による「ファシリテーター養成講座」も同様に開催されており、学生や教師、NGO職員の参加を集めている。では、このような国際理解教育に関わる団体による「ファシリテーター」の養成とは、どのような役割を担う人の養成を目指すのであろうか。また、その講座は何をねらいとするものなのであろうか。

そこで過去に実施されてきた、国際理解教育に関わるNGO・NPO等による「ファシリテーター養成講座」のいくつかを取り上げ、その実際について検討してみよう。

2. ファシリテーター養成講座の実際

滋賀県国際協会はJICAとの共催により、2002年からファシリテーター養成講座を実施している。この講座は「国際理解教育ワークショップ 地球市民を地域と共に育てよう」という名称となってはいるが、ファシリテーター養成講座として位置づけられるものであり、JICAも「開発教育指導者養成講座」として位置づけている。

その講座から二つの事例を取り上げ、検討する。

(1) ワークショップ体験型ファシリテーター養成講座ー滋賀県国際協会の事例1「地球市民を地域とともに育てよう ケータイとチョコができるまで～大量消費社会の裏側をのぞいてみよう～」[1]

ここで取り上げる講座は、ワークショップを体験することによるファシリテーターの養成をねらいとするものである。その概要は以下の通りである。

① 「ケータイの一生～ケータイを通して知る私と世界のつながり」
a) 私たちにとってのケータイとは
・参加者にとってのケータイはどのような存在なのかについて考える。
・クイズを通して、ケータイが普及した背景について知る。
b) コンゴ民主共和国とケータイとの関係について
・ビデオや新聞記事を見て、ケータイとコンゴ民主共和国とのつながりについて知る。
c) ケータイの製造現場での問題について
・ケータイの部品を製造しているタイの日本企業の工場で起きた裁判についてロールプレイを行い、ケータイの製造過程における問題について当事者となって考える。
d) ふり返り
・気づいたこと、学んだこと、疑問に思ったことを付箋紙に書き、グループごとに整理する。

② 「おいしいチョコレートの裏側～世界の働く子どもたちと私たちのつながりって？～」
a) チョコレート、カカオ、アフリカについて知る
・クイズを通してチョコレート、カカオ、アフリカについて知る。
b) ガーナと日本の6家族を体感
・参加者がガーナと日本の家族を演じ、それぞれの家族の買い物を通して、カカオ農園の人々のくらしから見えてくることを話し合う。

> c）「おいしいチョコレートの真実」
> ・ビデオ「おいしいチョコレートの真実」を視聴し、カカオの児童労働をなくすために自分たちに何ができるかを、ランキングカードを使って考える。
> ③今日一日のふり返り
> 　最後に「自分」「家族・友人」「大きなグループ・団体」の三つのアクターが、「今」と「未来」に何ができるかについて話し合う。

「今日一日のふり返り」においてあげられた意見や感想は以下のようなものであった。
○「みんなで勉強会を開いたり研究会を開いたりする。家族に食事の時間に今日のワークショップの話や、チョコレートを食べる量の話とか。」
○「まず自分たちで調べたりして現実を知ろうとすること。…それから、友人知人とか近くの人とこうした問題を話題にする機会を持つことが一番大事なことではないかと思いました。」
○「大量生産が被害者を生んでいることを、買う側の私たちが知って価値観を変えようと努力する。」

　この講座は、参加者がワークショップを体験することで、グローバル・イシューについて学びを深めるためのプログラムである。しかし、これらの意見や感想から、参加者はこの講座において、単にグローバル・イシューについての知識を獲得するだけではなく、そこで学んだことを他者と共有することが大切であるということに気づいていることがわかる。つまり、「ファシリテーター養成講座」として大切なのは、最後に参加者が「自分たちに何ができるか」を具体的に考え、能動的に社会参加することの意味について気づくことができるように講座を組み立てることであろう。
　国際理解教育とは、学習者の目線で世界を見つめ、その未来について学習者と共に考え、社会の変革を目指す教育活動である。ここでいう「社会変革」とは、Cranton（1992=1999：204）のいう「ゆがめられた前提と価値観を作りだした抑圧された状況を取り除くこと」をさすものとする。そして、その国際理解教育の実践者であるファシリテーターには、社会変革をすることができると信じ、社会参加することで他者との協同的な関係をつくろうとする態度が求められるのである。このように、グローバル・イシューについて学びを深め、その問題解決に向けて自分に何ができるかについて、そして他者と協力して大きなムーブメントをつくり出すために何ができるかについて具体的に考えることが、ファシリテーターとしての態度形勢にとって重要なことであるといえよう。[2]　このようなファシリテーター養成講座を「ワークショップ体験型ファシリテーター養成講座」と呼ぶこととする。

(2) 学習プログラム作成型ファシリテーター養成講座—滋賀県国際協会の事例2「ワークショップを使ってもっと楽しく、もっと深～い"国際教育"をやってみよう！　～異文化理解・多文化共生を題材に～」[3]

　次に取り上げる講座は、ワークショップを体験したあとで教材を作り、その教材を使ってワークショップの実践をすることによって、ファシリテーターの養成を図るものである。このようなファシリテーター養成講座を「学習プログラム作成型ファシリテーター養成講座」と呼ぶこととする。概要は以下の通りである。

> ①自己紹介
> ・当たり障りのない自己紹介
> ・「さっきは言わなかったんですけど」で始まる自己紹介
> ②「わたしの気持ち」
> ・日本で住まい探しがスムーズにいかない外国の人たちを支援しているNPOボランティア団体の話題を取り上げたニュースのビデオを視聴する。

- 「驚いた・面白い・かわいそう」などの気持ちを表す言葉が書かれたワークシートを使って、今の自分の気持ちを表す言葉を三つ選ぶ。
- どれを選んだか、なぜそう思ったのかについてグループで話し合う。

③「ちがいのちがい」
- 世の中にある様々な違いについて書かれた6枚のカードをもとに、グループで「あってよい違い」か「あってはいけない違い」なのかについて考える。
- 6枚の「ちがいのちがい」のカードをもとに、全員で「あってよい違い」か「あってはいけない違い」なのかについて考える。

④「ランキング」
- 「駅前の放置自転車をなくす九つの方法」が書かれたカードをもとに、ダイヤモンドランキングを行う。

⑤「事例紹介」
- 数人の顔写真を見て、そのうちドイツ国籍を持っているのはどの人かについて考える。しかし実は、それらの写真は2010年ワールドカップのドイツチームのメンバーの写真であり、全員がドイツ国籍であることを告げる。その後、そのメンバーのうちの11名は移住の背景を持っていることを告げる。そしてその上で、「ワークショップ」とは何かについて解説する。

⑥参加型学習教材に見る手法のいろいろ
- 「わたしの気持ち」、「ちがいのちがい」、「ランキング」の教材や手法についての解説

⑦教材づくりの手法
- グループに分かれて、地域社会をよりよいものにするためにどうしようか、ということを大きなテーマに教材づくりに取り組む。

⑧ミニワークショップ体験
15分間で、各グループで作った教材をダイジェスト版で体験する。

⑨全体でのふりかえり

この事例では最初にワークショップを体験するプログラムが実施されている。しかしこのプログラムは、参加者がワークショップを体験することで、身を持って参加型学習の手法や学び、効果について知ることだけをねらいとしたものではない。その教材を使うファシリテーターが、どのように進行し、どのような問いかけをし、参加者とどのような関係性を作ろうとしているかに着目し、そこから「ファシリテーターとは何か」について、その体験を通して考えるものである。そして、参加者が社会教育や学校教育における実践の場で、どのように活用するかについて考えるきっかけ作りをするものである。ゆえに、このようなプログラムにおいて、参加者はファシリテーターの話し方や聴き方に注目し、そこで気づいたことを参加者同士で話し合う機会を持つことが望ましい。

本講座においても、一つひとつのプログラムの終わりには感想を分かち合う時間が設けられており、自分の気づきだけでなく他者の気づきをも大切にし、分かち合いを通して新しい学びを生み出す取り組みが実施されている。また、②「わたしの気持ち」や③「ちがいのちがい」において日本における多文化共生の現状について知り、その背景にある問題について考えている。さらに、その取り組みを通して参加者が国際理解教育・開発教育の意義や目的について気づくことができるように配慮している。⑤「事例紹介」においてワークショップとは何かについて参加者が考えた上で、ファシリテーターより解説がなされている。⑧「ミニワークショップ体験」と⑨「全体でのふり返り」においては、参加者が作成した教材を使ってワークショップを行った上で、その参加者が感想を分かち合い、評価しあっている。これらのことから、このような「学習プログラム作成型ファシリテーター養成講座」を実施する際には、以下の2点に留意する必要があるといえよう。それは第1に、国際理解教育・開発教育や参加型学習・ワークショップなどの意義や目的について参加者が概念的に理解することができるように配慮する

こと。第2に、様々な手法について学んだ上で、自らが学習プログラムを作成し、その学習プログラムに対して参加者同士で議論し、評価し合うことの2点である。そして、このような点に留意しながら講座を実施する際に、その前提として最も大切なことは、参加者が互いを尊重し合い、互いの意見を受け入れることのできる関係を最初に築くことであろう。

また「学習プログラム作成型ファシリテーター養成講座」を企画・運営する側にとっても、ファシリテーターやワークショップの意味・意義について議論をしておくことが肝要であろう。ここで取り上げた事例は、学習プログラムを作成することが講座の目的とされている。つまり、「ファシリテーターの養成」とは、参加型の学習プログラムを作成するためのスキルを身につけることと考えることができる。しかし、ファシリテーターやワークショップについては、様々な定義がなされており、「ファシリテーターの養成」とは、何ができるようになることを目指すことかについては、未だ明確にはされていないのである。

そのような中で、単に「参加型の学習プログラム」を作成することを「ファシリテーターの養成」の結論として位置づけることは、ファシリテーターの捉え方を硬直化させ、ステレオタイプを生みだす危険性があろう。学習のファシリテーターとは、「学習をやりやすくする人」（Cranton 1992=1999: 104）であり、ファシリテーターの役割とは「学習者が表明するニーズに応えて学習者の成長と変化を励まし支えること」（Cranton 1992=1999: 105）だと言われている。つまり、ファシリテーターとは「指示したり、管理したり、学習者が何をどう学べばよいかについての考えを押しつけたりはせず、学習者がやりたいことの手助けをする」（Cranton 1992=1999: 105）人のことなのである。ファシリテーターをこのように捉えると、「ファシリテーター養成講座」において重要なのは、単に「参加型の学習プログラム」を作成することではなく、作成した学習プログラムを実践する際の、学習者に向かうファシリテーターの態度や心の持ち方について学ぶことだといえよう。

次に、開発教育協会（以下DEARとする）が実施しているファシリテーター養成講座を取り上げてみよう。

(3) ふり返りスキルアップ型講座—開発教育協会（DEAR）の事例「開発教育ファシリテータースキルアップ講座」[4]

DEARでは今、「開発教育・ESDのファシリテーター」の本来的な意味について考え、その上で開発教育・ESDの「ファシリテーターとしてのスキル」を身につけることのできる「ファシリテータースキルアップ講座」に取り組み始めている。ここでいう「ファシリテーターとしてのスキル」とは、教材をうまく使って実践するという狭義の技術をいうのではない。それは、グローバル・イシューを通して、学習者が自らの前提をふり返ることができるきっかけをつくるスキルである。そしてその取り組みを通して、ファシリテーター自身が自らの取り組みを省察し、自己を批判的に問い直すためのスキルである。ここでは、このような講座を「ふり返りスキルアップ型講座」と呼ぶこととする。なお、ここでファシリテーター「養成」という用語を使わない理由は、「養成」には一様のものを一律に身につけさせるようなニュアンスがあるのに対して、DEARが考えるファシリテーターは多様で、個々の内発性を重視するためである。また、本講座のねらいは、実践の背景にある、ファシリテーターとしての自らの視点や価値観に気づくこと。そして質問をすることで、相手の言動の奥にある視点や価値観を引き出すことの2点である。その概要は以下の通りである。

①3人ずつのグループになり、最初の一人が事前に記入した実践共有シートを基に、10分間で自分がどのような意図で実践を行ってきたか、プロセスや学習者の反応などを発表

し、他のメンバーはその後の10分間でその発表に対して質問をする。

名前・所属	実践で大切にしたこと・配慮したこと
実践の概要 ◆ねらい ◆実施期間・回数等 ◆参加者・対象 ◆テーマ・内容など	うまくいったことと改善点
	実践から得たこと・教訓 (lessons learned)

②次の一人が同様に発表する。しかし今回は前半後半という時間の区切りは設けない。他のメンバーは、ファシリテーターとしての思考を深めることのできるように、「なぜ」を繰り返し問うことにより、自らの価値観をふり返る質問をする。
③最後に、次の一人がグループ内で以下の「視点」に基づいて質問をする。
a) 開発教育や ESD、テーマ設定
b) 事前準備、協働者との関係性把握、参加のための場づくり
c) プロセスと方法、ファシリテーションのあり方
d) 効果、誰が変容を把握しようとしているか、変化を見る視点
④全体で意見を交換する。

(2014年9月にDEARが実施した開発教育ファシリテータースキルアップ講座をもとに筆者作成)[5]

本講座の参加者からは以下のような感想が得られた。

○「自分で実践をして、子ども達からの感想を読んでふりかえり、次に活かす」という実践を繰り返してきましたが、こんなふうにアプローチの方法があると、自分自身で「ふりかえりの場」がつくれて、客観的にみることができます。難しいなと思う事は、この「ふりかえり」をして、「自問」し、その「ふりかえり」を「共有する場」「二度聞きする場」「つっこんでもらえる場」があると、より良い実践、場づくりにな

ると思いました。
○自分の実践のふりかえりと評価は、できているようでできていない作業だということに改めて気がついた。ワークショップ後の「ふりかえりシート」よりずっと自己省察の機会になり、それはとても有益だった。自分のことを自分でふりかえり、それを言語化することの大切さを実感できました。
○教師が「実践を振り返る」というのは、教師が実践を通して、自らの価値観やその前提を問い直すという事だと思います。自分が常に何を大切にしているかを考えることができればと思います。
○「ファシリテーション」「ファシリテーター」の役割、意味を問い直す良い機会だった。

これらの感想から、本講座の参加者は自らの実践を他者と共有し、その実践に対して質問を受けることにより、参加者は自らの実践をふり返り、自己を省察していることがわかる。また、実践者に対して質問をすることで、ファシリテーターの意味や役割について考え、そのスキルを身につけることができるようなプログラムとなっているといえる。

このように、参加者が自らの実践を基に「どのような関心があるのか」、「なぜそのことに関心をもつのか」「そのことを通して、何を明らかにしたいか、それはなぜか」などについて考え、自らの価値観を問い直すことが、ファシリテーターになるために重要な取り組みだといえよう。また、実践者に対して質問をすることにより、ファシリテーターとしてのスキルを身につけることもできる。つまり本講座は、ファシリテーターが学習者と共に学びを深めるスキルを身につけることができる講座ということができよう。

3. ファシリテーター養成のために

これらのことから、国際理解教育に関わるファシリテーター養成講座は、「ワークショップ体験

型」・「学習プログラム作成型」・「ふり返りスキルアップ型」の三つの実施形態に分けることができ、それらはすべて「市民意識」「社会参加」を「学習領域・カリキュラム開発の視点(6)」の一つとしていることがわかった。つまり、ファシリテーター養成講座とは、その講座に参加することで参加者の「市民意識」を高め、社会教育や学校教育の場でワークショップの実践を行うことで「社会参加」することをねらいとした講座だということができよう。そして、それらのファシリテーター養成講座の実際を検討した結果、以下の点に留意することが必要であるといえる。

その留意点とは第一に、次の四つのねらいを明確に意識することである。①ファシリテーターのスキルを学ぶだけではなく、グローバル・イシューについての理解を深め、参加者自らがその問題にどのように関わっていくかについて具体的に考えることにより、社会参加を促すこと。②ファシリテーター養成講座の参加者が、学習プログラム作成の方法を学ぶとともに、ファシリテーターの話し方・聴き方・問い方に着目し、自らの実践に活かすことができるようにすること。③作成した学習プログラムを実践する際の、学習者に向かうファシリテーターの態度や心の持ち方について学ぶことができるようにすること。④学習者が自らの価値観を問い直すことができるように導く問いかけをするためのスキルを身につけること。

そして第二に、そのために次の三つの場を設けることである。①参加者間で国際理解教育や開発教育、ESD等の意義や必要性について、互いに話し合う機会を持つこと。②作成した学習プログラムを参加者が互いに評価しあう機会を持つこと。③参加者が自らの価値観を問い直すことのできる機会を持つこと。

しかし今なお、ファシリテーターの定義については、明確にはされておらず、国際理解教育に関わる団体によりその捉え方は様々である。だからこそ、このような点に留意してファシリテーター養成講座を実施し、その過程でそれぞれの団体が何を目指すかについて、参加者とともに議論を深めることが、国際理解教育における「ファシリテーター」の意味を明確にするために必要であろう。

(山中信幸)

[注]
1) 2008年8月16日にピアザ淡海にて実施されたもので、埼玉県立高校の吉田里織氏と(特活)ACE理事の白木朋子氏が担当。参加人数は53名であった。
2) このことについては、「今日一日のふり返り」の進行を務めた国際教育研究会Glocal net Shigaの大槻一彦氏が「高校などでこれをやりますと、『自分一人でできること』には意見が並ぶのですが、グループでできること、さらに大きなグループでできることに至ると非常に少なくなります。やはり、私たちが最後目指していかないといけないのは、大きなムーブメントを生んでいくことではないかという気がします。」と述べている。
3) 2012年1月14日にピアザ淡海にて実施されたもので、かながわ開発教育センター理事の木下理仁氏が担当。参加人数は37人であった。
4) 2014年9月23日に富坂キリスト教センターにおいて実施されたもので、開発教育協会(DEAR)代表理事の上條直美氏が担当。参加人数は15名であった。
5) 本講座のすすめ方は、開発教育協会(2014)『ESD・開発教育 実施者のためのふりかえり・自己評価ハンドブック』8-25頁に詳しい。
6) 日本国際理解教育学会では「学習領域・カリキュラム開発の視点」として、文化理解・文化交流・多文化共生、相互依存・情報化、人権・環境・平和・開発、歴史認識・市民意識・社会参加の12点をあげている。

[引用文献]
滋賀県国際協会HP〔http://www.s-i-a.or.jp/kankoubutu/others/〕
Patricia Cranton (1992) *Working with Adult Learners*,Wall & Emerson〔パトリシア・クラントン著、入江直子・豊田千代子・三輪建二訳(1999)『おとなの学びを拓く-自己決定と意識変容をめざして-』鳳書房〕

コラム10
世界遺産と国際理解教育

約半世紀前、「アブシンベル神殿は、エジプトだけの遺産ではなく、人類の宝物だ！」と声を挙げた時に「世界遺産」という概念が生まれた。ユネスコが中心となって遺産保護の募金活動を展開したことが契機になり、1972年に「世界遺産条約」が締結された。

爾来、世界遺産の件数（サイト）は増え続け、2014年に26件が追加されて、総数1007件に達した。内訳は、文化遺産779件、自然遺産197件、文化と自然の両者を備えた複合遺産31件である。日本では、2013年の「富士山」に続き、「富岡製糸場と絹産業遺産群」が登録され、世界遺産サイトは18になった。

「富士山」の登録審査では、「世界遺産委員会」の専門家による諮問機関「国際記念物遺跡会議（イコモス）」は富士山から45キロも離れた「三保松原」を構成群に加えることに難色を示していた。けれども、結果的には「世界遺産委員会」は「三保松原」を加えて登録した。

当該地の人々の喜びを伝える姿が報道されていたが、筆者は複雑な感情を拭うことができなかった。「世界遺産は単なる観光資源ではない！」、むしろゴミ処理や景観保全などの新たな責務を負ったのであり、そのような心（ソフト）の準備が整い、景観保全の制度作り（ハード）が構築されているのかと不安がよぎったのである。世界遺産登録は観光地に「お墨付き」を与えるものではない。

1995年「白川郷・五箇山の合掌造り集落」が世界遺産に登録された。登録時60万人前後だった観光客は2013年には200万人を超えている。「過観光化現象」である。集落周辺にレストランや土産物店が林立し、まるでテーマパークの様相である。シーズンともなれば高速道路は渋滞し、観光バスの屋根越しに合掌造りの屋根を見上げる始末である。その経緯は、「屋久島」でも「ガラパゴス諸島」でも同様で、「世界遺産に登録されることで自然景観が破壊されるパラドックス」が、世界各地で生起している。

「世界遺産条約」には「世界遺産基金」がセットになっている。経済力や技術力が弱く文化遺産や自然遺産を自国で守れない国や地域の遺産を、国際協力によって保存しようとしたのである。その基金で、インドネシアの「ボロブドゥル寺院遺跡群」やカンボジアの「アンコール」などが修復された。

だが、今なお戦乱や紛争で貴重な文化遺産が崩壊・破壊したり、密猟や乱開発によって絶滅危惧種に指定されている動植物が消滅したりする危機遺産が46件もある。それらのサイトを世界地図に落とせば、戦争や民族紛争による経済的貧困地域に位置していることが一目瞭然である。したがって、世界遺産を通して、我々は平和や世界的な経済格差の問題について、リアリティーをもって学ぶことができるのである。

アフリカには野生動物を保護する自然公園が多く、世界遺産に五つ登録されているが、全てが危機遺産に陥っている。貴重な野生動物が、自然破壊や密猟によって激減している。サイは数千頭まで減少し、放置すれば次世代は動物園でしか観ることができなくなると危惧されている。そのような危機の解消は、一国だけでは不可能である。国際的で意図的な「世界遺産教育」が求められている。

世界遺産は単なる「遺産」ではない。前世代から預かり、次世代に引き継ぐ「宝物」である。そのバトンリレーのランナーである当事者意識を育成することが、今、求められている。なお、世界遺産の歴史的経緯や現状については、佐滝剛弘著『旅する前の「世界遺産」』（2006年　文春新書）が、世界遺産教育については、田渕五十生（2011年）が参考になる。

（田渕五十生）

第Ⅴ部

国際理解教育の国際動向

写真上：ウズベキスタンの公立学校（嶺井明子撮影）
　　下：タイの学校での人形劇の様子（藤原孝章撮影）

1 ユネスコを中心とした国際理解教育

　国際理解教育が提唱されてから半世紀以上が経つ。本稿では、第二次世界大戦直後からそれを標榜してきたユネスコを中心にその系譜をたどる。

　国際理解教育は現在に至るまでさまざまな紆余曲折があった。戦後に国際的な視点を重視する新しい教育が次々と誕生するなか、国際理解教育の相対的な位置づけも常に変容してきた。今世紀になると、「戦争の世紀」とも言われる前世期にも増して、テロ事件などの暴力が頻繁に起き、暴力の新しい形態も国際理解教育に少なからぬ影響を及ぼしている。ここでは、その変容の中でも根幹的な問い直しが求められるに至った2001年の米国同時多発テロ事件にも注目し、その後、国際理解教育がいかなる変遷を遂げつつあるのかについて、近年、推進されてきた持続可能な開発のための教育（ESD）やグローバル・シティズンシップ教育（GCED）などにも言及しつつ、述べてみたい。

1. 国際理解教育の系譜

　国際理解教育の原点とはなにか ── この問いに対して、第2次世界大戦という未曾有の惨事に対する悔恨と平和な未来への希望として表明されたユネスコ憲章をあげる専門書は少なくない。「戦争は人の心の中で生まれるものであるから、人の心の中に平和のとりでを築かなければならない。」という有名な一文ではじまる同憲章では、大戦にかぎらず、人類史において「相互の風習と生活を知らないこと」が「世界の諸人民の間に疑惑と不信をおこした共通の原因」であるとし、「無知と偏見」が戦争を引き起こすことを諭している。そこで、「相互に理解し及び相互の生活を一層真実に一層完全に知る」を得るために、何よりも教育、つまり国際理解のための教育が必要とされたのである（国際教育法研究会編 1987）。その後、日本のみならず、各国のユネスコ国内委員会等のユネスコ関係の諸団体を通して国際理解教育は普及の道をたどってきた。

　こうした原点は、いわばユネスコ主導による国際理解教育の、いわばDNAとして受け継がれてきた。戦後、各国の教育界に少なからぬ影響を与えたと言われる、1972年に刊行された*Learning to Be*（邦題『未来の学習』）や1974年に採択された「国際理解、国際協力及び国際平和のための教育並びに人権及び基本的自由についての教育に関する勧告」（通称、ユネスコ「国際教育」勧告）においても、その重要性は継承されている。

　一方、時期を同じくして、平和や非暴力の課題と並んで、環境問題も国際的な教育の優先課題として注目されるようになった。1972年にストックホルムで開催された国連人間環境会議では、「かけがえのない地球」（Only One Earth）が主張された。26項目の原則からなる「人間環境宣言」および109の勧告からなる「環境国際行動計画」は、同年に発表されたローマクラブによるレポート「成長の限界」とともに環境と開発の議論もしくは持続可能な開発の議論の端緒を開いたと言ってよい。

　冒頭に述べた国際理解教育の潮流は上記の環境と開発の潮流と併行しつつ、時代ごとの情勢とともに形成されてきた。従来の主権国家同士の戦争を未然に防ぐことを目指した国際理解のミッションが変容を迫られるに至ったのは1990年代以後である。戦後の教育を通した平和な社会構築という理想のもとに国際的な運動が展開され、各国内での推進活動も継続されていたものの、暴力はさ

まざまなレベルで絶えずくり返された。国際理解教育の成果は限定的にとどまり、ユネスコが大戦直後に描いた予定調和ともいえるシナリオどおりにはならなかったのである。

当時は、旧ソビエト連邦や旧ユーゴスラビアの崩壊後の社会に象徴されるように、国家間の闘争ではなく、民族間の紛争が台頭した時代であった。また、宗教間の対立も決して予断を許すような状況にはなかった。2001年にユネスコのIBE（国際教育局）が主催した第46回国際教育会議では、広がる国際的な緊張のなか、「国際理解教育」という名称ではあまりに手ぬるいという意識が国際社会にも広まり、「平和・人権・民主主義教育の総合的行動要綱」が採択された。この背景には、上の三つの鍵概念をもって世界平和の構築を実現しようとする西欧社会の意志が働いていたという（千葉他 2006: 171）しかし、イスラム圏のユネスコ加盟国からの反発は避けられず、会議は紛糾した。従来の国際理解教育のオルタナティブを見出そうとすればするほど、対立構造が鮮明になるという混迷の時代の中で国際理解教育の可能性が描きづらい時代であったと言えよう。

2. 米国同時多発テロ事件のインパクトとユネスコの反応

戦後の国際理解教育の潮流にとって分水嶺となる事件が訪れたのは、2001年9月11日の米国同時多発テロ事件である。この事件は、奇しくも上記の国際教育会議が閉幕した2日後に起きた。同会議は戦後、IBEが定期的に続けてきた各国の文部大臣等が参加する会議であり、皮肉にも2001年の第46回会議のテーマは「共生のための学習」であった。会議には600名以上の参加者が討議に加わり、127カ国から80名の大臣も参加していたが、上記の事件が勃発したとき、参加者の多くは帰途の最中で身をもって事件の重大さを経験することとなった。

この国際教育会議後に刊行されたIBEの通信は「共生のための学習」と題され、松浦晃一郎ユネスコ事務局長（当時）は事件後の演説で「9月11日に起きたことは、私たちの失敗を意味するのであろうか。私たちの理想が単なるユートピアであったということなのか。これまですべての努力が的外れであったということであろうか」と自問するように語っている（UNESCO: International Bureau of Education 2001: 1）。

それから2年ほどの歳月をかけて作成された会議報告書には『共生のための学習：我々は失敗したのか』といういささかセンセーショナルなタイトルが付されている（UNESCO: International Bureau of Education 2003）。たとえ副題であるにしても、自らのミッションの成否を自問した標題は、国連機関の報告書としては異例と言えよう。言うまでもなく、この副題は同時多発テロ事件を意識したものであり、ユネスコの国際理解教育に対する問い直しが迫られていたという見方もできる。米国同時多発テロ事件はユネスコのレゾンデートルを揺るがすだけのマグニチュードをもって受けとめられ、上記の松浦の言葉はこのことを象徴的に伝えていると言えよう。

さて、その後、上の世界情勢に応じる形で国際理解教育は再び強調されるかに思われたが、前述の創成期のような高揚は見られなかった。その背景には、いくつかの理由が指摘されている。

第1に、国家による覇権主義の戦争からテロへ、というように国際理解教育が誕生した背景にある大戦とは異なる性質の、新たなコンフリクトに世界的な関心が移行していったことである。第2に、国際化およびグローバル化という戦後の潮流の中で各国内において「内なる国際化」が求められるような状況が顕在化し、かつての海外（国外）の理解というシナリオでは対応しきれない状況が生じたことである。第3に、酸性雨やオゾンホール破壊などの環境問題が深刻化し、人類の「敵」は戦争という人災のみならず、環境破壊や自然災害が急速に注目されるに至ったことである。

大戦への反省のもとに発展してきた日本の国際理解教育についても、新たな時代状況への対応が

求められ、当初の平和主義や非暴力主義という性格よりも、帰国子女教育や英語教育のように、どちらかというと国際的な情勢に対応するための教育としても捉えられるに至った。こうした国際理解教育の傾向は「日本型国際理解教育」として揶揄され、日本における国際理解教育の独自の発展に批判的な検討が加えられてきた（多田他 2006）。

3.「持続可能な開発」という重要課題

戦争に対する平和や非暴力が大戦直後の重要なテーマとなったように、先述の国連人間環境会議以後の系譜上に位置づけられ、特に80年代後半から注目された人類的な課題は「持続可能な開発」もしくは「持続可能性」であった。ノルウェー首相にもなったG. H. ブルントラントが委員長を務めた「環境と開発に関する世界委員会」による最終報告書（邦題『地球の未来を守るために』、通称「ブルントラント報告書」）は「持続可能な開発」を「将来世代のニーズを損なうことなく現在の世代のニーズを満たすこと」であると解説し、その重要性を世に説いた。

各地で環境破壊が顕在化すると共に先の国連人間環境開発会議を契機に誕生した国連環境計画（UNEP）によって環境教育は推進されたものの、環境からの視点のみでは自然環境の悪化は対処しきれず、社会や経済の視座も取り入れて開発を再考していく必要に迫られるようになった。

こうした「持続可能な開発」の概念は「環境」「社会」「経済」の3本柱、もしくはこれらに「文化」を加えた「3+1本柱」をその構成要素とし[1]、人間同士の問題から派生する国際理解や人権、多文化共生等の課題を「社会」の柱に取り込みつつ、発展してきた。

「持続可能性」が、ユネスコ創設当初に掲げた平和や非暴力という崇高な概念と同等の重要性をもって受けとめられていることは、今世紀に入って新たに創設されたユネスコ傘下の機関に付された名称や、ユネスコ本部の部署名を見れば明らかである[2]。

「持続可能な開発」もしくは「持続可能性」の台頭は、国連のみならず、各国の教育政策にも反映されるに至っている。日本では現行の学習指導要領に「持続可能な社会」等の関連表記が複数箇所に使用され、また教育振興基本計画（第1期及び第2期）においてもESDやそれを推進する拠点としてユネスコスクールが明記されるに至っている。

諸外国においても上の両概念のどちらかを重要視する傾向は見られる。イギリスは、ブレア政権時代に2020年までに全国の学校を地域の持続可能な開発のモデルにすることを掲げた。この試みは、それまでに見られないほどの精緻さをもって体系化され、学校の管理職や教師が参考にする完成度の高い評価表も作成された。

この構想は、八つのドアウェイ（扉口）、すなわち、「飲食」「通学と交通」「校舎と校庭」「エネルギーと水」「購買と消費」「包摂と参加」「地域のウェルビーイング」「グローバルな視点」のいずれからでも各学校で取り組みやすい実践に着手し、いずれは八つの領域のすべてにおいて持続可能性を追求していく、つまり学校を持続可能な開発の核として全国的にサスティナブルな社会を構築しようとする構想であった。

残念ながら、同政権の交替により、このプロ

図1　持続可能な共同体づくり　サスティナブル・スクールのための八つの扉
出典）http://www.teachernet.gov.uk（翻訳　筆者）

ジェクトは国家をあげての事業としては消滅したが、一部のNGOによってその知見は受け継がれている。[3]

他方、オーストラリアでは、どちらかというとESDよりもEfS、すなわち、「持続可能性のための教育」という表現が浸透してきた。オーストラリア連邦政府は「持続可能性」をナショナル・カリキュラムにおける教育指針の3本柱の1本として位置づけている。伝統的に各州の独自色が強かった同国のカリキュラムではあるが、2008年に改訂されたナショナル・カリキュラムによって全国的に統一された指針が示されることになった。そこでは、基礎的な四つの学習領域として国語・算数（数学）・理科・歴史が位置づけられ、習得すべき「一般能力」として「読み書き」「計算」「情報能力（ICT）」「批判的・創造的思考」「人的・社会的能力」「倫理的理解」「知的理解」の七つの能力が定められた（ACARA 2012）。さらに、領域横断的な優先領域として「アボリジニとトレス海峡の歴史と文化」「アジアについてとオーストラリアとアジアの関わり」及び「サスティナビリティ（持続可能性）」が位置づけられている（図2参照）。

オーストラリア各州の多くの学校では、EfSやESDを看板として掲げていなくとも、そのように称されるに相応しい実践が積み重ねられてきた。

しかし、こうした全国的なフレームを普及させることにより、持続可能な社会づくりの裾野がいっそう広がっていくことが期待されている。

以上はごく一例ではあるが、いわゆる発展途上国も含めて持続可能な開発や持続可能性が教育政策の一環として位置づけられる傾向は、地方自治体やNGO等の民間組織の作成した事業案等にも見られる。[4]

4. 近年の国連の動向

今世紀に入り、日本を含む189ヵ国が採択した2000年の「国連ミレニアム宣言」を受け、「2015年までに世界の貧困を半減する」ことなどを目指す世界共通の目標としてMDGs（ミレニアム開発目標）が国際的な共通認識の開発目標となった。MDGsは2015年を期限としているため、近年、特に2012年の「国連持続可能な開発会議（リオ+20）」以後、ポストMDGsをにらんだ動きが活発化している。同会議の宣言である「私たちの望む未来」ではSDGs（サスティナブル開発目標）の検討に関する条項が盛り込まれ、具体的な中身が検討されてきた。[5]

先に述べた、特に90年代以後の「持続可能な開発」の系譜上に誕生した新たな教育がESDであった。もともと1992年の地球サミットで国際的に認

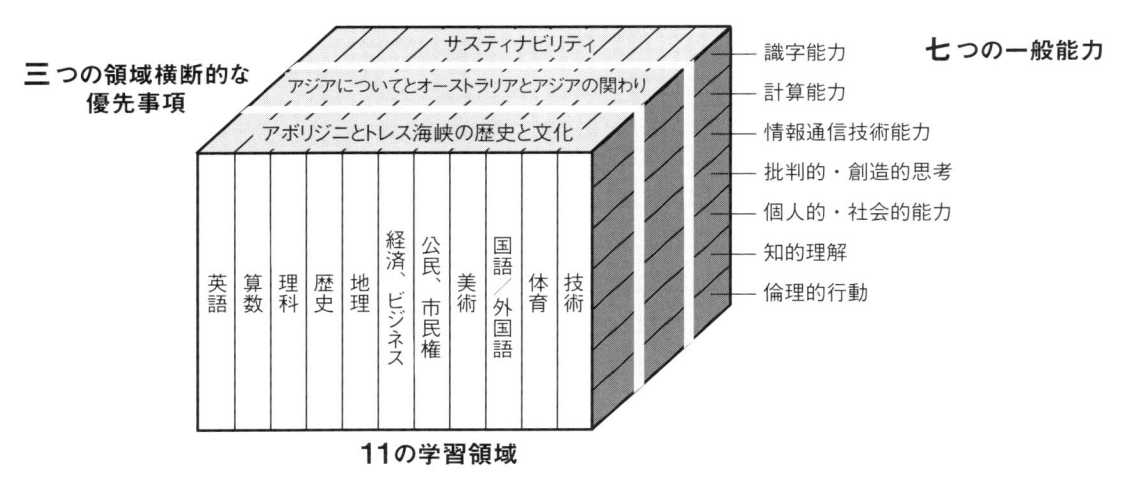

図2 持続可能性を重視したオーストラリアのナショナル・カリキュラム
出典）Australian Curriculum, Assessment and Reporting Authority, n.d.（翻訳　筆者）

められた概念であったが、日本の市民や政府の働きかけの結果、2005年から2014年までが「国連ESDの10年」（以下、「10年」と略）として定められ、最終年の締めくくり会議は日本で開催された。その成果や課題については国内外で様々な評価がなされているが、環境という視点のみならず、持続可能な開発全般について、もしくは、持続可能な開発の在り方自体について検討する必要性がそれまで以上に認識された意義は少なくない。[6]

ESDは「10年」が終わった後もグローバル・アクション・プログラム（以下、GAP）を新たに開始することによって「10年」の間に明らかになった課題を解決しつつ、持続可能な社会の構築を教育を通して実現しようとしている。

2014年をもって「10年」の最終年を迎えたが、ここでは現時点で決まっているそれ以後の動向について、GAP及びグローバル・シティズンシップ教育（GCED）を中心に紙幅のゆるす範囲で述べておきたい。

（1）グローバル・アクション・プログラム（GAP）

SDGsの時代が到来すると言われるなか、それに先行する形で教育分野での可能性と課題を示してきた「ESDの10年」の経験は重要である。2013年の第37回ユネスコ総会において「10年」の最終年後もその延長線上にGAPが立ち上げられることが決議され、[7]「ESDに関するユネスコ世界会議」でも承認された。筆者は、SDGsで標榜されているような持続可能な社会を教育を通して実現しようとする場合、GAPに主だった課題が集約されていると捉えている。

同事業は、そのエッセンスを列挙すれば、次の五つの「優先的行動領域」として表すことができる。
1）各国の政策の一環としてESDを統合
2）組織（学校等）全体でESDを実現させるための手法の普及
3）ESDのファシリテーターとなり、教育を変えていく教育者の育成
4）「変化の担い手」としての若者の支援
5）地域の持続可能性に関する課題を解決に導くための多様な主体の対話と協力

これらの領域は、先にふれたとおり、裏を返せば、「10年」で十分に達成し得なかった諸課題でもある。「優先的行動領域」と照らし合わせて、特に学校教育に期されていることは、第一に、ESDを各国の政策として教育制度のメインストリームへ統合していくことであり、第二に、授業実践を超えてESDをホリスティックな手法をもって学校等の組織全体での取り組みにしていくことであり、第三に、伝達式の伝統的な教員養成や現職研修をファシリテーション重視の在り方に変えていくことであり、第四に、若者が「未来の担い手」となるための参加型技能等の習得に努めることであり、第五に、地域社会におけるESD関係者（ステークホルダー）が対話と協働を通した実践を展開していくことである。「持続可能性」を重視してきた教育の潮流にとってSDGsという新しい目標が追い風となっているという見方もできるが、ESDの課題は少なくなく、GAPを基盤に政策および実践のレベルでいかなる展開がなされるかが注目されている。

なお、「10年」の後半で強調されるに至った学習概念として「自己変容と社会変容のための学び」（Learning to transform oneself and society）がある。ユネスコによる学習観として知られる「学習の4本柱」、すなわち「知るための学習」「なすための学習」「共に生きるための学習」「人間存在を深めるための学習」（Delors, et al. 1996）に加え、5本目の柱として現代の教育ニーズに応える形で提示された概念である。[9]こうした概念を強調するまでに辿り着いたこと自体が、「10年」の成果であり、また同時に、この学習概念を具現化していくことが新たな重要課題でもあると言ってよい。

（2）グローバル・シティズンシップ教育（GCED）

「10年」の終盤に台頭してきた新たな教育運動として挙げられるのがGCED（グローバル・シティ

ズンシップ教育）である。潘基文国連事務総長みずからが提唱する国連事業である「教育優先イニシアティブ」（'Education First Initiative'）は2012年に三つの優先重要を掲げた。第一に、全世界すべての子どもが平等に就学できるようにすること、第二に、現代の知識基盤型社会において求められる教育の質を向上させること、第三に、持続可能でよりよい社会を構築するために自然環境をケアし、人間相互の関係性をより平和的にしていくこと、である[10]。GCEDは上記の3番目のチャレンジに該当する、新たな教育潮流である。

GCEDは近年、ユネスコ本部や同バンコク事務所をはじめとした国連諸機関のイニシアティブのもとに積極的に推進されようとしている。ユネスコ本部の提唱するGCEDは、未来志向の教育論として世に出された Learning: The Treasure Within（邦題『学習：秘められた宝』）で示された前述の「学習の4本柱」の3本目の「共に生きるための学習」（LTLT: Learning To Live Together）を礎に提唱されたという見方ができる（UNESCO 2014）。

GCEDでは、直面する現代の教育課題として次の5点が指摘されている[11]。

① 受験を経て労働市場への準備に傾注されるような教育システムからの脱却を図るため刷新的で参加型の教授と学習を導入していくこと。

② 社会的弱者や少数派の他者をも考慮してカリキュラムや教科書・教材を刷新すること。

③ 新たなシティズンシップ育成のための技能が十分に習得されていない教師の力量を形成していくこと。

④ 学校文化に見出しにくい平和・人権・尊重・文化的多様性と正義の価値観を内在化させ、いじめや暴力をなくしていくこと。

⑤ 若者理解に努め、21世紀型スキル習得のための目標を設定し、定期的に進捗状況を測っていくこと。

ユネスコ関係者が共有しているGCEDの構成図の一つとして図3があげられる。ここに図示されている主な特徴は、多元的な社会が前提となり、すべての教育段階と教育セクターとが協働して取組むことが期されている点であり、また「対話」

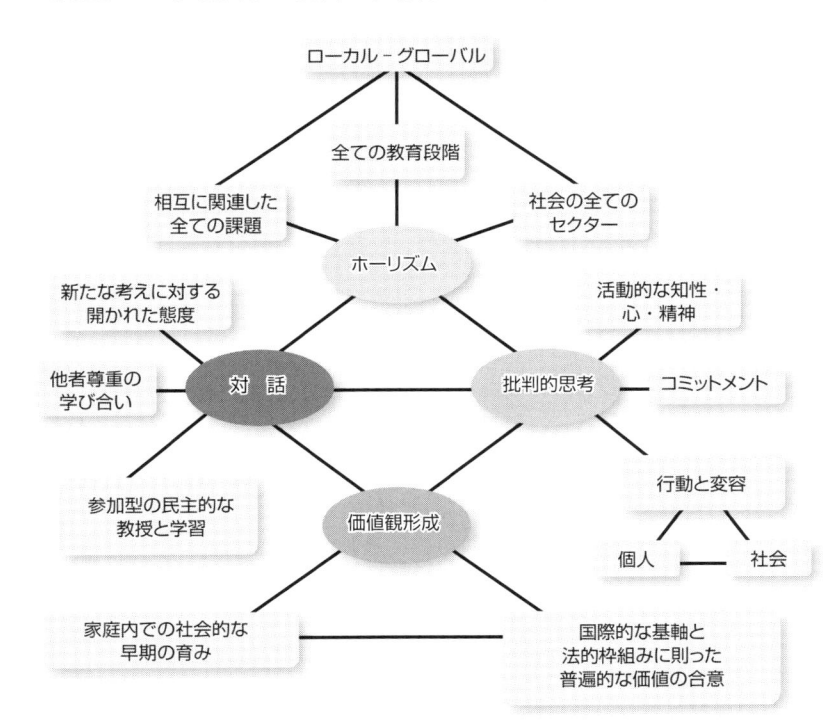

図3　市民性教育の原理
出典）UNESCO (2014) 'Global Citizenship Education: Preparing Learners for the Challenges of the 21st Century'. p.22. (Adapted from: A. Cabezudo. 'Introduction on Global Citizenship Education Principles'. Global Citizenship Education Forum. Bangkok, Thailand. December 2013.)（翻訳筆者）

「価値観形成」「批判的思考」「ホーリズム」などの手法や原理が重視されている点である。

ただし、現時点では、図3のように、GCED関連の国際会議で提出された資料等をもとに理論が構築されている段階であり、今後、各国の学会等で構築されてきた市民（性）教育との協働や差異化、国際理解教育や環境教育、ESD等のこれまでに蓄積されてきた教育との連携が求められるであろう。なお、2015年5月現在では、GCEDの三要素として、①グローバル化のオルタナティブとしてのプラネタライゼーション、②教育システムに変容をもたらすエコ・ペダゴジー、③グローバル・シティズンシップにもとづく社会正義が説かれている。

最後に、いまいちど国際理解教育の潮流との関連において若干の展望を述べておきたい。

冒頭でふれたユネスコ憲章の精神や戦後の同教育で重視されてきた主張は、誕生した経緯や背景は異なるが、ESDでも「他者の価値観に対する尊敬」などとして（Tilbury 2011）、またGCEDでも前述の「共に生きるための学習」（LTLT）として、その重要性が受け継がれているという見方ができよう。こうした系譜はグローバル化が進展するなか、今後ますます重要な意義を帯びていくことが推察される。

ここで強調されるべきは、ESDにしてもGCEDにしても、今世紀に唱導される新たな教育は、環境・社会・経済といういずれかの領域にとどまらず、包括的な概念となっていることである。ESDでは環境のみならず、人間同士の調和のある関係性の構築も重要課題とされている（UNESCO 2014: 38）。また、GCEDにおいても人間同士の平和裡な関係性だけでなく、環境に配慮した行動や持続可能な開発に資する態度・価値観の形成などが期待されている。また、いずれの教育も「高次の思考スキル」や「認知的なスキル」が重視されており、批判的思考や創造的思考、ホリスティックな捉え方などが強調されているのも共通の特徴である。おそらく今世紀の国際的に提唱されるような教育概念は、持続可能性に強調点が置かれようとも、世界市民性に強調点が置かれようとも、包括的な概念になることは避けられないであろう（永田・原他 2012）。

近年、グローバル化の進展とともにコンピテンシー論がますます盛んになりつつあるが、国際理解教育に引きつけて考えてみれば、伝統的ともいえる海外の文化等の知的理解を中心とした学習からの「卒業」が求められている時代に我々が生きていることは言うまでもない（奥村 1998; Nagata & Teasdale 2003）。自然に対しても、人間に対しても、自身の理解を超えた現象や世界観との出会いを受けとめ、たとえ受容しかねる事態に遭遇したとしても折り合いを付けながら持続可能な社会構築への方途を探っていけるような「舵取り力」の育成が期待されているのである。

（永田佳之）

[注]
1) ユネスコは「文化」を他の3領域を支える基盤として捉えている。日本ホリスティック教育協会編（2008）『持続可能な教育と文化－深化する環太平洋のESD－』せせらぎ出版、5頁。
2) 前者については、例えば2009年のユネスコ総会で設置案が採択されたインドの「マハトマ・ガンジー平和及び持続可能な開発のための生涯学習センター」が、後者については、例えば「平和及び持続可能な開発のための教育部（Division of Education for Peace and Sustainable Development: ED/PSD）」が挙げられる。
3) 詳細は次のURLを参照。http://se-ed.co.uk/edu/sustainable-schools/
4) ESDの政策や実践を途上国も含めた世界的な視野で鳥瞰したレポートとしては次を参照されたい。UNESCO (2009) *Review of Contexts and Structures for Education for Sustainable Development.*; D. Tilbury (2011) *Education for Sustainable Development: An Expert Review on Processes and Learning for ESD*. Paris, UNESCO.; A. E. J. Wals (2012) *Shaping the Education of Tomorrow: 2012 Full-length Report on the UN Decade of Education for Sustainable Development*. UNESCO Education Sector.
5) 「私たちの望む未来」（The Future We Want）の第246-248項にSDGsは明記されている。以後、具体的な内容について討議が重ねられ、2014年9月現在、17目標及び169の下位目標が掲げられ、教育も独立した目標として検討されている。
6) 「ESDの10年」の最終報告については、を参照されたい。

UNESCO (2014) *Shaping the Future We Want: UN Decade of Education for Sustainable Development (2005-2014) FINAL REPORT*.

7) General Conference. 37th Session, Paris, 2013. http://www.unesco.org/new/en/general-conference-37th/（2014年8月22日閲覧）

8) 一般的に「人間として生きるための教育」と訳されることの多い*Learning to Be*は次の文献に基づき、ここでは「人間存在を深めるための学習」と意訳している（日本ホリスティック教育協会編［2008］『持続可能な教育と文化－深化する環太平洋のESD－』せせらぎ出版）。

9) 例えば、UNESCO Education Sector (2010) *ESD Lens: Education for Sustainable Development in Action: Learning and Training Tools- No.2*. http://unesdoc.unesco.org/images/0019/001908/190898e.pdf　なお、この「変容」概念は「ESDに関するユネスコ世界会議」の「あいち・なごや宣言」文にも盛り込まれている（文部科学省仮訳　http://www.esd-jpnatcom.jp/conference/result/pdf/Aichi-Nagoya_Declaration_ja.pdf）。

10) 詳細は'Global Education First Initiative'に関する次のURLを参照されたい。http://www.globaleducationfirst.org

11) 'Priority #3: Fostering Global Citizenship' http://www.globaleducationfirst.org/220.htm　（2014年9月10日閲覧）

［引用文献］

ACARA(Australian Curriculum, Assessment and Reporting Authority) (2012) n.d. *Cross Curriculum Priorities*. http://www.australiancurriculum.edu.au/Mathematics/Cross-Curriculum-Priorities#Aboriginal-and-Torres-Strait-Islander-histories-and-cultures.（2014年10月3日閲覧）

Delors, J., *et al.* (1996) *Learning: The Treasure Within*. UNESCO Publishing.〔ユネスコの21世紀教育国際委員会（1997）『学習——秘められた宝』ぎょうせい〕

Nagata, Yoshiyuki and Teasdale, G.R. (2003) 'Education for Peace and International Understanding'. John P. Keeves and Ryo Watanabe (eds.). *International Handbook of Educational Research in the Asia-Pacific Region. Part I*. Asia-Pacific Educational Research Association. Dordrecht: Kluwer Academic Publishers. pp. 641-653.

Tilbury, D. (2011) *Education for Sustainable Development: An Expert Review on Processes and Learning for ESD*. UNESCO

Torres, C. A. (2015) 'Emergence of Global Citizenship Education in the Post-2015 Education Agenda.' APEIU. *Sangsaeng*

UNESCO: International Bureau of Education (2001) *Educational Innovation and Information*. No. 108. September IBE-Unesco.

—— (2003) *Learning to Live Together: Have We Failed? – A Summary of the Ideas and Contributions Arising from the Forty-Sixth Session of UNESCO's International Conference on Education*. IBE-Unesco.

UNESCO (2014) *Global Citizenship Education: Preparing Learners for the Challenges of the 21st century*. http://unesdoc.unesco.org/images/0022/002277/227729e.pdf（2015年3月10日参照）

奥村隆（1998）『他者といる技法－コミュニケーションの社会学－』日本評論社

国際教育法研究会編（1987）『国際教育条約集』三省堂

多田孝志他（2006）『グローバル時代に対応した国際理解教育のカリキュラム開発に関する理論的・実践的研究（第2分冊・理論研究）』平成15～17年度科学研究費補助金（基盤研究(B)(1)、研究成果報告書、研究課題15330195: 研究代表者：多田孝志

千葉杲弘（2006）「アジアのネットワークと共生の教育」『グローバル時代に対応した国際理解教育のカリキュラム開発に関する理論的・実践的研究（「第2分冊：理論研究」）（平成15～17年度科学研究費補助金（基盤研究(B)(1)）研究成果報告書、研究代表者：多田孝志）

永田佳之他（2009）『グローバリゼーションの時代における国際理解教育の実践基盤に関する学際的研究』（科学研究費補助金研究成果報告書、研究代表者：永田佳之）

永田佳之（2010）「持続可能な開発のための教育（ESD）と国際理解教育」日本国際理解教育学会編『グローバル時代の国際理解教育－実践と理論をつなぐ－』明石書店

永田佳之、原郁雄他（2012）「特集：ESDと国際理解教育」日本国際理解教育学会編『国際理解教育』Vol.18、明石書店、43-89頁

2 東アジアの国際理解教育

2-1　中国

1. 中国における国際理解教育

　中国における国際理解教育はグローバル化の急進に伴い1990年代より注目され、現在は全国各地でその実践が行われている。計画経済時代から市場経済時代への移行（1985〜1995）を遂げてまもない時期に導入され始めた国際理解教育であるため、ユネスコの平和教育以外に生徒・学生に世界各国の文化を理解させ、国際的な視野を育成する重要な手段とされた。一方、ユネスコ国内委員会の支援のもとに推進し始めた「持続可能な開発のための教育（ESD）」が同時進行の形で全国的に展開したが、実施形態は異なるものの、目標や内容には重なる部分が多く、課題も似ている。そして中国で国際理解教育を論ずる際、多民族国家として国内各民族の融和を目指す「民族団結教育」にも注目する必要があろう。そこで、本稿では、「国際理解教育」「持続可能な開発のための教育（ESD）」「民族団結教育」を中心に中国における国際理解教育の動向について検討を試みることにする。

（1）国際理解教育とは

　中国は、1995年中国共産党第14期第5回中央委員会の開催により完全に市場経済時代に移行することになったが、そのときまで中国の教育はまだ国際的潮流と距離を置いており、国際理解教育の理念自体あまりよく知られていなかった。WTOへの加入が近づき、グローバル市場に巻き込まれるようになった1990年代後半、中国の教育界は開放の歩調を加速化させ、国際的動向にも目を向け始めた。1997年北京師範大学の徐輝は博士論文『国際教育の理論研究』で初めて国際理解教育の概念や理論を検討し、「国際理解教育は、異なる文化背景、種族、宗教・信仰を持つ人々、異なる地域や国家の人々の相互寛容や理解を深め、グローバル社会で人類が共通に直面した問題を解決するための教育である。世界を理解すると同時に自らを理解し、世界の人々がお互い協力しながら意識的に共同体を作るための教育である」と定義した。[1]教育実践の先駆者として北京市で最初に国際理解教育の教材開発や教員研修を行った北京教育学院も定義を試みた。「国際理解教育（Education for International Understanding）は、世界各国が国際社会の提唱のもと、『国際的な理解』を理念として展開している教育活動である。その目的は異なる種族的、文化的、宗教信仰的背景を持ち、異なる区域（ローカル）、国家、地域（リージョン）で暮らしている人々の相互的理解や寛容を増進させ、相互協力を強化し、共同的にグローバル社会が直面している重大な課題を認識・解決するためである。そして、すべての人が世界に対する認識を深めることによって自分や他人を深く理解し、現実上の相互依頼を意識的な団結と助け合いに変えることである。」[2]

　これらの定義が示すように、中国での国際理解教育の概念は、ユネスコの世界平和理念を源流としながら、世界各国、各地域の人々との理解と協力を強調し、グローバル化に伴う人類の共同的課題解決能力の育成を強調している。しかしながら、各地方の教育現場では国際的競争力を育成するための教育が余儀なく実施されるようになり、これらの定義との乖離を見せている。

（2）国際理解教育の発展の経緯

上述したように、中国の国際社会への参加が活発になったのは市場化が全面的に浸透した後である。その影響で、国際理解教育も1990年代までは偶発的な実践にとどまっていた。

2001年のWTO加入とともに中国は急速にグローバル市場の構図に編入されるようになった。「経済一体化」が進むなか、価値観や文化の更なる開放も避けられなくなり、それは国際理解教育が中国に伝えられたきっかけにもなったが、その結果、最初から「国際化対策」という課題を背負うようになったのである。例えば上海市の場合、2002年最初に上海で国際理解教育をはじめた福山外国語小学校は「国際的視野を持つ中国人」の育成を教育目標に掲げていた。同学校は『国際理解教育小学生読本』を関連教材として編集し、「世界文化祭り」のような学校活動、特定カリキュラム、既存カリキュラムに国際理解理念の浸透など三つの形式に国際理解教育を実施したが、外国の文化理解、国際コミュニケーション能力の育成などが中心の内容となっていた。

さらに、2010年の上海万博をきっかけに、上海市の教育行政は国際理解教育をさらに推進させ、普陀区、浦東新区などの地域で国際理解教育実験校を選定し、実験校の小学校は一学期40時間、中学校は30時間、高校は20時間の国際理解教育を確保するようにした。教育内容は、小学校では国際基本知識と世界文化教育、コミュニケーション能力の育成；中学校では平和、人権、発展、環境、文化理解などの概念理解、国際的なコミュニケーション能力とアクティビティ能力の育成；高校段階では個人と世界との関係を正しく理解したうえ、正義、平和、責任などの理念を理解させることなどが含まれている。近年上海の国際理解教育はさらに活発になっているが、その教育目標が国際的競争力を持つ人材育成に重みがおかれていることは言うまでもない。

国家の政治の中心である北京市の場合、北京教育学院が1999年「価値教育」を中心に国際理解教育研究を続け、2005年には『国際理解』教材を出版し、北京市の小中学校の教師を対象に教員研修をはじめた。2004年に北京師範大学の翁文燕主編による『国際理解教育』も出版され、遼寧省などの地方教材として使用された。2008年の北京オリンピック開催をきっかけに、北京市の教育行政も積極的に国際理解教育を推進するようになったが、その結果、大使館や外資系企業が集中している朝陽区などの各区では国際理解教育の実践が次々と現れた。そして北京、上海、深圳などの沿海地域以外に、吉林省でも東北師範大学付属小学校を中心に、河南省の鄭州では高新区を中心に国際理解教育が実施された。

規模は決して大きくないが、大学の研究にも注目する必要がある。1990年代から中央教育科学研究院の周南照、華東師範大学の趙中建、西南大学の徐輝を始めとする学者の研究が見られる。これらは現場の国際化対策実践とは異なり、主にユネスコの国際理解教育の理念研究が中心であった。2008年に北京師範大学で姜英敏による国際理解教育科目が設置され、2010年には国際理解教育研究センターが同大学の国際・比較教育研究院に設立された。センターは「国際理解教育の理論と実践に関する国際的比較」、「地球市民教育の国際的比較」などのプロジェクトを立てて研究を進めている。

このような流れのなか、教育政策の動きも見られた。2010年中国政府が発表した『国家中長期教育改革と発展計画要綱（2010 − 2020）』（以下『要綱』と略称する）では、国際理解教育を全面実施する方針を明らかにした。そして第16章「教育の開放を拡大する」第49条には国際理解教育の目標を「国際的視野を持ち、国際的ルールを熟知し、国際的事務や国際競争に参加できる国際化人材を育成する」とし、50条には「国際理解教育を強化し、生徒・学生の異なる国家や文化に対する認識と理解を深める」という進行方針を提示した。この文言からも、中国政府の進めようとしている国際理解教育政策が国際的競争に勝ち抜くための人材育成を目標としていることが分かる。

この『要綱』が公表されてから国際理解教育が全国範囲で急速に広げられたが、特に地方の教育行政が積極的であった。2012年、深圳市宝安区教育委員会傘下の研究機関である教育科学研究研修センターが編集した『国際理解』読本が教材として清華大学によって出版され、全区の国際理解教育実験校に配布された。同年、各地方の教育委員会が次々と国際理解教育の実施政策を公表した。5月には山東省淄博市教育委員会が「小中学校で国際理解教育を実施する件に関する指導的意見」通達を出し、その実施意義について「小中学校で国際理解教育を実施することは、国際的な視野と競争力を持つ人材を育成する重要な基礎である」とした。10月には江蘇省の常州市教育委員会が「小中学校で国際理解教育を強化することに関する意見」通達を出したが、内容は山東省と同じ脈略である。2014年9月に広東省東莞市教育委員会も9月から中学校と高校で国際理解教育を全面的に実施すると公表した。これらの通知や公文書はいずれも「国際的に通用する人材の育成」を掲げており、特に「伝統性と国際的普遍性に満ちた国際化人材」を強調した。内陸の四川省でも2013年から成都市青羊区を中心とする国際理解教育カリキュラム開発が行われた。

　現在、中国の小中学校におけるカリキュラムは、その設置主体により国家カリキュラム、地方カリキュラム、学校カリキュラムに分けられているが、国際理解教育はほとんど学校カリキュラムのレベルで、特定教科というよりは教育プログラム活動のような形で実施されている。とりわけ、近年全国各地でその実践が見られている。

(3) 国際理解教育の課題

　グローバル対策教育、国際競争力増進教育の一環として国際理解教育を位置づけている現在の状況を鑑みると、中国における国際理解教育は以下の課題に直面しているといえよう。

　まず、国際理解教育に過度な役割が賦与されている。中国における国際理解教育は、改革開放がもっと急速に進められていた1990年代の末、噴出するさまざまな情報とともに海外からやってきた。すなわち、国際理解教育がグローバル化の波に巻き込まれたまま中国に導入されたのである。その結果、国際理解教育の原点や本質について錯綜する認識をもつさまざまな主体が国際理解教育に期待を寄せている。内陸部では計画経済時代に閉鎖していた海外関連文化教育や情報教育の内容を国際理解教育が担うことを望んでおり、沿海部では国際的視野の育成を掲げ、国際化対応の教育が期待されている。さらに、教育行政は徹底した愛国心と国際社会に通用する人材育成を同時に求めている。その上、ユネスコの世界平和教育を目指す国際理解教育が混ざっており、複雑な状況が見られる。

　次に、理論研究と実践の乖離である。学問的展開としての多くの国際理解教育理論研究がユネスコの世界平和文化を掲げているにもかかわらず、現実的に各地方の国際理解教育実践は国際化対応に偏る傾向がみられ、国際社会で通用する人材育成のための国際理解教育が盛んに行われている。このように理論と実践のつながりが形成されておらず、対策を必要としている。

　最後に、関連学会が設立されていないため、研究機関や研究者が少なく、体系的な概念整理や理論構築が欠けており、教育現場への提言や参考が難しい状況が指摘されてよい。

2. ESD

(1) 概念:「EPD」から「ESD」へ

　ESDと国際理解教育は本質的に不可分の関係にあるにもかかわらず、中国では平行線で進められ、接点が少ない。国際理解教育が現場の実践によって草の根レベルからの始まりを見せたのとは対照的に、「持続可能な開発のための教育」は推進当時から国家政策として強力に進められてきた。

　中国では「持続可能な開発のための教育」を示す英文略称として「EPD（Education for Environment

Population and Sustainable Development)」と「ESD」とがあるが、その定義には微妙な差異が見られる。1998年、中国ユネスコ国内委員会は北京教育科学研究院にEPDの実施を委託した。当時の名称は「持続可能な発展のための環境と人口教育」（EPDに略称）であり、全国EPD協会の会長、史根東によると、その定義は「青少年と社会全体を対象に環境、人口と持続可能な発展教育を行い、環境を保護し、人口の資質を高め、社会の持続可能な発展を促進する[3]」となっている。その後、中国は全国EPD協会を立ち上げ、全国範囲でEPD教育を展開し、11省の1,000校以上の学校でEPDを実施した。2005年、「国連ESDの10年」を迎え、同協会はEPDからESDへの移行を発表し、2006年より正式に名称をESDに変えることになった。概念の整理にも若干の変化がみられ、史根東は「持続可能な開発のための教育（ESD）は、持続可能な価値観を核心的な内容とした教育で、学習者が持続可能な発展に必要な価値観、知識、学習能力とライフスタイルを身につけ、社会、経済、環境と文化の持続可能な発展を促進できるようにすることである」とした。その核心的価値観は「今日の世代と将来の世代の尊重」、「差異と多様性に対する尊重」、「環境に対する尊重」、「地球資源に対する尊重」の四本の柱でなっている。[4]

（2）中国におけるEPD、ESDの発展経緯

　中国が持続可能な発展教育を始めた背景には国際社会からくるプレッシャーと、国内の深刻化しつつある環境問題を改善しようとする政府の決意が同時に存在するととらえられる。1992年の地球サミットに出席した当時の李鵬総理は、2カ月後、「中国環境と発展に関する十大対策」を制定公表し、これからの国家発展戦略の中に持続可能な発展理念を取り入れなければならないと強調した。同年8月、中国発展計画委員会と国家科学技術部の協力で『中国21世紀議定－21世紀における中国の人口、資源、環境と発展白書』編成が始まり、1994年に正式に出版された。その後、中国は、人口の計画発展に関する法律を1部、環境保護関連法律を6部、自然資源管理関連法律を13部、防災関連法律3部を制定公表し、このような政策を通して環境保護のためのシステムを作り上げようとした。中国はまた、第9回5カ年計画や第10回5カ年計画の中にも持続可能な発展のための資金を計上し、国家政策の中に持続可能な発展理念を貫く方針を明らかにした。ここからもわかるように、中国が全国をあげてEPDを広める背景には、国家発展戦略としての持続可能な発展事業の位置づけがあったのである。

　EPDそして2005年より改称されたESDは、中国のユネスコ国内委員会が国家戦略として推進した教育で、当初から完全な実施体制が整えられた。

　まず、ユネスコ国内委員会は北京教育科学研究院に事務局を依頼し、ESD全国事務委員会を設置した。事務局は政府及びユネスコを始めとする国際関連機構と連携を取りながら、社会からの資金援助を募集するなど窓口の役割を果たした。そして全国小中学校のESD理論や実践の方向を示し、各地方の報告を聞きながらプロジェクトの形でESDの実践を推進した。

　次に、全国事務委員会が専門家を招聘して設立したESD推進委員会は、ESDの理論や実践の研究を行い、毎年の推進計画案を立て、教員研修や国際組織との連携などの具体的な業務も担当している。

　最後に、ESDの実施機関として各地方に設置されたESD教育委員会と、同委員会が選定したモデル学校、実験学校、加盟校があげられる。地方のESD委員会は、ESD推進委員会の提言のもと当該地域のESD発展計画をたてると同時に、地域の加盟校の申請を受け、審査を通して実験学校を指定し、実験学校の実験成果を踏まえ、モデル学校を選定する。

　ESD全国事務委員会はいままで9回のESD全国研修を行い、4回のESD国際フォーラムを開催した。2005年には『中国持続可能な発展教育』雑誌も創刊し、ESDに関する情報交換や教員の経験の

交流の場にしている。このような運営システムのもと、ESD実践は小学校段階から高校まで広く普及し、それらは二つの類型に分けられる。一つは国家カリキュラムの中にESD理念を組み込む「全教科を通して実施するESD」であり、もうひとつは、地方や学校カリキュラムとして開発したESDプログラムである。国家カリキュラムの中でESDを実施する場合、語文（「国語」）や「品徳と社会」などの教科内容の中にESDの理念を浸透させる形で行われた。地方カリキュラムとしてESDを実施する場合、自然・地球、自然保護などの領域が含まれ、地方の特徴を生かしながらESDのテーマが決められた。学校カリキュラムとして開発されたESDの実践は主に「探求型学習」（総合学習）に類似する形で探求活動を実施した。例えば、生活の中の省エネ方法、ゴミの処理方法、都市の水源汚染調査、リサイクル、学校環境づくり、団地のペットの糞の調査と掃除などの例が挙げられる。

　2009年、ESDの成果が全国で影響を及ぼしているなか、ESDの事務局設置機関である北京教育科学研究院はユネスコ国内委員会の委託プロジェクト『核心的価値観の視野における世界遺産教育実施戦略研究』を担当し、ESDの一環として2009年から全国70余校の小中学校で世界遺産教育を行うようになった。プロジェクト担当者の銭麗霞によると、このプロジェクトの目標は「他人を尊重し、異なる文化や文化的差異を尊重し、過去に人類が創造した文明への敬意を払い、人類が地球上で創造した文化遺跡に親しみ、美しく、安全で公平な世界を創造し、自分の権利を行使し、ローカル、民族、地球に対する義務を果たす」となっている。

（3）ESDの課題

　ユネスコ国内委員会や関連担当者の牽引の結果ではありながら、全国1,000校あまりのESD実践は膨大なものである。しかし、その成果とは裏腹に課題も近年かなり指摘されている。

　まず、ESDが国家政策として推進されるようになった結果、全国推進委員会がモデル校や実験校を統括するため画一した実施形態におかれてしまい、各地域や学校の特性を生かした教育プログラムの開発がかえって難しくなった。

　そのためESDの内容も環境や世界遺産教育などに絞られる傾向がみられ、さらに範囲を広げた新しいカリキュラムを開発する必要がある。

3. 民族共生教育

（1）概念と定義

　56の民族からなる多民族国家中国にとって各民族間の融和と共生は国家存続のため不可欠な前提とされている。そのための「民族教育」「民族団結教育」は公教育の重要な領域とされている。

　中国の民族教育は、実施対象によって二つに分けて定義される。ひとつは、マジョリティの漢民族を含めた、すべての民族を対象とする「民族団結教育」で、民族間の共生と国家の統一に関する教育が主な内容である。もうひとつは、国内における55の少数民族の生徒・学生を対象とする「民族教育」で、内容的には少数民族生徒・学生を対象とするすべての教育問題を包括しており、境界を確定するのは難しい。ここでは、国家の統一や安定維持、そして各民族間の共生を目的とする「民族団結教育」に焦点を絞ることにする。

（2）民族共生教育の経緯と課題

　中国政府が小中学校で民族団結教育を推進しはじめたのは2008年ごろである。グローバル化の急進によって金、物、人の流動が激しくなるなか、複雑化している民族課題を緩和させ、民族間の共生を強調するためである。2008年11月、中国教育部は国家民族委員会と共同で『学校民族団結教育指導要綱』（以下『指導要綱』と略称する）を公表し、小中学校で民族団結教育を行うべきであると強調した。この指導要綱によると、民族団結教育の目標は「…中華民族の歴史や文化に対する理解を深めると同時に、民族的アイデンティティを増

進させ、56の民族の優秀な文化伝統の相互的交流を促進・継承させる；各民族の生徒・学生に、わが国の人々が共同で築き上げた祖国の歴史を認識させ、各民族の生徒・学生間の民族団結を増進して、国家統一を維持し、分裂を反対する責任感と自覚を養う。マルクス主義の民族問題に関する基本理論や党や国家の民族政策を理解させ、社会交流の中で正しく民族問題を解決する基本能力を養う。各民族の平等、団結、互助、調和的な関係を自覚的に維持する態度を養い、各民族の共同的な発展と国家の繁栄を促進させる」となっている。この『指導要綱』にも記されたように、中国が民族団結教育を強調する一番の目的は国家の統一である。『指導要綱』は全国の小中学校で長期的に民族団結教育を実施するのは中華民族の核心的な利益の根本であると強調し、それぞれの段階の教育目標と内容を提示し、全国の小中学校で実施するよう勧めた。『指導要綱』によると、小学校3～4年では、地方カリキュラムとして『中華大課程』を設置し、中国が56の民族からなる多民族国家であることを理解させ、各民族の基本特徴、自民族の人口、言葉、主な居住地域[5]に関する知識の習得をさせるべきであるとした。また5～6年段階では、『民族常識』科目を設置し、各民族の住居地や人口・言語文字の特徴、歴史、文化、生活習慣、著名人について学習させようとした。中学校1～2年生では『民族政策常識』教科を設置し、民族平等、団結に関する理解を深め、民族自治などの民族政策を理解させたうえ、各民族の信仰、生活習慣、言語などの権利や義務について理解させるべきであるとした。

最後に、高校1～2年生では、『民族理論常識』科目を設置し、中華民族の歴史に関する知識を深め、現代中国における民族問題を理解し、マルクス主義の民族観を確立させるように薦めている。教育部と民族事務委員会は、各段階の教科書を編集出版し、カリキュラムを実施する際の参考とした。

民族団結教育実施の原則としては、1990年9月当時江沢民の演説の中で提出した「離れられない」（「漢民族は少数民族を離れられない、少数民族は漢民族を離れられない。各民族はお互い離れられない」）が挙げられた。『指導要綱』は、全国の民族団結教育はその三つの「離れられない」内容に沿って実施するべきであるとした。

愛国を前提とした民族団結教育は現在まで『品徳と社会』、『思想品徳』などのような教科の中で実施されてきたが、近年は国際理解教育の内容の中にもかなり取り入れられるようになっている。国際理解教育で行われる民族団結教育はイデオロギー教育や道徳教育のイメージから脱皮し、活発でユニークな教育になりつつある。

成人向けの民族団結教育も実施されている。2009年には中央宣伝部によって編集された『民族団結通俗読本』が学習出版社によって出版され、大学や教育機関での民族団結教育の参考読本とされている。

中国における民族団結教育は、国家の統一や安全、そして人々の身分が複雑になりつつある現代社会で、国民の国家的アイデンティティを形成させるため実施されてきたと言っても過言ではない。その意味からして、中国の民族団結教育と欧米の多民族教育などは教育目的、背後の理論、内容構成などでかなりの差異が見られる。

以上、見てきたように、中国における「国際理解教育」、「持続可能な開発のための教育」、「民族団結教育」は政府の推進によって盛んになった経緯があるが、時代的背景がそれぞれを要求していたことを考慮する必要があろう。

（姜　英敏）

[注]
1) 徐輝・王静（2003）「国際理解教育研究」西南師範大学『西南師範大学学報哲学社会科学版』第6期。
2) 王遠美・李晶（2010）「北京市実施国際理解教育的回顧与思考」北京教育学院『北京教育学院学報』第4期。
3) 史根東（2004）『可持続発展教育報告2003年巻－中国EPD教育概論－』北京：教育科学出版社。
4) http://www.esdinchina.org/（2014年9月23日閲覧）
5) 居住地域：民族自治区、自治県、自然集落など、中国の歴史上56の少数民族がそれぞれ集中して住んでいた地域。

2-2 韓国

1. グローバル化と国際理解教育

韓国の国際理解教育は、韓国ユネスコ国内委員会を中心に開始された。特に1961年から始まった「国際理解のための協同学校計画」(Associated Schools Project: ASP)は、初期韓国の国際理解教育の開始に架橋の役割を果たした。また1974年の国際教育勧告は、韓国の国際理解教育を継続的に進められるようにした重要な牽引車の役割を担った(UNESCO 1974)。さらに、ユネスコ協同学校で国際理解教育を担当する教師のために1960年代から毎年実施された国際理解教育の教師研修は、1990年代半ば政府のグローバル化政策の導入により、1997年政府の承認と支援の下で、教員の一般研修に発展した(ユネスコ・アジア太平洋国際理解教育センター 2003)。しかし、90年代初頭まで、ユネスコ協同学校中心の韓国の国際理解教育は、学校全体に広がりをみせず、その活動と事業が活性化できない限界があった。

韓国政府のグローバル化に対応するための意思は、1995年1月21日、グローバル化を総括的に推進していく組織として官民合同のグローバル化推進委員会の設置と、その年の5月に発表された教育のグローバル化を実現するための教育改革案で具体的に表れた(キム・ヒョンドク 1997: 24、ジョ・ソンジェ 1995)。つまり、小・中学校で国際理解教育と平和教育の内容の補完、外国語教育の強化、国際高校の設立案が提示されており、大学レベルでは一般教養科目に国際理解教育関連科目の開設、教育大学と師範大学でのグローバル化に関連する教育内容の強化、国際関係の大学院の設立、地域研究所の活性化と財政支援などが提案された(教育部 1994、キム・ヒョンドク 1997: 24)。しかし、90年代半ば、韓国政府のグローバル化教育政策は、世界市場での国際競争力の強化に焦点が当てられていて、ユネスコの基本理念である世界平和と国際協力の強化とはその方向が異なっていた。

韓国政府のグローバル化教育推進政策の一つとして1997年に発表され、2000年から施行された第7次国家教育課程で国際理解教育が創造的裁量活動の16の「汎教科」[1]の一つとして含まれ、これを契機に、ユネスコ協同学校中心の国際理解教育が一般の小・中学校にも導入される決定的な契機となった。2009年の改訂教育課程で七つの基本的な教科と一緒に含まれている創造的体験活動は、学校長の裁量により選択できるさまざまな「汎教科」として構成されている。国際理解教育はまだ小・中学校の基本的な教科として指定されていないが、1997年以降、2007年、2009年の改訂教育課程に創造的裁量活動や創造的体験活動に含まれていて、興味のある学校では「汎教科」や「非教科活動」として継続的に取り扱っている。

韓国に2000年代に入って移住労働者と国際結婚等による「多文化家庭」の数が急速に増加し、韓国社会はグローバル化と共に多文化教育が教育界に大きな議論を巻き起こした。1990年代以降、国家的関心と共に学問的な関心分野へと発展し始めた国際理解教育は、2000年代に入って、「多文化家庭」のための多文化教育の急速な展開のために、多文化教育の議論の中に埋め込まれたり、教育内容で混乱を起こしたりもした。現在、韓国では、多文化社会に対応する教育を指す用語として日本で使用されている「多文化共生教育」よりも「多文化教育」を一般的に使用している。したがって、本稿では、「多文化教育」の用語を「多文化共生教育」のような概念で使用することとする。

2. 多文化教育と国際理解教育

2000年代以降、韓国で外国人労働者と「多文化家庭」が増えている状況で、多文化教育への関心が急速に高まった。この過程で、国際理解教育が多文化教育と大差がないことと認識されたり、多文化教育が国際理解教育に代替することができる

という主張が提起されたりした（キム・ヒョンドク 2007、ジョ・ナンシム 2007）。このように国際理解教育に対する議論が多文化教育に埋め込まれている現象は、多文化社会への変化という新たなイシューが韓国社会に投げかける波紋と異質な文化の理解という観点から両方の教育内容が類似していることにその原因が見出される（キム・ヒョンドク 2008）。

このような状況で、2000年代に入って約10年間、国際理解教育の学問的地位が危機を迎えたため、多数の学者たちは韓国社会の多文化化とこれに応える教育の役割と政策作りに没頭した。10年余りの多文化教育ブームは、「多文化家庭」を中心とする韓国の多文化教育の偏狭性と、韓国的な状況を考慮せずに西欧の多文化教育の概念をそのまま受け入れて政策化していた多文化教育政策に対する評価と批判を契機に歩みをとめた。

一方、一部の学者たちは国際理解教育と多文化教育の関係について真剣に悩み始めた。学者たちの比較学的な研究や現場適用の問題に対する現場教師との議論の結果、国際理解教育と多文化教育の相互排他的な立場は望ましくないという意見が寄せられるようになり、さらに互いの領域を認めて発展していくなか、互いの共通の話題を発見して補完していく努力が、学校現場ではより効果的であると主張された（カンスン・ウォン 2009、キム・ヒョンドク 2007,2008、釜山大学師範大学国際理解教育研究チーム 2012、ハン・ゴンス、ハン・ギョング 2011）。国際理解教育と多文化教育の特性が維持され、相互の共通点が強調される連携プログラムの開発が、両者の発展のための方策であるという意見も提示された。

3. 近年における韓国の国際理解教育政策

韓国の国際理解教育の政策は、90年代半ばにおける政府のグローバル化教育政策以来、数回にわたり変化の過程を経た。まず、90年代半ばの国際理解教育の政策は、世界市場での国家競争力強化のための教育にすべての努力を集中するとした。そこではグローバル人材育成を目指した外国語教育の強化、世界の舞台で活躍する人材養成のための特別の高校である国際高等学校の設立、地域研究所の活性化、そして社会科を通した異文化理解が主流を成した。

2000年代の韓国社会で多文化化が急速に進むにつれ、政府の教育政策は多文化教育に集中した。学校で「多文化家庭」の子どもたちは言葉遣い、肌の色、文化などの違いによりいじめの対象になり、彼らの不登校・学校不適応の現象が深刻化し、韓国政府は2007年に追加された改正教育課程と教科書に多文化教育の内容を盛り込んだ。韓国の多文化教育政策は、多文化家庭とその子どもを対象に韓国語と韓国文化の学習、基礎学習、そして韓国文化体験学習などが主となっている。韓国の学校での多文化教育の現状を分析した研究によると、学校での多文化教育は二重構造を示していることが分かった（ジョ・ヨンダル他 2010）。つまり、多文化家庭の構成員を対象としては、韓国の文化と言語学習を強調している同化主義的性格が強く、韓国人を対象にしては、外国の文化理解教育を中心にしている場合が多かった。

韓国が1996年OECDの加盟国に登録して以来、政治、経済、社会、そして文化的な側面で他国との相互交流が活発になり、いくつかの国と物的、人的交流の拡大によってグローバル化が日常生活に及ぼす影響がますます大きくなった。こうしたなか、過去の自国を中心とする市民性は挑戦を受けている。つまり、国境を越えた共同体的な視野の涵養を介して世界の問題を解決できる「世界市民性（グローバル・シティズンシップ）」の育成が韓国の教育の課題として新たに要求されている。

2010年代に入り、MDGs（Millennium Development Goals：ミレニアム開発目標）に明示されている教育目標に「世界市民性」（グローバル・シティズンシップ）が重要な要素として含まれた。特に、最近、潘基文国連事務総長は、到来する時代の教育優先政策（Global Education First Initiative: GEFI）を提

唱し、そのために世界市民性の育成の重要性を強調するのに伴い、近年、韓国の教育政策でも世界市民性の育成教育が強調され始めた。このような時代の要請にこたえて、最近の韓国の国際理解教育政策は、開発教育や世界市民性教育に焦点を当てる傾向を見せている。

4. 韓国の国際理解教育のベストプラクティス

1961年以来、約50年余の間の韓国の国際理解教育の分野で、学校現場教育、教員研修、教育政策など、さまざまな実践事例があるだろうが、ここでは最も優れた事例として、次の二つを紹介したい。

（1）ユネスコ協同学校の増加と関連事業領域の拡大

1961年韓国ユネスコ国内委員会が、4校のユネスコ協同学校の参加を開始して以来、参加学校の数は継続的に増加して、韓国政府のグローバル化政策が発表された直後の1996年には、53校の小・中学校と教育大学、師範大学が参加し（韓国ユネスコ国内委員会 1996）、2014年現在、186校が参加している（韓国ユネスコ国内委員会ホームページ、2014年8月8日閲覧）。初期から政府のグローバル化政策の公表年度の1995年まで、ユネスコ協同学校の活動は、外国と外国文化に関する研究、人権に関する研究、国連とその専門機関に関する研究及び人間と環境に対する研究の四つの領域を中心に進められた（キム・ヒョンドク 1997）。

2000年代以降、韓国の協同学校事業はその領域を拡大して、2007年以来、「持続可能な開発のための教育」（ESD）をはじめ、学生が中心となった学校と地域間の交流と協力を引き出し、学校現場での国際理解教育とESDを介して、地球規模の問題に対して地域で行動し、考えを実践に移して、平和で持続可能な未来をリードする若者の世界市民を育成しようと努力している（韓国ユネスコ国内委員会ホームページ、2014年8月8日閲覧）。また、このような青少年の活動に加え、ユネスコ・スクールの教師の力量を高めるために、毎年、小・中学校の教師を対象に、国際理解教育とESDをテーマにした教師職務研修、ワークショップ、フィールドワークなどを実施して事業領域を拡大している。

（2）地域の国際理解教育教師会の活性化

国際理解教育の研究と実践に関心をもった京畿道の教師が、2001年に「京畿道国際理解教育研究会」を創立して以来、地域の小・中学校教師を会員として都内支部を構成し、体系的な組織網を備えている。特に第7次教育課程に国際理解教育が創造的裁量活動として含まれたことに応じて、現場で簡単に活用できる 教授-学習活動データを教師会のメンバーが集まって着実に開発していることがベストプラクティスであるといえる。

一方、2005年「国連ESDの10年」が公布された後に結成された慶尚南道持続可能発展教育教師会も、地域の小・中学校教師が中心となって自主的に運営されている。特に、この教師会はトンヨン（統営）の持続可能発展教育財団と韓国ユネスコ国内委員会の諮問とサポートを基に定期的な会合をして、地域のESDと国際理解教育のための実践方策を整えている。

5. 韓国の国際理解教育の成果と課題

（1）成果

まず、初期のユネスコ協同学校を中心に部分的に実施された韓国の国際理解教育は、第7次教育課程で「汎教科」に含まれることにより、21世紀には全国の一般学校が創意的体験活動の一つとして選択できるようになって、学校現場での国際理解教育の活性化に大きな役割を果たした。このような政府の教育政策は、国際理解教育をユネスコ協同学校中心から一般教育へ拡散させるきっかけとなった。

第二に、1960年代ユネスコ協同学校の教師のために韓国ユネスコ国内委員会の支援を受けて開始された国際理解教育の教師研修は、（ユネスコ・

アジア太平洋国際理解教育センター 2003: 407）現在、教育部の後援で行われている教員一般研修プログラムに発展し、国際理解教育に関心のある一般の教師たちのために毎年運営されている。2000年に設立されたユネスコ・アジア太平洋国際理解教育センターが教育部（日本の文部科学省に相当）の支援を受けて、毎年定期的に実施する教員一般研修だけでなく、全国の教育大学と師範大学が主催する教師研修プログラムが2000年代以降継続的に実施されており、国際理解教育の教育現場での定着に大きな影響を与えている。

一方、2005年に宣言された「国連ESDの10年」以来、トンヨンの持続可能発展教育財団が主催するESDのための教師研修が、幼稚園から高校教師を対象に、毎年継続的に行われており、2013年以来、ソウルと釜山の師範大学でもESDの教師研修プログラムを運営している。また、関心をもっている地域教育庁でも自主的に国際理解教育の教師研修を行っている。このように初期の韓国ユネスコ国内委員会中心に運営されていた教師研修プログラムが、現在、内容と研修機関、対象となる教師などの側面で多様化されているのは、韓国の国際理解教育の50年の歴史の重要な成果といえる。

第三に、1960年代以降、長い間韓国ユネスコ国内委員会を中心としてなされた国際理解教育事業が、21世紀に入ってから、関心をもつ地域の教育庁が支援政策と関連事業を多様に実施して、その領域を広げたことも韓国の国際理解教育の成果といえる。特に2001年、国際理解教育に関心のある教師を中心に研究会を設立していた京畿道では、現在、教育委員会を中心に、国際理解教育、多文化教育、世界市民教育などの関連事業を積極的に進めている。その他、慶尚南道教育庁もESDに関心をもっている教師と学校に支援政策を行っており、これ以外にもソウル特別市教育庁、全羅南道教育庁、江原道教育庁などが最近、国際理解教育事業を開始した（ユネスコ・アジア太平洋国際理解教育センター 2003: 430-441）。

第四に、大学のカリキュラムに国際理解教育が含まれ始めた背景には、1995年政府のグローバル化政策の公布がある。最初は、国際理解教育に関心のある首都圏近隣の大学が人文大学の教養必修科目として開設し、その後、ソウルの複数の大学が教養課程や教育大学と師範大学の教職科目として開設し始めた（ユネスコ・アジア太平洋国際理解教育センター 2003: 419-420）。グローバル化、多文化化が韓国社会の大きな争点だった21世紀には、多くの大学で学部課程と大学院課程で国際理解教育と多文化教育関連教科を開設し、学生が選択して受講するようにしたことは、歴史が長くない韓国の国際理解教育のもう一つの成果といえる。

第五に、何よりも韓国の国際理解教育の大きな成果として、2000年ユネスコ・アジア太平洋国際理解教育センターの設立が挙げられる。60年代以降、韓国ユネスコ国内委員会の努力と、何人かの関心をもつ教師たちの献身的な努力で、国際理解教育は一部のモデル学校で着実に実施されており、これが基礎となってユネスコ・アジア太平洋国際理解教育センターが誕生した（キム・ヒョンドク 2008、ユネスコ・アジア太平洋国際理解教育センター 2003）。設立から15年近く、ユネスコ・アジア太平洋国際理解教育センターは、アジア・太平洋地域の国際理解教育の活性化のために努力するだけでなく、韓国の国際理解教育の学問的発展と現場での適用に向けた活動の中心となっている。

(2) 課題

まず、1990年代以前には、民族国家（nation states）が世界を構成する主要な単位と考えられ、世界の問題や紛争の解決のためには国家間の交渉と調整が最も重要であると考えられた。しかし、21世紀の国際関係においては、民族国家の影響力よりも多国籍企業、国際機構や地域機構、非政府組織、そして一般市民が国際関係で占める影響力が増大した。このような21世紀の主要な世界環境の変化は、他の国、他の国民、そして彼らの社会と文化への理解を中心とする国際理解教育の

限界を示した。したがって、21世紀の国際理解教育は、日常生活での相互依存性の増加、国際関係での多様な企業や機構等の影響力の増加などを教育内容に入れて、21世紀の時代的な変化に能動的に対処する必要がある。

第二に、国家の起源が根本的に多人種社会である北米や欧州の国々とは異なって単一民族国家であることを当然と考えてきた韓国は、2000年代に安い労働力が中国や東南アジアから入ってくると同時に、結婚を目的とした結婚移住女性の流入により、「多文化家庭」が増加し、多文化教育が教育的な争点となった。そこで政府レベルでの多文化教育政策の策定と教育支援が急増することになり、継続的に実施されてきた国際理解教育に混乱と葛藤が生じた。その後、政府の政策の路線が多文化教育から世界市民教育に変わり、再び国際理解教育と世界市民教育との間で混乱が生じている。これにより、今後、韓国の国際理解教育が一歩成熟するためには、多文化教育、世界市民教育など関連分野との差別化とアイデンティティの確立が主要な課題になる。

第三に、参加型民主主義を志向する国際理解教育は、学校教育だけでなく、乳幼児教育をはじめ生涯教育、メディア、市民社会および国際連帯などにも反映されるべきである。調和のとれた世界市民共同体の一員として生きていける準備をさせる国際理解教育は、学校教育だけでなく、学校の教育機関から離れた後も継続的に実施しなければならない教育である。この文脈で、生涯教育としての国際理解教育の役割と方向に対する研究がより体系的に行われるべきである。

第四に、第7次学校教育課程で、国際理解教育は特定の教科を超えて「汎教科」に分類され、知的な学習ではなく、活動を中心に他の科目と連携した学際的な領域で推奨されている。しかし、実際の学校現場では、まだ社会科や道徳科中心の教育活動から脱皮できていない。特に社会科では、他の国に対する理解を中心に、知識の伝達を主として進められている（キム・ヒョンドク 1997, 2008, ユネスコ・アジア太平洋国際理解教育センター 2003、韓国ユネスコ国内委員会 1996）。国際理解教育は、脱教科的で汎教科的であることが既に関連学者たちによって継続的に主張されている状況の下で（カン・ファングク 1996、キム・シンイル 1996、キム・ヒョンドク 1997）、今後、国際理解教育が学校現場で活性化するためには、社会科、道徳科中心から離れて全ての教育課程で学際的に、そして知的な領域だけでなく価値や行動的側面も含まれる全人的教育を志向すべきである。

第五に、教員の国際理解教育関連のニーズ調査で最も多く指摘されていることは、国際理解教育の支援体制が不足し、特に教室で使用できる教授・学習データの不足で教室での活性化が障害を受けていることである（キム・ヒョンドク 1997, 2008、ユネスコ・アジア太平洋国際理解教育センター 2003）。国際理解教育が国家教育課程の「汎教科」として指定されてから10年以上が経ったにもかかわらず、まだ学校現場で教師が使用できる教材は非常に不足しているのが現実である。したがって、国際理解教育が学校現場で活発に実践されるためには、教師が教室で使用できる教材、教授・学習データ、教授用メディアなどが幼稚園から高校レベルまで多様に開発される必要がある。

（金賢徳・金仙美）

[注]
1) 基本教科以外に統合的な性格を持つ教科。例えば、人性教育、進路教育、国際理解教育等。

[引用文献]*

カン・スンウォン（2009）「多文化教育の世界的動向を通って見た国際理解教育との相補性の研究」『国際理解教育研究』第4巻、1号

カン・ファングク（1996）『学校教育課程での国際理解教育、国際社会と国際理解教育』韓国ユネスコ国内委員会、ジョンミン社

キム・シンイル（1996）『グローバル化時代の国際理解教育の展望と課題、国際社会と国際理解教育』韓国ユネスコ国内委員会、ジョンミン社

キム・ヒョンドク（1997）「韓国での世界の教育の発展方案に関する研究」『教育研究』第35巻、第3号

キム・ヒョンドク（2007）「多文化教育と国際理解教育の関

係定立のための研究」『国際理解教育研究』第6巻、1号
キム・ヒョンドク（2008）「韓国国際理解教育の評価と課題」『比較教育研究』第18巻、第4号
釜山大学師範大学国際理解教育の研究者（2012）『国際理解教育の理論と実際』ハクジ社
ユネスコ・アジア太平洋国際理解教育センター編（2003）『国際理解教育の動向-米国、日本、オーストラリア、韓国-』ジョンミン社
韓国ユネスコ国内委員会（1996）『韓国ユネスコ国内委員会、国際理解教育事業』韓国ユネスコ国内委員会
ジョ・ナンシム（2007）「第7次教育課程の改正を介してみた多文化教育のスケッチ」ユネスコ・アジア太平洋国際理解教育センター、2007年第1回国際理解教育フォーラム
ジョ・ソンジェ（1995）「教育改革とグローバル化教育－21世紀に向けた国際教育」ユネスコ国際教育学術セミナー、韓国ユネスコ国内委員会
ジョ・ヨウンダルほか（2010）「学校多文化教育の実態分析」『市民教育研究』第42巻、第1号
ハン・ゴンス、ハン・ギョング（2011）「多文化主義を超えて文化多様性と国際理解教育へ」『国際理解教育研究』第6巻、1号
UNESCO (1974) *The Recommendation Concerning Education for International Understanding, Cooperation and Peace and Education Relating to Human Rights and Fundamental Freedom.*
韓国ユネスコ国内委員会のホームページ www.unesco.or.kr（2014年8月8日閲覧）

＊　原文のハングル語を邦訳して記載。

コラム11
ASPUnivNetと国際理解教育

　ユネスコスクールに対して大学が支援を行う組織に「ユネスコスクール支援大学間ネットワーク」（ASPUnivNet）がある。ユネスコスクール支援大学間ネットワークは、高等教育の視点からユネスコスクールの活動を支援する大学の全国的ネットワークとして、2008年11月に誕生した。大学がその専門性を生かし、ネットワークを組んでユネスコスクールの活動を支援するシステムというのは世界に前例がなく、日本独自のユニークな取り組みである。2015年5月現在、全国で18大学がASPUnivNet加盟大学としてユネスコスクールの支援事業にあたっている。

　初等・中等教育が中心となっているユネスコスクールに対して高等教育機関である大学が支援を行うことは、大学の持つ高度の知的資源を提供することで、ユネスコスクールにおける教育活動の質向上につながるという意義がある。とくに大学は海外との太いパイプを持っていることが多いので、ユネスコスクールにおける国際交流や国際協力に対して有効なサポートを提供しうる。さらに教員養成系大学が多く加盟するASPUnivNetは教師教育的観点からも、学校現場において国際理解教育やESDをはじめとするユネスコスクールの重点学習テーマを効果的に教えることのできる教員養成や教員研修に貢献することが期待されている。

　ASPUnivNetがユネスコスクールのために行っている支援事業には、1）ユネスコスクール加盟支援、2）ユネスコスクール活動支援、3）ユネスコスクール地域連携支援、4）ユネスコスクールネットワーク形成支援、がある。加盟大学の支援地域分担を決め、各担当地域での支援を重点的に行う体制になっている。

　ユネスコスクール加盟支援とは、ユネスコスクールへの加盟を希望する学校に対して、ユネスコスクールの趣旨やメリットを説明し、加盟申請書の書き方のガイダンスや添削を行うものである。ユネスコスクール活動支援とは、大学の持つ科学研究の成果などの知的資源をユネスコスクールの学校現場に提供していくことである。ユネスコスクール地域連携支援とは、ユネスコスクールと地域社会とのつながりを促進するための仲介を行うことである。ユネスコスクールネットワーク形成支援は、国内外のユネスコスクール間の交流や連携を促進していくための支援活動である。

　ASPUnivNetがユネスコスクールの広域連携に向けて行う支援事業のひとつに「Riceプロジェクト」がある。これはASPUnivNetが文部科学省、日本ユネスコ国内委員会、ユネスコ・アジア文化センター（ACCU）とも連携しながら、アジア太平洋地域の共通の農作物である「お米・稲作」をテーマとして、日本とアジア太平洋地域諸国のユネスコスクールの学校間交流を行う国際理解教育のプロジェクトである。「お米」という身近な食材をテーマにしながら、ユネスコスクールの学校間ネットワークを活用した国際交流を行うことで、児童生徒の中にアジア太平洋地域の自然と文化の共通性への認識を深め、地球市民としての視野を形成することが目指されており、ASPUnivNetの支援によるユネスコスクールの国際理解教育の実践事例として注目されている。2012年のパイロット・プロジェクトを経て現在、日本、韓国、タイ、フィリピン、インド、インドネシア6カ国のユネスコスクールの生徒がお米に関するESD協同学習を行っている。

　ASPUnivNetの今後に向けた課題として、国際理解教育をはじめとするユネスコの価値教育を理論的に整理し、体系化していく役割が期待されている。また海外のユネスコスクールとのネットワークをより多次元的に強化していくためのサポートも課題として挙げられる。

（小林　亮）

3 欧米の国際理解教育

3-1 アメリカ合衆国

1. はじめに

アメリカ合衆国（以後、アメリカと略す）では、「国際理解教育」という用語は一般に用いられていない。一方で、加速するグローバリゼーション（globalization）や国内の多文化化といった国内外の社会の変容に伴い、グローバルな視野（global perspective）や多文化の視野（multicultural perspective）といった地球社会や多文化社会を生きる市民の育成が課題となってきた。そのため、これらの教育課題に対応する領域として、「グローバル教育（global education）／国際教育（international education）」、及び、「多文化教育（multicultural education）」といった教育論の展開がみられる。

そこで、本稿では、アメリカにおけるグローバル教育／国際教育、及び、多文化教育の動向に焦点をあてて、それらの概念、歴史的展開、課題について明らかにするとともに、両者の統合に向けた動きについて考察したい。

2. グローバル教育・国際教育の展開

（1）定義と概念

アメリカにおいて、グローバル教育と国際教育は、あまり明確に区別されておらず、互換可能な用語として使用される場合も多い。しかしながら一般には、グローバル教育は、地球を一つのシステムとして捉える視座を基本にする一方で、国際教育は国と国との関係を問題にするもので、両者は国家という枠組みを前提にするかどうかの点で根本的な違いをもつ。ここでは、グローバル教育の展開を中心に検討していきたい。

グローバル教育は、地球を一つのシステムとして捉え、相互関係・依存の深まるグローバル社会で効果的に意思決定できる知識、技能、態度を備えた地球市民（global citizen）の育成をめざす教育をいう。コンピュータ、輸送や通信などの技術革新に伴い、政治、経済、社会、文化の諸側面で、現代社会は地方や国からグローバルな次元へと大きく展開し、一つの地球システムを形成している。こうした認識を背景に、グローバル教育は、1960年代後半以降、特に社会科教育において理論的にも実践の面でも大きな発展を遂げてきた。

グローバル教育の理論的な枠組みをみていくと、例えば、R. Hanvey（1976）は、グローバルの視野（perspective）の五つの領域として「視野の意識」「『地球の現状』への気づき」「異文化への気づき」「地球のダイナミクスの知識」「人間の選択への気づき」を指摘した。R. Case（1993）は、より包括的な分析を通してグローバルの視野の意味を広げ、知覚的な次元として、「開かれた精神」「複雑さの予測」「ステレオタイプへの抵抗」「共感する意向」を提示している。

また、W. Kniep（1986）は、グローバル教育が対象とする四つの要素として、「人間の価値の学習」「グローバルシステムの学習」「グローバル課題の学習」「グローバル史の学習」を挙げている。H. T. Collinsら（1993）は、75のグローバル教育に関する基本文献の分析により10の課題群として、①紛争とその制御：暴力、テロ、戦争、②経済システム：国際的な貿易、援助、投資、③グローバル信念体系：思想、宗教、哲学、④人権と社会正義：人間として必要なもの、生活の質、⑤地球の管理：資源、エネルギー、環境、⑥政治シ

ステム：国際的な構造、機関、担い手、手続き、⑦人口：人口の増加、分布、移動、動向、⑧人種と民族：人間の共通性と多様性、⑨技術革新：科学、工学、コミュニケーション、⑩持続可能な開発：政治、経済、社会、を抽出している。

(2) 歴史的展開

グローバル教育の誕生と進展の背景には、地球が一つのシステムとして運命共同体を形成しているといった認識が広がってきたことがある。ローマクラブの『成長の限界（The Limits of Growth）』（1972年）は右肩上がりの成長には限りがあることを示し、「宇宙船地球号（spaceship earth）」（1966年）や「地球村（global village）」などの言葉は人類が一つの共同体として運命を共有していることを的確に表現した。また、1972年のOnly One Earthのもとにストックホルムで開催された第1回国連人間環境会議では地球レベルでの環境問題の解決が急務であることが提起された。

グローバル教育の誕生は、1968年の外交政策協議会の報告書An Examination of Objectives and Priorities in International Education in US Secondary Schools、それに続く、Social Education誌特集号International Education for the Twenty-first Centuryの出版にあるという（Tye 2009）。すなわち、ここにおいて、個別の国や地域の総体としてではなく、相互に関係する一つの社会システムとして世界を学習することへの転換が提言されたのである。これらの出版を契機に、L. Anderson、C. Anderson、J. Goodlad、J. Tucker、R. Hanvey、K. Tye、S. Lamy、M. Merryfield、T. Kirkwood、J. Beckerらにより、1970年代にグローバル教育の概念化や教師教育プログラムの開発が進んでいった（Abdullahi 2010）。

1980年代から1990年代にかけて、グローバル教育は着実な進展がみられる。1980年代には、グローバル教育に関して、教育関係団体の声明や特別委員会の報告書なども出されるようになった。1982年には、アメリカの社会科教育の専門機関である全米社会科協議会（National Council for Social Studies）が、グローバル教育に関する声明を出している。1989年には、全米知事会（National Governors' Association）報告書America in Transition: The International Frontierが出版され、初等中等学校において、カリキュラムに国際教育を導入する必要性が提言された。1990年代には、全米教師教育資格認定協議会（National Council for the Accreditation of Teacher Education）、及び、全米教師教育カレッジ協会（American Association of College for Teacher Education）が、グローバル教育に関する声明を出している。この他、全米グローバル教育フォーラム、スタンフォード大学国際・異文化理解プログラム（SPICE）、ブラウン大学のChoices、インディアナ大学グローバル動向研究所などの機関やプログラムを通して、グローバル教育が推進されていった。

また、1990年代になると、アメリカでは教育スタンダードの開発が進められ、それに基づく教育システムが整備されていった。森茂（1994）はNCSSによる1991年の全国調査をもとに全米の社会科フレームワークを分析して、①グローバル教育・学習、国際教育・学習、②世界学習、現代世界の諸問題など、③国際関係、④世界文化、世界文明など、⑤民族学習、マイノリティ学習の内容の記述が見られた州は36州にのぼっており、全米の70％の州で何らかのグローバル教育が提供されていたとしている。とくに、ウィスコンシン、ミシガン、オハイオ、ニューヨーク、フロリダなどの州では、ガイドラインを作成したり、教育実践を義務付けたりして、グローバル教育が積極的に推進されていった。

他方で、グローバル教育については右派からの根強い批判もあった。例えば1986年に、"Blowing the Whistle on 'Global Education'"といった論文が書かれ、グローバル教育は「極左派の政治的課題」「政治的左派の偏った試み」「一つの世界への野心」であると喧伝される事象が起こった。これは、デンバー大学国際関係教育センターが出版した資料をもとに批判が展開されたもので、

Education WeekやChronicle of Higher Educationなどの雑誌でも取り上げられ全米的な反響を呼んだ。グローバル教育は愛国心を弱め、道徳的相対主義に陥るものだとする批判は不当な中傷であるとして、NCSSでは特別委員会を設置し、この論文に対する学会としての見解を表明している（The Ad Hoc Committee on Global Education 1987）。

2000年になると、ブッシュ政権下でNCLB（No Child Left Behind）法（2002年）が成立し、読解と数学の学力テストが義務化され、結果責任が厳しく問われるようになった。NCLB法の実施に伴い、小中学校では、テスト準備教育がはびこるようになり、カリキュラムの幅が狭められ、グローバル教育を取り扱うような歴史、地理、理科、実技系の指導時数は削減されていった。

一方で、近年の動向をみてみると、グローバル教育はその重要性が再認識されるようになってきており、教師教育においてグローバル教育の視野が導入されるといった新たな動きもみられる（Tye 2009）。高校レベルでも、グローバル教育の内容を盛り込む動きが広がっている。「世界地理」や「世界史」では科目の履修者数が増加し、「世界の言語」では国の財政的支援を得て学ぶ機会が増え、持続可能な開発のための教育などを推進する動きも出てきている（Kenreich 2013）。

また、テクノロジーの発展により、グローバル教育の可能性が広がっている。インターネットの普及は、国外のニュース素材を始めとして、海外の情報にアクセスすることを可能にしている。また、デジタル地図や地理情報システム（GPS）などを活用して、世界的な課題や問題をリアルに把握するのを可能にするデジタル地理学が登場している。さらに、BlackboardやSkypeなど、世界各国の生徒と双方向の情報発信が可能な技術も生まれてきている。これらの新しい技術を活用したグローバル教育の試みも増加している（Kenreich 2013）。

(3) 課題

グローバル教育は、グローバル化の進展に伴い、理論的にも実践の面でも大きな発展を遂げている。一方で、その枠組みをどのように概念化していくのかの点で課題も残されている。

グローバル教育の範囲や対象をめぐっては、地球規模の課題や問題なのか、世界の歴史、地理、経済、政治、エコロジーなのか、文学、芸術、宗教、習俗・慣習まで対象とするのか、外国語教育を含めるのか、視野の育成をめざすのか行動力の育成まで求めるのか、対象は諸外国なのか地球なのか、ポストコロニアル理論などの批判理論を取り入れるのかなど、さまざまな議論がある。

さらに、地球の課題の中身にしても、これまでの地球温暖化、環境汚染、人口増加、飢餓、難民、貧困、紛争、インフレ、エイズなどの課題に加え、グローバルなテロリズム、宗教的原理主義、検閲を受けていないインターネット情報、多国籍企業の過度の利潤追求や不正、不法ドラッグの流通、不寛容など、政治的にも意見が分かれ、論争的で困難な新しい課題が浮上してきているのである。

21世紀を迎え、新たな課題に直面する中で、グローバル教育の枠組みの再構築が求められている。国の主権やアイデンティティを大きく傷つけることなく、急速に進むグローバリゼーションに対応して、言語、宗教、経済、法律を関連付けながら、持続可能な社会の実現に向けて、より一般的で統合的なグローバル教育の新たな枠組みが必要とされているといえる（Abdullahi 2010）。

3. 多文化教育の展開

(1) 定義と概念

多文化教育は、マイノリティの視点に立ち、社会的公正の立場から多文化社会における多様な人種・民族あるいは文化集団の共存・共生をめざす教育理念であり、その実現に向けた教育実践であり、教育改革運動でもある。1960年代から1970年代のアメリカで展開した民族の台頭や公民権運動を背景に生まれた多文化教育は、文化の独自性を捨て主流文化へ溶け込むことを強制する「同化

主義（assimilationism）」に対抗して、文化の多様性を価値ある資源として尊重する「文化多元主義（cultural pluralism）」あるいは「多文化主義（multi-culturalism）」に理論的な基礎を置き、さまざまな文化を維持し奨励することを通した「多様性の統一（unity in diversity）」を追究してきたといえる。

この分野の第一人者であるJ. A. Banks（2004）によれば、多文化教育は多文化の視点に立った学校全体の再編を意図しており、実践の指針となる次元には、①多様な文化集団の経験や知識を取り入れる「教育内容の統合」、②文化的な前提や視点による教科内容の構築性に関心を払う「知識形成過程」、③異なる人種や文化に対する偏った見方を是正する「偏見の軽減」、④文化的に適切な教育により学力向上を促す「公正な教育方法」、⑤文化間の人間関係、グループ編成やトラッキング、教職員構成を含め学校の多文化を推進する「学校文化と学校構造のエンパワー」があるという。

C. I. Bennett（2007）は、グローバルな視野も取り入れ、多文化教育のカリキュラム・モデルを提案している。核になる価値として、①文化的な多様性の受容と理解、②人間の尊厳や普遍的人権の尊重、③共同体としての世界への責任、④地球への畏敬の念を中心に置き、教育の目標として、①多様な歴史的視野の開発、②文化的な意識の助長、③異文化間の能力の強化、④人種差別主義、偏見、差別の克服、⑤地球の状況や地球的なダイナミックスについての認識の深化、⑥社会的に行動する能力の育成、の六つを提示している。

(2) 歴史的展開

多文化社会アメリカにとって、多様な人種・民族や文化集団を統合し「多から一へ（U Prubus Unm）」を実現していくことが、建国以来の大きな課題であった。1960年代になると、自明とされてきた主流文化への同化主義に対する異議申し立てとして、黒人を始めとするマイノリティ間で公民権を求めた運動が大きな展開をみせることになる。20世紀の初頭にH. Karenらによって提唱され、しばしばサラダボールとしてたとえられる文化多元主義の理念を根拠に推進された公民権運動を背景に、多文化教育は誕生することになる。

この時期に多文化教育が成立した背景には、G. Gay（1983）によれば、①公民権運動が、アフリカ系アメリカ人のみならず、ラティノ（ヒスパニック系アメリカ人）、先住民、アジア系アメリカ人の集団へと広がりをみせたこと、②1960年代前後の文化剥奪理論にもとづく補償教育プログラムの心理学的な前提が見直されたこと、③教科書分析で明らかにされた人種・民族集団についての表象の欠落、ステレオタイプや誤った情報などへの批判が高揚したことの3点が挙げられるという。

C. E. Sleeter & C. A. Grant（2007）の5類型をもとに、その歴史的な展開をみてみると、多文化教育は、1960年代に、①学習スタイルや言語など、文化的な多様性に対応する学習によりマイノリティ集団の子どもたちの学力向上を促す「特別な教育を必要とする子どもならびに文化的に多様な子どもの教育アプローチ」、②人間関係、偏見や差別、異なる集団の経験や文化などの学習をとおして集団間のよりよい関係をつくりだす「人間関係アプローチ」、③特定の集団の歴史や文化などについて深く学習しその集団の地位向上にむけた社会行動を促す「単一集団学習アプローチ」の三つの異なるアプローチとして始まった。それが、1970年代になると、より包括的なアプローチとして、これらを統合した④文化的な多様性や教育における機会の平等を重視する「多文化教育アプローチ」が現れ、さらに、1970年代および1980年代になると、⑤人種差別や性差別などに対する問題解決や政治的行動の能力を伸ばそうとする「多文化社会正義教育アプローチ」が見られるようになったのである。

多文化教育の是非については、論争が絶えない。例えば、1980年代の終わりから1990年代の初めにかけて、アメリカでは多文化主義という言葉が一般化するなかで、文化戦争と呼ばれる論争が展開した（松尾 2007）。保守の反対派は、文化的多様性

を推進する動向は伝統的な価値や秩序を壊しアメリカを分裂に導くと批判する一方で、革新の支持派は、多文化を尊重する動きは西洋中心主義のなかでこれまで聞かれなかった多様な声（voice）の回復に貢献すると主張した。

他方、多文化教育の発展はめざましく、現在では、多文化社会アメリカを表現するポスターがなく、国内の多様な人種・民族や文化集団を学習しない学校を見つけることの方が難しいほど、アメリカ教育のなかに浸透している。学問的な状況をみても、National Association of Multicultural Education（NAME）を名称とする学会が設立されたり（1991年）、それまでの蓄積された研究成果をレビューするHandbook of Research on Multicultural Education（1998, 2004）が出版されたり、あるいは、教育学最大の学会であるアメリカ教育学会（American Education Research Association、略称AERA）において多文化教育研究者であるJ. A. BanksやG. Ladson-Billingsらが学会長を務めるなど、一つの学問領域としての地位を築いている。教育実践への浸透をみても、全米教師教育資格認定協議会（NCATE）や全米幼児教育学会（National Association for the Education of Young Children、略称NAEYC）などでは、教師教育や幼児教育のスタンダードのなかに多文化教育の視点を導入するまでになっている。また、地域差は大きいものの、多くの州で、カリキュラム、教科書、教員の養成や研修などに関連した多文化教育の法令をもつに至っている。

(3) 課題

多文化教育はアメリカ教育の中に存在感を増す一方で、人種主義や不平等な社会構造に対抗して誕生したというその創設の精神が主流集団の言説に囲い込まれ、脱政治化が進んでいったことも事実である。多文化教育の実践では、ツーリストアプローチと揶揄されるような、食べ物（food）、衣装（fashion）、祭り（festival）など、3Fのテーマを取り扱うだけの、異なる文化の表面的な理解に終始する取り組みが主流になっていったのである。

それが近年、アメリカの多文化教育においては、これまでの実践が社会的な差別構造の克服には必ずしも貢献してこなかったとの反省から、批判的人種理論（critical race theory）や批判的多文化主義（critical multiculturalism）などの批判的なアプローチが議論されている（Ladson-Billings & Gillborn 2004）。多文化教育では現在、批判的な社会理論を取り込みながら、より平等で公正な多文化社会への変革をめざす原点回帰を志向した新しいパラダイムを構築していくことが課題となっているのである。

4. グローバル教育と多文化教育の統合に向けて

グローバル教育は、グローバリゼーションの流れを追い風に、地球を一つのシステムとして捉え、地球市民の育成をめざす教育として展開してきた。多文化教育は、アメリカ国内の多文化化が進む中で、多文化共生を担う市民の育成をめざして発展してきた。前者は、白人の研究者によって、後者は、有色の研究者によってリードされ、別々の教育改革運動として発展してきた。

一方で、両者は、多元的な視野の育成、文化理解の推進、偏見や差別の克服、意思決定力や問題解決力の涵養など、共通する目標も多い。他方で、それぞれの対象は、地球レベルと国内レベルと異なるため、相補的な関係にあるといえる。これらの理由から、両者の統合の必要性や可能性がこれまでにも議論されてきている（Brown & Kysilka 2009, McFadden, Merryfield & Barron 1997）。

こうした動きの一つとして、J. A. Banksら（2005）により、ワシントン大学多文化教育センターを中心として、地球市民となるために必要な10の概念として、①民主主義、②多様性、③グローバリゼーション、④持続可能な開発、⑤帝国主義、権力、⑥偏見、差別、人種主義、⑦移住、⑧アイデンティティ、多様性、⑨多元的な視点、⑩愛国心と世界主義、を抽出するといったプロジェクトも進められている。グローバルの視野と多文化の視野をともに育成していくためにも、グローバル教

育と多文化教育の理論や実践を統合させ、地球という多文化社会における市民の育成をめざした教育のあり方の構築が課題となっているのである。

　日本においては、知識基盤社会への対応として、グローバル人材の育成が叫ばれ、海外指向のアプローチのみが強調される傾向にある。しかし、国内の身近な多文化共生の教育もまたグローバルなコンピテンシーを育むためには不可欠な視点であろう。その意味で、日本の国際理解教育のあり方を追及していく際に、国内外をつなぎ、地球という多文化共生社会の市民の育成をめざし、グローバル教育と多文化教育との統合を試みるアメリカの動きから学ぶべき点は多い。

（松尾知明）

[引用文献]

魚住忠久（1995）『グローバル教育－地球人・地球市民を育てる－』黎明書房

グラント，カール・A．、ラドソン＝ビリング，グロリア編著、中島智子・太田晴雄・倉石一郎監訳（2001）『多文化教育事典』明石書店

松尾知明（2007）『アメリカ多文化教育の再構築－文化多元主義から多文化主義へ－』明石書店

松尾知明（2013）『多文化教育がわかる事典－ありのままに生きられる社会をめざして－』明石書店

松尾知明編著（2013）『多文化教育をデザインする－移民時代のモデル構築－』勁草書房

森茂岳雄（1994）「グローバル時代の社会科の新展開（1）－アメリカの社会科を事例として－」篠原昭雄先生退官記念会編『現代社会科教育論－21世紀を展望して－』帝国書院

Abdullahi, Sadiq A. (2010) Rethinking Global Education in the Twenty-first Century. In Zaida J. (ed.). *Global Pedagogies: Schooling for the Future*, Globalisation, Comparative Education and Policy Research 12, Springer Netherlands.

Banks, J. A. (2004) Multicultural Education: Historical Development, Dimentions, and Practice. Banks, J. A. eds., *Handbook of Research on Multicultural Education*, 2nd edition, Jossey-Bass.

Banks, J. A. et. al., (2005) *Democracy and Diversity: Principles and Concepts for Educating Citizens in a Global Age*, The Center for Multicultural Education, University of Washington, Seattle.

Bennett, C. I. (2007) *Comprehensive Multicultural Education; Theory and Practice* (6th edition), Allyn and Bacon.

Brown, Susan C. & Kysilka, Marcella L. (2009) *What Every Teacher Should Know About Multicultural and Global Education*, PEASON.

Case, R. (1993) Key Elements of Global Perspective. *Social Education*, 57 (6).

Collins, H.t., Czarra, F. R. & Smith, A. F. (1998) Guidelines for Global and International Studies Education: Challenges, Cultures, and Connections. *Social Education*, 62 (5).

Gay, G. (1983) Multiethnic Education: Historical Development and Future Prospects. *Phi Delta Kappan*, 64 (8).

Hanvey, R. (1976) *an Attainable Global Perspective*, Center for Teaching International Relations.

Kenreich, Todd W. (2013) Promising Practices and New Directions for Global Education in the United States. 日本グローバル教育学会編『グローバル教育』VOL.12

Kniep, W. (1986) Defining a Global Education by Its Content. *Social Education*, 50 (6).

Ladson-Billings, G. & Gillborn, D. (eds.) (2004) *The Routledgefalmer Reader in Multicultural Education*, Routledgefalmer.

McFadden John, Merryfield Merry M. & Barron Keith Reeves (1997) *Multicultural & Global International Education: Guidelines for Programs in Teacher Education*, Amer Assn of Colleges for Teacher.

Sleeter, C. E. & Grant, C. A. (2007) *Making Choices for Multicultural Education; Five Approaches to Race, Class, and Gender*, 5th edition, Merrill Publishing.

The Ad Hoc Committee on Global Education (1987) Global Education: in Bounds or Out?. *Social Education*, 51 (4).

Tye, K. A. (2009) A History of the Global Education Movement in the United States. In Kirkwood-Tucker, T. F. (ed.) *Visions in Global Education: The Globalization of Curriculum and Pedagogy in Teacher Education and Schools*, Peter Lang.

3-2　ヨーロッパ

　隣国が地続きで繋がっているヨーロッパ大陸の国々においては、国境線が何度も引き直され、多様な民族や文化が国外だけではなく国内においても複雑に入り組んでいる。さらに、近年では移民の増加、EUの統合に伴う人の移動などで、その多様性はますます複雑さを増している。そうしたヨーロッパにおいて9カ国と国境を接しているドイツに注目しながら、民族や文化の多様性がどのように学校で扱われているのか、あるいはヨーロッパ以外の国々がどのような文脈で取り上げられているのかを検討してみよう。

　日本と同様にドイツには「国際理解教育」という教科はない。それに近い言葉としては「異文化間教育」があるが、これは主に国内の文化的・言語的多様性に重点を置いており、教科横断的な教育として捉えられている。

　まず、「異文化間教育」の理念や、それがどのように学校で扱われているのかを、教育政策や学習指導要領、教科書から分析し、さらにドイツを取り巻くEUや国際的な課題がどのように取り上げられているのか、またヨーロッパ統合に向けた教育の動向についても検討する。

1. 異文化間教育

　1996年には常設文部大臣会議（KMK）において、[1]「学校における異文化間教育」が勧告されたが、これは第二次世界大戦後の外国人労働者の受け入れや80年代に増加した旧ソ連や東欧からの帰国移住者（Aussiedler）[2]の受け入れ、90年代に急増した難民の受け入れを背景に、社会の多文化化が進むドイツにおいて、「建設的な共生」を目指す教育として提唱されている。教育目標のなかには、他の文化に対する知識や理解、好奇心の促進や、「他が異なっていることを尊重する」こと、「偏見への気づき」、「異なる文化や民族、宗教的帰属に基づいて生じる葛藤（Konflikte）を平和的に解決する」ことなどが含まれる。そして授業で重点をおくべきものとして、自文化と諸文化の特徴や相違点、共通点、相互作用や人権などの他に、以下のものが挙げられている。

・偏見の発生と意味
・人種差別主義と外国人敵視の原因
・空間的、経済的、社会的な不平等の背景と結果
・現在や過去における移民の原因と作用
・宗教的、民族的、政治的葛藤の調整のための国際的努力
・多文化社会におけるマジョリティとマイノリティの共生の可能性

　異文化の理解や尊重というポジティブな側面だけではなく、偏見、不平等、敵視、葛藤などの起こり得る負の側面に着目して、それを克服しようとする姿勢には、90年代前半に外国人排斥事件が多発したドイツの社会的背景があると考えられる。ドイツではこの勧告以前にも、常設文部大臣会議による「授業におけるヨーロッパ」(1978)、「寛容と連帯に関する声明」(1992) などが出され、異文化間的アスペクトの重要性が示されてきたが、ヨーロッパ統合と国内外に広がる民族的・文化的多様性の広がりを背景に「多様な異文化間諸構想を束ね、現存の諸構想や諸経験の基礎の上に、異文化間教育の可能性と要求を際だたせることが、今や要請されている」という認識のもと、「学校における異文化間教育」は勧告された。

　また、同勧告では、異文化間教育の観点をいかにして「歴史」「地理」「社会科 (Gemeinschafts- oder Sozialkundeunterricht)」「宗教もしくは倫理」「ドイツ語」「外国語」「母語授業」「音楽や美術」などの各教科に導入するのか、あるいは教科横断的なプロジェクトワークや校外学習、生徒交流などの必要性が述べられている。この勧告がそのまますぐに実践に移されるわけではないが、「異文化間教育」の指針が示された意義は大きい。それでは次に、学校の授業で異文化間教育がどのように扱われているのかを見る一例として、社会科について検討してみたい。

2. 社会科からみた異文化間教育

(1) 学習指導要領から

　社会科は州によって、Gemeinschaftskunde や Sozialkunde、Politische Bildung（政治教育）と呼ばれている。この教科とは別に「地理」「歴史」が教えられている。社会科については、前述した「学校における異文化間教育」では、「現在の政治的あるいは社会的葛藤に関する異なった解決構想とそれの文化的制約性の分析」が行えるとしている。具体的にはどのような学習内容となっているのだろうか。

　ブランデンブルク州では Politische Bildung は 5 年生から始まる。基礎学校（日本の小学校に当たる）の Politische Bildung の学習指導要領には、「社会的コンピテンシーには、葛藤（Konflikte）を解決すること、さらに葛藤を体験すること、他者や他の文化、他の宗教や風習に対する寛容が含まれる」とある。また「異文化間学習は、多様なパースペクティブを学習することであり、パースペクティブの転換、自己と他者の認識の拡大、解決可能性についての交渉、多言語を用いること、異なることを受け入れ、耐える能力が含まれる」とし、異文化間学習の必要性が述べられている。

　さらに、前期中等教育の学習指導要領には、生徒に期待される民主的な行動として「民主主義と異文化間コンピテンシーを発達させ、判断や決断する能力を拡充させる」、また「様々な文化的特徴のある人々との対話や協働において、自分と相手に対する責任をもつ」ことが求められ、「異文化間学習と行動」として、「国際的な相互作用において、異文化間の感性をもって対することが、重要である」としている。そして Politische Bildung における本質的な課題のなかに、「多元性、異文化間の差違」とともに、「自由と民主主義に敵対する文化的、政治的団体や環境にどこまで寛容でいられるかということ」を挙げている。基礎学校では「寛容」の必要性が述べられていたが、中等教育ではさらにその限界についても問うている。また、生徒には、経済的、社会的状況について国、ヨーロッパ、そしてグローバルな側面において判断できる力が求められている。そして「他者の状況や興味関心、考え方に立って視点を変えてみる」力や「文化的、社会的また性別による差違について自分に照らしながら向き合い、寛容でオープンであるとともに、批判的に取り組む」力の育成が目指されている。

　このように見てくると、文化的、社会的差違や多様性については、パースペクティブの拡大に寄与するというポジティブな側面ばかりではなく、受け入れるためには寛容であること、耐えること、また批判的に取り組むなど、異文化間で生じる葛藤という負の側面に対処する能力の育成が必要であるという考え方がうかがわれる。こうした視点は、ドイツの教育学者ホーマン（M. Hohmann）やニーケ（W. Nieke）が異文化間教育の内容を整理し、「出会いの教育（Pädagogik der Begegnung）」と「葛藤の教育（Konfliktpädagogik）」という二つの側面があると指摘したことを裏付けているように見える (Nieke 1995: 31)。

表1　ブランデンブルク州の Politische Bildung の10学年終了時のスタンダード（異文化間教育に関連するもののみ筆者抜粋）

政治的判断能力	多元性への理解 生徒は現代社会の国際的な相互作用について、自己に照らし合わせながら基本的に理解する。例えば、 ・EU の政治的過程における問題と実際的な成果 ・グローバル化が及ぼす政治、経済、社会への影響
政治的行動能力	社会の政治的、文化的差違と多様性について自己に照らし合わせながら向き合う。つまり、葛藤状況においても相手を理解できるように努力しながら行動する。

出典) Ministerium für Bildung, Jugend und Sport Land Brandenburg (2010) *Rahmenlehrplan für die Sekundarstufe I Jahrgangsstufen 7-10 Politische Bildung*, S.16 より筆者作成

表2　ブランデンブルク州の学習指導要領（Politische Bildung）における異文化間教育に関連するテーマ

学年	学習テーマ	コンピテンシー	内容
5~6	子どもの権利	子どもの権利条約をもとに、地球上で行われている児童労働や子どもからの搾取（虐待）、子ども兵士、難民などの問題に向き合い、そうした子どもの状況に目を向ける	
7~8	青少年と政治	・様々な社会集団（子ども、青年、女性、男性、移民、障害者など）の生活条件について説明し比較できる	・クラスや学校、家族、社会環境における青少年の生活状況 ・様々な社会集団や文化の生活形態や生活状況
9~10	民主主義	・EUの目標と動機及び1945年以降のヨーロッパの統合を担った基本的な諸機関について説明できる ・EU諸国の相違と関心、またそこから生じるヨーロッパ政治の問題や課題について説明できる ・EUの決定（選挙や諸機関）におけるドイツとドイツ国民の参加について言及できる ・EUの政治領域について説明できる	・ヨーロッパの空間と国家 ・ヨーロッパの理念と重要な諸機関
	国際政治	・平和におけるグローバルな側面 ・国際摩擦や紛争の原因と摩擦や紛争の規制の可能性について例を挙げて説明する ・世界の持続的な平和と、不平等の撤廃を促進する ・国際政治の基本的な法的基盤及び重要な諸機関を説明し、軍事及び非軍事による安全保障の可能性について話し合う	・葛藤や紛争の原因と解決可能性 ・国際経済や環境、文化間の協働の可能性、国際機関の可能性（UNO、IMF、UNESCO、NGO、世界銀行など）

出典）Ministerium für Bildung, Jugend und Sport des Landes Brandenburg, Senatsverwaltung für Bildung, Jugend und Sport Berlin (2004) *Rahmenlehrplan Grundschule Politische Bildung* 及び Ministerium für Bildung, Jugend und Sport Land Brandenburg (2010) *Rahmenlehrplan für die Sekundarstufe I Jahrgangsstufen 7– 10 Politische Bildung*, S.22-7 より筆者作成

　学年ごとに学習テーマを見てみると（表2）、国内の多様性として移民に焦点を合わせる一方で、アフリカやアジア諸国での児童労働や子ども兵士の問題などの国際的な問題を「子どもの権利」という身近な視点から検討している。さらに、前期中等教育になると、民主主義や国際政治という高度な視点からEUや国際機関についての学習へと広がっていることがわかる。

（2）教科書から

　学習指導要領の目標や理念は、どのように学校現場で実践されうるのか、ここでは社会科の教科書から考えてみよう。ベルリン及びブランデンブルク州で用いられている5～6年生のPolitische Bildungの教科書とブランデンブルク州で用いられている7～10年生用の教科書を取り上げる[3]。

　まず、教科書のなかから異文化間教育に関連した単元に着目すると、前述した学習指導要領の学習テーマがより具体的に見えてくる。

①国内の民族的・文化的多様性

　7～8年生の教科書の最初の方に「外国人の青少年：二つの世界に生きる」というテーマがある。まず、移民がドイツに移住した様々な理由や経緯が述べられ、ブランデンブルク州の学校にどれぐらいの外国人生徒がいるのか、学校種別のグラフが示される。そして「学校での状況」という題で、外国人生徒の状況が説明されている。「彼らのおかれた状況は、同年齢のドイツ人とは様々に異なる」とし、それは「言葉の問題、二つの文化圏での生活、入国時期、滞在期間、統合の度合い、学校の進路、学校修了書、住人からの偏見、自分の、しばしば伝統的な家族制度」によって様々であることが述べられている。ここでいう「二つの文化圏での生活」は、「出身地の伝統に従って生活する一方で、ドイツ人の友だちとお祭りやディスコに行く」と具体的な事例が示され、「伝統」の例

としては、イスラム教徒の場合は女子がかぶるスカーフや、ラマダンのために校外研修に参加できないことなどが問題として語られている。

さらに、外国人の生徒の意見や体験談も取り上げられている。例えば、ドイツで生まれた14歳のトルコ人の生徒は次のように語る。

私たちは、ドイツの学校に行き、ドイツ人の友達がいて、ほとんどドイツ語しか話せないから、自分たちを外国人だとは感じていない。（中略）私と私の兄弟はトルコに戻ろうとは思わない。

さらに、レバノン出身のドイツ生まれの16歳のハンナの意見が続く。

私の見た目が外国人なので、よく見下されて話しかけられます。（中略）なんでおまえ達はもといた所に帰らないんだ、とドイツ人はよく言います。年配の人も若者も偏見をもっています。レバノンに行くと私はドイツ人で、ドイツでは外国人です。

これらの語りに関して「外国人の若者の生活状況を説明しなさい」「ハンナはどんな問題と戦わなければならないか」という質問が続く。同年代の外国人の生徒の言葉から、外国人の状況を身近に考えさせ、さらに受け入れ側の偏見という問題にも向き合わせていると言えよう[4]。

②国外の多様性及び国際的課題

国外については、5～6年生では、子どもの権利という視点からアフリカ、アジア諸国で学校に行けない子どもや児童労働の問題が取り上げられ、また世界的な子ども支援の団体の活動も紹介されている。7～8年生では、「人権」という視点からグローバル経済におけるアジアの下請け工場の劣悪な労働環境や、人権擁護団体の活動について、さらにヨーロッパに増加する難民の問題を扱っている。9～10年生では、EUの成り立ちや機能、課題に多くのページが割かれ、さらに国際政治という単元においては国際紛争やテロの原因、平和への取り組み、そのための国際組織の活動などが扱われている。

以上のことから、国内の民族的・文化的多様性から、EUの統合、グローバル経済や持続可能な開発、最近の国際問題まで幅広く扱っていることがわかる。また、国外の紛争による難民がヨーロッパやドイツに庇護を求めて来ること、生徒が買うジーンズがアメリカの綿花プランテーションに始まり、イタリアでデニム生地となり、チュニジアで1時間2ユーロで雇われた労働者によって縫製されるという事実を伝えることで、国外の出来事や問題が生徒の生活につながっていることを理解できるように工夫されている。その際、相手の立場に立つ、葛藤に向き合うなどの異文化間教育の理念が、国内外の様々なテーマに向き合う際の基盤となっていると考えられる。

③ヨーロッパについての学習

ヨーロッパに位置するドイツとして特徴的なことは、民主主義という単元においてEUについてかなりのページが割かれ、ヨーロッパやEUに関する学習に力点が置かれていることである。その背景としては、1988年に欧州理事会が「教育制度におけるヨーロッパ的次元」に関する決議を行ったことが挙げられる。それによると加盟国は、教育システムの中に、ヨーロッパ的次元を取り入れ、「教育制度におけるヨーロッパ的次元の強化のために、教育制度のすべての領域において重要なイニシアチブを取るように督励する」とある[5]。つまり、「ヨーロッパ的次元」は、欧州理事会の加盟国すべての共通した教育の取り組みとして考えることができる。また、「ヨーロッパの統合と、他のヨーロッパ諸国における生活現実を直接経験することができるように、個々の加盟国のあらゆるレベルの生徒と教員を、国境を越えた接触と出会いへと励ますこと」とあり、国境を越えた交流活動が促進された。

ドイツでは、すでに1978年に常設文部大臣会

表3　Politische Bildung の教科書（FAKT Arbeitsbuch für Politische Bildung）における異文化間教育に関連するテーマ

学年	単元	小テーマ	例
5~6	子どもの権利	教育を受ける権利	アフリカの学校に行けない子どもの状況
		子どもの労働	インドやアフリカ、アジアなどで14歳以下の子どもが労働している実例
	平和	戦争	広島の少女と千羽鶴の話
		子ども兵士	アフリカ、アジア、南米における子ども兵士
		国際機関	UNO
7~8	青少年と政治	子どもの貧困	失業や生活保護を受けている家庭の子ども（国内の多様な社会階層）
		外国人の青少年	ドイツ国内の外国人の青少年の状況、外国人の子どもの語り
	人権	人権団体	アムネスティの取り組み、アムネスティ・パキスタンの写真
		傷つけられた人権	ボスニア、アフガニスタン、アフリカからの難民の語り
		世界経済と人権	欧米の大企業とアジア諸国の下請け工場での過酷な労働条件や児童労働
9~10	経済	・グローバル時代の経済政策 ・経済原則としての持続可能	
	民主主義	・EU－賛成と懐疑の狭間で ・平和的協働としてのヨーロッパ連合 ・EU議会・EUの組織・EUの財政	
	国際政治	・環境を代償にした経済発展？ ・世界を旅するジーンズ（ジーンズができる過程から世界経済を見る） ・フェアトレード ・持続可能な開発 ・UNICEF　UNESCO－協同学校（ユネスコスクールの活動） ・国際紛争の分析 ・国際的テロ－新たな脅威	

出典）Ernst, C.M.(Hrsg.) *FAKT Arbeitsbuch für Politische Bildung Grundschule Berlin und Brandenburg 5/6* Berlin: Cornelsen, 2009 と Ernst, C.M.(Hrsg.) *FAKT Arbeitsbuch für Politische Bildung Sekundarstufe I Brandenburg 1*, Berlin: Cornelsen, 2009 及び Ernst, C.M.(Hrsg.) *FAKT Arbeitsbuch für Politische Bildung Sekundarstufe I Brandenburg 2, Jahrgangsstufe 9/10*, Berlin: Cornelsen, 2009 をもとに筆者作

議において「授業におけるヨーロッパ」が勧告されていたが、1990年に更新された。それによると、学校は「ヨーロッパへの共属の意識が生じ、われわれの生活の多くの領域においてヨーロッパ的諸関連が有効であり、ヨーロッパの決断が要求されていることへの理解が目覚まされることに貢献するべきである[6]」とある。そのため、ヨーロッパの多様性とともにヨーロッパに共通した文化の発展やメルクマールの学習、経済的・社会的・政治的問題の解決のためのヨーロッパにおける利害の調整と協働の行為について学ぶことが提唱された。さらに、ヨーロッパ統合を受けて2008年に「学校におけるヨーロッパの教育」というより詳細な勧告が出された。そこには「学校における教育上の目標は、若者にヨーロッパ・アイデンティティの意識を目覚めさせ、促進することである。それには若者が、EU市民としての課題を積極的に実現することができるように準備させることを含

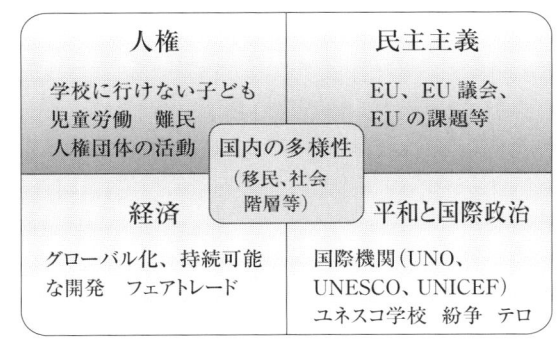

人権	民主主義
学校に行けない子ども 児童労働　難民 人権団体の活動	EU、EU議会、 EUの課題等
経済	平和と国際政治
グローバル化、持続可能 な開発　フェアトレード	国際機関(UNO、 UNESCO、UNICEF) ユネスコ学校　紛争　テロ

中央：国内の多様性（移民、社会階層等）

図1　ドイツの社会科（Politische Bildung）の教科書におけるテーマの広がり

む」とある。つまり、EU市民としてのアイデンティティと行動力をもった人材の育成が目指されている。

教科書ではEUの成り立ちや諸機関の機能だけではなく、加盟国の利害の調整などが課題として取り上げられている。

3. 国際理解教育の課題

もともと多様な文化や言語が混在しているヨーロッパでは、外国人労働者や難民などの流入により、さらに複雑さが増しており、異なる文化的・言語的背景をもつ人々がいかに向き合い、葛藤を調整しながら、共生していくのかということが大きな課題になっている。

ドイツでは「異文化間教育」が教育政策として提唱され、学習指導要領や教科書にも反映している。そこで目指されているものは、移民などの国内の多様性とともに、国境を越えたリージョナルなコミュニティにも対応した能力であり、ヨーロッパの統合とともにEU市民としての自覚を促す教育も同時に推進されている。そのため、①国内の多様性、②EUの多様性の中の共通性というリージョナルな課題、さらに③EUを越えたグローバル経済や国際紛争など国際的な課題というように三層に広がる学習領域が見えてくる。それらは個別の問題ではなく、例えば国際紛争によりドイツに難民が来るというように相互に関連している。しかしながら、だからこそドイツとEUの利害調整と、EUの加盟国の間の利害調整、さらにEUと国際社会との間の利害調整と、課題は複雑さを増していく。また、他の文化の尊重といっても、EU加盟国の文化や言語と、国内の移民やマイノリティの文化や言語への関心の度合いには差があり、また、ヨーロッパの価値観である「自由と民主主義に敵対する文化的、政治的団体や環境にどこまで寛容でいられるか」との学習指導要領の指摘もある。これらの課題にいかに向き合うのかということが今後問われることになるだろう。

それはドイツだけではなく、ヨーロッパ諸国に共通した問題である。

こうした課題にドイツやヨーロッパの教育がどのように対応していくのかを見ていくことは、日本の国際理解教育を考える上でも興味深い。ドイツがグローバル化や国際的な課題とともに、ヨーロッパの学習に力を注ぎ、ヨーロッパに共通した課題や利害対立の調整について生徒に考えさせる試みは、日本と近隣アジア諸国の今後の国際理解教育の発展にも示唆深いものがあるのではないだろうか。

(中山あおい)

[注]
1) 連邦制をとるドイツでは、16州それぞれが、教育政策や教育内容を定めているが、州の文部大臣による常設文部大臣会議により州間の調整を諮っている。
2) 第二次世界大戦以前にロシアや東欧にいたドイツ系住民であり、その多くが冷戦の終結とともにドイツに帰還しているが、二世、三世はドイツ語が話せなくなっており、学校ではドイツ語の促進授業を必要としている場合が多い。
3) 基礎学校(5〜6年生)の教科書Ernst, C.M.(Hrsg.)*FAKT Arbeitsbuch für Politische Bildung Grundschule Berlin und Brandenburg 5/6* Berlin: Cornelsen, 2009 と前期中等段階(7〜10年生)の教科書Ernst, C.M.(Hrsg.) *FAKT Arbeitsbuch für Politische Bildung Sekundarstufe I Brandenburg 1*, Berlin: Cornelsen, 2009 及びErnst, C.M.(Hrsg.) *FAKT Arbeitsbuch für Politische Bildung Sekundarstufe I Brandenburg 2, Jahrgangsstufe 9/10*, Berlin: Cornelsen, 2009 を用いた。
4) 教科書における外国人像については、それがステレオタイプを再生産することに寄与しているとの指摘もある。中山あおい(2003)「多文化共生社会における教科書の課題−ドイツの教科書に表れるマイノリティの観点から−」日本国際理解教育学会『国際理解教育』Vol.9。
5) 「ヨーロッパ的次元」については、天野(1997)参照。
6) 訳文は前掲書82頁による。

[引用文献]
Nieke Wolfgang (1995) *Interkulturelle Erziehung und Bildung. Wertorientierungen im Alltag*. Opladen: Leske+Budrich.
Ernst, C.M.(Hrsg.) (2009) *FAKT Arbeitsbuch für Politische Bildung Sekundarstufe I, Brandenburg 1*. Berlin: Cornelsen, 2009.
天野正治(1997)『ドイツの異文化間教育』玉川大学出版部

コラム 12
社会統合と国際理解教育

社会統合とは、成員が社会の基本的な規範や制度を正統なものとして受容/支持し、それらを通した相互の権利保障や生活の支え合いに自覚的にコミットする関係性が成立している状態を示す。規範や制度への忠誠や愛着は、それらによって自らが公正に扱われている経験の積み重ねから生じる。国際理解教育の変遷にみられる社会統合への取り組みは、社会統合が期待される地理的レベルと、その社会の構成員という点から考察すると、主に三つある。

第一に、国民国家の社会統合のありかたを、グローバルな意識をもつ国民の立場から問い直す取り組みである。1980年代以降の国際理解教育は、国民国家の枠組みに基づく教育を相対化する対抗概念として、グローバル教育という概念を提案した。グローバル教育の提案には、次の二つの面が含まれていた。グローバル化の負の側面を意識させ、すべての人々を公正に扱う制度を探究させる教育という面と、国益促進のための国民育成の教育を問い直すという面である。このように、グローバル教育では、地球市民育成と国民育成が二者択一的に語られるとともに、新しい国民国家の統合の在り方の模索よりも、既存の統合のありかたの批判的な検討に力点がおかれた。

第二に、多文化化した国家の構成員による社会統合を目指す取り組みである。1990年代後半より、国際理解教育では、学校の外国籍児童・生徒の増加への対応という、日本社会の現実的な課題に取り組む動きが出てきた。このなかで、主には外国籍の子どもが公正に扱われる社会制度の探究と、日本人と外国籍の子どもの共生・共存に必要な能力の育成がめざされた。しかし、実際には「日本人」が「外国人」に対して、差別せず、思いやりをもつことを強調するなどの規範的・啓蒙的な実践が多く行われた。つまり、この時期には、マジョリティの「日本人」の意識を変えることなく、マイノリティの「外国人」を受け入れるという社会統合の形が目指された。

第三に、多元的な社会に参画する市民による社会統合を目指す取り組みである。2000年以降、グローバル化の深化によって、国際理解教育では、地域、国家、リージョナル、グローバルといった複数の地理的レベルの動的な結びつきが指摘されるようになる。このような変化に伴い、市民のアイデンティティ、および社会統合のあり方についても従来とは異なる考え方が出てくる。具体的には、社会を構成する市民のアイデンティティを、固定的な単一の集団への所属感覚ではなく、流動的で複数の集団への所属感覚だとする考え方である。この考え方にたつと、ある個人が、マジョリティとマイノリティのどちらに属するのかは自明のものではなくなる。なぜなら、ある個人が、一方の集団ではマジョリティであるが、他方の集団ではマイノリティであるという場合が存在するからである。その結果、国際理解教育では、マジョリティが形成してきた既存の社会統合のあり方や、それに基づいて形成されてきたマジョリティとマイノリティの関係性を批判的に検討し、新たな社会統合を模索する市民の育成が求められるようになる。

この市民性教育で重要となるのは、多様な集団への所属感覚に基づく社会参画が、相互対立に陥ることを回避するための共通基盤になるということである。欧州評議会では、人権を共通基盤として、地域、国家、欧州レベルの社会統合を担う市民の育成を行っている。具体的には、人権に関連する概念を教育内容とし、人権理念に基づく批判的討議を教育方法としている。多様なアイデンティティを前提とし、人権を共通基盤とした新たな社会統合の担い手の育成は、今後の国際理解教育の課題の一つとなるだろう。

(橋崎頼子)

国際理解教育をさらに学びたい人のために —関連文献目録—

本文献目録は、戦後に出版された国際理解教育に関する文献をいくつかの項目に分類して年代順に掲載したものである。文献は著書に限って収録し、論文や報告書類は除いた。また、関連領域であるグローバル教育、開発教育、持続可能な開発のための教育（ESD）と持続可能な開発目標（SDGs）学習、多文化（共生）教育、平和教育、人権教育についても授業づくりの理論と実践に関する主要なもの、及び事典、年表、資料集を掲載した。

事典・用語集

西村俊一編（1991）『国際教育事典』アルク
原田種雄・赤堀侃司編（1992）『国際理解教育のキーワード－基本概念・用語の解説＝240ポイント－』有斐閣
石坂和夫編（1993）『国際理解教育事典』創友社
大津和子・溝上泰編（2000）『国際理解重要用語300の基礎知識』明治図書出版
日本国際理解教育学会編（2012）『現代国際理解教育事典』明石書店

体系・シリーズ・選集

佐藤照雄他編（1993）『国際理解教育体系（全12巻）』教育出版センター
天野正治他監修（1994）『国際理解教育と教育実践（全23巻）』エムティ出版
帝塚山学院大学国際理解研究所編（1995）『国際理解教育選集（1.学校教育篇）』創友社
帝塚山学院大学国際理解研究所編（1997）『国際理解教育選集（2.社会教育・学校外教育篇）』創友社
牧昌見他編（1997）『国際理解教育問題解決シリーズ（全6巻）』東洋館出版社

実践事例集

川端末人・多田孝志編（1990）『世界に子どもをひらく－国際理解教育の実践的研究－』創友社
米田伸次編（1990）『国際理解教育展開事例集』一橋出版
全国海外子女教育国際理解教育研究協議会編（1993）『地域に根ざした国際理解教育実践事例集』第一法規出版
文部科学省（2000）『国際理解教育指導事例集（小学校編）』東洋館出版社
文部科学省（2008）『国際理解教育実践事例集（中学校・高等学校編）』教育出版

日本ユネスコ国内委員会編集・発行刊行物

日本ユネスコ国内委員会（1953）『地理・歴史及び社会科における教科課程の比較研究』
日本ユネスコ国内委員会（1957）『国際理解の教育－総合実験研究－』
日本ユネスコ国内委員会（1958）『国際理解教育のための教材教具利用の手引』
日本ユネスコ国内委員会（1958）『国際理解の見地による社会科教科書の分析』
日本ユネスコ国内委員会（1959）『国際理解教育の理念』
日本ユネスコ国内委員会（1959）『国際理解のための社会教育の手びき』（1961、改訂増補版）
日本ユネスコ国内委員会（1960）『国際理解の教育－教育現場のための実践例と提案－』
日本ユネスコ国内委員会（1960）『学校における国際理解教育の手びき』（1971、改訂版）
日本ユネスコ国内委員会（1960）『国際理解の教育－教育実験5ヶ年の歩み－』
日本ユネスコ国内委員会（1960）『東西文化価値の相互理解と国際理解教育』
日本ユネスコ国内委員会（1961）『青少年の価値意識・人権意識・国家意識』
日本ユネスコ国内委員会（1963）『高等学校ユネスコクラブ指導手びき書』
日本ユネスコ国内委員会（1966）『国際理解の教育－ユネスコ協同学校計画の発展のために－』
日本ユネスコ国内委員会（1967）『国際理解に関する学級・諸講座の経営』
日本ユネスコ国内委員会（1982）『国際理解教育の手引き』東京法令出版

初期研究

信濃教育会編(1955)『国際理解の教育－世界共同社会に生活するための教育』信濃教育出版部

長田新編(1959)『国際理解の教育－コメニウス三百年記念祭を迎えて－』育英書店

永井滋郎(1959)『他国の研究－国際理解の教育実験－』民主教育協会

森戸辰男(1960)『国際理解教育の基本的理念』日本ユネスコ国内委員会

唐沢富太郎(1961)『教科書から見た世界の教育〈第3巻〉－教科書と国際理解－』中央公論社

理論と実践

内海巌(1973)『国際理解教育の研究－ユネスコ国際理解教育協同学校計画を中心として－』第一法規出版

文部省学術国際局編(1977)『国際理解教育の学習－アメリカ合衆国を例として－』ぎょうせい

中島彦吉(1983)『現代国際理解教育思想の展開－ユネスコの勧告とそれに対応する教育施策との関連を追って－』表現社

永井滋郎(1985)『国際理解教育に関する研究－国際的協同研究をとおして－』第一学習社

永井滋郎(1989)『国際理解教育－地球的な協力のために－』第一学習社

森隆夫・高野尚好編(1989)『国際理解と文化・伝統の尊重(教育課程と学校運営の改善)』ぎょうせい

中西晃編(1991)『国際的資質とその形成－国際理解教育の実証的基礎研究－』多賀出版

大津和子(1992)『国際理解教育－地球市民を育てる授業と構想－』国土社

坂井俊樹編(1992)『国際理解と教育実践－アジア・内なる国際化・教室－』エムティ出版

全国海外子女教育・国際理解教育研究協議会研究局編(1993)『国際理解教育Q&A』教育出版センター

樋口信也(1995)『国際理解教育の課題』教育開発研究所

水越敏行・田中博之編(1995)『新しい国際理解教育を創造する－子どもがひらく異文化コミュニケーション－』ミネルヴァ書房

米田伸次・大津和子・田渕五十生・藤原孝章・田中義信(1997)『テキスト国際理解』国土社

多田孝志(1997)『学校における国際理解教育－グローバルマインドを育てる－』東洋館出版社

ボニー・ノイゲバウエル著、谷口正子・斉藤法子訳(1997)『幼児のための多文化理解教育』明石書店

宇土泰寛(2000)『地球号の子どもたち－宇宙船地球号と地球子供教室－』創友社

奥住忠久(2000)『共生の時代を拓く国際理解教育－地球的視野からの展開－』黎明書房

寺島隆吉(2000)『国際理解の歩き方－映像と音楽で学ぶ平和・人権・環境－』あすなろ社

佐藤郡衛(2001)『国際理解教育－多文化共生社会の学校づくり－』明石書店

小林道夫・菊池久編(2002)『情報教育と国際理解－新しい世代を育てる授業と教師の姿－』日本文教出版

西村公孝他編(2002)『国際理解教育への道－理論・体験・実践を通して－』中部日本教育文化会

井上智義(2002)『異文化との出会い！子どもの発達と心理－国際理解教育の視点から－』ブレーン出版

城島徹(2006)『私たち、みんな同じ－記者が見た信州の国際理解教育－』一草舎出版

藤本文朗・藤井克美・黒田学・向井啓二(2008)『手づくりの国際理解教育－ベトナム障害児スタディーツアー－』クリエイツかもがわ

韓敬九・桑山敬己編(2008)『グローバル化時代をいかに生きるか－国際理解のためのレッスン－』平凡社

中牧弘允・森茂岳雄・多田孝志編(2009)『学校と博物館でつくる国際理解教育－新しい学びをデザインする－』明石書店

日本国際理解教育学会編(2010)『グローバル時代の国際理解教育－実践と理論をつなぐ－』明石書店

大津和子編(2014)『日韓中でつくる国際理解教育』明石書店

小林亮(2014)『ユネスコスクール－地球市民教育の理念と実践－』明石書店

日本国際理解教育学会編(2021)『国際理解教育を問い直す－現代的課題への15のアプローチ－』明石書店

授業づくり

島久代・増田茂編(1990)『教室からの国際理解(上・下)』中教出版

中西晃・杉山光男・長谷川順義編(1991)『教室からの国際化』ぎょうせい

三浦健治編(1994)『小学校国際理解教育の進め方－新しい学力観をふまえて－』教育出版

井上裕吉・堀内一男編(1994)『中学校国際理解教育の進め方－新しい学力観をふまえて－』教育出版

溝上泰・北俊夫・片上宗二編(1995)『環境と国際理解の教材開発と指導のアイディア』明治図書出版

高階玲治編(1996)『小学校・国際理解教育の活動プラ

ン』明治図書出版
高階玲治編（1996）『中学校・国際理解教育の活動プラン』明治図書出版
多田孝志・桜橋賢次編（1997）『ユニセフによる地球学習の手引き－新しい視点に立った国際理解教育（小学校）－』教育出版
金沢孝・渡辺弘編（1997）『ユニセフによる地球学習の手引き－新しい視点に立った国際理解教育（中学校）－』教育出版
飯田稔・上杉賢士編（1998）『国際理解教育と特別活動』明治図書出版
善元幸夫・長尾彰夫編（1999）『地域と結ぶ国際理解』アドバンテージサーバー
横地清監修・菊池乙夫編（2002）『国際理解の展開』明治図書出版
渡部淳編（2005）『中高生のためのアメリカ理解入門（ガイドブック）』明石書店
開発教育研究会編（2009）『身近なことから世界と私を考える授業－100円ショップ・コンビニ・牛肉・野宿問題－』明石書店
織田雪江・辻村英之（2012）『コーヒーモノガタリ』アフリカ理解プロジェクト
勝見美子（2012）『私の国際理解教育 実践論』愛育社
開発教育研究会編（2012）『身近なことから世界と私を考える授業Ⅱ－オキナワ・多みんぞくニホン・核と温暖化－』明石書店

学校共同研究

大野連太郎・鴨川小学校著（1985）『開かれた社会科教育を求めて－グローバル教育への挑戦－』中教出版
横浜国立大学教育学部附属鎌倉中学校著（1991）『帰国生の特性が生きる国際理解教育』明治図書出版
愛知教育大学附属岡崎中学校著（1994）『生き方を学ぶ教育－21世紀を託すことのできる地球市民の育成－』明治図書出版
谷川彰英・太宰府西小学校著（1996）『国際理解教育と国際交流－コミュニケーション能力を育てる－』国土社
西中隆・大阪市立真田山小学校著（1996）『公立小学校における国際理解・英語学習』明治図書出版
京都教育大学教育学部附属桃山小学校著（1998）『豊かな人間関係を培う学習－相互理解を促す国際理解活動－』明治図書出版
東京都文京区立誠之小学校著（2001）『総合的な学習「国際理解・英語活動」の具体的な展開－1年～6年の全学年別の展開と資料－』小学館
安河内義己・福岡県甘木市立南陵中学校著（2001）『総合的な学習の時間 学びつづける力が育つGLOBAL活動－子供の「思いや願い」が生きる体験活動－』明治図書出版
山脇啓造・横浜市立いちょう小学校編（2005）『多文化共生の学校づくり』明石書店
菅正隆・大牟田市立明治小学校著（2009）『英語活動・国際理解の授業プラン－効果的な外国語活動につながる！－』明治図書出版

学習論

成田喜一郎・堀内順治編（1996）『世界と対話する子どもたち－国際理解教育とディベート－』創友社
天城勲監訳（1997）『学習：秘められた宝－ユネスコ「21世紀教育国際委員会」報告書－』ぎょうせい
河内徳子・平塚真樹・渡部淳・安藤聡彦編（1997）『学習の転換－新しい「学び」の場の創造－』国土社
多田孝志（2000）『「地球時代」の教育とは？』岩波書店
多田孝志・田川寿一編（2002）『学習スキルの考え方と授業づくり－地球時代のコミュニケーション・情報活用・自己啓発力を高める－』教育出版
石川一喜・小貫仁（2015）『教育ファシリテーターになろう－グローバルな学びをめざす参加型学習－』弘文堂
風巻浩（2016）『社会科アクティブ・ラーニングへの挑戦－社会参画をめざす参加型学習－』明石書店
多田孝志（2017）『グローバル時代の対話型授業の研究－実践のための12の要件－』東信堂
渡部淳（2020）『アクティブ・ラーニングとは何か』岩波書店
佐藤智子・高橋美能（2020）『多様性が拓く学びのデザイン－主体的・対話的に他者と学ぶ教養教育の理論と実践－』明石書店

アクティビティ・ブック

サイモン・フィッシャー＆デイヴィッド・ヒックス著、国際理解教育・資料情報センター編訳（1991）『ワールド・スタディーズ－学び方・教え方ハンドブック－』めこん
ローリー・ルービン編、ERIC国際理解教育・資料情報センター編訳（1993）『フード・ファースト・カリキュラム－食べものを通して世界を見つめよう－』ERIC国際理解教育センター
スーザン・ファウンテン著、国際理解教育・資料情報

センター訳 (1994)『いっしょに学ぼう－学びかた・教えかたハンドブック－』国際理解教育・資料情報センター出版部

開発教育センター編、ERIC国際理解教育・資料情報センター編訳 (1994)『テーマワーク－グローバルな視点を活動の中で育てる－』ERIC国際理解教育センター

パメラ・バッサマン＆アンドレア・ドイル著、ERIC国際理解教育センター編訳 (1996)『地球のみかた－地球について学ぶカリキュラム－』ERIC国際理解教育センター

デイヴィッド・ヒックス＆ミリアム・スタイナー編、岩﨑裕保監訳 (1997)『地球市民教育のすすめかた－ワールド・スタディーズ・ワークブック－』明石書店

グラハム・パイク＆デイヴィッド・セルビー著、中川喜代子監修、阿久澤麻理子訳 (1997)『地球市民を育む学習 – Global Teacher, Global Learner – 』明石書店

サリー・バーンズ＆ジョージアン・ラモント著、マンチェスター開発教育プロジェクト・ERIC国際理解教育センター編訳 (1998)『未来を学ぼう－わたしと地球を結ぶ価値観とビジョン－』ERIC国際理解教育センター

開発教育・国際理解教育アクションプラン研究会編 (2006)『教室から地球へ：開発教育・国際理解教育（虎の巻）－人が育ち、クラスが育ち、社会が育つ－』東信堂

デイヴィッド・セルビー＆グラハム・パイク著、小関一也監訳 (2007)『グローバル・クラスルーム－教室と地球をつなぐアクティビティ教材集－』明石書店

開発教育協会・かながわ国際交流財団 (2009)『新・貿易ゲーム－経済のグローバル化を考える－』開発教育協会

八木亜紀子 (2017)『開発教育基本アクティビティ集 1 －世界とのつながり－』開発教育協会

有田佳代子・志賀玲子・渋谷実希編 (2018)『多文化社会で多様性を考えるワークブック』研究社

岩田由紀子・八木亜紀子 (2019)『開発教育基本アクティビティ集2 －難民－』開発教育協会

村田晶子・中山京子・藤原孝章・森茂岳雄編 (2019)『チャレンジ！ 多文化体験ワークブック－国際理解と多文化共生のために－』ナカニシヤ出版

総合的な学習

大津和子 (1997)『グローバルな総合学習の教材開発』明治図書出版

佐藤郡衛・林英和編 (1998)『国際理解教育の授業づくり－総合的な学習をめざして－』教育出版

加藤幸次・浅沼茂編 (1999)『国際理解教育をめざした総合学習』黎明書房

有園格・小島宏編 (1999)『国際理解、福祉・健康の展開（学校の創意工夫を生かす「総合的な学習」の展開）』ぎょうせい

東京都高等学校国際教育研究協議会編 (1999)『国際理解教育［地球学習］』清水書院

佐藤郡衛編 (2000)『国際理解教育の考え方・進め方（「総合的な学習」の実践No.3）』教育開発研究所

滝口正樹著・坂本辰男監修 (2001)『世界の人々と心をつなごう－国際理解・平和－（中学生のための「総合」アイデアBOOK1）』ポプラ社

佐藤郡衛編 (2002)『国際をテーマにした学習活動50のポイント』教育開発研究所

植木武著、加藤幸次監修 (2002)『国際理解教育のABC－図と写真で見る総合的な学習－』東洋館出版社

佐藤郡衛・佐藤裕之編 (2006)『「共に生きる子ども」を育てる国際理解教育』教育出版

英語教育（英語活動）

和田稔 (1991)『国際交流の狭間で－英語教育と異文化理解－』研究社出版

絹笠清二 (1992)『わかりやすい国際理解－異文化理解と英語教育－』京都出版サービスセンター

渡邉寛治 (1999)『総合的な学習 はじめての小学校英語－国際理解としてのわくわく授業プラン－』図書文化社

子どものしあわせ編集部編 (2000)『どうする？小学校の英語－国際理解教育と英語をむすぶ－』草土文化

吉村峰子 (2000)『公立小学校でやってみよう！英語－「総合的な学習の時間」にすすめる国際理解教育－』草土文化

吉村峰子・グローブ・インターナショナル・ティーチャーズ・サークル編 (2001)『英語で国際理解教育－小学校でやってみよう！－』小学館

樋口忠彦・行広泰三編 (2001)『小学校の英語教育－地球市民育成のために教室でできる国際理解教育の手引き－』KTC中央出版

島田将夫・吉村雅仁 (2001)『あきらめの英語－あるがままの国際理解教育－』大学教育出版

松畑熙一 (2003)『英語教育人間学の展開－英語教育と

国際理解教育の接点を求めて－』開隆堂出版
宇土泰寛（2011）『地球時代の教育－共生の学校と英語活動－』創友社

社会科教育

保柳睦美（1952）『国際理解と社会科における地理教育』古今書院
佐島群巳・有田和正編（1986）『「国際理解を目ざす」学習と方法』教育出版
大津和子（1987）『社会科＝一本のバナナから』国土社
古銭良一郎・蔵元幸二・半田博・岸尾祐二（1989）『小学校 国際理解教育の授業』東洋館出版社
臼井忠雄（1992）『国際理解・日本と韓国－6年・世界の中の日本－』日本書籍新社
北俊夫（1996）『環境と国際理解の教育－これからの学校・授業－』東洋館出版社
小原友行編（2006）『論争問題を取り上げた国際理解学習の開発』明治図書出版
西脇保幸編（2006）『"国際関係と平和"をめぐる論点・争点と授業づくり』明治図書出版
木村博一編（2006）『"グローバル化"をめぐる論点・争点と授業づくり』明治図書出版
藤原孝章編（2009）『時事問題学習の理論と実践－国際理解・シティズンシップを育む社会科教育－』福村出版

歴史教育（歴史認識）

小沢栄一（1952）『国際理解と社会科における歴史教育』古今書院
国際連合教育科学文化機関・ヒル著、小沢栄一訳（1955）『新しい歴史教育のあり方－世界理解のために－』古今書院
国際連合教育科学文化機関・J. A. ローアライズ著、勝田守一訳（1956）『歴史教科書と国際理解－世界理解のために－』古今書院
高崎宗司編（1991）『歴史教科書と国際理解』岩波書店
二谷貞夫編（2004）『21世紀の歴史認識と国際理解』明石書店

グローバル教育（地球市民教育）

大野連太郎・吉田彰（1986）『グローバルな視野を育てる教育－グローバル・エデュケーションと学校教育－』教育新聞出版・事業センター
魚住忠久（1995）『グローバル教育－地球人・地球市民を育てる－』黎明書房
箕浦康子（1997）『地球市民を育てる教育』岩波書店
魚住忠久・深草正博編（2001）『21世紀地球市民の育成－グローバル教育の探求と展開－』黎明書房
小関一也他著・宇田川晴義監修（2001）『地球市民への入門講座－グローバル教育の可能性－』三修社
浅野誠・デイヴィッド・セルビー編（2002）『グローバル教育からの提案－生活指導・総合学習の創造－』日本評論社
魚住忠久（2003）『グローバル教育の新地平－「グローバル社会」から「グローバル市民社会」へ－』黎明書房
中村哲編（2004）『グローバル教育としての社会科カリキュラムと授業構成』風間書房
日本グローバル教育学会編（2007）『グローバル教育の理論と実践』教育開発研究所
武寛子（2012）『中学校教師のグローバル・シティズンシップ教育観に関する研究－日本とスエーデンの比較分析－』学文社
石森広美（2014）『グローバル教育の授業設計とアセスメント』学事出版
アルク教育総合研究所（2015）『グローバル教育を考える』アルク
郭潔蓉・金塚基・田中真奈美（2015）『グローバル教育の現在』ムイスリ出版
藤原孝章（2016）『グローバル教育の内容編成に関する研究－グローバル・シティズンシップの育成をめざして－』風間書房
石森広美（2019）『「生きる力」を育むグローバル教育の実践－生徒の心に響く主体的・対話的で深い学び－』明石書店

開発教育

水野富士夫（1990）『明日の開発教育－地球市民を育てる－』オール出版
田中治彦（1994）『南北問題と開発教育－地球市民として生きるために－』亜紀書房
西岡尚也（1996）『開発教育のすすめ－南北共生時代の国際理解教育－』かもがわ出版
開発教育推進セミナー編（1999）『新しい開発教育のすすめ方－地球市民を育てる現場から－（改訂新版）』古今書院
開発教育研究会編（2000）『新しい開発教育のすすめ方2 難民－未来を感じる総合学習－』古今書院

西岡尚也（2007）『子どもたちへの開発教育－世界のリアルをどう教えるか－』ナカニシヤ出版

山西優二・上條直美・近藤牧子編（2008）『地域から描くこれからの開発教育』新評論

田中治彦編（2008）『開発教育－持続可能な世界のために－』学文社

前林清和（2010）『開発教育実践学－開発途上国の理解のために－』昭和堂

鈴木敏正・佐藤真久・田中治彦編著（2014）『環境教育と開発教育－実践的統一への展望：ポスト2015のESDへ－』筑波書房

持続可能な開発のための教育（ESD）と持続可能な開発目標（SDGs）学習

ユネスコ著、阿部治監訳（2005）『持続可能な未来のための学習』立教大学出版会

日本ホリスティック教育協会（永田佳之・吉田敦彦）編（2008）『持続可能な教育と文化－深化する環太平洋のESD－』せせらぎ出版

多田孝志・手島利夫・石田好広（2008）『未来をつくる教育ESDのすすめ－持続可能な未来を構築するために－』日本標準

開発教育研究会編（2009）『身近なことから世界と私を考える授業－ESD実践教材集－』明石書店

財団法人ユネスコ・アジア文化センター（ACCU）編（2009）『ESD教材活用ガイド－持続可能な未来への希望－』ユネスコ・アジア文化センター

生方秀紀・神田房行・大森享（2010）『ESDをつくる－地域でひらく未来の教育－』ミネルヴァ書房

五島敦子・関口知子（2010）『未来をつくる教育ESD－持続可能な多文化社会をめざして－』明石書店

開発教育協会内ESD開発教育カリキュラム研究会編（2010）『開発教育で実践するESDカリキュラム－地域を掘り下げ、世界とつながる学びのデザイン－』学文社

小田勝己（2011）『サステイナブル社会と教育－ESDの新しい軸－』アカデメイア・プレス

田渕五十生（2011）『世界遺産教育は可能か－ESD（持続可能な開発のための教育）をめざして－』東山書房

荻原彰編（2011）『高等教育とESD』大学教育出版

トランスファー21編著、由井義道・卜部匡司監訳（2012）『ESDコンピテンシー－学校の質的向上と形成能力の育成のための指導方針－』明石書店

佐藤真久・阿部治編著（2012）『持続可能な開発のための教育 ESD入門』筑波書房

西井麻美・大江ひろ子・西井寿里・藤倉まなみ編（2012）『持続可能な開発のための教育（ESD）の理論と実践』ミネルヴァ書房

広島県福山市立駅家西小学校編（2012）『未来をひらくESD（持続可能な開発のための教育）の授業づくり－小学生のためのカリキュラムをつくる－』ミネルヴァ書房

秋田市立秋田商業高等学校ビジネス実践ユネスコスクール班（2013）『ユネスコスクールによるESDの実践－教育の新たな可能性を探る－』アルテ

飯吉厚夫・福井弘道・稲崎一郎編（2014）『持続可能な社会をめざして－「未来」をつくるESD－』平凡社

宮城教育大学ESD/RCE推進会議編（2014）『「お米（RICE）」を活用したESD』クリエイツかもがわ

山田美香・上田敏丈・古賀弘之・原田信之（2014）『ESDと次世代育成の教育論－豊かで人間らしい生き方のための持続可能な地域社会と地球社会をつくる教育－』風媒社

田中治彦・杉村美紀編（2014）『多文化共生社会におけるESD・市民教育』ぎょうせい

田中治彦・三宅隆史・湯本浩之編（2016）『SDGsと開発教育－持続可能な開発目標のための学び－』学文社

手島利夫（2017）『学校発・ESDの学び』教育出版

佐藤真久・田代直幸・蟹江憲史（2017）『SDGsと環境教育－地球資源制約の視座と持続可能な開発目標のための学び－』学文社

北村友人・佐藤真久・佐藤学編（2019）『SDGs時代の教育－すべての人に質の高い学びの機会を－』学文社

田中治彦・那須正裕・藤原孝章（2019）『SDGsカリキュラムの創造－ESDから広がる持続可能な未来－』学文社

諏訪哲郎・小堂十・丸毛哲雄・多田孝志編（2020）『学校3.0×SDGs－時代を生き抜く教育への挑戦－』株式会社キーステージ21

荒井紀子他（2020）『SDGsと家庭科－カリキュラム・デザイン－』教育図書

稲場茂勝・こどもくらぶ編（2021）『教科で学ぶSDGs学』今人舎

及川幸彦編・大牟田市SDGs・ESD推進委員会著（2021）『理論と実践でわかる！SDGs/ESD－持続可能な社会を目指すユネスコスクールの取り組み－』明治図書出版

藤岡達也（2021）『SDGsと防災教育－持続可能な社会をつくるための自然理解－』大修館書店

SDGsと開発教育研究会企画・編集（2021）『SDGs学習のつくりかた－開発教育実践ハンドブックⅡ－』開発教育協会

多文化（共生）教育

藤原孝章（1994）『外国人労働者問題をどう教えるか－グローバル時代の国際理解教育－』明石書店

藤原孝章編（1995）『外国人労働者問題と多文化教育－多民族共住時代の教育課題－』明石書店

清水睦美・児島明編（2006）『外国人生徒のためのカリキュラム－学校文化の変革の可能性を探る－』嵯峨野書院

中村水名子（2007）『多民族・多文化共生の明日を拓く社会科授業』三一書房

森茂岳雄・中山京子編著（2008）『日系移民学習の理論と実践－グローバル教育と多文化教育をつなぐ－』明石書店

「外国につながる子どもたちの物語」編集委員会編、みなみ ななみ（まんが）（2009）『まんが クラスメイトは外国人－多文化共生20の物語－』（入門編2013、課題編2020）明石書店

末広小のアイヌ文化学習を支援する会編（2009）『さぁアイヌ文化を学ぼう！－多文化教育としてのアイヌ文化学習－』明石書店

松尾知明（2011）『多文化共生のためのテキストブック』明石書店

中山京子（2012）『先住民学習とポストコロニアル人類学』御茶の水書房

南浦涼介（2013）『外国人児童生徒のための社会科教育－文化と文化の間を能動的に生きる子どもを授業で育てるために－』明石書店

孫美幸（2017）『日本と韓国における多文化共生教育の新たな地平－包括的な平和教育からホリスティックな展開へ－』ナカニシヤ出版

山脇啓造・服部信雄編（2019）『新多文化共生の学校づくり－横浜市の挑戦－』明石書店

森茂岳雄・川﨑誠司・桐谷正信・青木香代子編（2019）『社会科における多文化教育－多様性・社会正義・公正を学ぶ－』明石書店

太田満（2020）『小学校の多文化歴史教育－授業構成とカリキュラム開発－』明石書店

松尾知明（2020）『「移民時代」の多文化共生論－想像力・創造力を育む14のレッスン－』明石書店

荒井正剛・小林春夫編（2020）『イスラーム／ムスリムをどう教えるか－ステレオタイプからの脱却を目指す異文化理解－』明石書店

中山京子・東優也・太田満・森茂岳雄編（2020）『「人種」「民族」をどう教えるか－創られた概念の解体をめざして－』明石書店

孫美幸（2020）『深化する多文化共生教育－ホリスティックな学びを創る－』明石書店

藤原孝章（2021）『新版 シミュレーション教材「ひょうたん島問題」－多文化共生社会ニッポンの学習課題－』明石書店

松尾知明（2021）『多文化クラスの授業デザイン－外国につながる子どものために－』明石書店

平和教育

広島平和教育研究所編集（1981）『平和教育実践事典』労働旬報社

マドレーヌ・グタール著、OMEP日本委員会訳（1988）『平和の種子を育てよう－幼児期からの国際理解と平和教育－』建帛社

森田俊男（1993）『平和・国際教育論－新しい市民の形成を－』平和文化

森田俊男（1996）『平和教育についての宣言・勧告・条約集－資料と解説－』平和文化

ベティ・リアドン、アリシア・カベスード著、藤田秀雄・浅川和也監訳（2005）『戦争をなくすための平和教育－「暴力の文化」から「平和の文化」へ－』明石書店

森田俊男・鈴木敏則・渡辺賢二編（2006）『平和教育ハンドブック－戦争のない世界・平和の文化をきずくために－』平和文化

佐貫浩（2010）『平和的生存権のための教育－暴力と戦争の空間から平和の空間へ－』教育史出版会

竹内久顕編著（2011）『平和教育を問い直す－次世代への批判的継承－』法律文化社

西尾理（2011）『学校における平和教育の思想と実践』学術出版会

日本平和学会（2019）『平和教育といのち（平和教育研究第52号）』早稲田大学出版部

人権教育・多様性教育

福田弘編（2003）『人権・平和教育のための資料集』明石書店

大阪市小学校国際理解教育研究会編（2003）『国際理解教育と人権－互いの人権を尊重し、地球上の人々と共に生きる子どもを育てる－』解放出版社

UNESCO編、松波めぐみ訳（2005）『参加型で学ぶ中高生のための世界人権宣』明石書店

大阪多様性教育ネットワーク・森実編（2005）『多様性教育入門－参加型人権教育の展開－』解放出版社

ヨーロッパ評議会・企画、福田弘訳（2006）『人権教育のためのコンパス［羅針盤］』明石書店

上杉孝實・平沢安政・松波めぐみ編（2013）『人権教育総合年表－同和教育、国際理解教育から生涯学習まで－』明石書店

大阪多様性教育ネットワーク・森実編（2014）『多様性の学級づくり－人権教育アクティビティ集－』解放出版社

肥下彰男・阿久澤麻理子編（2015）『世界市民の人権教育－15際からのレッスンプラン－』解放出版社

オードリー・オスラー／ヒュー・スターキー著、藤原孝章・北山夕華監訳（2018）『教師と人権教育－公正、多様性、グローバルな連帯のために－』明石書店

押村早織・森実編著（2019）『人権教育への招待－ダイバーシティの未来を開く－』解放出版社

国際交流教育・国際協力教育

岡本薫（1999）『国際交流・国際理解教育のための国際化対応の重要ポイント』全日本社会教育連合会

「高校生の国際理解」取材班（2002）『「世界」を知れば、「自分」が見える－誰にでもできる国際協力－』数研出版

谷川彰英編（2005）『日韓交流授業と社会科教育』明石書店

秋田市立秋田商業高等学校ビジネス実践国際協力課（2008）『高校生のための国際協力入門－世界を感じて、足元を見つめなおす－』アルテ

田中治彦（2008）『国際協力と開発教育－「援助」の近未来を探る－』明石書店

諸外国

アメリカ教育協会教育政策委員会編、西村巌・大田周夫訳（1952）『アメリカの学校における国際理解の教育』実教出版

ジョージ・J.アンドレオポーロス、リチャード・ピエール クロード著、黒沢惟昭監訳（1999）『世界の人権教育－理論と実践－』明石書店

木村一子（2000）『イギリスのグローバル教育』勁草書房

オードリー・オスラー編、中里亜夫監訳、中野和光・吉野あかね・川上具実訳（2002）『世界の開発教育－教師のためのグローバル・カリキュラム－』明石書店

松尾知明（2007）『アメリカ多文化教育の再構築－文化多元主義から多文化主義へ－』明石書店

嶺井明子編（2007）『世界のシティズンシップ教育－グローバル時代の国民／市民形成－』東信堂

桐谷正信（2012）『アメリカにおける多文化歴史カリキュラム』東信堂

木村裕（2014）『オーストラリアのグローバル教育の理論と実践－開発教育研究の継承と新たな展開－』東信堂

北山夕華（2014）『英国のシティズンシップ教育－社会的包摂の試み－』早稲田大学出版部

長濱博文（2014）『フィリピンの価値教育－グローバル社会に対応する全人・統合アプローチ－』九州大学出版会

（森茂岳雄）

[資料１]　年表：日本国際理解教育学会の研究活動の歩み

年	大会日時・会場	シンポジウムテーマ	特定課題研究など
1991	第1回大会（学会設立総会） 平成3年1月26日 会場：はあといん乃木坂健保会館	「国際理解教育と21世紀」	
1992	第2回大会 平成4年1月26日 会場：機械振興会館	記念講演 「21世紀の世界と日米の役割」 栗山尚一（外務省顧問）	
1993	第3回大会 平成5年1月24日 会場：国際連合大学	パネルディスカッション 「国際理解教育の来し方行く末」	
1994	第4回大会 平成6年2月6日 会場：国際連合大学	講演 「今日の国際社会の在り方とその問題点」 中嶋嶺雄（東京外国語大学教授）	
1995	第5回大会 平成7年1月22日 会場：国際基督教大学	「学校教育における国際理解教育の課題」	
1996	第6回大会 平成8年6月22・23日 会場：帝塚山学院大学	「共生を進める国際理解教育――理論と実践の統一をめざして」	特別報告 「21世紀の教育国際委員会の報告について」 天城勲（21世紀教育国際委員会委員）
1997	第7回大会 平成9年6月14・15日 会場：目白学園女子短期大学	「国際理解教育の視点から見た総合学習をどう考えたらよいか」	課題別検討会 1. 地域の特性を踏まえた国際理解教育 2. 直接交流による国際理解教育 3. 環境に働きかける国際理解教育
1998	第8回大会 平成10年6月13・14日 会場：上越教育大学	「日韓交流を通じてみた国際理解教育の課題と展望」	第1回教育懇話会 天野正治
1999	第9回大会 平成11年6月12・13日 会場：帝京大学	「新学習指導要領の『国際化』の視点をどう受けとめ、どう生かすか」	「国際理解教育の基本概念としての『国』――日本の学校教育における『国』をめぐるジレンマの中で」
2000	第10回大会 平成12年6月10・11日 会場：奈良教育大学	「国際理解教育で『総合的な学習』をどう創るか――国際理解教育の実践の理論化と理論の実践化をめざして」 基調講演 「国際理解教育と総合的学習」 梶田叡一（京都ノートルダム女子大学）	「地球時代における『国』と人々――国際理解教育における新たな視点からの『国』の学習について」 第2回教育懇話会 米田伸次
2001	第11回大会 平成13年6月9・10日 会場：筑波大学	「国際理解教育におけるメディアリテラシー」	「地球時代における『国』と人々――授業づくりの課題」 第1回コロキウム 「ユネスコ共同学校と国際理解教育の初志」 第3回教育懇話会 千葉杲弘
2002	第12回大会 平成14年6月8・9日 会場：広島大学 ＊プレイベント 「全米日系人博物館巡回展示の活用」 （於広島県立美術館） 「国際理解教育における博物館活用を考える」	「国際理解教育におけるカリキュラム開発」 基調講演 「国際理解教育のカリキュラム開発」 中島章夫（財団法人馬場財団）	「国際理解教育とユネスコのかかわり――海外の動向と対比して考える」 第2回コロキウム 「戦後日本における教育政策・行政と国際理解教育」 第4回教育懇話会 中西晃

年	大会日時・会場	シンポジウムテーマ	特定課題研究など
2003	第13回大会 平成15年6月7・8日 会場：桜美林大学 ＊プレイベント 「異文化理解教育教材展示」	ミニシンポジウム ○内なる国際化と国際理解教育 ○「自文化」理解と「異文化」理解の両立 ○グローバルな視点に立った国際理解教育 ○平和の学習と国際理解教育 ○学校と地域の連続 ○国際理解教育としての小学校英語教育 ○日韓交流の促進と国際理解教育 ○人権学習と国際理解教育	「国際理解教育と総合学習——カリキュラム開発の理念と方法」 第3回コロキウム 「国際理解教育における理論・実践研究の現状と課題」 第5回教育懇話会 天城勲
2004	第14回大会 平成16年6月5・6日 会場：京都ノートルダム女子大学 ＊プレイベント 「シンポジウム：日韓新時代の文化交流と国際理解」	ミニシンポジウム ○学会科研費の現状報告とこれからの課題 ○持続可能な社会：開発と環境の視点に立った国際理解教育 ○多文化共生——内なる国際化のための国際理解教育 ○9.11以降の国際理解教育を考える ○デジタルバインドと国際理解教育	「国際理解教育の授業実践をどう深めるか——学びの創造と教師の役割」 第4回コロキウム 「カリキュラム開発の方法と教育モデル」 第6回教育懇話会 中島章夫
2005	第15回大会 平成17年6月4・5日 会場：玉川大学 ＊プレイベント 「シンポジウム：持続可能な開発のための国際理解教育」	ミニシンポジウム ○国際理解教育と「総合学習」で身につく学力——学会科研費研究・国際理解教育のカリキュラム開発に関連して ○21世紀の市民像を探る——市民社会を創る人間を育む国際理解教育 ○地域から出発する国際理解教育の実践——地域と世界をつなぐ国際理解教育 ○グローバル時代を確かにするもうひとつの国際交流——世界と学びあうユネスコ共同学校の実践などを通して ○国際理解教育研究へのアプローチ：実践の分析と評価	「国際理解教育の現代的定義を問う」 第5回コロキウム 「関連学会・研究団体の動向と国際理解教育」 第7回教育懇話会 川端末人
2006	第16回大会 平成18年6月10日・11日 会場：岐阜大学	「多文化共生の学校づくり地域づくり」	「アジアにおける国際理解教育の現状と研究ネットワーク構築の可能性」
2007	第17回大会 平成19年7月28・29日 会場：北海道教育大学	「転換期を迎える国際理解教育」	
2008	第18回大会 平成20年6月14・15日 会場：富山大学	「学校の中の多文化共生の構築を目指して」	「ユネスコの動向を踏まえた日本の国際理解教育——世界遺産教育を切り口としたESD」
2009	第19回大会 平成21年6月13・14日 会場：同志社女子大学 ＊プレイベント 「シュタイナー学校現地見学会」「講演会：ユネスコ・スクールとシュタイナー教育」	「国際理解教育と『習得・活用・探究・参画』に結びつく力——ワークショップ、参加型学習がめざすもの」	「ことばと国際理解教育」

［資料１］　年表：日本国際理解教育学会の研究活動の歩み

年	大会日時・会場	シンポジウムテーマ	特定課題研究など
2010	第20回大会 平成22年7月2・3・4日 会場：聖心女子大学	「日本国際理解教育学会の到達点と展望――第20回研究大会を記念して」	「グローバル時代のシティズンシップと国際理解教育」 学会創設20周年記念特別講演 「グローバリゼーション時代の国際理解と日本の課題」 松浦晃一郎（前ユネスコ本部事務局長） 20周年記念講演会 「21世紀の教育としての国際理解教育の方向」佐藤学
2011	第21回大会 平成23年6月18・19日 会場：京都橘大学	「『9.11』後の平和教育の成果と課題――グローバル化の下で、戦争をどう伝え、どう教え、どう学ぶか」	「持続可能な社会形成と教育――ESDの実践的基盤に関する総合的研究」
2012	第22回大会 平成24年7月15・16日 会場：埼玉大学	シンポジウムA「今こそ教科教育における国際理解教育を」 シンポジウムB「国際理解教育実践における新しい検証・評価の方法を探る」 シンポジウムC「シティズンシップからシティズンシップ教育へ」	「文化的多様性と国際理解教育」
2013	第23回大会 平成25年7月6・7日 会場：広島経済大学	「海外研修・スタディツアーと国際理解教育」	「平和教育と国際理解教育」
2014	第24回大会 平成26年6月14・15日 会場：奈良教育大学	シンポジウム1「ESDと国際理解教育」 シンポジウム2「ことばの教育と国際理解教育」	「国際理解教育における実践研究の視座」
2015	第25回大会 平成27年6月13・14日 会場：中央大学多摩キャンパス	「グローバル・シティズンシップの育成と国際理解教育」	「国際理解教育における実践研究のモデルを探る」
2016	第26回大会 平成28年6月17・18・19日 会場：上越教育大学	「21世紀の社会に求められる育成すべき資質・能力と国際理解教育」	「研究コミュニティーのつながりを広げる」
2017	第27回大会 2017年6月3・4日 会場：筑波大学	シンポジウムA「湖がつなぐ国際理解教育――アラル海と霞ヶ浦」 シンポジウムB「越境する教育イニシアチブ理念と実際―共生・連帯の視点から」	「国際理解教育における理念研究，方法研究の展望をひらく」
2018	第28回大会 2018年6月15・16・17日 会場：宮城教育大学	シンポジウムA「ユネスコが推進するグローバルシティズンシップ教育（GCED）と国際理解教育」 シンポジウムB「教室のマイノリティとしての外国人児童生徒の視点から考える国際理解教育」	「国際理解教育における理念研究，方法研究の現段階―プロジェクトの取組と課題」 "実践者のための"論文書き方コーチング・プレイベント 「道徳・国際理解公開授業および検討会」
2019	第29回大会 2019年6月15・16日 会場：椙山女学園大学星ヶ丘キャンパス	「大陸を超えた学びの場としての地球子ども広場と多文化共生の学校・地域づくり」	「国際理解教育における理念研究，方法研究の到達点と今後の課題」 異己シンポジウム「『異己』理解・共生授業プロジェクトの成果と課題」 "実践者のための"論文書き方コーチング
2020	第30回大会 COVID-19のため中止		

（中山京子・菊地かおり）

［資料２］　学会誌『国際理解教育』の主要目次

　国際理解教育学会が発足してから紀要の前身となった『国際理解教育』（ここでは０号と称す）と、創刊号〜 27 号の紀要『国際理解教育』が発行され、国際理解教育研究の軌跡をみることができる。ここでは、０号掲載論文と、第 27 号までの紀要に掲載された研究論文、実践研究、研究ノート、企画研究論文、特別寄稿論文、海外事情（スタディツアー報告を除く）を紹介する。

号数	■研究論文　　○研究ノート　　□実践研究論文　　◇実践研究ノート　　☆企画研究・特別寄稿・特集論文・海外情報
創刊準備号（０号）／ 1993 年 1 月	わが国の国際化（天城勲） 国際理解教育の理念と本質（島久代） 国際理解の教育（新井郁男） ユネスコと国際教育（千葉杲弘） 報告　平和・軍縮と NGO としてのユネスコ運動（城戸一夫） 国際理解教育の現状と実践上の課題（天野正治） 学校における国際理解教育の実践と課題（米田伸次） 国際理解教育のすすめ方（中島章夫） 「個性の伸長」と国際理解教育（川端末人） 国際社会と教育（武村重和） 私の考える国際教育（岡本稔） 国際人権法典にみる「教育を受ける権利」の推移（相良憲昭） 日本人の説得力（三浦順治）
1 号／ 1995 年 6 月	■ 1974 年国際教育勧告の改訂をめぐって（千葉杲弘） ■国際理解教育の実践上の課題（佐藤郡衛） ■異文化理解の視点から英語教育における語彙学習を考える――英語学習の初期段階における「内包」の扱いをめぐって（林洋和） ■国際理解教育の基礎理論としてのアイデンティティ・ポートフォリオ理論の構想（本間正人） ■日本の学級集団における規範構造――帰国子女との関連から（武田玲子） ○ワールドスタディーズの成立と展開――イギリスにおける国際教育小史（岡崎裕） ○アメリカ映画の中の「日本」――異文化理解の難しさ（矢野重喜）
2 号／ 1996 年 6 月	■ユネスコ 74 年勧告と日本の国際理解教育の課題（嶺井明子） ■教室の周縁から始める国際理解教育――学校改革に向けた国際理解教育の新たな実践的展開（宇土泰寛） ■地域の国際化で子どもの何が変わるか――外国人との交流の実態と異文化観（大島薫） □アメリカの公立学校における「国際理解教育」――日本語イマージョンプログラムの実践を通して（佐々木信行） □帰国生に対する論文指導の試み――世界史学習を通して（小澤一郎） ○地球時代の多文化理解（デイビッド・セルビー、菊池恵子訳・河内徳子監訳）
3 号／ 1997 年 6 月	■ユネスコの新たな提案――平和文化の構築（河内徳子） ■ユネスコの価値教育の展開（溝上泰） ■経済摩擦の学習と国際理解教育――社会科・公民科における「共生」シンボルと「表現力」（柿沼利昭） □児童の異文化理解の素地の育成を目指して（合津郁夫） □広義の言語学習を通した国際理解教育（村上博之） ☆学習：秘められた宝（天城勲） ☆ APNIEVE の現状（千葉杲弘）
4 号／ 1998 年 6 月	■ドイツの総合的学習「教科間連携テーマ」における国際理解教育に関する研究（大野亜由未） ■国際理解教育と人権に関する一考察――世界人権宣言 50 周年に寄せて（米田伸次） ■幼児期の平和教育と国際理解――世界幼児教育機構（OMEP）の活動を通して（畠中徳子） ○「平和の文化」と教育――ユネスコによる新たな学際的構想（小林亮） □英語教育の中の国際理解教育―― Dear America を教材として（寺島隆吉） □文化論を読み日本人論を書く――高校国語科における説明的文章教材による国際理解教育の実践（浅田孝紀）
5 号／ 1999 年 6 月	■「在日コリアン」の教育が国際理解教育に示唆するもの――「異文化理解」から多文化教育の発想へ（田渕五十生） ■国際理解教育の教材開発における〈動的な対話〉の意義――安重根と千葉十七の相互理解の心理過程をめぐって（佐々木文） ○心理学研究からみたセルフ・エスティーム概念の理論的可能性について（野崎志帆） ☆ユネスコ及びヨーロッパの国際理解教育――フランス、スイス、イギリスを中心に（中村幸士郎）
6 号／ 2000 年 6 月	■ MENC（全米音楽教育者会議）音楽カリキュラムにみる多文化主義（磯田三津子） □多文化主義の視点からの世界史学習（田尻信壹） ☆国際理解教育の基本概念としての「国」を問う（天城勲） ☆アジア太平洋地域の国際理解教育地域センター設立の動き（千葉杲弘）

号数	■研究論文　○研究ノート　□実践研究論文　◇実践研究ノート　☆企画研究・特別寄稿・特集論文・海外情報
7号／2001年6月	■わが国の国際教育協力の現状と課題（二宮皓） ■国際理解の素養としての世界史学習のあり方（二谷貞夫） ■「国家」理解のための国際理解教育の課題（新井郁男） ■教育実践記録における〈生成する語り〉の諸相（倉石一郎） □グローバル・クラスにおける学びとは何だったのか？（高尾隆） ☆インターネットがもたらす高校の国際教育の変化（安藤益代） ☆ハンガリーで日本語を教える人たち（大杉千恵子）
8号／2002年6月	■Language Awareness（言語意識教育）による国際理解の育成——小学校における英語活動実践の提言（塚本美恵子） ○交流体験学習としての海外ホームステイプログラムの成功事例——フォト・ジャーナル制作による交流を通して（内田富男） □日韓歴史認識の共有化をめざした「韓国併合」の授業実践（釜田聡） □「ケータイ」から世界が見える（井ノ口貴史） ☆国際理解教育とカリキュラム——私の場合（中島章夫）
9号／2003年6月	■多文化共生社会における教科書の課題——ドイツの教科書に表れるマイノリティの観点から（中山あおい） ■教室内の多文化化を活用した国際理解教育——第二言語話者と第一言語話者、その双方の育ちを目指して（福山文子） ■国際理解教育における英語教育の役割——言語イメージ調査からの示唆（吉村雅仁） ○国際理解教育における平和学習のすすめ方に関する一考察——Global Issues in the Middle School「ノーベル平和賞」の授業事例を中心に（藤原孝章） □モノローグ的国際理解教育の克服をめざして——留学生と協同で創る総合的な学習（植西浩一） □総合学習「ワールドカルチャー」の実践における子どもの思考分析——多文化教育と国際理解教育のインターフェイスの視点から（中山京子） □帰国子女による英語教材の開発と授業実践（畑野喜信） ☆国際理解教育とカリキュラム——私の場合（多田孝志） ☆アフガニスタンの教育復興（千葉杲弘） ☆中国の国際理解教育事情（太田満）
10号／2004年6月	■ニュージーランド社会科における国際理解教育とそのスタンス——日本の社会科との比較から（井田仁康） ■日韓の相互理解をめざした歴史認識を深めるために——歴史教育交流と教科書叙述を通じて（釜田聡） ■卒業生調査をもとにした小学校英会話の効用と課題——異文化間コミュニケーション能力の視点から（金珏淑） □博物館を利用した国際理解教育の可能性——ハンズ・オン教材を用いた学習プログラム開発に向けて（今田晃一・手嶋將博） □小中学校における交流活動参加を通した留学生の学び——留学生にとっての「異文化トレーニング」という視点から（石塚美枝） ☆グローバル時代の国際理解教育カリキュラム開発の視点と課題——会員のカリキュラム開発研究に学ぶ（森茂岳雄） ☆いまユネスコでは…——国際理解教育の新たな進展（相良憲昭）
11号／2005年6月	■図像史料を活用した移民史学習の可能性——「大陸横断鉄道と中国人移民」の教材化（田尻信壹） ■文化理解の再考——動的文化理解の概念とその実践に向けての教材検討（山西優二・近藤牧子） ■異文化間トレランスの形成に向けたユネスコの国際理解教育（小林亮） ■人権、平和、民主主義という普遍的価値に基づく小中高校グローバル教育の単元構成——Betty A. Reardon 著『寛容─平和の入口』を手がかりとして（松井克行） ○欧州評議会が近年提唱する「複数言語主義」概念について（山川智子） ○小学校における外国語教育の国際比較（藤兼裕子） □国際理解教育における遠隔交流授業の可能性——ケニア・マサイと日本の小学校における遠隔教育の実践から（高橋真央・天沼直子・加藤貴子） □「総合的な学習の時間」における国際理解教育の授業づくり——直江津港におけるロシア船員との交流を通して（中川和代） ☆国際理解教育のカリキュラム開発——教師のカリキュラムデザイン力と関連して（藤原孝章） ☆中国の新教育課程における国際理解教育の視点——小学校「品徳と社会」の課程基準と教科書を中心に（金龍哲）
12号／2006年6月	■音の力と国際理解教育——モンゴルの音楽をモチーフとした出前授業の実践から（横田和子） ○時事問題を教室で展開する方法とその意義——『Global Express』の分析より（石川一喜） □博物館を利用した国際理解教育の実践と評価——国際理解教育の自己評価チェック表の提示（今田晃一・木村慶太） □「未来への選択」の視点に立った市民性資質を育成するための授業実践——保小中連携教育の構築を通して（小嶋祐伺郎） ☆国際理解教育と「総合学習」で育てたい学力——国際理解教育のカリキュラム開発に関連して（藤原孝章） ☆「和」の哲学と民族際性及び国際理解教育（項賢明） ☆ユネスコ・アジア太平洋地域国際理解教育センターについて（相良憲昭）

号数	■研究論文　○研究ノート　□実践研究論文　◇実践研究ノート　☆企画研究・特別寄稿・特集論文・海外情報
13号／2007年6月	■真珠湾と広島の記憶をめぐる日米共同実践——ロサンゼルス・オマハ・京都の中高生をつなぐ（中山京子） ■国際理解教育の実践分析——交流効果を中心として（李炫妸） ■日中両国における「戦争・平和博物館」の現状と国際理解教育の課題（太田満） □平和教育の理念を取り入れた国語科カリキュラムの開発（田村かすみ） □参加体験型・問題提起型学習における教員の役割——サラワク・スタディーツアーの実践を通して（野中春樹） ☆ニュージーランド（アオテアロア：マオリ語名）から学ぶもの——ニュージーランド・ユネスコ共同学校のようす（伊井直比呂）
14号／2008年6月	■日本の歴史教科書の中の台湾——語られない民衆の歴史（太田満） ■「深い多様性」に基づくカナダのシティズンシップ教育——WCP社会科共通フレームワークの分析を手がかりに（坪田益美） ■ことばの豊穣性と国際理解教育——ことばとからだのかかわりを中心に（横田和子） ○博物館における文化理解の内容と方法——ヘニガー・シューの理論に基づいて（磯田三津子） □博学連携ワークショップ型教員研修の実践的展開——国立民族学博物館との共同研究の成果を活かして（今田晃一・木村慶太・日比野功・手嶋將博） □グローバル・イシューを意識した内容中心指導法による英語の授業の可能性（石森広美）
15号／2009年6月	■国際理解教育における理解不可能性の位置づけ——教育行為と教育者の立場の流動性の顕在化（市川秀之） ■紛争後における民族共存社会構築に向けた教育の3段階アプローチ（小松太郎） ■京都・東九条マダンにみる多文化共生——在日コリアンの音楽による多文化教育の実践に向けて（磯田三津子） ■文化人類学と国際理解教育をつなぐ博物館——博物館情報論からの提言（野呂純一） ○"お返し"をめぐる日中共同授業——価値基準の異なる他者理解の試み（姜英敏・王燕玲・草野友子） ☆世界遺産教育とその可能性——ESDを視野に入れて（石渕五十生） ☆世界遺産教育の構築——奈良市教育委員会における取り組み（中澤静男） ☆情報としての遺産と資源——世界遺産と文化資源の比較考察（中牧弘允）
16号／2010年6月	■グローバル・シティズンシップの育成に向けて——高校生が考えるグローバルシチズン像から（石森広美） ■中国の多元文化教育に見る「多様性と統一」——北京市における民族団結教育の理論及び実践から（鶴見陽子） ■多元的シティズンシップ育成のための内容と方法——ヨーロッパ評議会の『民主主義の中に生きる』を手がかりに（橋崎頼子） ☆国際理解教育からみたことばのもつ多様な役割（山西優二） ☆国際理解教育におけることばの学びの再考——ことばの身体性に根ざす学びの可能性（横田和子） ☆国際的に認知される言語の多様性と欧州の言語教育政策の背景（丸山英樹） ☆国際理解教育としての外国語授業——意識と態度形成を中心に据えた「ことばの学習」（吉村雅仁） ☆国際理解教育におけることばの力の育成——大学における協働学習を通した日本語教育からの提言（岡本能里子） ☆地域日本語教育からみる国際理解教育の課題——生活のためのことばの視点から（服部圭子） ☆「ことばと国際理解教育」に関する文献リスト（宮örder祥子）
17号／2011年6月	■市民性教育における人権と国際理解教育の課題——「普遍的人権を学ぶこと」再考（野崎志帆） ■シティズンシップ教育における包摂的ナショナル・アイデンティティの検討（北山夕華） ■葛藤のケアからみる国際理解教育の課題（横田和子） □小学校英語活動の「文化理解」に関する指導——『英語ノート』に見る問題点を克服するための提言（加賀田哲也） □「複文化の統合」を視点にした外国人児童への実践の試み——中国人児童に対する歴史学習の場合（南浦涼介） ☆21世紀の学校における国際理解教育——日本国際理解教育学会20周年記念講演（佐藤学） ☆特定課題研究プロジェクトについて（嶺井明子） ☆多元的シティズンシップによる国際理解教育概念の再構築——ユネスコと日本を事例として（嶺井明子） ☆多元性・多層性から読み解くグローバル・シティズンシップ——「グローバルなものの見方」を基軸として（小関一也） ☆国を越えるリージョナル・シティズンシップを育成する教育——ヨーロッパの事例から（中山あおい） ☆多文化教育から問いなおすナショナル・シティズンシップ——アメリカの歴史カリキュラム改革を通して（桐谷正信） ☆「グローバル時代のシティズンシップと国際理解教育」プロジェクト文献リスト（杉田かおり）
18号／2012年6月	■国際理解教育における形成的アセスメントの可能性——アウトカムベースの授業設計と評価（石森広美） ■国際理解教育としての世界遺産教育——世界遺産を通した「多様性」の学びと学習者の「変化」（祐岡武志／石渕五十生） ■戦前期マニラ日本人学校における現地理解教育の取りくみ——『フィリピン読本』（1938年）の分析を中心に（小林茂子） ■国際「理解」の陥穽を問う——「沖縄」という他者を手がかりに（吉田直子）◇国際理解のための小学校歴史学習の一考察——外国の歴史教科書を使った授業実践を通して（太田満） ◇機織りを通して世界を眺める——小学校1年生の実践から（居城勝彦） ◇ことばで「世界」を見てみよう——「博学連携教員研修ワークショップ」のとりくみから（織田雪江） ☆ESDの実践へと導く四つのアプローチ——日本におけるグッド・プラクティスからの示唆（永田佳之） ☆ESD実践のための価値変容アプローチ——駒ヶ根市立赤穂東小学校での疑似体験授業（原郁雄）

号数	■研究論文　○研究ノート　□実践研究論文　◇実践研究ノート　☆企画研究・特別寄稿・特集論文・海外情報
19号／2013年6月	☆ESD実践のためのインフュージョン・アプローチ——奈良教育大学附属中学校のカリキュラム再編（竹村景生／曽我幸代） ☆ESD実践のためのホールスクール・アプローチ——自由学園における自治的生活と食育を事例に（髙橋和也／小林亮） ☆ESD実践のための地域課題探求アプローチ——大阪府立北淀高校の成果と大阪ユネスコスクール（ASPnet）学校群の試み（大島弘和／伊井直比呂） ■国際理解教育における批判的言語意識（Critical Language Awareness）の意義（黒川悠輔） ■国際理解教育における対話の諸課題——所与の関係性の視点から（市川秀之） ■相互理解におけるステレオタイプ変容プロセスの臨床的検討——日中大学院生の対話交流のナラティヴ・アプローチ分析を通して（津山直樹） ■多文化共生をめざす教育——英国の小学校における平和教育の事例から（坂出義子） ◇海外フィールドスタディと国際理解——タイ・ラオス国境でのフィールド調査を通して考える（乾美紀） ☆文化的多様性の学びと国際理解教育——共生社会の構築に向けて（横田和子） ☆国際理解教育における文化的多様性の課題——〈あいだ〉としての文化観へ（吉田直子） ☆文化的多様性への関係論的アプローチ——「場」的視座からの考察（河野秀樹） ☆国際理解教育の方法としての場と身体を問う——文化的多様性の学びほぐしへ（横田和子） ☆文化的多様性と国際理解教育　参考文献リスト（横田和子）
20号／2014年6月	■国際理解教育におけるESDで優先すべき学習内容——持続可能な社会づくりに関する課題の整理から（中澤静男） □意識変容の学習としての開発教育——ペダゴジーとアンドラゴジーの理論に基づく実践的検討（山中信幸） □日系移民学習における自尊感情と文化理解の意義——小学校3年「多文化社会に生きるわたしたち」の開発単元を通して（太田満） ◇ソーシャル・デザイン——地球的課題と国内の地域課題について解決策を考察する（飯沼瑞穂／松橋崇史／千代倉弘明） ◇小学校における多言語活動の教材開発と実践——国際理解教育としてのことばの多様性からのアプローチ（秦さやか） ☆特定課題研究プロジェクトについて（藤原孝章） ☆スタディツアーにおけるプログラムづくり——「歩く旅」から「学ぶ旅」への転換（藤原孝章／栗山丈弘） ☆スタディツアーにおける学びと変容——グアム・スタディツアーを事例に（居城勝彦／中山京子／織田雪江） ☆相互交流を通した「多様な変容」の実践的分析——高等学校海外研修の臨床的検討（大滝修／津山直樹／森茂岳雄／橋崎頼子） ☆JICA教師海外研修と国際理解教育——参加者への質問調査の分析と授業づくりへの示唆（松井克行／金田修治／堀幸美／山中信幸） ☆海外研修・スタディツアーと国際理解教育　参考文献リスト（栗山丈弘／藤原孝章）
21号／2015年6月	■一条校による国際バカロレア導入の意図と背景——学校管理職の語りから（渋谷真樹） ■ESDにおける「自己変容と社会変容をもたらす学び」——国連欧州経済委員会による理論的枠組みに焦点をあてて（曽我幸代） ○中学生は他国をどう見ているのか——日本・中国・米国の中学生に対するアンケート調査結果報告（中橋真穂／潘英峰／義永美央子） ◇ESDによる学校経営と教育実践の変革——ESDを学校の授業で活かすための教育システムの構築（中井精一） ☆グローバル時代の国際理解教育と教師教育の未来——ホリスティック・アプローチの可能性（成田喜一郎） ☆日韓の教育研究交流と教師の成長——日韓の教師への質問紙調査と半構造化インタビューから（釜田聡） ☆国際理解教育の観点からみた小学校教員の意識の変容——外国人講師との関わりから（高井延子） ☆ミュージアムにおける教員研修ワークショップの可能性——国際理解教育における博物館の活用（佐藤優香） ☆国際バカロレアの教育で「グローバル人材の育成」を行う教師と学校（星野あゆみ） ☆内発的な研修から生まれる国際理解教育の実践研究コミュニティー（林敏博）
22号／2016年6月	■国際理解教育における新たな参加型分析プロセスと成果検証方法の提案——個人別態度構造分析による異文化での学び（前田ひとみ） ■国際理解教育は「国家」をいかに扱うか——国家間における葛藤を経験させる教育の展望（大山正博） ■国際理解教育における「地域」の再考——開放性と重層性の視座から（小瑶史朗） ◇小学校国語学習でアイヌの昔話をどう取り上げるか——多文化教育の発想に立つことの意義（太田満） ☆戦後の道徳教育と国際理解教育——「特別の教科　道徳」の課題を中心に（貝塚茂樹） ☆国際理解教育にとっての「特別の教科　道徳」の危険性（池田賢市） ☆シティズンシップの育成における対話と自己肯定感——「特別の教科　道徳」と国際理解教育の相違を手がかりに（荒木寿友） ☆「道徳教育」と国際理解教育——私学中高一貫校における宗教教育の観点から（神垣しおり） ☆国際理解と災後の道徳教育——国際理解教育と東日本大震災から見える災後の道徳教育の姿（宍戸仙助）
23号／2017年6月	■マンガによる異文化理解教育の可能性——『まんがクラスメイトは外国人　入門編—はじめて学ぶ多文化共生—』を中心に（ギルデンハルト・ベティーナ） ■日本の教員養成課程の学生のナショナル・シティズンシップに対する意識——日本とノルウェーの7大学における調査を通して（橋崎頼子・北山夕華・川口広美・南浦涼介） □海外研修中止が生んだ札幌でのプロジェクト型多文化教育プログラム——学生たちの5ヶ月間の試み（西原明希） ☆資質・能力の育成とアクティブ・ラーニング——国際理解教育の授業デザインへの示唆（松尾知明） ☆国際理解教育実践におけるアクティブ・ラーニング（中山京子）

号数	■研究論文　○研究ノート　□実践研究論文　◇実践研究ノート　☆企画研究・特別寄稿・特集論文・海外情報
	☆国際理解教育の学習論としての「アクティブ・ラーニング」再考――参加型学習の実践事例の考察を通して（織田雪江） ☆国際理解教育におけるラーニング・フォー・アクションとしてのアクティブ・ラーニング――「せつなさ」の重要性（風巻浩） ☆アクティブ・ラーニングを活用したスタディツアーにおける学びの充実――「知る・考える・行動する」プログラムの実践を通して（大塚圭・小川正純・山田篤史） ☆国際バカロレア MYP 音楽の授業から考察するアクティブ・ラーニング（本多舞）
24号／2018年6月	■地球規模課題と国際理解教育――気候変動教育からの示唆（永田佳之） □地域の未来を積極的に創造しようとする生徒の育成――国際理解教育の観点を取り入れた地域学習を通して（小黒淳一・原瑞穂） ◇「共生」のための「対話」としての歴史学習――在日コリアンの視点を取り入れた「もう一つの歴史」の授業実践を通して（西村美智子） ☆「移動する子どもたち」の教育支援政策の課題と可能性――政府関連報告書を国際理解教育の視点から読み解く（福山文子） ☆SDGs 時代における移民・難民の受け入れの構造と政策（丸山英樹） ☆イギリスにおける「移動する子どもたち」の教育課題と支援――難民及び庇護希望者の受け入れに焦点をあてて（菊地かおり） ☆学生は「移動する子どもたち」との関わりから何を学んだか――「つながる会」の挑戦（浜田麻里） ☆横浜市における外国籍・外国につながる児童生徒への教育支援――横浜市教育委員会の支援事業の取組より（服部信雄）
25号／2019年6月	■韓国における「地球市民」育成に向けた政策の変遷――民族性との関係に着目して（神田あずさ） ■滞日ムスリム児童のエスノグラフィー――A 小学校における宗教的配慮への取り組みとムスリム児童の学校生活（松井理恵） □SDGs をテーマに取り組んだ学園祭における生徒の意識変容――知る・伝える「アクション」を「エシカル消費」につなぐ（織田雪江） ☆ユネスコの地球市民教育（GCED）が目指す共生型のグローバル人材育成の試み――地球市民アイデンティティを育成する意義は何か？（小林亮） ☆日本人学校におけるグローバル人材育成の課題（佐藤郡衛） ☆公設民営学校における国際バカロレアの導入は国際理解を推進するのか――新自由主義と国際理解教育の結節点としての「グローバル人材」育成（渋谷真樹） ☆国際バカロレアの検討による「グローバル人材育成」への示唆――ディプロマ・プログラム言語 A の実践に焦点を当てて（高松美紀） ☆SGH における「グローバル人材」育成――国際理解教育の視点から（石森広美） ☆外国にルーツを持つ地域に寄り添った多文化共生教育実践――小学校低学年における「グローバル社会に生きる資質・能力の育成」の可能性と課題（山田文乃）
26号／2020年6月	□「人種」をテーマにした小学校における実践――「人種」概念の捉え直しを試みる（東優也） □「帰国子女」からの問いかけと教師の応答経験の有意味性――オートエスノグラフィー1978-2006 を中心に（成田喜一郎） □国際理解教育とアフリカの民族舞踏学習――小学校におけるデジタル教材を活用した実践を通して（野田章子） □「目の見えない文化」を重視した日中異文化理解のための教材研究――異文化間誤解・摩擦事例を活用して（周勝男） ☆文科行政にみる「国際理解教育」政策の現在――2018年文科省組織再編と学習指導要領改訂から（嶺井明子） ☆多様な他者の声を聴き価値を創り出す道徳教育実践――ケアリングの視点から（橋崎頼子） ☆学習指導要領の改訂と国際理解教育――「言語」の側面から（南美佐江） ☆新学習指導要領が目指す教育課程――学習指導要領の展望（小山英恵）
27号／2021年6月	■共感の育成に向けた「差異を顕在化する教育実践」――IB 初等教育プログラム（PYP）校でのフィールドワークを通じて（岡村拳） □「異己」理解・共生授業プロジェクトにおける生徒の認識（釜田聡・原瑞穂・岩舩尚） 文化の協働的理解――アフリカ狩猟採集社会の象狩りを題材とした即興劇の創作（園田浩司・飯塚宜子） ○個人別態度構造分析による留学の長期的影響――3 年間の縦断調査による国際理解教育における新たな試み（前田ひとみ） ◇海外体験学習参加者と非参加者をつなぐ国際理解教育の可能性――タイの性的マイノリティ学生へのインタビュー調査に基づく実践から（杉野知恵） ☆オリンピックの理念と現実の乖離――人権問題、環境問題への着目から見えるもの（井谷惠子） ☆学校体育実践におけるオリンピック・パラリンピック教育と国際理解（鈴木聡） ☆オリンピック・パラリンピックと教育行政――国際理解教育の視点から見た課題と可能性（福山文子） ☆知的障害特別支援学校における国際理解教育――オリンピック・パラリンピック教育の実践から（中村晋）

※0号は日本国際理解教育学会刊、1号～15号は創友社刊、16号以降は明石書店刊。

（中山京子・菊地かおり）

あとがき

　日本国際理解教育学会は、2015年度に創設25周年を迎える。本書は、それを記念して出版するものである。

　2010年の創設20周年の折にも、その前後にいくつかの出版事業を企画し、学会の研究成果を世に問うてきた。それが、国立民族学博物館と連携した共同プロジェクト「博学連携教員研修ワークショップ」の研究成果をまとめた『学校と博物館でつくる国際理解教育―新しい学びをデザインする―』（中牧弘允・森茂岳雄・多田孝志編、明石書店、2009年）、学会の主要メンバーで取り組んだ科学研究費による共同研究「グローバル時代に対応した国際理解教育のカリキュラム開発に関する理論的・実践的研究」の研究成果のエッセンスをまとめた『グローバル時代の国際理解教育―実践と理論をつなぐ―』（日本国際理解教育学会編、明石書店、2010年）、および学会のFD活動の一環として総力をあげて取り組んだ『現代国際理解教育事典』（明石書店、2012年）である。その後、遅ればせながら、2007年にユネスコ・アジア文化センター（ACCU）の助成を得て開催した「日韓中三カ国相互理解のための教材開発ワークショップ」の研究成果を、本学会とACCUの共同企画で『日韓中でつくる国際理解教育』（大津和子編、明石書店、2014年）として刊行した。このように本学会は、ここ数年、多くの会員と共同して研究成果を世に問うてきている。

　本書は、このような一連の学会の研究成果を踏まえ、特に『グローバル時代の国際理解教育―実践と理論をつなぐ―』の続編として、また学会の四半世紀の研究の集大成として刊行するものである。前書は、幸いにも国際理解教育の入門書、テキストとして学校現場や研究者からも好評を得て、大学等の授業テキストとしても多く使われ、版を重ねてきている。この度、本書を企画した意図は、前著掲載後の新しい実践を紹介すること、前著にはなかった国際理解教育の歴史や国際動向等の章を追加し、また『現代国際理解教育事典』では紙幅の関係で書ききれなかった国際理解教育各分野の最新の研究成果を十分に記述し、より包括的なテキストをめざそうとしたものである。本書が、国際理解教育の研究と実践に携わる者にとって一つの指針となり、国際理解教育研究の発展に寄与することを願ってやまない。

　本書の企画・編集にあたっては、学会の常任理事で構成する編集委員会（大津和子、永田佳之、中山京子、藤原孝章、嶺井明子、森茂岳雄：五十音順）が当たり、本書の各部の責任者として執筆者と丁寧なやり取りをしながら、それを編集委員会に持ち寄り数回にわたる協議を重ねるという方法で編集を進めた。執筆に協力くださった会員のみなさまに感

謝申し上げます。また、本書の出版にあたっては、『現代国際理解教育事典』に引き続き公文国際奨学財団からの助成を受けた。ここに記して感謝申し上げたい。

　最後になりましたが、今回の出版も明石書店が快くお引き受けいただきました。常務取締役の大江道雅氏、およびいつも丁寧な編集をして下さる森富士夫氏に感謝申し上げます。

2015年　春
戦後70年、日韓国交回復50年の年に
編集委員を代表して
森茂　岳雄

索　引

《A-Z》

ALACTモデル　124
ASPUnivNet　222
Baltic Sea Project　62, 85
DeSeCo　41, 43, 45, 47, 104
Education First Initiative　207, 217
EPD(Education for Environment Population and Sustainable Development)　212, 213
EU　49, 229-234
GIS　116
IALS　42
IB　142
IBE(国際教育局)　203
ICT　37, 39, 47, 65, 85, 115, 116, 128, 135-137, 140, 141
JICA(国際協力機構)　37, 44, 115, 117, 131, 189, 193
Learning to Be(『未来の学習』)　202
MDGs　205, 217
MOOCs　167
NCLB法(落ちこぼれ防止法)　44, 225
OECD(経済協力開発機構)　41-45, 56, 68, 104, 135, 137, 181, 217
Only One Earth　202, 224
PIAAC　42, 43
PISA　42-48, 104, 137
RICEプロジェクト　66
SDGs(サスティナブル開発目標)　205, 206
SNS　128
The Western Mediterranean Sea Project (PMO)(西地中海プロジェクト)　64
Transatlantic Slave Trade(TST)Project(大西洋間奴隷貿易プロジェクト)　63

《ア行》

アイデンティティ　20, 22, 24, 26, 82, 83, 104, 125, 180, 183, 185, 187, 214, 220, 225, 227, 233-235
アイヌ　20, 24, 94, 101, 150, 151
アウトカム　95, 109, 110
アウトリーチ教材　114-117
アクティブ・ラーニング　111
アセスメント　13, 106-110
新しい問題解決学習　90, 93
アメリカ教育学会　227
アンダーソン, L.　17, 224
「アンブレラ」概念　82
生きる力　8, 11, 37, 42, 58, 104, 105, 111, 131, 137
イスラム教徒　232
一条校　142

イデオロギー教育　215
異文化間教育　16, 19, 20, 82, 229-234
異文化間コミュニケーション　20, 91, 93
異文化コミュニケーション　98
異文化適応　20
異文化理解　10, 11, 13, 19, 35, 38, 39, 88, 90-94, 104, 129, 136, 140, 141, 155, 194, 217
移民　18, 74, 114-117, 125, 134, 160, 182, 229, 231, 234
いみんトランク　117
インタビュー　88, 90, 93, 106, 115
インドシナ難民　187
内なる国際化　203
宇宙船地球号　17, 91, 224
英語活動　33, 39, 130, 135, 149
映像・絵画教材　114
オールドカマー　187
オゾン層破壊　100
音声教材　114, 115

《カ行》

カードゲーム　161, 162, 166, 169
海外教育実習　34, 35
海外研修　12, 32, 34, 35, 79, 83, 129
海外スタディツアー　34, 35, 37, 181
海外ボランティア　32, 181, 189
外国語活動　38, 39, 57, 69, 75, 128, 149, 150, 154
外国人児童生徒　19, 37, 58, 130
外国人労働者　19, 24, 89-91, 94, 116, 216, 229, 234
概念的多文化カリキュラム　92
開発教育　8, 9, 13, 16, 18, 66, 68, 81, 88, 119, 121, 128, 193, 195-198, 218
開発教育協会　9, 18, 166, 196
学習意欲　104, 107, 150, 156
学習活動案　116
学習計画力　104
学習指導要領　8, 10, 11, 13, 21, 34, 42, 43, 49, 54, 56-58, 69, 72, 76, 88, 104, 105, 128, 130, 133, 136, 156, 180, 191, 204, 229-231, 234
『学習：秘められた宝』　24, 207
学習ログ　106
課題解決力　104
価値教育　211, 222
学校行事　78, 130
学校経営　128, 130, 134, 135
学校全体型　12
『学校における国際理解教育の手びき』　54, 56, 70

紙芝居　114, 115, 117, 119, 136-140
カリキュラム開発　10, 11, 37, 64, 78, 81, 82, 88, 90-95, 115, 136, 143, 149, 155, 161, 168, 198, 212
カリキュラム評価　95
カルタ　114, 115, 117, 154
ガルトゥング, J.　21
環境教育　63, 66, 81, 82, 85, 88, 119, 121, 125, 128, 131, 181, 204, 208
環境国際会議　100
韓国ユネスコ国内委員会　216, 218, 219, 220
観察法　106
観想　122, 123, 124
寛容　8, 9, 21, 65, 96, 97, 98, 102, 104, 136, 149, 150, 167, 210, 225, 229, 230, 234
キー・コンピテンシー　23, 41, 42, 104, 106, 135, 137
帰国子女教育　10, 56, 57, 77-80, 82, 204
帰国児童生徒　19, 130
帰国生　24
希少性　88-90, 93
技能目標　89, 90, 92, 93
逆向き設計　95, 109, 110, 142
教育課程審議会答申　56, 57
教育刷新委員会　53
教育刷新審議会　53
教育実習　34, 35
「教育の国際化白書」　57
教育の四つの柱　64
教員研修　9, 12, 33, 38-40, 57, 122, 125, 210, 211, 213, 218, 222
教員の海外派遣　56
教員養成　33-37, 119, 122, 206, 222
教科学習　16, 36, 63, 78, 125, 128
教科準拠型教育　104
教科融合型　11, 13
教具　113-116, 128, 144, 181
教材　32, 37, 49, 55, 62, 63, 69, 76, 85, 88, 91, 92, 113-117, 125, 129, 131, 133, 150, 152, 154-157, 161, 166, 168, 188, 190, 191, 194-196, 207, 210-212, 220
教師教育　9, 37, 39, 119, 122, 222, 224, 225, 227
教職大学院　33, 37, 38
共通歴史教科書　49
協働学習　141
京都議定書　100
グアム・スタディツアー　35, 183, 186
クニーブ, W.　17, 90, 223
グラント, C. A.　226

グローバリゼーション　9, 17, 18, 22, 23, 99, 102, 105, 187, 223, 225, 227
グローバル・アクション・プログラム(GAP)　22, 66, 100, 206
グローバル・イシュー　13, 17, 80, 104, 108, 194, 196, 198
グローバル化　11, 19, 20, 22, 24, 26, 28, 33-35, 37-39, 42, 58, 59, 72-74, 77, 79, 96, 98, 105, 115, 117, 125, 128, 130, 135, 167, 180, 181, 203, 208, 210, 212, 214, 216-219, 225, 230, 234, 235
グローバル教育　8, 9, 12, 13, 16-18, 81, 88, 89, 90, 92, 93, 125, 128, 132, 135, 223-225, 227, 228, 235
グローバル・システム　90-93
グローバル・シティズンシップ　11, 17, 18, 22, 66, 84, 208, 217
グローバル・シティズンシップ教育(GCED)　59, 66, 202, 206
グローバル社会　8, 11, 12, 14, 17, 22, 82, 83, 88, 89, 93, 98, 99, 102-105, 115, 116, 125, 180, 210, 223
グローバル人材　13, 23, 33, 39, 45, 47, 59, 76, 84, 111, 130, 131, 135, 181, 186, 217, 228
ゲイ, G.　226
経験の円錐　120-123
経済産業省　22
形成的アセスメント　106, 107
ケース, R.　223
ケータイ　100, 193
ゲーム　67, 81, 90, 93, 99, 120, 123, 161
言語教材　114, 115, 116
原発　29, 68
公正　14, 18, 21, 22, 24-31, 88-90, 93, 156, 225-227, 235
構造的暴力　21, 62, 96, 97, 100, 102
公民権運動　225, 226
コーガン, J.　17, 18
国際開発学　98
国際教育課　52, 58
国際教育協力　9, 37
国際教育到達度評価学会(IEA)　42, 43
国際協調　69-74, 76, 156
国際協力　9, 16, 18, 36, 52, 55, 57, 58, 65, 71, 73, 74, 77, 80, 89, 101, 102, 199, 202, 216, 222
国際経済学　98
国際結婚家庭　19
国際交流　12, 13, 36, 55, 58, 65, 68, 70, 71, 79, 85, 130, 133, 134, 181-183, 186, 188, 189, 222
国際交流協会　30, 131, 187, 188, 193
国際社会に生きる日本人　55, 69-71, 73, 74, 76, 156

国際人権規約　20
国際親善　70, 71, 72, 74
国際社会学　98
国際政治学　78, 98
国際統括官　52, 58, 59
国際バカロレア　142
国際理解教育専門官　57, 58
『国際理解教育の手引き』　56
国際理解教育の目標　72, 81, 82, 91, 92, 96, 103, 211
国際理解、国際協力及び国際平和のための教育並びに人権及び基本的自由についての教育に関する勧告　16, 55
『国際理解の推進のために』　57
国際理解のための学校教育協議会　56
国立民族学博物館　38, 117
国連ESDの10年　42, 65, 85, 100, 206, 213, 218, 219
国連環境計画　204
国連・環境と開発に関する国際会議　21, 63
国連人間環境会議　202, 204, 224
国連ミレニアム宣言　205
国家的アイデンティティ　215
子どもの権利条約　89, 100, 102, 231
子どもの貧困　233
子ども兵士　231, 233
コミュニケーション(能力)　8, 9, 12, 13, 22, 26, 33-36, 41, 47, 48, 58, 64, 75, 76, 90, 92, 96, 97, 102, 104, 105, 107, 116, 129, 133, 137, 142, 148, 154-156, 160, 161, 190, 211, 224
コラージュ　35, 183, 184, 185
コリンズ, H. T.　223
コロニアリズム　183, 186
コンセプトマップ　119
コンピテンシー　41, 42, 44, 47, 82, 105, 111, 131, 135, 137, 167, 208, 228, 230, 231
コンピュータ　42, 43, 46, 47, 94, 106, 135, 136, 141, 223
コンフリクト解決　104

《サ行》

在日韓国・朝鮮人　19, 94, 187
在日コリアン　24, 101
サスティナビリティ(持続可能性)　60, 66, 131, 167, 204-206, 208
差別　20, 26, 63, 64, 89, 94, 98, 100, 102, 112, 117, 149, 167, 168, 170, 220, 226, 227, 229, 235
参加型学習　12, 18, 66, 67, 119-124, 195
参加・協力　8, 97, 98
参画の階梯　121
産業廃棄物　100
ジェネリック・スキル　111

ジェンダー　19, 35, 41, 65, 100, 102, 112, 168
視覚教材　114, 115
識字教育　9, 41, 187
自己アセスメント　107, 108, 109
自己教育力　109
自国中心史観　101, 102
自己省察　109, 122, 154, 197
自己変容と社会変容のための学び　206
持続可能な開発　21, 23, 24, 32, 63, 65, 66, 85, 102, 167, 202, 204-206, 208, 224, 227, 232, 233
持続可能な開発のための教育(ESD)　9, 10, 12, 13, 16, 21, 22, 24, 58, 61, 63, 65-68, 73-75, 83, 85, 119, 121, 122, 128, 130, 131, 133, 196-198, 202, 204-206, 208, 210, 212-215, 218, 219, 222, 225
視聴覚教材　100, 114, 115, 116
実践的指導力　34, 36, 37
実物教材　114, 116, 117
シティズンシップ教育　9, 16, 22, 81, 83, 119, 180, 206
児童労働　116, 143, 168, 172, 194, 231, 232, 233
磁場　69, 82, 84
自文化中心主義　99, 102, 112
自文化理解　136, 140, 141, 155
シミュレーション　81, 88, 93, 114-116
市民社会　22, 121, 175, 180, 220
市民団体　30
社会教育　16, 30, 32, 53, 59, 114, 119, 122, 133, 195, 198
社会参加(参画)　14, 26, 28, 35, 89, 90, 93, 101, 102, 121, 187, 189, 194, 198
社会人基礎力　111
社会的正義　101, 102
社会統合　235
社会奉仕活動推進企画官　59
修士課程　33, 37, 122
重層的アイデンティティ　9
集団的記憶喪失　182
授業改善　13, 95
授業評価　96, 137, 140, 141
障がい　19
生涯学習　12, 16, 104-106, 109, 111
消極的平和　100
省察　14, 35, 36, 40, 42, 61, 109, 122-124, 182, 196, 197
情報格差　99, 102
情報操作　99, 102
植民地　125, 174, 175, 182, 185
触覚(実物)教材　114
初等中等教育における国際教育推進検討会　58

初任者・現職教員の研修　33
人権　8-10, 16, 18-21, 23, 54, 55, 58, 60-62, 64, 65, 75, 77, 80, 82, 89, 92-94, 96, 97, 99-102, 104, 112, 115, 117, 129, 155, 168, 170, 173, 180, 183, 202-204, 207, 211, 218, 223, 226, 229, 232, 233, 235
人権教育　9, 10, 16, 20, 66, 81, 82, 88, 112, 128, 133
人権擁護団体　232
震災　26, 29, 68, 180
人種差別主義　226, 229
人種差別撤廃条約　20
人身売買　181
森林破壊　100
人類愛　69, 75
人類共通の課題　8, 10, 89
スーパーグローバル　33, 181
すごろく教材　115, 116
スタディツアー　12, 32, 38, 83, 129, 166, 168, 174, 181, 183-186, 189
スタンフォード大学国際・異文化理解プログラム(SPICE)　224
ステレオタイプ　129, 189, 196, 223, 226
スマートフォン　47, 97, 171
スリーター, C. E.　226
生活と文化　88, 89, 91, 93
政治教育　230
『成長の限界』　17, 202, 224
正統的周辺参加論　14
世界遺産　10, 32, 66, 199, 214
世界環境会議　102
世界史A　174
世界市民性　9-11, 52, 217, 218
世界市民性教育　16, 22, 218
世界人権宣言　20, 60, 61, 168, 170, 173
世界的／国際的視野　69
世界の中の日本　8
セクシュアリティ　100, 102
積極的平和　21, 100, 102
全国学力・学習状況調査(全国学力テスト)　43
先住民族(先住民)　36, 64, 89, 94, 125, 129, 143, 182-185, 226
全体文化(上位文化)　98, 102
全米教師教育カレッジ協会　224
全米教師教育資格認定協議会　224, 227
全米グローバル教育フォーラム　224
全米社会科協議会(NCSS)　17, 224, 225
全米幼児教育学会　227
全連関的なカリキュラム　121-123
相互依存　8, 63, 71, 72, 83, 85, 88-94, 96-99, 102, 105, 116, 220
総合的な学習の時間(総合学習)　10, 11, 34, 42, 49, 57, 58, 65, 69, 75, 76, 81, 88, 96, 101, 105, 119, 121, 128, 129, 136, 149, 150, 161
創作叙事詩・解題　119, 123

《タ行》
「第一次米国教育使節団報告書」　53
体験学習　32, 36, 119, 133, 134, 181, 182, 186, 217
体験目標　9, 96, 97
対抗文化　99, 102
態度目標　71, 89, 90, 93
第二言語習得　20
「第二次米国教育使節団報告書」　54
対話　8, 12-14, 41, 49, 64, 65, 81, 85, 106, 121, 123, 174-180, 185, 189, 206, 207, 230
対話型学習　12, 13
対話型授業　12
対話型評価　106
「多から一へ」　226
多言語学習　191
多元的アイデンティティ　59
多国間国際協同実践　62, 63, 65
多国籍企業　28, 91, 99, 116, 219, 225
他国の理解　60, 61
タブレット　47, 116, 141
多文化家庭　216, 217, 220
多文化教育　16, 18, 19, 134, 190, 216, 217, 219, 220, 223, 225-228
多文化共生社会　20, 24, 105, 187, 191, 228
多文化社会　8, 11, 12, 14, 17-19, 62, 82, 97, 98, 102, 103, 115-117, 217, 223, 225-229
多文化主義　18, 19, 190, 226
単独教科型(教科統合型)　11
地域　8, 10, 12, 24-34, 36-39, 65, 66, 68, 75, 83, 84, 92, 94, 96-104, 121, 122, 125, 128, 130-133, 135, 136, 143-145, 147, 162, 164, 168, 180, 185, 187-191, 193, 195, 199, 204, 206, 210, 213-218, 224, 235
地域通貨　28
地域日本語教育　9, 150, 187, 188, 191
地球サミット　21, 205, 213
地球市民　8, 11, 28, 35, 71, 80-83, 88, 91, 93, 104, 106, 108, 110, 155, 193, 211, 222, 223, 227, 235
地球社会　8, 9, 18, 28, 29, 96, 99, 101, 223
地球的課題　8, 9, 11, 14, 39, 60, 73, 82, 88, 89, 93, 94, 96, 98-104, 115, 116, 132, 135
知識基盤社会　22, 41, 104, 105, 130, 228
知識(情報)活用　104
知識・理解目標　8, 82, 96, 97
チャモロ　125, 129, 183–186
中央教育審議会答申「教育・学術・文化における国際交流について」　55
中教審「21世紀を展望した我が国の教育の在り方について(第一次答申)」　57
聴覚教材　114, 115
直接的暴力　96, 97, 100
チョコレート　116, 193, 194
ツーリストアプローチ　227
ツーリズム　32, 183
ディベート　67, 93, 107, 119, 121
デール, E.　120, 121, 123
帝塚山学院大学国際理解研究所　79
伝統文化理解教育　59
デンバー大学国際関係教育センター　224
同化主義　217, 225, 226
道具的イデオロギー　41, 45, 47
当事者意識　101, 102, 129, 155, 199
道徳教育　59, 75, 180, 215
同僚性　40
討論力　104
同和問題　20
ドーナツチャート　119, 120
読解力　42, 104
ドロール・レポート　81
トロント大学オンタリオ教育研究所(OISE)　122

《ナ行》
ナショナル・アイデンティティ教育　83
南北問題　18, 75, 116
ニーケ, W.　230
21世紀型スキル　104, 106, 137, 207
日系アメリカ人　115, 117
日本型国際理解教育　56, 80, 204
日本語教育　37, 57, 187-191
日本語支援　187, 188
日本人移民　115, 117, 182
日本人学校　78, 131, 183
日本ユネスコ国内委員会　21, 52-55, 58, 60, 62, 65, 70-72, 87, 113, 114, 222
ニューカマー　187
人間開発　102
人間環境宣言　202
人間関係構築力　104
人間としての尊厳　8, 89, 90, 93, 96, 97
人間の安全保障　65, 100, 102
人間力　37, 111

《ハ行》
博学連携　9, 38, 39, 81
パネルディスカッション　119
パフォーマンス課題　95, 107
パフォーマンス評価　106
ハンヴェイ, R.　17, 223, 224
潘基文国連事務総長　207, 217
汎教科　216, 218, 220
バンクス, J.　19, 226, 227

万人のための教育　41, 64
ピア（相互）アセスメント　108
ピクチャー・アナリシス　90, 93
批判的思考力　47, 68, 104, 109
批判的社会理論　19
批判的人種理論　227
批判的多文化主義　227
「ひょうたん島問題」　116, 120
貧困　18, 21, 24, 65, 73, 80, 91, 96, 97, 100, 116, 125, 167, 168, 172, 173, 180, 199, 205, 225
ファシリテーション　129, 197, 206
ファシリテーター　10, 119, 120, 123, 129, 135, 162, 169, 176, 193-198, 206
フィールドワーク　129, 174, 181, 183, 218
ブーバー, M.　121
フェアトレード　28, 36, 233
フォトランゲージ　162
複言語主義　150, 190
婦人の権利　60, 61
ブッシュ政権　225
部分文化（下位文化）　98, 102
プラザ合意　79
振り返り　109
ブルントラント, G. H.　204
ブレア政権　204
文化交流　8, 37, 58, 72, 98, 99, 102, 117, 189
文化支配　102
文化人類学　78, 98, 184, 185
文化創造　25, 102
文化対立　96, 97, 99, 102
文化多元主義　226
文化的多様性　8, 64, 65, 83, 96-98, 207, 226, 229, 231, 232
文化の変容　24, 32
文化摩擦　91, 96, 97, 99, 102
文化力　25, 27, 29, 31
文教政策　9, 10, 52, 53, 59, 79, 128
紛争　10, 12, 20, 49, 75, 88, 89, 91-93, 96, 97, 99, 100, 102, 103, 173, 178, 180, 199, 203, 219, 223, 225, 231-234
『文ユ資料』　53
米国同時多発テロ事件　202, 203
ヘイトスピーチ　20, 167, 180
平和　8-10, 18, 20, 21, 24-31, 52, 53-55, 58, 59, 60, 62, 64-66, 69-77, 80, 82, 89, 91-94, 96, 97, 99-102, 104, 115, 117, 128, 135, 168, 170, 173, 174, 176-178, 180, 185, 186,
199, 202-204, 207, 208, 210-212, 216, 218, 229, 231-233
平和学　78, 98, 100
平和教育　16, 20, 21, 53, 54, 66, 88, 128, 210, 212, 216
平和の文化　10, 21, 24, 85, 100, 102, 121
ベッカー, J.　17, 224
ベネット, C. I.　226
ポートフォリオ評価　106
ホーマン　230
ホーリズム　208
母語　36, 129, 149, 150, 155, 156, 187-191, 229
ポストコロニアル　182, 183, 225
ボランティア活動　34, 36, 101, 102, 119, 121, 181, 189

《マ行》

マイノリティ　18, 19, 89, 98, 102, 112, 125, 224-226, 229, 234, 235
マインドセット　104
マジョリティ　19, 98, 102, 214, 229, 235
学びの共同体　14
学びの経験（履歴）　95
学びのデザイン　119
学びの転換　12, 14
マルクス主義　215
見通し（予察・展望）　123
未来に向けて　88, 89, 93
未来への選択　8, 11, 13, 14, 74, 82, 98, 101-103, 116, 117
ミレニアム開発目標　41, 65, 167, 205, 217
民族　8, 11, 18, 20, 24, 30, 49, 62, 72, 73, 75, 91-93, 100-102, 117, 129, 133, 151, 177, 181, 183, 184, 199, 203, 210, 214, 215, 219, 220, 224-227, 229, 231, 232
民族教育　9, 214
みんぱっく　117
メタ認知能力　109
メディア・リテラシー　8, 97, 99, 102
メリーフィールド, M.　18, 224
免許更新講習　33, 38, 191
面接法　106
問題解決　8, 12, 25, 27, 28, 30, 31, 44, 47, 65, 85, 88, 97, 104, 105, 107, 112, 137, 174, 176, 179, 190, 194, 226, 227
文部科学省　9-11, 13, 21, 33, 43, 52, 56, 58, 65, 66, 67, 78, 81, 105, 115, 137, 181, 187, 219, 222

《ヤ行》

「ゆとり」　42, 44
ユニセフ（UNICEF）　18, 64, 101, 233
ユネスコ（UNESCO）　9, 10, 16, 21, 22, 24, 41, 52-60, 64-66, 70, 72, 77, 78, 80-82, 85, 88, 91, 93, 100, 102, 135, 199, 202-204, 206-208, 210-214, 222, 231, 233
ユネスコ・アジア太平洋国際理解教育センター　219
ユネスコ活動に関する法律　54
ユネスコ協同学校　10, 52, 54-56, 58, 60-62, 65, 66, 77-80, 128, 216, 218, 233
ユネスコ憲章　21, 55, 70, 85, 202, 208
ユネスコ国際教育勧告　9, 22, 23, 62, 99, 202, 216
ユネスコ実験学校　60, 61
ユネスコスクール（ASPnet）　12, 22, 58, 60, 62, 65-68, 204, 222, 233
ユネスコ21世紀教育国際委員会　24, 64
ヨーロッパ中心史観　101, 102
ヨーロッパ中心主義　182
ヨハネスブルクサミット　21
読み物教材　114, 115

《ラ行》

ライフスキル　105, 111
ラドソン−ビリング, G.　227
ラマダン　232
ランキング　90, 93, 194, 195
リオ・デ・ジャネイロ　63
リテラシー　41, 42, 44, 45, 47, 105, 111, 133, 137
留学生　19, 24, 36, 37, 56, 57, 79, 181
琉球　24, 151
臨時教育審議会　10, 56, 57, 69
ルーブリック　95, 107, 108, 122, 142
レヴィ＝ストロース, C.　184
ローマクラブ　17, 202, 224
ロールプレイ　88, 93, 107, 119, 121, 193
論述力　104

《ワ行》

ワークシート教材　114
ワークショップ　12, 13, 36, 38, 39, 174, 176, 193, 194, 195, 196, 197, 198, 218
ワールドスタディーズ　9, 12, 18, 88, 89, 90
若者文化　98

257

執筆者一覧 (50音順、** 編集委員長、* 編集委員)

伊井直比呂(いい なおひろ) 第Ⅱ部2
大阪府立大学教授。専門：人権としての教育、国際理解教育、ESD、社会科教育。『教育福祉への招待』(共著、せせらぎ出版、2012年)、『現代国際理解教育事典』(共著、明石書店、2012年)、『グローバル時代の国際理解教育－実践と理論をつなぐ－』(共著、明石書店、2010年)

石森広美(いしもり ひろみ) 第Ⅲ部3
宮城県立仙台二華高等学校教諭、東北学院大学・宮城教育大学非常勤講師。専門：グローバル教育、国際理解教育、英語教育研究。『「生きる力」を育むグローバル教育の実践』(明石書店、2019年)、『グローバル教育の授業設計とアセスメント』(学事出版、2013年)、『シンガポール都市論』(共著、勉誠出版、2009年)

居城勝彦(いしろ かつひこ) 第Ⅳ部2-1
東京学芸大学附属高等学校教諭。専門：音楽教育、国際理解教育、幼小中連携。「音楽科と国際理解教育」日本国際理解教育学会編『現代国際理解教育事典』(明石書店、2012年)、「スタディツアーにおける学びと変容－グアム・スタディツアーを事例に－」日本国際理解教育学会編『国際理解教育』vol.20 (共著、明石書店、2014年) 東京学芸大学附属世田谷小学校『きく かたる かかわりあう子どもたち』(共著、東洋館出版社、2015年)

今田晃一(いまだ こういち) 第Ⅳ部1-3
大阪樟蔭女子大学学芸学部教授。専門：教育工学、教育方法、情報教育。『デジタル教材簡単レシピ』(監修、開隆堂出版、2010年)、『グローバル時代の国際理解教育－実践と理論をつなぐ－』(共編著、明石書店、2010年)、「デジタル教科書の動向とその指導方略としてのCSCL (Computer Supported Collaborative Learning) の検討」(『文教大学教育研究所紀要』第20号、7-14頁、2011年)

宇土泰寛(うと やすひろ) 第Ⅳ部1-2
椙山女学園大学教育学部名誉教授。専門：異文化間教育、グローバル教育、社会科教育。『地球号の子どもたち－宇宙船地球号と地球子供教室』(創友社、2000年)『地球時代の教育－共生の学校と英語活動』(創友社、2011年)『社会参画の授業づくり－持続可能な社会に向けて－』(共著、古今書院、2012年)

大津和子* (おおつ かずこ) 第Ⅲ部2
北海道教育大学名誉教授。専門：国際理解教育、国際教育開発、社会科教育。『SDGs達成に向けたESD実践事例集』(共編著、SDGs達成に向けたESDの授業実践力向上プロジェクト、2020年)、『日韓中でつくる国際理解教育』(編著、明石書店、2014年)

岡本能里子(おかもと のりこ) 第Ⅳ部5-2
東京国際大学国際関係学部教授。専門：社会言語学、日本語教育、異文化間コミュニケーション教育、メディアとことば研究、言語教育政策。『コミュニケーション能力の諸相－変移・共創・身体化－』(共著、ひつじ書房、2013年)『南太平洋島嶼国の社会経済開発と生物多様性の保護』(共著、南太平洋生態系保全学術懇談会、2016年)『メディアとことば 5 特集：政治とメディア』(共編著、ひつじ書房、2020年)『今そこにある多言語なニッポン』(共著、くろしお出版、2020年)『話し合いの可能性を考える』(共著、ひつじ書房、2020年)

風巻浩(かざまき ひろし) 第Ⅳ部4-2
東京都立大学特任教授。専門：社会科教育、国際理解教育、開発教育、多文化共生教育、シティズンシップ教育。『社会科アクティブ・ラーニングへの挑戦－社会参加をめざす参加型学習－』(単著、明石書店、2016年)、『実践 学校模擬選挙マニュアル』(共著、ぎょうせい、2016年)、『チャレンジ！多文化体験ワークブック－国際理解と多文化共生のために－』(共著、ナカニシヤ出版、2019年)、『事典 持続可能な社会と教育』(共著、教育出版、2019年)、『未来の市民を育む「公共」の授業』(共著、大月書店、2020年)

釜田聡(かまだ さとし) 第Ⅰ部4
上越教育大学大学院学校教育研究科教授。専門：総合学習、国際理解教育、社会科教育、教師教育。「日韓の教育研究交流と教師の成長－日韓の教師への質問紙調査と半構造化インタビューから－」(『国際理解教育』VOL.21、2015年)、『グローバル時代の学校教育』(共著、三恵社、2013年)、『日本とドイツの教師教育改革－未来のための教師をどう育てるか－』(共著、東信堂、2010年)

菊地かおり(きくち かおり) 資料1、2
筑波大学人間系助教。専門：比較・国際教育学、シティズンシップ教育。『岐路に立つ移民教育－社会的包摂への挑戦－』(共著、ナカニシヤ出版、2016年)、『イングランドのシティズンシップ教育政策の展開－カリキュラム改革にみる国民意識の形成に着目して－』(単著、東信堂、2018年)

金仙美(きむ そんみ) 第Ⅴ部2-2
韓国：中央大学校。専門：多文化教育、国際理解教育、学校教育。『平和をしるべし、平和である』(共著、図書出版トインイン、2013年)、『幸せな一週間』他10巻(翻訳書、ユネスコAPCEIU、2012年)

金賢徳（きむ ひょんどく）　第Ⅴ部2-2
韓国：巨済大学校。専門：国際理解教育、多文化教育、教育課程。『みんなのための国際理解教育』（共著、サルリムト、2015年）、『多文化社会と国際理解教育』（共著、トンニョク、2008年）、『教室での国際理解教育』（共著、教育科学社、2005年）

桐谷正信（きりたに まさのぶ）　第Ⅱ部3
埼玉大学教育学部教授、東京学芸大学大学院連合学校教育学研究科教授（兼）。専門：多文化教育、社会科教育、歴史教育、国際理解教育、カリキュラム研究。『アメリカにおける多文化的歴史カリキュラム』（東信堂、2012年）、『新社会科教育の世界－歴史・理論・実践－』（共編著、梓出版、2014年）、『シティズンシップ教育で創る学校の未来』（共著、東洋館出版社、2015年）

佐藤貢（さとう みつぐ）　第Ⅳ部3-2
江別市立江別第三中学校教頭。専門：国語教育。

姜英敏（じゃん いんみん）　第Ⅴ部2-1
中国：北京師範大学国際・比較教育研究院副教授。専門：比較教育、国際理解教育、シティズンシップ教育。『構造的ディスコミュニケーション分析』（共著、東京大学出版会、2011年）、『世界のシティズンシップ教育』（共著、東信堂、2007年）、『日韓道徳課理念比較研究－文化衝突視角－』（著書、北京師範大学出版社、2003年）

永田佳之*（ながた よしゆき）　第Ⅴ部1
聖心女子大学文学部教育学科教授。専門：比較教育学、ESD（持続可能な開発のための教育）など。『多文化共生社会におけるESD・市民教育』（共著、ぎょうせい、2014年）、「グローバル化時代における〈聖心スピリット〉の涵養：海外スタディツアーの試みを事例に」（聖心女子大学キリスト教文化研究所編『宗教なしで教育はできるのか』春秋社、2013年）など。

中山あおい（なかやま あおい）　第Ⅴ部3-2
大阪教育大学准教授。専門：比較教育学、異文化間教育・多文化教育、国際教育。「国を超えるリージョナル・シティズンシップを育成する教育」（『国際理解教育』vol.17、2011年）、『PISA後の教育をどうとらえるか－ドイツをとしてみる－』（共著、八千代出版、2012年）『シティズンシップへの教育』（共著、新曜社、2010年）

中山京子*（なかやま きょうこ）　第Ⅳ部1-1、5-1、資料1、2
帝京大学教育学部教授。専門：社会科教育、国際理解教育、多文化教育。『入門 グアム・チャモロの歴史と文化－もうひとつのグアムガイト－』（共著、明石書店、2010年）、『グアム・サイパン・マリアナ諸島を知るための54章』（編著、明石書店、2012年）、『先住民学習とポストコロニアル人類学』（御茶の水書房、2012年）

成田喜一郎（なりた きいちろう）　第Ⅲ部5
自由学園最高学部特任教授、専門：ホリスティック教育／ケア学、国際理解教育、ESDカリキュラムデザイン研究、『教員養成を哲学する－教育哲学に何ができるか－』（共著、東信堂、2014年）、『ユネスコスクールによるESDの実践－教育の新たな可能性を探る－』（共著、アルク、2013年）、『グローバル時代の国際理解教育－実践と理論をつなぐ－』（共著、明石書店、2010年）

秦さやか（はた さやか）　第Ⅳ部2-2
新宿区立淀橋第四小学校教諭。専門：国際理解教育、ESD、開発教育実践。「小学校における多言語活動の教材開発と実践」（共著、『国際理解教育』vol.20、明石書店、2014年）、Chidren Encounter the World through Languages, *SangSaeng*, no.38（APCEIU, 2013）

林香織（はやし かおり）　第Ⅳ部4-1
札幌北斗高等学校教諭。専門：英語教育、国際問題研究担当。「ジェンダー版『ちがいのちがい』気づき、学び合い、自分を知る教材」（『開発教育』63号、2016年）

福山文子（ふくやま あやこ）　第Ⅲ部4
専修大学経営学部准教授。専門：教育行政、多文化教育、国際理解教育。「オリンピック・パラリンピックと教育行政－国際理解教育の視点から見た課題と可能性－」（『国際理解教育』vol.27、2021年）、『社会科における多文化教育－多様性・社会正義・公正を学ぶ－』（共著、明石書店、2019年）、『「移動する子どもたち」の異文化適応と教師の教育戦略』（単著、八千代出版、2016年）

藤原孝章*（ふじわら たかあき）　まえがき、第Ⅰ部1、コラム1
同志社女子大学現代社会学部特任教授。専門：国際理解教育、社会科教育、シティズンシップ教育、グローバル教育。『グローバル教育の内容編成に関する研究』（単著、風間書房、2016年）、『大学における海外体験学習への挑戦』（共編著、ナカニシヤ書店、2017年）、『18歳成人社会ハンドブック－制度改革と教育の課題－』（共著、明石書店、2018年）、『教師と人権教育－公正、多様性、グローバルな連帯のために－』（共監訳、明石書店、2018年）、『SDGsカリキュラムの創造－ESDから広がる持続可能な未来－』（共編著、学文社、2019年）、『新版 シミュレーション教材「ひょうたん島問題」－多文化共生社会ニッポンの学習課題－』（単著、明石書店、2021年）

松尾知明（まつお ともあき）　第Ⅴ部3-1
法政大学キャリアデザイン学部、教授。専門：多文化教育とカリキュラム。『多文化クラスの授業デザイン－外国につながる子どものために－』（明石書店、2021年）、『「移民時代」の多文化共生論－想像力・創造力を育む14のレッスン－』（明石書店、2020年）、『多文化教育の国際比較－世界10カ国の教育政策と移民政策－』（明石書店、2017年）

丸山英樹(まるやま ひでき)　第Ⅰ部5
上智大学総合グローバル学部教授。専門：比較国際教育学、サスティナブル教育、ESD、移民教育研究。『ノンフォーマル教育の可能性』(共編著、新評論、2013年)、『トランスナショナル移民のノンフォーマル教育』(明石書店、2016年)、『グローバル時代の市民形成』(共著、岩波書店、2016年)、『教育学年報11：教育研究の新章』(共編著、世織書房、2019年)、Cross-Bordering Dynamics in Education and Lifelong Learning (編著、Routledge、2020年)

南美佐江(みなみ みさえ)　第Ⅳ部3-1
奈良女子大学附属中等教育学校教諭。専門：外国語教育、異文化コミュニケーション。主著：「WTC (Willingness to Communicate) を高める国際交流－地球市民育成の視点から－」(立教大学大学院 異文化コミュニケーション研究科『異文化コミュニケーション論集』第10号、2012年)、「地球市民に必要なコミュニケーション能力育成－国際交流実践から見えること－」(日本学校教育学会『学校教育研究』2012年)

嶺井明子[*](みねい あきこ)　第Ⅱ部1
筑波大学人間系教授。専門：比較・国際教育学、国際理解教育、シティズンシップ教育。『世界のシティズンシップ教育－グローバル時代の国民／市民形成－』(編著、東信堂、2007年)、『共生と希望の教育学』(共著、筑波大学出版会、2011年)、『中央アジアの教育とグローバリズム』(共編著、東信堂、2012年)

森田真樹(もりた まさき)　第Ⅰ部2
立命館大学大学院教職研究科教授。専門：国際理解教育、社会科教育、教師教育。『現代国際理解教育事典』(共著、明石書店、2012年)、「国際理解教育と社会科教育のインターフェース－歴史教育の役割を中心に－」(『立命館教職教育研究』創刊号、2014年)、「社会科教育研究におけるグローバル教育についての考察」(『社会科教育研究』95号、2005年)

森茂岳雄[**](もりも たけお)　第Ⅲ部1、関連文献目録、あとがき
中央大学文学部教授。専門：多文化教育、国際理解教育、社会科教育、カリキュラム研究。『日本人と海外移住－移民の歴史・現状・展望－』(共編著、2018年、明石書店)、『社会科における多文化教育－多様性・社会正義・公正を学ぶ－』(共編著、2019年、明石書店)、『「人種」「民族」をどう教えるか－創られた概念の解体をめざして－』(共編著、2020年、明石書店)

山西優二(やまにし ゆうじ)　第Ⅰ部3
早稲田大学文学学術院教授。専門：開発教育、国際理解教育、共生社会論。『地域から描くこれからの開発教育』(共編著、新評論、2008年)、『環境教育と開発教育－実践的統一への展望：ポスト2015のESDへ－』(共著、筑波書房、2014年)、『多文化共生の地域日本語教室をめざして－居場所づくりと参加型学習教材－』(共編著、松柏社、2018年)

山中信幸(やまなか のぶゆき)　第Ⅳ部5-3
川崎医療福祉大学教授。専門：国際理解教育、社会科教育、学校教育。『開発教育－持続可能な世界のために－』(共著、学文社、2008年)、『開発教育で実践するESDカリキュラム』(共著、学文社、2010年)、『ESD実践教材集　身近なことから世界と私を考える授業Ⅱ』(共著、明石書店、2012年)

吉村雅仁(よしむら まさひと)　第Ⅳ部2-2
奈良教育大学教授。専門：言語意識教育、国際理解教育、外国語教育。「小学校における多言語活動の可能性」(平高史也・木村護郎クリストフ編『多言語主義社会に向けて』くろしお出版．2017年)、"Educating English Language Teachers to Critical Language Awareness: A Collaborative Franco-Japanese Project." (López-Gopar, M. (ed.) International Perspectives on Critical Pedagogies in ELT. Springer Nature, 2018)、"A Study on Multilingual Activities Originated by a Primary School Teacher in Japan: From a Viewpoint of Plurilingualism and Language Awareness." (『学校教育実践研究』Vol.12, 2020)

渡部淳(わたなべ じゅん)故人　第Ⅱ部4
前日本大学文理学部教授。専門：教育実践研究、国際理解教育、教師の専門性研究、アクティビティ研究、ドラマ教育。『教師　学びの演出家』(旬報社、2007年)、『教育におけるドラマ技法の探究－学びの「体系化」に向けて－』(共編著、明石書店、2014年)、『アクティブ・ラーニングとは何か』(岩波書店、2020年)

コラム執筆者
市瀬智紀(いちのせ とものり)宮城教育大学　コラム3
井ノ口貴史(いのくち たかし)元京都橘大学　コラム9
栗山丈弘(くりやま たけひろ)文化学園大学　コラム1
小林亮(こばやし まこと)玉川大学　コラム11
曽我幸代(そが さちよ)名古屋市立大学　コラム4
松井克行(まつい かつゆき)西九州大学　コラム2
田渕五十生(たぶち いそお)故人　元奈良教育大学　コラム10
野崎志帆(のざき しほ)甲南女子大学　コラム5
橋崎頼子(はしざき よりこ)奈良教育大学　コラム12
山本勝治(やまもと かつじ)東京学芸大学附属国際中等教育学校　コラム7

日本国際理解教育学会

　日本国際理解教育学会は、「国際理解教育の研究と教育実践にたずさわる者が、研究と実践を通して、我が国の国際理解教育を促進し、その発展に寄与すること」を目的（学会規約第2条）に、1991年に設立された。年一回の研究大会の開催、学会誌『国際理解教育』の刊行をはじめ、各種研究・実践集会の開催、研究成果の出版及び社会連携事業、海外の学会や研究機関との交流など、国際理解教育の充実と発展をめざした研究・実践活動を展開している。

【学会関連出版物】
『学校と博物館でつくる国際理解教育－新しい学びをデザインする－』（明石書店、2009年）
『グローバル時代の国際理解教育－実践と理論をつなぐ－』（明石書店、2010年）
『現代国際理解教育事典』（明石書店、2012年）
『日韓中でつくる国際理解教育』（明石書店、2014年）
『国際理解教育ハンドブック－グローバル・シティズンシップを育む－』（明石書店、2015年）
『国際理解教育を問い直す－現代的課題への15のアプローチ－』（明石書店、2021年）
Website: http://www.kokusairikai.com/
Facebook　日本国際理解教育学会

国際理解教育ハンドブック
―グローバル・シティズンシップを育む―

2015年6月13日　初版第1刷発行
2021年7月30日　初版第3刷発行

編著者	日本国際理解教育学会
	大津和子／永田佳之／中山京子／藤原孝章／嶺井明子／森茂岳雄（50音順）
発行者	大 江 道 雅
発行所	株式会社 明石書店
	〒101-0021　東京都千代田区外神田6-9-5
電　話	03（5818）1171
Ｆ Ａ Ｘ	03（5818）1174
振　替	00100-7-24505
	http://www.akashi.co.jp
装丁	明石書店デザイン室
印刷	株式会社文化カラー印刷
製本	協栄製本株式会社

（定価はカバーに表示してあります）　　　　ISBN978-4-7503-4205-4

JCOPY〈出版者著作権管理機構　委託出版物〉
本書の無断複写は著作権法上での例外を除き禁じられています。複写される場合は、そのつど事前に、出版者著作権管理機構（電話 03-5244-5088、FAX 03-5244-5089、e-mail: info@jcopy.or.jp）の許諾を得てください。

国際理解教育を問い直す
現代的課題への15のアプローチ

日本国際理解教育学会編著

A5判／並製／272頁　●2500円

日本国際理解教育学会30年の研究成果を踏まえつつ、理論と実践をメタ的に振り返る。原点への問いなおしからカリキュラムや授業デザインなどの実践的課題、そして多文化教育、シティズンシップ教育などの現代的課題まで、根源的な問いを立て、課題に応える。

内容構成

序章　本書へのオリエンテーション

第Ⅰ部　国際理解教育の原点を問い直す
- 第1章　国際理解教育の原点を問い直す
- 第2章　国際とグローバルはどうちがうか
- 第3章　ユネスコの教育勧告をどう受けとめるか
- 第4章　国際理解教育はどのように実践・研究されてきたか
- コラム1　国際理解教育から問題ありきでよいか─文化理解をとおした相互理解・民際交流の拡大─韓国から見た日本国際理解教育学会の30年

第Ⅱ部　国際理解教育の授業実践、学びを問い直す
- 第5章　国際理解教育は学習指導要領にどう応答してきたのか
- 第6章　国際理解教育のカリキュラムマネジメントはどうあるべきか
- 第7章　教師の経験、問題意識、子どもの状況から国際理解教育の授業をどうデザインするか
- 第8章　地域、博物館、NPOなどと連携した国際理解教育の授業をどうデザインするか
- 第9章　スタディツアー、フィールドワークから国際理解教育の授業をどうデザインするか
- 第10章　地域における国際理解教育の実践をどうデザインするか
- コラム2　中国からみた日本の国際理解教育

第Ⅲ部　国際理解教育の現代的課題に応える
- 第11章　多文化教育としての国際理解教育の授業はどうあるべきか
- 第12章　シティズンシップ教育としての国際理解教育の授業はどうあるべきか
- 第13章　SDGs時代の国際理解教育の授業はどうあるべきか
- 第14章　ユネスコの提起する現代的課題に国際理解教育はどう応えるか
- 第15章　日韓中共同プロジェクトが提起する課題に国際理解教育はどう応えるか

リンガフランカとしての日本語
多言語・多文化共生のために日本語教育を再考する

青山玲二郎、明石智子、李楚成編著　梁安玉監修

●2300円

多様性が拓く学びのデザイン
主体的・対話的に他者と学ぶ教養教育の理論と実践

佐藤智子、高橋美能編著

●2400円

職場・学校で活かす現場グラフィー
ダイバーシティ時代の可能性をひらくために

清水展、小國和子編著

●2500円

社会科アクティブ・ラーニングへの挑戦
社会参画をめざす参加型学習

風巻浩

●2800円

日韓中でつくる国際理解教育

日本国際理解教育学会、ACCU共同企画
大津和子編

●2500円

国際理解教育　多文化共生社会の学校づくり

佐藤郡衛

●2300円

新　多文化共生の学校づくり　横浜市の挑戦

山脇啓造、服部信雄編著

●2400円

外国人児童生徒受入れの手引【改訂版】

文部科学省総合教育政策局男女共同参画共生社会学習・安全課編著

●800円

〈価格は本体価格です〉

現代国際理解教育事典

日本国際理解教育学会 編著
大津和子、多田孝志、中山京子、藤原孝章、森茂岳雄

A5判／上製／336頁
●4700円

歴史・理論から多文化社会・グローバル社会・地球的課題等の学習領域、さらには学習論・方法論から代表的実践まで、11分野・270以上の項目を網羅。深遠な内容を包含する国際理解教育の実践と理論を最新の学問的成果を踏まえ編纂・収録した本邦初の本格的な事典。

■内容構成■
1 歴史と理論
2 学習領域論
 ・多文化社会
 ・グローバル社会
 ・地球的課題
 〈開発問題〉
 〈環境問題〉
 〈平和問題〉
 〈人権問題〉
 ・未来への選択
3 カリキュラム論
4 学習論／方法論
5 代表的実践
6 新しい課題
7 関連諸教育
8 関連諸科学
9 諸外国・諸地域の国際理解教育
10 国際協力機関
11 国際協力NGO
付録 国際理解教育関連文献目録

社会科における多文化教育 多様性・社会正義・公正を学ぶ
森茂岳雄、川﨑誠司、桐谷正信、青木香代子編著
●2700円

外国人児童生徒のための社会科教育 文化と文化の間を能動的に生きる子どもを授業で育てるために
南浦涼介
●4800円

「生きる力」を育むグローバル教育の実践 生徒の心に響く主体的・対話的で深い学び
石森広美
●2000円

多文化社会に生きる子どもの教育 外国人の子ども、海外で学ぶ子どもの現状と課題
佐藤郡衛
●2400円

グローバル化のなかの異文化間教育 異文化間教育能力の考察と文脈化の試み
西山教行、大木充編著
●2400円

「移民時代」の多文化共生論 想像力・創造力を育む14のレッスン
松尾知明
●2200円

多文化クラスの授業デザイン 外国につながる子どものために
松尾知明
●2200円

小学校の多文化歴史教育 授業構成とカリキュラム開発
太田満
●3800円

〈価格は本体価格です〉

新版 シミュレーション教材「ひょうたん島問題」
多文化共生社会ニッポンの学習課題
藤原孝章
●1800円

多文化共生のためのシティズンシップ教育実践ハンドブック
多文化共生のための市民性教育研究会編著
●2000円

まんが クラスメイトは外国人 課題編 私たちが向き合う多文化共生の現実
「外国につながる子どもたちの物語」編集委員会編
みなみななみ まんが
●1300円

まんが クラスメイトは外国人 多文化共生20の物語
「外国につながる子どもたちの物語」編集委員会編
みなみななみ まんが
●1200円

まんが クラスメイトは外国人 入門編 はじめて学ぶ多文化共生
「外国につながる子どもたちの物語」編集委員会編
みなみななみ まんが
●1200円

まんがで学ぶ開発教育 世界と地球の困った現実
日本国際飢餓対策機構編 みなみななみ まんが
飢餓・貧困・環境破壊
●1200円

身近なことから世界と私を考える授業
100円ショップ・コンビニ・牛肉・野宿問題
開発教育研究会編著
●1500円

身近なことから世界と私を考える授業II
オキナワ・多みんぞくニホン・核と温暖化
開発教育研究会編著
●1600円

「人種」「民族」をどう教えるか 創られた概念の解体をめざして
中山京子、東優也、太田満、森茂岳雄編著
●2600円

イスラーム／ムスリムをどう教えるか ステレオタイプからの脱却を目指す異文化理解
荒井正剛、小林春夫編著
●2300円

深化する多文化共生教育 ホリスティックな学びを創る
孫美幸
●2400円

未来をつくる教育ESD 持続可能な多文化社会をめざして
五島敦子、関口知子編著
●2000円

新たな時代のESD サスティナブルな学校を創ろう 世界のホールスクールから学ぶ
永田佳之編著・監訳 曽我幸代編著・訳
●2500円

ユネスコスクール 地球市民教育の理念と実践
小林亮
●2400円

国際バカロレアの挑戦 グローバル時代の世界標準プログラム
岩崎久美子編著
●3600円

にほんでいきる 外国からきた子どもたち
毎日新聞取材班編
●1600円

〈価格は本体価格です〉